ÉCONOMIE POLITIQUE

CHRÉTIENNE,

OU

RECHERCHES SUR LA NATURE ET LES CAUSES

DU PAUPÉRISME.

ÉCONOMIE POLITIQUE

CHRÉTIENNE,

OU

RECHERCHES SUR LA NATURE ET LES CAUSES

DU PAUPÉRISME,

EN FRANCE ET EN EUROPE,

ET SUR

LES MOYENS DE LE SOULAGER ET DE LE PRÉVENIR;

PAR

M. LE Vte ALBAN DE VILLENEUVE-BARGEMONT,

ANCIEN CONSEILLER D'ÉTAT, PRÉFET DU NORD, ANCIEN DÉPUTÉ, ETC.

« Il faut recommander la patience, la frugalité, le travail, la sobriété et la religion. Le reste n'est que fraude et mensonge. » BURKE.

TOME PREMIER.

PARIS.

PAULIN, LIBRAIRE-ÉDITEUR,

PLACE DE LA BOURSE, N° 31.

A Marseille. . . . . Marius Olive.
A Aix. . . . . Aubin.
A Bordeaux. . . . . Ve Bergeret et Gassiot.
A Lille. . . . . Vanakère.
A Nantes. . . . . Merson.
A Nancy. . . . . Vidart et Julien.

1834.

PRÉFACE.

« ..... Haud ignara mali
« miseris succurrere disco. »

Un ouvrage qui présente le résultat de nombreuses recherches sur un objet d'une haute importance pour l'époque actuelle, qui traite de questions graves, et s'expose à combattre des opinions et des systèmes accrédités, a besoin plus qu'un autre d'offrir à l'avance quelques titres à la confiance de ses lecteurs. Je sais que le public, en général, est assez indifférent à de telles confidences. Le public a raison, car le plus souvent elles n'ajoutent rien à l'intérêt du livre et ne sont qu'un moyen détourné d'appeler l'attention sur l'écrivain. Cependant, si une position tout-à-fait spéciale a mis l'auteur à portée de recueillir les faits qu'il rapporte, de les comparer, de les généraliser, d'en établir les principes et d'en déduire d'utiles conclusions pratiques : si son écrit se lie tellement à cette situation personnelle, qu'il en soit, pour ainsi dire, l'expression et le complément nécessaire, n'est-il pas en quelque sorte forcé, dans le but qu'il se propose, de donner quelques détails sur les circonstances qui ont présidé à la pensée et à la publication de son ouvrage ?

Ces considérations motivent l'exposé qui va suivre et au besoin lui serviront d'excuse et de justification.

Entré de très bonne heure dans une carrière qui fournit à l'observateur les occasions les plus fréquentes et les plus sûres d'étudier les véritables besoins des hommes et les effets divers des institutions sociales, j'avais dû souvent contempler le spectacle de la misère. Par obligation, et plus encore par sympathie, je m'étais associé aux moyens de la soulager; mais cette misère, ses degrés d'intensité, et ses causes surtout, ne devaient se révéler à mes regards que progressivement et par une suite d'expériences et d'observations locales. On verra comment j'ai été appelé à parcourir, dans l'étude du *paupérisme*, un cercle qui s'est constamment élargi devant moi.

Mes premières fonctions dans l'administration publique s'exercèrent en Zélande, l'une des provinces des Pays-Bas nouvellement réunies à la France (1).

Ce pays était alors dans une situation bien malheureuse. Son commerce avait été totalement interrompu. La pêche, ressource principale des indigens, se trouvait à peu près interdite; la domination française était parfois pesante et sévère, mais les établissemens de charité avaient été respectés. Tous les efforts, tous les capitaux s'étaient reportés vers l'agriculture : les travaux des champs et l'esprit d'association, si puissant et si fécond en pro-

(1) En qualité d'auditeur au conseil-d'état, sous-préfet à Zierickzée, l'un des arrondissemens des Bouches-de-l'Escaut (1811).

diges, dans cette contrée qui lui doit sa conservation et même son existence, soulageaient efficacement la misère. Il y avait des souffrances réelles sans doute, mais je les attribuais à des circonstances exceptionnelles et passagères. La paix devait, tôt ou tard, rouvrir pour la population indigente toutes les sources du travail, de l'aisance et du bonheur. Je me livrais à cette espérance en faveur d'un peuple qui supportait sa triste destinée avec une résignation si touchante et si courageuse, lorsque je fus transféré soudainement dans l'un des départemens nouvellement créés en Catalogne (1).

Une guerre acharnée désolait toute la Péninsule espagnole. Les provinces soumises à nos armes gémissaient sous le joug despotique le plus arbitraire et le plus oppressif; tout était sacrifié au salut et au bien-être de l'armée conquérante. C'était la seule et suprême loi : loi nécessaire peut-être, mais toujours bien dure et bien cruelle.

Ceci n'est pas un reproche que j'adresse à nos généraux; la guerre, et une guerre de cette nature, conduit forcément à ces terribles résultats. Les archives municipales de Barcelonne et de Lérida m'offrirent bientôt la preuve que lors de la guerre de la succession la même oppression excitait les mêmes plaintes; le nom du *duc de Vendôme* faisait encore, un siècle après, tressaillir de frayeur les petits enfans et leurs jeunes mères.

Toutefois, rien ne me frappa plus vivement que l'aspect de la population de Barcelonne au prin-

(1) Comme préfet à Lérida, chef-lieu des Bouches-de-l'Ebre (1812).

temps de 1812. L'approche de cette ville qui semble sortir d'une immense et gracieuse corbeille d'orangers, de myrtes et d'aloës, et dont on admire de loin le beau ciel, la mer azurée et les édifices si pittoresques, ne m'avaient pas préparé à ce hideux tableau. Presque tous les habitans riches et aisés s'étaient enfuis (1). Tous les hommes vigoureux et énergiques défendaient leur indépendance hors des murs de la cité; il ne restait dans cette ville si belle, et naguère si opulente et si animée, qu'une multitude de vieillards, de femmes et d'enfans, pâle, silencieuse, affamée, que l'excès de la misère et de la terreur réduisait à la plus déplorable et souvent à la plus honteuse dégradation. Les établissemens religieux et charitables, en partie conservés, mais fort appauvris, répandaient seuls quelques secours, devenus impuissans. Là, il ne fallait pas chercher bien loin les causes de l'indigence : une guerre nationale, devenue atroce par d'effroyables représailles; une administration militaire, uniquement occupée du soin de pourvoir, par les moyens les plus prompts, à la solde et à la nourriture de l'armée; une foule d'aventuriers, accourus pour faire fortune; la disparition de l'industrie; tout, enfin, n'expliquait que trop bien une situation alors commune à la plupart des villes de l'Espagne, mais qui, née avec la guerre, devait aussi cesser avec elle.

(1) Une terreur profonde avait été la suite des mesures cruelles prises par un général qui n'appartient pas à la France.

A cette époque, monseigneur le prince de Conti et son altesse royale madame la duchesse de Bourbon donnèrent de grands exemples de bienfaisance et de générosité.

Mon séjour à Lérida donna lieu aux mêmes observations. Tout ce que je pus procurer de soulagemens aux malheureux indigens de cette ville, je le dus aux secours seuls du clergé et de la charité religieuse; d'autres soins préoccupaient l'administration et les chefs de l'armée. Non loin de là, cependant, le royaume de Valence, sous le gouvernement de l'habile et vaillant duc d'Albufera, offrait alors une exception bien rare. Le vainqueur de Tarragonne et de Tortose avait voulu compléter sa gloire par le bonheur du peuple conquis. Il sut y parvenir et parer ainsi son nom d'une illustration nouvelle (1).

J'étais destiné à voir peu de temps après le spectacle des malheurs de la guerre, dans le cœur même de la France, où la réaction nécessaire de la politique de Napoléon avait conduit l'Europe entière en armes. La misère couvrait nos campagnes et nos villes; je m'en affligeais profondément, mais sans m'en étonner. J'avais appris que guerre et misère marchent rarement l'une sans l'autre.

Soudain, et comme par enchantement, l'apparition des Bourbons en France fit évanouir ce triste tableau. Tous les cœurs s'ouvrirent à l'espérance; la paix ramena le travail, l'industrie, la sécurité.

(1) Nous aimons à rappeler ici les nobles souvenirs laissés à Tarragonne par M. le vicomte d'Arlincourt, auditeur au conseil d'état, intendant de cette province dépendante du gouvernement du duc d'Albuféra, et par M. Delaage, son successeur. Le gouvernement de l'Arragon, confié au loyal comte Reille et à M. le baron Lacuée, intendant général, dont la haute probité est une vertu de famille, rivalisait, avec celui du royaume de Valence, en bonne administration et en justice. Ces noms et celui du général Decaen sont demeurés purs de tout soupçon et de tout reproche.

L'indigence eut sa part des bienfaits de cette grande rénovation sociale.

Ce fut sous ces auspices que la confiance du roi Louis XVIII m'appela à l'administration de l'un des départemens du midi (1). Rien ne saurait décrire l'enthousiasme, la joie, l'ivresse qui transportaient les habitans de cette contrée; ce n'était que fêtes, que joies pures, que touchante fraternité. L'agriculture, long-temps privée de bras et de bestiaux, reprenait un essor inoui. L'industrie locale reparaissait active, prospère. Tout était en voie de progrès. L'invasion du 20 mars arrêta ce développement remarquable; ce fut là peut-être le moins funeste de ses effets, car l'union des Français venait d'être irréparablement détruite.

Néanmoins, à la suite de cet événement, les traces de la misère dans les provinces du midi étaient trop peu sensibles pour appeler l'attention spéciale de l'aministration. Au sein d'une population plus essentiellement agricole que manufacturière, le paupérisme ne se montrait que comme un accident de localité qui pouvait trouver ses remèdes dans la localité même. Un dépôt de mendicité, administré avec une rare perfection, avait éloigné l'apparence extérieure de la misère. La charité religieuse soulageait abondamment les ouvriers pauvres qui n'osaient solliciter l'aumône; tout semblait présenter un état de choses satisfaisant pour l'administration, et de plus, les théories d'économie politique, qui commençaient alors à

(1) Le département de Tarn-et-Garonne.

pénétrer en France, paraissaient préparer des ressources infaillibles pour anéantir successivement l'indigence et la mendicité, à l'aide des progrès de l'industrie et des lumières, et d'une meilleure direction à donner aux institutions charitables.

Le chef-lieu du département (1) avait vu longtemps prospérer des manufactures de tissus grossiers consommés en Espagne et dans l'intérieur de la France. La guerre avait interrompu leurs travaux; la paix leur rendit leur activité. Mais le temps avait marché ; de nouvelles relations commerciales s'étaient établies ailleurs; de nouveaux goûts avaient fait naître d'autres besoins. Des industries rivales s'étaient créées et avaient adopté l'emploi des mécaniques; beaucoup de bras demeurèrent donc sans emploi. Un jour, les ouvriers, renvoyés de leurs ateliers, résolurent de s'en prendre aux machines et menacèrent sérieusement l'établissement qui, le premier, les avait subtituées aux forces humaines. Le tumulte fut grand; l'autorité parvint, non sans peine, à contenir la fureur de ces nouveaux *luddistes*. Lorsqu'ils furent calmés, on les blâma, et certes, avec juste raison; on déplorait leur ignorance aveugle et absurde; on les engageait à prendre patience et à chercher une industrie plus profitable. Moi-même, je puisais dans les écrits d'Adam Smith et de M. Say des conseils apparemment fort bons, mais qui, pour le moment, ne donnaient ni du travail, ni du pain. Des ateliers de charité, des travaux agricoles, et surtout l'assistance de la charité religieuse profondément

(1) Montauban.

émue, furent beaucoup plus efficaces que nos dissertations d'économie politique. — L'ordre revint, mais déjà le paupérisme avait jeté de profondes racines que l'on a vu plus tard se développer rapidement.

Sur ces entrefaites, une mesure générale supprima les dépôts de mendicité. Les mendians refluèrent dans les villes et les campagnes; il fallut se borner à poursuivre sévèrement les mendians valides et à tolérer les autres, moyennant une marque extérieure qui les autorisât à réclamer, dans les communes, l'aumône et les secours de la charité.

Je dus réfléchir à cette situation devenue affligeante. Je cherchai de nouveau dans les préceptes de l'économie politique, dont je faisais alors une étude spéciale, les moyens d'améliorer successivement le sort de la classe ouvrière; mais je n'aperçus que dans un bien long avenir la possibilité d'appliquer ces séduisantes théories. L'exemple des *luddistes* de Montauban revenait souvent à ma pensée. D'un autre côté, le département de Tarn-et-Garonne offrait deux populations bien distinctes; l'une, heureuse et paisible par l'agriculture; l'autre, misérable et agitée par les vicissitudes fréquentes de l'industrie. Mais celle-ci, me disais-je, est sans doute victime de la routine, de l'ignorance et d'une crise passagère. De beaux jours luiront un jour pour elle; l'industrie, perfectionnée et développée, se chargera de réparer les maux qu'on lui impute. Les rapports brillans que l'on publiait de toutes parts sur la prospérité de l'Angleterre me semblaient une démonstration sans réplique, et ne permettre aucun doute, aucune objection. Que faire, cependant, des pauvres ouvriers qui ne pouvaient attendre ? Heureusement pour eux, la charité religieuse était là, toujours vigilante, toujours infatigable, toujours prête au moment du besoin. C'était donc toujours à elle, qu'en dernière analyse, il fallait recourir.

J'achevais de lire l'ouvrage de M. le comte de Laborde sur l'esprit d'association. Ce tableau magnifique de la prospérité de l'Angleterre me faisait plus que jamais déplorer la lenteur des progrès de la civilisation de France; il excitait dans mon âme une sorte de jalousie nationale, et, le dirai-je, j'en étais presque humilié. Je communiquai ce livre à un homme pour lequel j'éprouvais une grande sympathie, et dont le savoir profond s'alliait à la modestie la plus touchante (1). « C'est très bien, me dit-il; mais il faut voir maintenant le revers de cette belle médaille. » Le lendemain, il m'envoya l'Essai sur le principe de la Population de Malthus, que son cousin, M. Pierre Prévost, de Genève, avait traduit depuis quelques années; nous le lûmes ensemble, et je ne pus lui dissimuler ma surprise, car il me semblait que la déplorable misère dont Malthus signalait l'existence en Angleterre, pouvait plus rationnellement être attribuée au système industriel, qu'à un excès de population, ou que du moins ces deux causes avaient agi simultanément. Ainsi, ce développement de l'industrie aurait amené un immense accroissement d'indi-

(1) M. Bénédict Prévost, de Genève, professeur à la faculté de théologie protestante de Montauban, mort en 1821.

gence. Telle était aussi l'opinion de M. Bénédict Prévost. Dès long-temps persuadé qu'un excès de production peut et doit amener un excès de population ouvrière et misérable, il ne me cacha point la préférence qu'il accordait à l'agriculture sur les manufactures; il voyait même, dans l'avenir, une crise fatale menacer les états qui auraient suivi, sans précaution, le système industriel de l'Angleterre.

J'avoue que cet entretien et les révélations de Malthus ébranlèrent un peu ma foi dans les théories d'économie politique ; néanmoins, je cherchai à me rassurer en comparant l'état de la France avec celui de l'Angleterre, sous le rapport de la marche de la population. La différence était énorme; je crus inutile de prévoir les malheurs de si loin. D'ailleurs, Malthus pouvait avoir été égaré par l'esprit du système : les circonstances où il avait observé la misère des ouvriers anglais n'étaient pas les mêmes qu'en France; l'alarme eût donc été prématurée.

Peu de temps après, je fus chargé d'administrer un des départemens de la région presque centrale de la France (1). L'industrie de cette contrée, essentiellement agricole, s'exerce exclusivement sur les produits du sol; elle a su, en outre, profiter des avantages d'une heureuse situation locale. Aussi la misère était-elle peu sensible dans les villes, et presque nulle dans les campagnes. La charité religieuse, toujours vigilante, suffisait à la soulager. Quelques travaux publics, pendant la saison rigoureuse, occupaient tous les bras oisifs. Rien ne mettait à des

(1) Le département de la Charente (l'ancien Angoumois).

épreuves trop pénibles la sensibilité de l'homme et la sollicitude du magistrat.

Je quittai au bout de deux ans les bords rians et paisibles de la Charente, pour exercer les mêmes fonctions dans la capitale de l'ancienne Lorraine (1). Ici je trouvai une industrie très développée, mais en général spéciale aux produits du sol, et favorisée par une abondance extraordinaire de combustibles ligneux ; des communes riches par leurs forêts, plus riches encore par un excellent régime municipal, et par les traditions de charité encore vivantes des bons ducs de Lorraine et du monarque le plus bienfaisant qui fut jamais.

Nancy, la ville de Stanislas ; Lunéville, sa résidence habituelle ; Toul et quelques autres cités importantes, étaient sans doute fort déchues de leur ancienne splendeur ; cela s'expliquait facilement par la disparition des grands établissemens qui répandaient partout le mouvement et la vie. Cependant la mi ère n'était grande que parmi les ouvriers employés jadis aux anciennes manufactures de tabac ou attachés aux fabriques modernes de coton. Nulle part des institutions de charité plus nombreuses, plus magnifiques, plus prévoyantes, n'avaient été créées pour soulager et prévenir l'indigence et le malheur. L'étude du paupérisme, dans cette province si remarquable, conduisait donc seulement à faire admirer le perfectionnement de l'industrie nationale et les bienfaits d'une agriculture éclairée, et enfin à bénir les fondations du philosophe bienfaisant.

(1) Le département de la Meurthe.

C'est là que j'eus le précieux avantage de rencontrer un agronome célèbre, M. Mathieu de Dombasle, savant modeste et laborieux, qui dès longtemps prodiguait ses veilles, sa santé et sa fortune, à l'avancement de l'art agricole, sans autre ambition que celle d'être utile à son pays. J'eus bien vite compris que ses théories d'économie politique reposaient sur le développement de l'industrie nationale, c'est-à-dire de celle qui s'exerce sur les produits du sol. Jaloux de seconder ses vues éclairées, et de l'aider à répandre les fruits de sa longue expérience, je fus assez heureux pour contribuer, avec lui, à la création de la ferme exemplaire de Roville, dont la renommée est européenne, et dont l'influence commence déjà à se faire sentir en France.

Ma destinée administrative me transporta ensuite dans l'une des provinces de l'ancienne Bretagne. Le siége de l'administration était fixé à Nantes, la ville la plus populeuse et la plus importante de cette partie de la France. Cette cité, jadis métropole du commerce des Antilles, et longtemps le foyer d'une prospérité inouie, avait cruellement souffert des désastres de Saint-Domingue. Toutefois de nombreuses manufactures s'y étaient établies; l'emploi des machines économiques avait pris une notable extension; de grandes fortunes industrielles s'étaient rapidement élevées, et cependant l'échelle de la misère publique se développait sur les plus larges proportions. A côté d'une extrême opulence se faisait remarquer une pauvreté excessive; de fréquentes émeutes d'ouvriers, et des murmures faiblement contenus, trahissaient le mal-aise des classes inférieures. On donnait pour cause, au paupérisme de la ville, la chute du commerce de Saint-Domingue, la répression de la traite des noirs, les habitudes d'ivrognerie des ouvriers, et la grande agglomération d'individus cosmopolites qui accompagne toujours les grandes cités. La misère était peu sensible dans les campagnes de la partie nord du département.

L'indigence avait bien plus d'intensité dans les autres départemens de la Bretagne : on l'expliquait par l'état peu avancé de l'agriculture et de l'instruction populaire, par la cessation de l'ancienne industrie des toiles de Bretagne et par la difficulté des communications intérieures.

Sur la rive gauche de la Loire s'étendait cette contrée si célèbre par d'illustres malheurs. L'agriculture régnait presque sans partage dans la Vendée; la charité y était vivante comme aux premiers temps du christianisme; là, le paupérisme eût été peut-être inconnu si la guerre civile n'avait laissé des traces cruelles et profondes sur cette terre d'héroïques et mélancoliques souvenirs (1).

A Nantes, comme dans le reste du département, la pauvreté n'avait guère d'autre soutien et d'autre refuge que la charité religieuse : aussi cette vertu sublime se manifestait-elle sous les formes les plus touchantes, les plus ingénieuses et les plus variées.

(1) Le département de la Vendée est celui qui a conservé les mœurs les plus pures. C'est celui qui produit le moins d'enfans trouvés.

Tandis que la philantropie industrielle n'avait pu offrir aux indigens qu'une école Lancastrienne, et, de loin en loin, les produits de quelques souscriptions à des bals, à des concerts ou autres réunions de plaisir, la religion consolait et soulageait des milliers d'infortunés, fondait une multitude d'asiles pour l'enfance, le malheur et le repentir, et accomplissait ainsi en silence son auguste vocation. Ce fut à cette époque qu'à l'imitation de l'heureux exemple donné à Bordeaux, par M. le baron d'Haussez, je conçus le projet de créer, pour la ville de Nantes, une maison de refuge pour les mendians invalides. Cette institution, achevée par les soins de mon honorable successeur (le baron de Vanssay), reçut les plus puissans secours de monseigneur l'évêque de Nantes et de son clergé si digne d'un tel pasteur. La mendicité fut dès lors interdite; seulement, pour entretenir dans les cœurs le précepte religieux de l'aumône, deux pauvres furent autorisés à recueillir, aux portes de chaque église, les offrandes que les personnes charitables destinaient à la maison de refuge pour la mendicité.

Vers le même temps une école d'agriculture fut fondée à l'abbaye de Melleray, aux environs de Nantes, par la munificence du roi Charles X et la bienveillante intervention de M. le duc de La Rochefoucaud-D'Oudeauville, à qui je m'étais empressé de faire connaître les améliorations agricoles dues au vénérable et aimable abbé Saulnier, le *Dombasle* des instituts religieux. La France sait comment cette fondation, dont on pouvait espérer de si heureux fruits, a disparu au milieu de nos récens orages politiques...

La question du paupérisme s'était dès lors montrée à moi dans toute son importance. Je comprenais de plus en plus combien l'industrie agricole était la base la plus réelle et la plus sûre du bien-être des classes inférieures. Un grand exemple venait d'être donné à cet égard par un peuple très avancé en industrie. La renommée m'avait appris la création des colonies agricoles d'indigens des Pays-Bas, et j'avais suivi, avec un vif intérêt, les progrès de ces établissemens philantropiques. Déjà, et de concert avec deux hommes distingués (MM. de Tollenare et le baron Marion de Beaulieu, colonel du génie, qui avait visité récemment les institutions de Frederick-Oords), je m'occupais des moyens d'utiliser les pauvres du département de la Loire-Inférieure au défrichement des landes incultes de la Bretagne. L'association de l'industrie et de l'agriculture m'apparaissait comme la solution du grand problème de l'extinction de la misère. Les écrits de Malthus et de MM. de Sismondi, Droz et Rubichon, démontraient que si le système manufacturier de l'Angleterre avait pu enrichir la nation, c'est-à-dire les entrepreneurs d'industrie, c'était aux dépens de l'aisance, de la santé, de la moralité et du bonheur des classes ouvrières. Mes premières illusions sur ce point étaient complètement dissipées; mais j'étais encore loin de penser que le mal eût déjà gagné une portion de la France.

Un ouvrage qui, dans le principe, produisit

beaucoup de sensation, venait d'exposer l'état *des forces productives de la France*. L'auteur, M. le baron Charles Dupin, y proclamait la situation prospère des départemens industriels du nord du royaume, sous des couleurs si brillantes et avec une telle profusion de chiffres et de combinaisons statistiques, que s'il n'expliquait pas les causes de la détresse des ouvriers de l'Angleterre, il rassurait du moins sur le sort des ouvriers attachés aux manufactures françaises. M. Dupin poussait la conviction au point de désirer que la majorité de notre population agricole pût passer immédiatement dans les rangs des producteurs industriels. Un tel projet pouvait justement surprendre les hommes même les plus enthousiastes de l'industrie, mais à coup sûr il était fait pour dissiper les alarmes des philantropes français.

Quoi qu'il en soit, il était dans ma destinée d'exercer successivement des fonctions administratives dans chacune des diverses régions du royaume. Au commencement de 1828, je fus promu à la préfecture du département du Nord. Je regrettai profondément la Bretagne. Mes regrets étaient toutefois adoucis par l'espérance de trouver dans un département signalé comme l'un des plus avancés en agriculture, en civilisation et en industrie, une population riche, éclairée, heureuse, où la misère serait sinon inaperçue, au moins facile à soulager et à prévenir : ces idées riantes ne furent pas de longue durée.

Le lendemain de mon arrivée à Lille, je reçus la visite de la commission administrative des hospices de cette ville. — Avez-vous beaucoup de pauvres? demandai-je à son vénérable président. — Plus de trente-deux mille, me répondit-il, c'est-à-dire près de la moitié de la population. — Je le fis répéter, tant cette réponse m'avait frappé d'étonnement et d'effroi.

On me dit ensuite que ce paupérisme effrayant n'était pas seulement particulier à la ville de Lille; que la même misère régnait, ou à peu près, non seulement dans les villes considérables du département, mais dans la plupart des communes rurales. Dès que la commission m'eut quitté, je m'empressai de demander à l'estimable employé supérieur (1) qui dirigeait, à la préfecture, l'administration des secours publics, s'il était vrai, s'il était même possible, que le département du Nord fût accablé à ce point de l'excès de l'indigence. Il mit tristement et en silence, sous mes yeux, le relevé numérique des registres des pauvres. Je me convainquis que le *sixième* de la population figurait sur ce grand livre de la charité publique!.....

On comprendra facilement que le paupérisme de la Flandre française devint dès ce moment pour moi l'objet d'une préoccupation continuelle. L'origine, la cause, les effets de cette épouvantable lèpre, dont j'avais été si loin de soupçonner l'existence, furent désormais le sujet de mes méditations et de mes recherches. J'appris successivement que la misère se produisait avec la même intensité, dans l'Artois et dans une partie de la Picardie et

(1) M. Mallebranq.

de la Normandie ; qu'elle avait dès long-temps envahi diverses provinces de la Belgique et de la Hollande ; que la détresse des ouvriers de l'Angleterre était, enfin, commune aux régions du nord de la France, comme au royaume des Pays-Bas.

J'essaierais vainement de donner une idée de l'état de dénuement, de souffrances, d'abjection et de dégradation morale et physique dans lequel étaient plongés les ouvriers indigens des villes principales du département du Nord. Je renvoie à mon ouvrage pour des détails si affligeans à reproduire.

A cette situation déplorable, il fallait chercher de prompts remèdes, car tous les secours consistaient en quelques souscriptions philantropiques plus fastueuses que productives, soutenues, il est vrai, par une effusion de charité inépuisable, mais devenue insuffisante. Quant à la haute industrie, elle se bornait à exploiter les forces, j'ai presque dit la misère des classes ouvrières.

Après avoir introduit quelques réformes dans le mode de distributions des secours publics, je fis un appel pressant à la charité individuelle, seules mesures qui pussent dépendre de l'administration ; j'excitai l'attention du gouvernement sur la situation alarmante de cette contrée ; j'indiquai, comme le moyen le plus efficace de l'améliorer, la colonisation agricole des landes incultes de Bretagne et de Gascogne d'après le système des institutions des Pays-Bas que j'avais été étudier sur les lieux mêmes. Je rencontrai la plus vive sympathie pour ce projet, dans S. A. R. Monsieur le Dauphin, et dans le ministre de l'intérieur, M. le vicomte de Martignac, dont l'esprit et le cœur étaient si bien faits pour comprendre et réaliser les vues d'une auguste bienfaisance.

En même temps, je m'occupais de jeter les bases d'une maison de travail et de refuge pour chacun des sept arrondissemens du département du Nord.

En attendant le résultat des mesures que j'avais provoquées auprès du gouvernement, et au milieu des occupations, sans cesse renaissantes, d'une vaste administration, je voulus donner à mes études sur le paupérisme, un cercle plus étendu. J'avais suffisamment exploré le département du Nord; je désirai étudier de même le reste de la France, et, s'il était possible, une portion de l'Europe. Je multipliai mes relations et ma correspondance. Je priai tous mes collègues de vouloir bien me communiquer des notions précises sur le nombre et la situation des indigens et des mendians de leurs départemens, sur les causes auxquelles ils attribuaient à la misère et la mendicité, sur les moyens locaux employés pour y remédier, et sur les ressources que pourraient offrir les terres incultes pour la colonisation agricole des indigens du département du Nord.

Le ministre de l'intérieur avait demandé au conseil supérieur du royaume d'émettre son avis sur le mémoire dans lequel je sollicitais la formation d'une association générale de bienfaisance et un premier essai d'une colonie d'indigens et de mendians. J'appris, au bout de quelques mois, que ces propositions avaient été accueillies avec acclamation, sur le rapport de M. le comte de Tournon, pair de France. Ce rapport devait même être publié, le 25 juillet 1830, dans le *Moniteur universel.*

Au lieu de ce document, je lus, avec une douleur prophétique, les ordonnances qui firent éclater une grande révolution sociale.

Peu de jours après, vingt mille ouvriers, plus ou moins misérables, lancés dans les rues de Lille, suivirent le signal donné par les ouvriers de Paris; ma carrière administrative fut dès lors terminée.

Je ne crus pas, néanmoins, avoir accompli cette sorte de mission spéciale, imposée à tous les hommes par la Providence. Je résolus de consacrer mes loisirs et le peu de forces que me laissait une santé fort altérée, à traiter dans toute son étendue la question du paupérisme, que les événemens avaient encore aggrandie. Au sein d'une paisible retraite, je m'attachai à recueillir mes souvenirs et mon expérience, à interroger tour à tour l'économie politique, les théories philosophiques de la civilisation, la statistique, la législation et les sciences morales qui avaient rapport aux causes de l'indigence. D'abord un horizon vague et immense s'était offert à mes regards; peu à peu, à l'aide surtout du phare lumineux du christianisme, il me sembla que l'on pouvait distinguer nettement les causes des désordres moraux et matériels des sociétés; les faits se classèrent naturellement. Il devint possible de les généraliser, de leur assigner des principes, d'en observer et d'en comparer les conséquences, enfin d'approcher autant qu'il était possible de la vérité.

Tel est l'historique de mon ouvrage et le compte que j'avais à rendre des motifs qui m'ont amené à l'écrire et à le publier.

Je ne me dissimule pas qu'une telle entreprise, pour répondre à son importance, eût exigé la vie tout entière, non seulement d'un homme, mais de plusieurs hommes profondément versés dans toutes les sciences qui se rattachent à l'économie sociale, et secondés, de plus, par des moyens dont les gouvernemens ont seuls l'entière disposition. Je sais qu'elle eût nécessité l'exploration attentive et locale du paupérisme dans tous les états de l'Europe. Je sens, surtout, que pour donner à toutes ses parties le relief et l'intérêt de style que son sujet méritait sans doute, il eût fallu le talent d'un grand écrivain.

Certes, un ouvrage exécuté comme je le comprends, aurait servi à asseoir sur de nouveaux principes la science de l'économie politique. Il est donc encore à faire ; mais les progrès de l'administration, les besoins des peuples et la force des choses produiront tôt ou tard, sans doute, les hommes auxquels il est réservé d'éclairer leur siècle sur des vérités encore imparfaitement dévoilées.

Mais, en attendant, le danger presse ; le temps poursuit sa marche inexorable : les gouvernemens, l'administration, la législation, fermant les yeux sur les maux des populations ouvrières, semblent entraînés par les intérêts du moment, à suivre et à élargir les voies de civilisation ouvertes par le système anglais. Le mal qui oppresse les classes inférieures est évident ; mais on en conteste l'origine et les causes; peut-être même n'en connaît-on pas toute l'intensité. J'ai donc cru que des observations spéciales pouvaient être utiles en donnant une nouvelle force à des écrits remarquables, mais dont l'autorité avait besoin peut-être de s'appuyer davantage sur celle des faits. Voilà, je le répète le but et l'excuse d'une publication dont je reconnais moi-même l'imperfection inévitable.

Ce qui m'a frappé surtout, dans mes études, c'est l'influence funeste que le système industriel et politique de l'Angleterre a exercé sur la France, sur l'Europe et sur une grande partie de l'univers. Ce système, basé sur un égoïsme insatiable et sur un mépris profond de la nature humaine, s'est dévoilé à mes regards d'une manière qui a exalté à l'excès, peut-être, un sentiment de nationalité dont un cœur français ne saurait se défendre, et cette impression se manifestera peut-être un peu vivement dans tous le cours de cet ouvrage. Cependant j'ai cherché à n'être que vrai, et ne crois pas avoir été injuste ni exagéré.

En effet, le véritable paupérisme, c'est-à-dire la détresse générale, permanente et progressive des populations ouvrières a pris naissance en Angleterre, et c'est par elle qu'il a été inoculé au reste de l'Europe.

Depuis trois cents ans, cette puissance n'a cessé d'exciter l'amour des richesses, du luxe, des jouissances matérielles; une aristocratie souveraine, un clergé enrichi des dépouilles du catholicisme, des spéculateurs habiles et heureux, placés à la tête du pouvoir, de la propriété, des capitaux et de l'industrie, n'ont cessé d'accumuler le privilége des terres, du commerce et de la navigation. Il en est résulté une monstrueuse centralisation de fortune et de despotisme qui a été constamment mise en action pour acquérir de nouveaux biens. Telle a été la marche incessante de la classe avide et orgueilleuse devenue maîtresse de la population. C'est ainsi qu'on l'a vue exploiter partout la race humaine; et tandis qu'elle cherchait à améliorer chez elle tous les types d'animaux utiles, ne s'occuper de ses ouvriers que pour abuser de leurs forces et de leur misère. Ce n'était pas assez d'avoir englouti toutes les richesses de la Grande-Bretagne, sa cupidité insatiable s'est étendue aux richesses de tout l'univers; à tout prix, il a fallu la satisfaire; violence, inhumanité, corruption, elle a tout employé tour à tour, et n'a reculé devant aucun moyen de succès.

Long-temps elle a ébloui les regards de son opulence, et son exemple a séduit quelques nations; aujourd'hui, le temps et l'expérience commencent à soulever le voile qui cachait l'effroyable misère d'une population opprimée, affamée et poussée au désespoir. La publicité révèle l'excès de sa production manufacturière; la lutte, établie par une concurrence universelle, réagit avec vigueur. Tout annonce que le colosse est ébranlé, et qu'un abîme est creusé sous son piédestal.

A ce sombre tableau que tracent les Anglais eux-mêmes, pourrait-on méconnaître l'approche d'une catastrophe inévitable, plus ou moins prochaine et sans doute terrible?

Ainsi, l'Angleterre est destinée à périr par les

causes qui ont engendré le paupérisme, et peut-être par le paupérisme lui-même. Tous les hommes qui ont approfondi la situation de ce royaume, ne peuvent s'empêcher d'en avoir le pressentiment; ce sera un grand malheur, sans doute, et cependant, pourra-t-on dire qu'il n'est pas mérité et que la Providence ne se devait pas à elle-même de donner cette haute leçon au monde ?

Mais les autres peuples doivent-ils attendre que cet événement immense soit arrivé pour renoncer aux principes qui ont dirigé le système économique et industriel de l'Angleterre? Assurément non : il est temps encore de prendre une autre route et de guérir, par les contraires, le mal anglais qui menace de nous gagner.

Le système anglais repose sur la concentration des capitaux, du commerce, des terres, de l'industrie; sur la production indéfinie; sur la concurrence universelle; sur le remplacement du travail humain par les machines; sur la réduction des salaires; sur l'excitation perpétuelle des besoins physiques; sur la dégradation morale de l'homme.

Fondons, au contraire, le système français sur une juste et sage distribution des produits de l'industrie, sur l'équitable rémunération du travail, sur le développement de l'agriculture, sur une industrie appliquée aux produits du sol, sur la regénération religieuse de l'homme, et enfin sur le grand principe de la charité.

Dans ce système, loin de faire rétrograder l'industrie, nous ne verrons dans les machines et les grands capitaux que des agens de bien-être et de civilisation : la nation tout entière sera enrichie, et non quelques individus. La misère, redevenue un accident individuel, inséparable de la condition humaine, sera soulagée aussitôt qu'aperçue. Le paupérisme n'alarmera plus les gouvernemens. Qu'on y songe bien, ce n'est plus seulement de l'ordre politique qu'il s'agit aujourd'hui, mais de l'existence peut-être de la société tout entière. Les signes précurseurs d'une révolution sociale éclatent de toutes parts. On voit se former des religions nouvelles; les voix formidables de prophètes nouveaux se font entendre du fond de la solitude, et même de la tombe. L'Orient est plein de mystères politiques, prêts à se dévoiler; l'Europe semble frappée de terreur et de vertige; les intelligences et les passions humaines s'agitent, se croisent, se choquent en tous sens, comme pour chercher une issue qu'elles ne trouvent pas. Les classes riches escomptent rapidement la vie, et sans souci de l'avenir, n'aspirent chaque jour qu'à de nouvelles jouissances matérielles. Les masses prolétaires, privées d'aliment moral et de bien-être physique, demandent à entrer à leur tour, de gré ou de force, dans le partage des biens de ce monde. Tel est l'état de la société dans plusieurs parties du globe civilisé. Que sortira-t-il de ce cahos? quel est l'avenir de la civilisation européenne? chacun le demande et personne ne peut le dire.

Ce qui paraît certain, c'est que les temps de monopole et d'oppression sont accomplis sans retour et qu'une grande transition approche. Or, elle ne peut s'opérer que de deux manières, ou par l'irruption violente des classes prolétaires et souffrantes sur les détenteurs de la propriété et de l'industrie, c'est-à-dire par un retour à un état de barbarie, ou par l'application pratique et générale des principes de justice, de morale, d'humanité et de charité. Tout le génie de la politique, tous les efforts des hommes de bien, doivent donc tendre à préparer cette transition par des voies de persuasion et de sagesse. Evidemment c'est une nouvelle phase du christianisme qu'appelle l'univers. La charité chrétienne, mise enfin en action dans la politique, dans les lois, dans les institutions et dans les mœurs, peut seule préserver l'ordre social des effroyables dangers qui le menacent : hors de là, osons le dire, rien n'est qu'illusion ou mensonge.

Paris, ce 15 mai 1834.

INTRODUCTION.

> « En lisant certains économistes, on croirait que les produits ne sont pas faits pour les hommes, mais que les hommes sont faits pour les produits. »
>
> DROZ.

La pauvreté individuelle, c'est-à-dire la privation plus ou moins absolue des objets nécessaires à l'existence d'un homme ou d'une famille, est une situation douloureuse à laquelle la sympathie naturelle qui unit l'homme à ses semblables nous force impérieusement de compatir ; elle est, aux yeux de la religion, une souffrance que le ciel lui-même ordonne de soulager partout où elle existe : elle est aussi une cause de dégradation physique et morale que la société a intérêt à prévenir : enfin, la philosophie ne saurait y voir qu'une grave injustice morale, dès qu'elle n'est pas l'effet d'un malheur mérité.

Toutefois, tant que la pauvreté se montre isolée, circonscrite et passagère, il est facile de l'expliquer comme de lui porter remède ; on trouve aisément dans la nature même de l'homme, dans l'infériorité relative de ses forces physiques et de son intelligence, dans l'inégalité nécessaire des conditions sociales, dans l'impuissance ou le refus du travail, et surtout dans les maux inévitables attachés à l'espèce humaine, la raison de ces affligeans disparates qui blessent l'harmonie de la société sans néanmoins la détruire ; on comprend aussi que peu d'efforts doivent suffire pour réparer ces imperfections de l'ordre social.

Mais si l'indigence, sous le nom nouveau et tristement énergique de *paupérisme*, envahit des classes entières de la population, si elle tend à s'accroître progressivement, en raison même de l'accroissement de la production industrielle; si elle n'est plus un accident, mais la condition forcée d'une grande partie des membres de la société; alors on ne peut méconnaître dans de tels symptômes de souffrance généralisée, un vice profond survenu dans l'état de la constitution sociale et l'indice prochain des plus graves et des plus funestes perturbations.

Or, cette situation nouvelle se dévoile en ce moment même à nos regards.

Le développement de l'extrême indigence au sein des populations les plus nombreuses et des états les plus avancés dans les voies de l'industrie et de la civilisation modernes, et l'inquiétude qui tourmente les classes ouvrières, sont des faits qu'il n'est plus possible de contester. Et s'ils sont la plaie la plus dangereuse de la grande famille européenne, ils sont également les phénomènes les plus remarquables de l'époque actuelle, car leur apparition remonte à l'ère des progrès que la philosophie, la politique, et l'économie publique se vantent d'avoir obtenus au profit de la civilisation.

Depuis un quart de siècle seulement, on avait commencé à soupçonner leur existence; aujourd'hui, le paupérisme montre à nu ses colossales et hideuses proportions.

Aussi l'ordre social, long-temps contenu en Europe dans une sorte d'équilibre entre les divers élémens de la population, semble-t-il à la veille d'une commotion générale. De toutes parts des avertissemens sinistres indiquent que nous touchons au moment d'une transition violente, résultat inévitable d'une situation forcée. La lutte est même engagée sur quelques points du globe, entre la portion de la société qui possède les richesses et celle qui ne vit que de son travail. Cet antagonisme, aussi vieux que la société même, toujours vivace, mais comprimé par les institutions, adouci par la religion et les mœurs, et apaisé par la charité, n'avait éclaté, pendant des siècles, qu'à de rares et courts intervalles. Aujourd'hui, complètement révélé par de grandes révolutions politiques, il se fortifie de l'anarchie qui règne dans les doctrines morales, philosophiques et économiques. La misère des classes ouvrières est devenue la question de l'époque actuelle : elle est immense, mais elle est brûlante, pour ainsi dire, et les gouvernemens paraissent hésiter à l'aborder complètement.

Beaucoup de théories cependant ont été publiées, et de terribles expériences ont été faites, dans le but de résoudre le grand problème de l'extinction de la misère publique. Jusqu'à ce jour le mal n'a fait que s'aggraver.

A-t-on pris une fausse voie ? la misère humaine serait-elle inhérente à l'espèce humaine, ou bien, résultat nécessaire de la nature des choses, serait-elle une des dures, mais inévitables conditions de notre ordre social ? de nouveaux besoins auraient-ils créé de nouvelles privations ?

Enfin, aurait-on enlevé aux peuples quelque aliment moral dont l'absence a fait naître une faim plus dévorante de jouissances matérielles ? Quelle que soit leur importance pour le bonheur de l'humanité, ces questions sont encore indécises, et l'on a droit de s'en étonner dans un siècle qui se glorifie d'avoir porté si loin le perfectionnement des sciences humaines et surtout d'une science destinée à améliorer la condition de toutes les classes de la société.

Il existe, en effet, une science qui, non seulement s'applique à démontrer le mécanisme de la formation et de la distribution des richesses, « mais qui en découvre les sources, qui montre les moyens de les rendre abondantes, et enseigne l'art d'y puiser chaque jour davantage sans les épuiser jamais (1). »

(1) M. J. B. Say.

Cette science prouve, dit-on, « que la population peut être à la fois bien plus nombreuse et incomparablement mieux pourvue des biens de ce monde; constate que les intérêts des riches et des pauvres, que les intérêts d'une nation et ceux d'une autre nation ne sont pas opposés entre eux, et que toutes les rivalités ne sont que des *vanités*. Il résulte de ces démonstrations qu'une foule de maux, qu'on croyait sans remèdes, sont, non pas seulement guérissables, mais faciles à guérir, et qu'on n'en souffrira qu'autant qu'on le voudra bien (1). »

Assurément, c'est à une science ainsi définie et formulée et dont les théories, proclamées depuis plus d'un demi-siècle, ont été expérimentées sur une très vaste échelle, que l'humanité, la charité religieuse et la politique étaient en droit de demander le soulagement complet des classes souffrantes de la population. Mais les résultats, il faut bien le dire, sont loin d'avoir répondu aux promesses; et quelque forte part que l'on puisse faire à une fausse application des principes de la science et aux obstacles que l'application, même la plus judicieuse, aurait pu rencontrer, on est forcément conduit à penser que la science a trop présumé d'elle-même: qu'elle a bien plutôt enseigné l'art de produire les richesses que celui de les répartir équitablement, et, qu'ainsi, au lieu de soulager l'indigence, elle a très probablement contribué à la propager. Ce doute est grave et mérite que l'on examine attentivement l'accord et la relation des faits et des principes. Or, un tel examen réclame nécessairement quelques notions préalables sur l'origine, le but et les théories de l'économie politique, et sur les variations que la science a subies juqu'à nos jours. Cette digression était nécessaire pour pouvoir apprécier l'influence des doctrines de l'économie politique sur le

(1) M. J.-B. Say.

sort des classes ouvrières et pauvres ; nos lecteurs voudront bien nous la pardonner.

« L'économie politique ne s'est réellement manifestée comme science que vers le milieu du siècle dernier (1). Mais ses élémens remontent à l'origine même du monde, car le travail, et par conséquent l'industrie, ont été imposés aux premiers hommes comme nécessité de leur existence physique. Ils remontent surtout à la famille, puisqu'avec elle naquit l'économie domestique qui n'implique, à la vérité, qu'une civilisation en quelque sorte patriarcale et ne suppose qu'une sociabilité presque individuelle. Puis vint l'économie nationale lorsque la civilisation s'établissant de famille en famille eut changé la tente du patriarche en cité, et les enfans d'un père commun en citoyens d'un même état. Dès lors les élémens de la richesse se compliquèrent en se multipliant. Il fallut coordonner des intérêts distincts et souvent opposés. Il y eut des dépenses communes, une fortune publique en dehors des fortunes privées, et, par conséquent, une législation complexe dans son but, puisqu'elle avait à assurer l'une sans épuiser l'autre. La science gouvernementale commença aussitôt, et la sphère d'action devint nécessairement plus grande à mesure que l'état étendait ses frontières ou que l'accroissement de sa population étendait ses besoins (2).

« Les développemens pratiques de l'économie politique chez les anciens peuples furent forcément bornés par les obstacles que l'état peu avancé de la navigation et de l'industrie, et plus encore la nationalité exclusive des cultes et des législations apportaient aux relations réciproques des états. Tant que l'esclavage marchait à la suite des

(1) Les économistes français écrivaient sous le règne de Louis XV ; les recherches d'Adam Smith sur la nature et les causes de la richesse des nations parurent en 1776.

(2) M. Decoux, Conférences sur l'économie politique.

conquêtes et que le droit des gens demeura inconnu, les relations des peuples durent être extrêmement circonscrites et les progrès des arts utiles, lents et sans cesse interompus (1). »

Les institutions relatives à l'amélioration du sort des pauvres ne pouvaient guère être l'objet de la législation du paganisme, non point parce qu'il n'existait point d'indigens, mais parce que l'esclavage semblait être à la fois leur condition naturelle, en même temps que la garantie de leur existence. Moïse seul, dans ses Codes immortels, qui consacraient le droit de propriété, leur avait assuré une protection constante. Dans le reste de l'antiquité, les plans de société se rapportant au soulagement des pauvres, se réduisent à deux, représentés, dans ce qu'ils ont d'essentiel, par l'institut de Pythagore et la république de Platon. L'institut de Pythagore, séminaire de législateurs, reposait sur la destruction de tous les droits individuels de propriété, réunis et absorbés dans la personne du chef, lequel, par des commissaires nommés à cet effet, faisait répartir les fonds communs entre les membres de l'association. — La communauté des biens, qui formait un des fondemens de la république de Platon, impliquait le système contraire à l'absorption des droits individuels, c'est-à-dire leur extension illimitée, ou *le droit de chacun à tout* (2).

Mais il est évident que ces plans ne pouvaient s'appliquer qu'à une population circonscrite dans d'étroites limites, et devaient disparaître lorsque la société recevrait une extention progressive. « Le christianisme présenta au monde un autre type social. Il renfermait d'abord le droit de propriété, droit fixe, déterminé comme chaque existence sociale et qui favorise, par son énergie intime, l'ac-

(1) M. Decoux, Conférences sur l'économie politique.

(2) M. l'abbé Gerbet, Conférences sur la philosophie de l'histoire.

tivité humaine et la production même de la propriété. Avec le droit de propriété, il réalisait le principe de liberté qui en est inséparable ; ces deux principes devinrent l'aurore d'une ère nouvelle pour le genre humain. La grande réformation sociale date de la même époque que la grande réformation religieuse. Le christianisme ne se bornait pas à apporter à l'univers les vérités morales. Destiné à devenir la religion et le lien commun de tous les hommes, il fut aussi le véritable élément de la civilisation universelle. Par lui, le droit des gens introduit dans le nouveau code des nations, l'abolition de l'esclavage, la propagation des lumières, le prosélytisme de la charité et de la bonne foi, la chute des préjugés et des cultes nationaux, les croisades, les missions étrangères enfin, assurèrent au commerce et à l'industrie des conquêtes rapides. De toutes parts, dans la législation, comme dans la richesse publique, il y eut un progrès gigantesque. Cette merveilleuse facilité à profiter de chaque découverte utile se manifesta lorsque la boussole fut enfin connue de l'Occident. Bientôt la mer devint comme la grande route des peuples chrétiens. La sécurité pour les personnes et les propriétés multiplia à l'infini les rapports des peuples entre eux et le négociant, sans inquiétude pour sa fortune, put transformer ses capitaux en marchandises et les envoyer dans tous les ports de la république chrétienne (1). »

« Alors, la lettre de change vint imprimer au commerce un mouvement égal à celui que la navigation avait reçu de la boussole. Le crédit individuel se manifesta sous cette forme ; une nouvelle route frayée vers les Indes et la découverte de l'Amérique, affranchirent le commerce européen de toutes les entraves et lui donnèrent un monde nouveau pour vassal : les cinq siècles qui avaient précédé, furent comme une magnifique introduction à ces événe-

(1) M. Decoux, Conférences sur l'économie politique.

mens. Le catholicisme, jusqu'alors régulateur suprême de la civilisation et arbitre souverain du droit des gens, avait tenu ses promesses, la vérité de ses dogmes put être démontrée même par son utilité pour la prospérité matérielle de l'univers (1). »

Malgré le retour des nationalités religieuses produit par la réforme, et malgré les haines de peuple à peuple qui en furent le résultat, l'essor imprimé par le catholicisme au développement de l'industrie et du commerce, ne fut point interrompu : mais ce grand élément civilisateur, subordonné désormais, dans plusieurs états, au pouvoir politique, ne put répandre dès lors librement et complètement les bienfaits qu'il est sans doute de sa destinée de procurer un jour au monde entier. Dès ce moment, encore, le sort des pauvres, si efficacement amélioré par le christianisme, fut exposé à des vicissitudes nouvelles ; l'égoïsme pénétra dans toutes les entreprises industrielles, et amena peu à peu le monopole du commerce, des capitaux et de l'industrie.

L'économie politique, qui n'est que l'économie de nation à nation comme l'économie nationale n'est que l'économie de famille à famille, remonte évidemment à l'existence même du droit des gens ; mais elle ne pouvait être qu'une science d'observation, et il a fallu une longue expérience pour parvenir à distinguer, parmi tant d'intérêts divers, celui de la majorité et de la minorité. Pendant long-temps cette science ne fut que pratique et le domaine à peu près exclusif de l'administration.

Le premier système régulier d'économie politique est celui de Colbert. Sully avait enrichi la France en accordant une faveur marquée à l'agriculture et en diminuant les impôts. Les *économies royales*, qui attestent à la fois la noblesse, le génie et le cœur paternel du bon Henri et la sagesse et les vertus politiques de son austère et fidèle

(1) M. Decoux.

ministre, résument les idées de l'administration sous ce règne mémorable. Colbert leur fit prendre une nouvelle direction. Sans négliger l'agriculture (1), il s'attacha surtout à multiplier les manufactures appliquées aux produits nationaux. Persuadé que l'abondance du numéraire était la mesure véritable de la richesse des nations, il voulut que la France exportât le plus et importât le moins. C'est sur ces bases que fut fondé son fameux système auquel on a donné le nom de *mercantile*. A son exemple, toute l'Europe adopta la doctrine de la balance du commerce, des douanes et du régime prohibitif des produits étrangers. Il est vraisemblable que les longues guerres, qui marquèrent le règne de Louis XIV, nécessitèrent en grande partie l'établissement de ce système de nationalité dont les résultats ne furent pas toujours heureux.

Les conséquences de la direction imprimée par Colbert à l'administration générale, ne pouvaient échapper à l'esprit philosophique qui commençait à se développer dès les dernières années du dix-huitième siècle. On doit reconnaître dans cette première tendance à la liberté d'examen des questions d'utilité publique, les premiers pas que faisait la science de l'économie politique pour réunir en un seul faisceau les lumières éparses de l'administration pratique et de l'administration spéculative. Cette réunion ne fut complètement opérée que par Adam Smith, mais avant lui avaient paru plusieurs écrivains français et italiens auxquels il est juste d'accorder une portion de la gloire dont on a entouré le nom du fondateur de l'économie politique.

(1) On a trop oublié les encouragemens que Colbert accorda à l'agriculture. Ce grand ministre était trop éclairé pour ne pas savoir que la France était essentiellement agricole : aussi à son entrée au ministère il diminua l'impôt sur les terres, favorisa la multiplication des bestiaux, et s'attacha ensuite à réduire la taxe du sel. Son système ne perdit pas de vue la protection de l'industrie nationale, et de sages réglemens préservèrent les ouvriers contre le monopole des entrepreneurs de manufactures.

Le paisible ministère du cardinal de Fleury avait, en France et en Europe, dirigé les esprits vers les moyens d'augmenter et de consolider la félicité publique. Montesquieu, en portant le flambeau de la philosophie sur l'origine et l'esprit des lois qui régissent les sociétés, avait enseigné le grand art de découvrir, dans l'ensemble des faits moraux et physiques observés dans l'organisation sociale, les relations réciproques des climats, des institutions et des mœurs publiques. Cet illustre exemple mit sur la voie de rechercher les lois de la richesse, du travail et de la consommation, qui avaient été peu approfondies par Montesquieu lui-même. Le docteur Quesnay (1), l'un des premiers écrivains qui entrèrent dans cette carrière nouvelle, fonda la secte dite des *Économistes*; par elle l'attention de l'Europe fut bientôt attirée sur tous les sujets qui touchent au bonheur de la société humaine, et ses doctrines eurent une influence marquée sur plusieurs publicistes français et italiens.

Le grand principe des économistes était que la terre est la seule source des richesses. De cette source unique sortent tous les produits de l'agriculture, des manufactures et du commerce (2). Le manufacturier et le commerçant ajoutent, il est vrai, quelque valeur au produit de la terre; mais cette valeur est précisément l'équivalent du travail qu'ils ont fait; c'est leur salaire. Toutes les relations avec les ouvriers de ce genre ne sont que des échanges. Le propriétaire des terres a seul le pouvoir créateur. L'or et l'argent ne sont à l'homme que d'une utilité de convention. Il n'existe point d'intérêt à faire sortir ou entrer

(1) Le docteur Quesnay était médecin de Louis XV.

(2) Depuis long-temps, Bossuet avait dit : « Les véritables richesses sont celles que nous avons appelées *naturelles*, à cause qu'elles fournissent à la nature ses véritables besoins. La fécondité de la terre et celle des animaux est une source inépuisable de vrais biens; l'or et l'argent ne sont venus qu'après, pour faciliter les échanges. » (Politique sacrée.)

l'argent d'un pays au profit d'un pays ou d'un autre. Il ne faut point de prohibitions ni de douanes, mais une liberté entière et universelle du commerce. L'impôt doit être unique, assis sur le revenu de la terre et payé directement par le propriétaire foncier (1).

Telle était, en résumé, la doctrine de ces écrivains dont on a dû combattre quelques erreurs, mais dont les écrits ont contribué à faire disparaître de nombreux abus. On leur rendra plus de justice si l'on se reporte aux temps où ils ont vécu et peut-être aux temps où nous vivons nous-mêmes. Ils ne pouvaient prévoir à quel point on pourrait un jour exagérer leurs théories; il faut reconnaître qu'ils ont traité tous les sujets économiques avec l'amour le plus pur du bien public et le désir ardent de soulager le sort des classes malheureuses; leurs écrits se distinguent par une douce et saine morale, et, en général, par un profond respect pour les institutions sur lesquelles se fondent le repos, le bonheur et les vertus des peuples (2). Enfin leur sagacité avait reconnu que la France était essentiellement agricole. L'expérience n'a pas, du moins, démenti ce jugement.

L'économie politique avait commencé dès long-temps à jeter quelque lueur en Italie. Déjà, en 1516, Machiavel avait dit: « La sûreté publique et la protection sont le nerf de l'agriculture et du commerce. Sous les gouvernemens doux et modérés, la population est toujours plus grande, les mariages y sont plus libres et plus désirables. » En 1579 le comte Gaspard Scarruffi de Reggio, de-

(1) Ce système fut en partie appliqué par l'assemblée constituante. L'impôt foncier fut porté à 300,000 millions. L'impossibilité de l'exécution fut ici, comme ailleurs, la réponse des faits aux théories; jamais l'impôt ne put être perçu. (Le vicomte de St.-Chamans, Système d'impôt.)

(2) On peut citer, parmi les principaux économistes, outre le docteur Quesnay, MM. Melon, Dupin, de Chastellux, Dupont de Nemours, Forbonnais, le marquis de Mirabeau, Turgot, etc., etc.

mandait une monnaie uniforme pour toute l'Europe; Antoine Serra, de Naples, auteur d'un traité, publié en 1613, sur les causes qui peuvent faire abonder l'or et l'argent dans le royaume, analysait le pouvoir producteur de l'industrie, et pourrait, à juste titre, être regardé comme ayant découvert le premier ce principe fondamental de la science économique moderne. Bandoni, archidiacre de Sienne, écrivit, en 1737, un ouvrage publié seulement en 1775, et qui renfermait les idées les plus remarquables des économistes français; Galiani développa et rectifia ses doctrines; Genovesi, pour lequel un simple particulier (Barthélemi Intiera) fondait, à Naples, une chaire d'économie politique (la première qui ait été établie en Europe), attribuait toute richesse *au travail honnête* (1).

Après Génovesi parut le savant Algarotti, qui a exposé si fortement les avantages que le commerce européen trouverait à se diriger sur l'Afrique, préférablement à l'Amérique et à l'Asie; vint ensuite Beccaria, si célèbre comme publiciste, dont les ouvrages d'économie politique renferment, sur les effets de la division du travail, les mêmes vérités que découvrait en même temps Adam Smith en Angleterre; et sur le principe de la population, les considérations si habilement développées depuis par Malthus.

(1) « Le travail, dit Génovesi, ressemble à la souffrance, mais le plaisir est toujours fils de la douleur : c'est la loi du monde; elle est générale, et il faut l'aimer. Les Don Quichotte de la philosophie et les Sisyphes de la chimie, après s'être alambiqué le cerveau pendant longues années, ont enfin reconnu qu'il n'y a d'autre moyen de faire de l'argent, que *le travail honnête*. Cette conclusion fait aujourd'hui le désespoir de bien des fous. Mon bonheur serait grand de laisser nos Italiens un peu plus éclairés que je ne les ai trouvés, et surtout un peu plus attachés à la vertu, qui seule peut être la mère de tout bien. Il est inutile de penser aux arts, au commerce et à l'administration, si on ne pense pas à réformer la morale. Tant que les hommes trouveront leur compte à être fripons, il ne faut attendre grand'chose des travaux méthodiques : j'en ai trop l'expérience. » (Le comte Pecchio, Histoire de l'économie politique en Italie).

Verri, auteur de Méditations sur l'économie politique, dans lesquelles il donne la prééminence à l'agriculture sur l'industrie manufacturière; Paoletti, curé, qui désirait que les curés de campagne sussent et enseignassent l'agriculture (1); Vasco, auteur d'un mémoire sur la mendicité et sur les moyens de la soulager, et enfin beaucoup d'autres publicistes italiens, écrivaient sur l'économie politique à l'époque où paraissaient les ouvrages de Quesnay et des autres économistes français. Après eux, Ortès, moine camaldule, qui s'occupait, vers ce temps, de l'économie politique, et particulièrement de recherches sur le principe de la population, fut conduit, sur cet objet, à des idées nouvelles, que Ricci, en Italie, et Malthus, en Angleterre, ont ensemble confirmées par leurs théories (2).

Ici, nous arrivons à l'époque où l'économie politique prend, en Angleterre, par les écrits d'Adam Smith, la forme et l'importance d'une véritable science. Mais on

(1) Cet honorable exemple est donné en Suisse et en Ecosse.

(2) Dans ses écrits, Ortès ne dissimule pas son aversion pour l'Angleterre, dont il prédit la ruine. Il a pour but de ses recherches l'augmentation de la population et le bien-être des peuples. Mais tandis que les économistes anglais vont à ce but, en cherchant plus à accroître la quantité que la distribution des richesses, Ortès a plus en vue la distribution que la quantité. Il voudrait une équitable distribution de la richesse, parce qu'à son avis la population et le bonheur dépendent des richesses modérées et nationales. « Sans la sûreté et la propriété des biens acquis, dit-il, la population ne peut s'accroître. C'est le seul moyen d'empêcher, non qu'il y ait des pauvres (ce qui est impossible), mais bien d'en diminuer le nombre. C'est le moyen aussi de diminuer les oisifs. Pour obtenir cette plus juste distribution, au lieu de lois, d'hospices, d'hôpitaux, et de tant d'autres remèdes politiques, il ne faut qu'une seule chose, le *laissez-faire*. Le gouvernement ne doit s'occuper que d'empêcher l'injure et le dommage qu'un citoyen voudrait faire à un autre, mais non pas entraver la marche et le cours naturel des choses; autrement on tombe dans un labyrinthe d'inconvéniens, dont les auteurs les plus ingénieux n'ont pu trouver encore le moyen de sortir. » (Le comte Pecchio, Histoire de l'économie politique en Italie.)

peut remarquer, à l'honneur des publicistes italiens, que Bandini fut le précurseur des économistes français, comme Beccaria et Ortès le furent des célèbres doctrines de Smith, sur la division du travail et la liberté illimitée du commerce.

La science économique s'était avancée sur les mêmes principes, tant en France qu'en Italie. Les écrivains tendaient tous au même but : chacun d'eux s'empressait, de bonne foi, à coopérer à la réforme des abus par le renversement des obstacles qui s'opposaient à l'augmentation de la population et au développement de la richesse publique. Une longue suite d'auteurs, à force de répéter les mêmes conseils, avait presque changé les idées des contemporains et assiégé les gouvernemens avec des opinions nouvelles qu'Ortès crut devoir combattre en partie, en proclamant, toutefois, la plus hardie et la plus importante de toutes, le *laissez-faire ;* mais, malgré cette révolution opérée dans les esprits méditatifs, les doctrines des écrivains français et italiens conservaient encore cette teinte de moralité et de bienfaisance que le christianisme et les vieilles traditions des pays agricoles maintenaient sur le continent européen. Il n'en était plus de même en Angleterre où la violence de la réforme religieuse et l'esprit exclusivement commercial, avaient changé les mœurs publiques, donné un vaste essor à l'industrie manufacturière et altéré profondément le principe de la charité. Depuis long-temps, dans ce royaume, les pauvres ouvriers qui, dans les états catholiques, se trouvaient placés sous la protection des aumônes et de la vigilance du clergé, étaient une charge du gouvernement qui, ayant créé pour eux une taxe spéciale, prélevée sur la propriété territoriale, semblait avoir acquitté sa dette et n'avoir plus à s'occuper de leur sort. La situation géographique de l'Angleterre la rendait essentiellement commerçante et industrielle. L'affaiblissement des principes religieux, suite nécessaire de sa séparation de l'unité catholique, opérée par un despote immoral et sanguinaire, avait fait perdre de vue et oublier en quelque sorte la puissance civilisatrice des idées morales. Ainsi, l'économie politique, encore charitable, religieuse, conforme aux droits des gens, en France et en Italie, devait apparaître en Angleterre toute imprégnée de l'esprit de commerce, dont l'égoïsme a été si énergiquement caractérisé par Montesquieu. « Si l'esprit de commerce, dit notre immortel publiciste, unit les nations, il n'unit pas de même les particuliers. Nous voyons que dans les pays où l'on n'est affecté que de l'esprit de commerce, on trafique de toutes les actions humaines et de toutes les vertus morales. Les plus petites choses, celles que l'humanité réclame, s'y donnent pour de l'argent. L'esprit de commerce produit chez les hommes un certain sentiment de justice exacte opposé d'un côté au brigandage, et de l'autre à ces vertus morales qui font qu'on ne discute pas toujours ses intérêts avec rigidité, et qu'on peut les négliger pour ceux des autres (1). Le système du commerçant se réduit à ce principe : « Que chacun travaille pour soi comme je travaille pour moi : je ne vous demande rien qu'en vous en offrant la valeur. Faites en autant (2). » Dans ce peu de mots, Montesquieu a indiqué toute la moralité de l'économie politique anglaise, qui se résume aujourd'hui dans le principe *de la production sans bornes des richesses matérielles par le monopole des capitaux et de l'industrie*.

Les Recherches sur la nature et les causes de la richesse des nations, d'Adam Smith, furent publiées en 1776. Nous devons placer ici un exposé de cet ouvrage célèbre et des principaux jugemens dont il a été l'objet.

« De toutes les vérités aperçues par les économistes

(1) Esprit des lois.

(2) *Idem*, édition anonyme de 1764.

français, dit M. le comte Germain Garnier (1), les unes étaient d'une faible utilité dans la pratique, les autres se trouvaient contredites dans leur application par des circonstances accessoires que la théorie n'avait pas fait entrer dans ses calculs.

« Pendant que cette secte occupait l'Europe de ses spéculations, un observateur anglais, plus profond et plus habile, portait ses recherches sur la même matière et travaillait à poser les fondemens de la vraie doctrine de l'économie politique.

« Une grande vérité, la plus féconde en conséquences, la plus utile pour la pratique, celle d'où découlent tous les principes de la science, fut aperçue par Smith, et lui révéla tous les mystères de la formation et de la distribution des richesses. Ce grand homme reconnut que l'agent universel de la création des richesses était le travail, et il s'attacha à analyser la puissance de cet agent, et à rechercher les causes qui le produisent et l'accroissent. Ce qui distingue la doctrine de Smith de celle des économistes, c'est le point duquel ils partent l'un et l'autre pour déduire des conséquences. Les derniers remontaient à la terre, comme source primitive des richesses; l'autre s'appuie sur le travail, comme l'agent universel qui les produit. Dès le premier coup d'œil on reconnaît combien l'école du professeur d'Edimbourg doit l'emporter sur celle des philosophes français, sous le rapport de l'utilité pratique et de l'application de ses préceptes.

« Le travail étant une puissance dont l'homme est la machine, l'accroissement de cette puissance ne doit guère trouver d'autres bornes que celles presque indéfinies de l'intelligence et de l'industrie humaine, et elle est suscep-

(1) Traducteur d'Adam Smith, auteur d'un abrégé élémentaire des principes de cet économiste et d'une histoire de la monnaie des peuples anciens, né en 1754. M. le comte Germain Garnier est mort âgé de 67 ans, en 1821, ministre d'Etat, pair de France, etc.

tible, comme ces facultés, d'être dirigée par des conseils et perfectionnée par les secours de la méditation. La terre, tout au contraire, abstraction faite de l'influence qu'a le travail sur la nature et la quantité de ses productions, est entièrement hors du pouvoir des hommes sous tous les autres rapports qui pourraient rendre plus ou moins avantageuses son étendue, sa situation et ses propriétés physiques. »

Suivant Smith, l'économie politique a pour but de procurer au peuple un revenu ou une subsistance abondante, et en même temps de former à la communauté un revenu suffisant pour le service public. Elle se propose d'accroître la richesse pour enrichir à la fois le peuple et le souverain. Le travail est la source de toute richesse. La quantité d'or et d'argent, dans un royaume, étant indifférente, la balance du commerce est une chimère. Il faut la liberté entière du commerce, point de prohibitions, point de primes, point de droits à l'entrée et à la sortie, point de douanes. Il faut s'occuper exclusivement d'exciter le travail et ne pas s'embarrasser de la consommation, qui viendra d'elle-même.

« Avant Smith, dit M. Jean-Baptiste Say, on avait plusieurs fois avancé des principes très vrais. Il a montré le premier pourquoi ils étaient vrais; il a fait plus, il a donné la vraie méthode de signaler les erreurs. Il a appliqué à l'économie politique la nouvelle manière de traiter les sciences, en ne recherchant pas les principes abstractivement, mais en remontant des faits les plus constamment observés, aux causes que découvrent le raisonnement et non de simples abstractions. De ce qu'un fait peut avoir une cause, l'esprit de système en conclut la cause : l'esprit d'analyse veut savoir pourquoi cette cause a produit cet effet, et s'assure qu'il n'a pu être produit par aucune autre cause. L'ouvrage de Smith est une suite de démonstrations qui ont élevé plusieurs propositions au rang de principes incontestables, et en ont plongé un bien plus grand nombre dans ce gouffre où les systèmes, les idées vagues, les imaginations extravagantes se débattent un certain temps avant de s'engloutir pour toujours. Adam Smith n'a pas toujours embrassé l'ensemble des phénomènes de la production et de la consommation des richesses. Mais, grâces à lui, la plus obscure des sciences deviendra bientôt la plus précise, et celle de toutes qui laissera le moins de faits inexpliqués (1). »

Les doctrines de Smith, adoptées avec empressement par les grands capitalistes de l'Angleterre, ne tardèrent pas à imprimer une forte impulsion à l'industrie anglaise. Le gouvernement de ce royaume, qui aspirait à la suprématie universelle du commerce des mers, seconda puissamment le développement immense donné à la production manufacturière, et sut, plus tard, profiter habilement de la facilité que lui donnait la guerre européenne allumée contre la France, pour s'assurer la possession de tous les débouchés qui nous étaient fermés. Nous aurons occasion d'examiner bientôt les résultats de la domination industrielle de l'Angleterre. Suivons la marche et les progrès de l'économie politique en France.

A l'époque où parut l'ouvrage de *Smith* (qui fut l'ami du ministre Turgot, auquel néanmoins il ne put faire adopter entièrement ses doctrines), Louis XVI régnait depuis deux années : c'était l'époque où toutes les idées qui se rapportaient à l'amélioration du sort des peuples, étaient avidement accueillies par le cœur généreux de cet excellent et trop malheureux prince. Mais c'était aussi le moment où l'esprit anti-religieux et anti-monarchique faisait une irruption profonde en France, et préparait la grande catastrophe de la révolution de 1789. La science de l'économie politique qui, dès lors, ne pouvait s'avancer en moralité et en progrès, servit aux attaques dirigées

(1) Traité d'économie politique, par M. Jean-Baptiste Say.

contre toutes les institutions sociales. Un instant relevée et illustrée par les travaux de quelques membres de nos assemblées législatives, elle fut avilie et prostituée dans les actes et les écrits des hommes de la terreur et du directoire. C'était exilé et proscrit, que M. Germain Garnier terminait sa belle traduction de l'ouvrage de Smith, et adressait à la France des conseils judicieux et presque prophétiques (1).

Le consulat et l'empire devaient être peu favorables à l'économie politique (2). L'esprit d'examen et de critique

(1) M. Herrenschwand, né en Suisse, publia à Londres, en 1796, son Traité d'économie politique et morale de l'espèce humaine, dans lequel il s'est attaché à indiquer : 1° *Comment les peuples doivent être libres et heureux selon l'ordre général de l'univers ;* 2° *les devoirs des gouvernemens qu'il considère comme les délégués du Créateur de l'univers, et devant, à ce titre, gouverner l'espèce humaine comme le créateur l'eût fait lui-même s'il avait jugé à props d'en garder la direction immédiate entre ses mains.* M. Herrenschwand établit en principe que l'ordre général de l'univers impose à l'espèce humaine la loi de se multiplier sur la terre autant que cette planète est capable de lui fournir de subsistance, et celle de multiplier ses besoins artificiels autant que les choses de la terre lui offrent d'usages à appliquer. Il considère comme un crime contre l'ordre général de l'univers, soit de la part des peuples, soit de la part des gouvernans, toute infraction à ces lois, et tout obstacle apporté à leur accomplissement. On voit que, sous certains rapports, il se rapproche de l'école de M. Say. Il n'est cependant pas le partisan de Smith, qu'il attaque avec amertume, ainsi que Montesquieu, Rousseau, Raynal, Voltaire, etc. L'ouvrage de M. Herrenschwand étincelle de pensées fortes et lumineuses, et n'a pu être conçu que par un homme de génie. Mais son système, qui s'écarte totalement des principes religieux du christianisme, manque de bases solides, et n'offre point d'applications pratiques à l'état de la société européenne.

(2) Le seul ouvrage remarquable d'économie politique qui ait paru sous le consulat est une brochure sans nom d'auteur intitulée : *l'Economie politique réduite à un principe : augmenter continuellement les valeurs au moyen desquelles on échange, dans la proportion qu'indique l'augmentation possible de la production, ou augmenter le numéraire à proportion qu'on peut produire des denrées.* Toutes les questions relatives aux moyens de fonder le crédit public et de mesurer et d'exciter la production, aux emprunts, au commerce extérieur et in-

appliqué à tous les actes du gouvernement était incompatible avec l'homme dont l'immense génie ne sut lutter contre la tendance des opinions en faveur de la liberté, qu'en les forçant au silence. Le Traité d'économie politique de M. J.-B. Say parut en 1804, et ne put être réimprimé que dix ans après, c'est-à-dire au commencement de la restauration.

Ce n'est donc que depuis la restauration que l'économie politique put devenir, en France, l'objet d'une étude libre et approfondie. Nos relations avec l'Angleterre et l'importation des ouvrages d'économie politique publiés dans ce royaume et ailleurs, appelèrent sur ce terrain presque nouveau les méditations des écrivains et des hommes d'état, qui purent se livrer alors à des travaux que ne repoussait plus une politique ombrageuse et inquiète. Toutefois, la révolution, due en si grande partie aux doctrines hardies du philosophisme moderne, avait enlevé aux institutions, aux lois et aux mœurs, toutes leurs bases religieuses et morales. Elle communiqua aux systèmes économiques cette sécheresse de cœur, cette absence d'humanité et de charité, et enfin, ce matérialisme égoïste que devait révéler bientôt en France, comme en Angleterre, l'application des doctrines de l'école fondée par Smith.

L'exemple éblouissant de la prospérité industrielle de l'Angleterre, que l'on s'empressait de visiter, excita l'ardeur des capitalistes français. On les vit à l'envi, chercher à introduire en France les systèmes d'industrie qui avaient opéré, de l'autre côté de la Manche, des merveilles dont l'éclat séduisait les regards superficiels.

térieur, aux machines, etc., y sont traités avec une précision mathématique et une justesse de coup d'œil qui annonçait un véritable homme d'état. Cet écrit était l'ouvrage d'un jeune homme de vingt-deux ans, qui a justifié, depuis, par des talens d'un ordre supérieur, tout ce qu'il promettait dans un âge presque voisin de l'adolescence *.

* M. le baron de V******, ancien ministre d'état, et l'un des derniers pairs de France nommés par Charles X.

Cependant des observateurs profonds (1) avaient attentivement suivi les progrès et les résultats des systèmes basés sur le principe d'une production sans limites. Ils avaient reconnu qu'en Angleterre la population, et avec elle la taxe des pauvres, s'était accrue en raison des progrès de l'industrie : ils avaient pressenti que lorsque l'industrie aurait pu obtenir d'un seul homme la quantité d'ouvrage que donnaient auparavant cent cinquante artisans, le moindre point d'arrêt devait amener une baisse sur le prix des salaires, et que dès lors toute garantie d'existence avait disparu pour l'ouvrier prolétaire qui se trouvait exposé aux tourmens d'une disette factice. La disparition des associations des corps et métiers commençait à produire des conséquences fatales; on ne pouvait oublier que, plus d'une fois. les souffrances et la misère des ouvriers, à la merci des entrepreneurs d'industrie, s'étaient manifestées par de graves atteintes portées à la tranquillité publique. Le célèbre ouvrage de Malthus, sur le principe de la population, imprimé en Angleterre, en 1798, mais qui ne fut guère connu en France que par la traduction de M. Pierre Prevost, de Genève, publiée en 1809, avait confirmé de justes alarmes sur les causes d'une détresse qui se révélait au sein de l'abondance. On commença à soupçonner que la science de la production des richesses n'était pas celle qui répand le plus de véritable bonheur. Une controverse animée s'établit sur les théories de l'économie politique, et donna une nouvelle direction aux esprits qui s'occupaient de cette science.

« Depuis Smith, dit M. Storch (écrivain russe, dont les doctrines sont en général basées sur celles de Smith et de M. Say), uné foule d'ouvrages a paru sur la doctrine nationale dans presque tous les pays de l'Europe. Les meil-

(1) Principalement M. le comte Germain Garnier. Voir le chap. VI du livre II.

leurs esprits, les hommes les plus éclairés se sont rangés sous sa bannière; plusieurs d'entre eux ont commenté son système et ont tâché de l'éclairer et de le rendre populaire (1). D'autres, l'appliquant aux pays où ils vivaient et aux circonstances actuelles où ces pays se trouvaient, ont donné des conseils salutaires. Quelques auteurs, à la vérité, ont essayé de combattre les résultats de la doctrine de Smith, ou ses principes les plus essentiels (2). Enfin, on a cherché à concilier la doctrine de Smith, tantôt avec le système mercantile (3), tantôt avec celui des économistes (4). Un seul auteur a osé défendre le système mercantile contre les raisonnemens de Smith (5). »

Presque tous les économistes de l'époque actuelle appartiennent plus ou moins à l'école de Smith (6); mais, ce qui est digne de remarque, c'est que les doctrines de l'écrivain anglais, conservées en ce qui concerne quelques principes importans, ont été singulièrement modifiées par les écrivains français et italiens qui, éclairés par l'expérience, ont cherché à rendre à la science un caractère plus moral et plus humain. Quelques Anglais ont même cédé à cet exemple. Sans doute, ils ne pouvaient demeurer insensibles au spectacle de la misère qui accompagnait l'accroissement excessif et indéfini de la production et de la concurrence. D'ailleurs, des esprits élevés ne pouvaient se contenter d'une doctrine qui négligeait les richesses morales pour ne s'occuper que de la richesse matérielle.

(1) MM. Jérémie Joyce; Jean-Baptiste Say; Lueder de Berlin, etc.

(2) MM. Steuart, Herrenswand, Gray, Lauderdale, Ganilh, de Sismondi.

(3) M. Dutems.

(4) M. le comte Germain Garnier.

(5) M. Ferrier.

(6) MM. Ricardo, Mill, Mac Culloch, Storch, etc. — MM. Malthus, de Sismondi et Droz se sont séparés sur beaucoup de points des doctrines de Smith dont ils ont aperçu, les premiers, la tendance funeste sur le sort des classes inférieures.

Et d'abord, M. J.-B. Say, l'un des hommes qui s'est attaché avec le plus de persévérance à rectifier et à compléter l'économie politique, fit apercevoir deux graves erreurs qui enlevaient aux théories de Smith leurs bases les plus solides. Smith attribuait au seul travail de l'homme le pouvoir de produire des valeurs. C'était une illusion. Une analyse plus exacte, due à M. Say, prouve que ces valeurs sont dues à l'action du travail, ou plutôt de l'industrie de l'homme combinée avec l'action des agens que lui fournit la nature et avec celle des capitaux.

Smith avait borné le domaine de cette science aux valeurs fixées dans des substances matérielles. M. Say y comprit aussi les valeurs qui, bien qu'immatérielles, n'en sont pas moins réelles, cette richesse immatérielle étant si peu fictive qu'on échange journellement l'exercice de son art contre de l'argent et de l'or. C'est ainsi qu'il enleva à l'économie politique la distinction, humiliante pour l'homme, entre le travail productif et le travail improductif. De plus, Smith n'offrait rien de complet, rien de bien lié sur la manière dont les richesses se distribuent dans la société. M. Say s'est efforcé de remplir ces lacunes et il l'a fait souvent avec succès (1).

(1) M. J.-B. Say est l'un des auteurs qui ont le plus contribué à répandre et à accréditer en France et en Europe les théories de Smith, qu'il a simplifiées et améliorées à beaucoup d'égards. Membre du tribunat, il paraît que ses opinions politiques avaient déplu à l'empereur Napoléon, car un avis placé à la tête de la seconde édition de son *Traité d'économie politique*, traduit dans presque toutes les langues de l'Europe, annonce qu'à peine la première édition publiée en 1803 était épuisée, que déjà il ne lui était plus permis d'en publier une seconde. « La presse, dit l'éditeur, n'était plus libre; toute représentation exacte des choses devenait la censure d'un gouvernement fondé sur le mensonge et dont chaque mesure était une calamité. » M. J.-B. Say confirme ces assertions dans la dédicace de son ouvrage à l'empereur Alexandre, en 1814. « Sire, dit-il, votre majesté m'a permis de déposer à ses pieds ce fruit de mes études et de mes travaux. Pendant dix années, j'ai été obligé de cacher, comme un crime, un ouvrage qui me semble renfermer quelques résultats utiles pour les princes et les nations.

Dans son *Traité d'économie politique*, publié en 1803, cet écrivain exprime le désir que la science ne sorte pas

Mais enfin, la puissance de vos armes, secondée par les efforts de vos généreux alliés et par l'élan de tout ce qui s'est rencontré en Europe d'amis des lumières, a brisé les fers qui enchaînaient toute pensée libérale, et repoussé la barbarie dont nous observions avec terreur les rapides progrès. Qu'il m'est doux, Sire, de pouvoir enfin vous proclamer publiquement un culte que depuis de nombreuses années, je rendais dans mon cœur à votre majesté impériale, et de lui offrir un hommage d'autant moins indigne d'elle qu'il *a été refusé à l'usurpation insatiable, au crime triomphant.* L'histoire revendiquera les grands événemens de notre délivrance, pour en composer ses plus magnifiques tableaux, etc. »

Il est remarquable de voir l'avénement de la restauration ainsi jugé par un homme tel que M. Say, et nous devions opposer ses expressions formelles aux écrivains et aux orateurs qui n'ont cessé de représenter les Bourbons de la branche aînée, et, par une conséquence logique, ceux de la branche cadette, comme imposés violemment à la France par les armes étrangères. M. Say proclame hautement, à la face de l'Europe, que l'invasion des hommes du nord nous déroba *à la barbarie, à l'usurpation, au crime triomphant.* Il était bon de prendre acte de telles paroles.

Si nous sommes d'accord sur ce point historique avec M. J.-B. Say, nous ne pouvons, à notre grand regret, l'être constamment sur les doctrines d'économie politique. Il est juste de reconnaître, avec M. Droz : « qu'aucun auteur n'a rendu plus de services que M. Say à l'économie politique : que le rare talent avec lequel il a complété et rectifié cette science ; que l'ordre qu'il a su lui donner ; que son style, enfin, qui réunit la clarté à l'élégance, et la chaleur qu'admettent les sujets sévères, l'ont placé à la tête des hommes qui, dans leurs veilles, explorent la science des richesses, et lui ont mérité une réputation qui fait honneur à notre patrie. » Mais on ne saurait dissimuler en même temps que cet écrivain si recommandable n'ait justifié souvent une partie des reproches que lui adresse, en ces termes, un spirituel publiciste (M. le vicomte de St-Chamans) : « M. Say, dit-il, n'a pas de scrupules : quand il a admis un principe, aucun résultat ne l'effraie, aucune conséquence ne lui paraît trop dure, aucun fait ne l'étonne. C'est la faute des faits quand ils démentent tous ses systèmes. Avec un esprit méthodique et fort juste, sinon dans l'art d'apprécier les principes, du moins dans l'art d'en tirer toutes les conséquences, il s'est emparé du système de Smith. Il l'a rangé dans un ordre plus méthodique et l'a perfectionné dans l'analyse de la production et de la distribution des richesses ; mais aussi il a accueilli ses erreurs sur la consommation, les a portées beaucoup trop loin, et les a étendues de tous côtés, en multipliant les conséquences d'un principe erroné. » (Le vicomte de St-Chamans, *Système d'impôt.*)

des bornes où l'avait circonscrite Adam Smith. Il définit ainsi l'économie politique : « Celle qui traite de la production et de la distribution des richesses. » Il veut qu'on la distingue soigneusement de la politique, de la statistique et des autres sciences morales et administratives. Cependant, et, comme entraîné par un penchant irrésistible, il n'est guère de sujet de politique, de morale et de religion où il n'ait cherché à puiser et à appliquer les principes de la science économique, et il ne cesse de vanter l'influence de cette science sur la population, la puissance des états et le bonheur des peuples (1).

(1) On trouve dans le Cours d'économie politique de M. Say les axiomes suivans, que nous avons recueillis au milieu de beaucoup d'autres non moins dignes d'être mis au rang de véritables paradoxes, d'opinions erronées et dangereuses, ou d'aveux qui condamnent la science économique. — Il vaut mieux apprendre à satisfaire ses besoins que de n'en point avoir : les besoins multiplient les jouissances : la modération dans les désirs, se passer de ce qu'on n'a pas, est la vertu des moutons ; il convient aux hommes de se procurer légitimement tout ce qui leur manque. Les besoins manquent encore plus souvent aux nations que l'industrie. — Une jurisprudence uniforme est inutile ; des arbitres, en tout, sont les meilleurs juges : les règles de l'équité naturelle sont, dans certains cas, plus justes que celles de la législation, et pourraient servir de règle aux tribunaux. — Les actes de l'administration sont des occasions de dépense pour les administrés ; un administrateur est quelquefois utile sans rien faire. — En France la conscription et le recrutement militaire, et la presse des matelots en Angleterre, sont la violation la plus scandaleuse de la propriété et de tous les droits naturels. — Les prêtres cherchent à multiplier la population pour remplir leurs mosquées, les potentats pour grossir leurs bataillons. — La morale considère les actions sous un autre point de vue que l'économie politique. — La sagesse des siècles proverbialement citée n'est que l'ignorance des siècles. — Les ambassadeurs et la diplomatie sont une sottise antique et une source de guerres. — Les propriétés foncières sont les moins sacrées de toutes les propriétés, etc., etc.

Il est évident que dans ces différentes propositions M. Say n'a envisagé que le côté économique, et a négligé totalement les considérations politiques et morales ; mais dans ce cas n'est-on pas en droit de penser que l'économie politique, ainsi considérée et appliquée, conduisait directement au bouleversement de la société? *

* Nous apprenons aujourd'hui, en traçant ces lignes, la mort de J.-B. Say (novembre 1832.)

Vingt ans après, et dans son Cours d'économie politique, s'efforçant d'excuser l'esprit d'égoïsme de l'école anglaise, qu'il ne veut pourtant pas abandonner, il s'exprime ainsi : « L'objet de l'économie politique semble avoir été restreint jusqu'ici à la connaissance des lois qui président à la formation et à la distribution des richesses : c'est ainsi que moi-même je l'ai considéré dans mon Traité d'économie politique, publié en 1803. Cependant on peut voir dans cet ouvrage même que cette science tient à tout dans la société. Depuis qu'il a été prouvé que les propriétés immatérielles, telles que les talens et les facultés personnelles acquises, forment une partie intégrante des richesses sociales, et que les services rendus dans les plus hautes fonctions ont une analogie avec les plus humbles; depuis que les rapports de l'individu avec le corps social et leurs intérêts réciproques ont été clairement établis, l'économie politique, qui semblait n'avoir pour objet que les biens matériels, s'est trouvée embrasser le système social tout entier. Cependant si nous ne voulons pas nous lancer dans une carrière infinie, il convient de circonscrire l'objet de nos recherches. »

Ces aveux démontrent parfaitement pourquoi l'économie politique anglaise n'a pu réaliser ses séduisantes promesses. En envisageant toutes les questions de l'ordre social sous un rapport purement économique, elle devait nécessairement aboutir à une civilisation fondée sur les intérêts et les besoins matériels, et confondre ainsi toutes les idées reçues en morale et en politique.

M. Storch avait remarqué que les modernes, en s'occupant exclusivement des causes de la richesse nationale, avaient entièrement négligé celle de la civilisation. Il a cherché à rétablir la science de l'économie politique en y ajoutant, d'une part, la théorie de la civilisation, et en retranchant, de l'autre, ses principes administratifs. Il définit l'économie politique « *la science des lois naturelles qui déterminent la prospérité des nations, c'est-à-dire leur richesse et leur civilisation.* » C'eût été un grand pas de fait pour l'amélioration et l'utilité de la science, s'il avait considéré la civilisation sous un point de vue moral. Mais, d'accord malheureusement sur ce point avec Smith et M. Say, il ne voit dans la civilisation que l'accroissement progressif des besoins matériels et des moyens de les satisfaire, définition aussi fausse dans son principe que funeste dans ses conséquences (1).

M. Mac Culloch, disciple de Smith et émule de M. Say.

(1) « Les peuples anciens avaient pour maxime que la vertu consiste dans le peu de besoins matériels de l'homme, et c'est pour la suivre que les législateurs et les philosophes cherchèrent ensemble à réduire l'homme au plus petit nombre de besoins. Ce système, qui peut être compatible avec la vertu et peut-être même avec le bonheur des individus, n'est pas apte à provoquer la production. Les Anglais, au contraire, ne voient d'autre moyen de rendre les peuples actifs, industrieux et plus vertueux, que celui du besoin. Le besoin est le stimulant et la cause de la production, comme la curiosité, qui est aussi un besoin, est la créatrice des sciences. » (Le comte Pecchio, *Histoire de l'écon. polit. en Italie.*) — Telle est en effet la théorie de la civilisation adoptée par l'école anglaise. Il nous semble qu'indépendamment de toutes les considérations religieuses et morales qui la repoussent, elle a été combattue avec avantage, sous les rapports purement économiques, par le célèbre auteur de l'*Essai sur le principe de la population*. Voici les paroles de Malthus :

« Si le simple besoin que peuvent avoir les classes ouvrières de posséder les choses nécessaires à la vie était un stimulant suffisant pour engager à produire, aucun état en Europe, ni même dans le monde, n'aurait pu rencontrer d'autre limite pratique à sa richesse que ses facultés productives, et la terre aurait, il y a long-temps, contenu, pour le moins, deux fois autant d'habitans qu'elle en nourrit aujourd'hui sur sa surface. Mais toutes les personnes qui connaissent la nature de la demande effective, comprendront parfaitement que partout où le droit de propriété est établi, et où les besoins de la société sont établis au moyen de l'industrie et des échanges, l'envie qu'un individu peut avoir de posséder les choses d'une grande utilité et d'agrément, quelque forte qu'elle soit, ne contribuera en rien à la faire produire, s'il n'y a pas ailleurs une demande réciproque pour quelques-unes des choses que cet individu possède. — Un homme qui ne possède que son travail, ne fait de demande de produits qu'autant que ceux qui en ont besoin de son travail, et aucun travail productif ne sera jamais demandé, à moins que le produit qui doit en résulter n'ait une valeur plus forte que

reconnaît la prééminence des jouissances nobles, des passions héroïques (comme dit Bacon) sur toutes les autres : mais il les regarde comme le partage exclusif d'un petit nombre d'âmes fortes et d'un ordre supérieur. Les besoins physiques et les plaisirs qui en dérivent étant le mobile et le but du plus grand nombre des hommes, le but et la première fonction de l'économie politique doit être, selon lui, d'assurer, d'étendre et de multiplier les jouissances du second ordre. Il confirme ainsi implicitement les théories de la civilisation matérielle, sans leur opposer aucun contre-poids.

Toutefois, dès que l'expérience a pu faire apprécier les conséquences de ces théories, on a vu des écrivains mieux inspirés par l'humanité et la philosophie, chercher à donner à la science un autre but et un caractère plus philantropique.

M. Sismonde de Sismondi, que la France peut revendiquer à plus d'un titre, et qui appuie ses nouveaux principes d'économie politique sur la grave autorité des faits, définit ainsi cette science : « *la recherche des moyens par lesquels le plus grand nombre d'hommes, dans un état donné, peut participer au plus haut degré de bien-être physique qui dépende du gouvernement.* »

« Deux élémens, dit cet écrivain, doivent toujours être considérés ensemble par le législateur : l'accroissement du bonheur en intensité et sa diffusion dans toutes les classes. *Il cherche la richesse, parce qu'elle profite à la popula-*

celle du travail qui a été employé à cette production. M. Ricardo est forcé d'avouer que si l'on cessait de consommer, on cesserait de produire.

« Une autre erreur fondamentale, dans laquelle les auteurs déjà cités et leurs partisans paraissent être tombés, c'est de n'avoir aucun égard à l'influence d'un principe aussi général et aussi important pour l'homme que celui de l'indolence ou de l'amour du repos. Tout ce que nous savons sur les nations, aux différentes époques de leur civilisation, nous porte à croire que la préférence donnée à l'oisiveté sur toutes les jouissances que l'ouvrier pourrait se procurer par un surcroît de travail est très générale dans l'enfance des sociétés, et qu'elle n'est pas du tout rare dans les pays avancés en civilisation. (Malthus, Principes d'économie politique.)

tion : il cherche la population pour qu'elle participe à la richesse. Il ne veut de l'une et de l'autre que celle qui augmente le bonheur de ceux qui lui sont soumis. C'est ainsi que l'économie politique devient en grand la théorie de la bienfaisance, et que tout ce qui ne se rapporte pas en dernier résultat au bonheur des hommes n'appartient point à cette science (1). »

Enfin, M. Droz, qui a écrit après M. de Sismondi, voit dans l'économie politique une science dont *le but est de rendre l'aisance aussi générale qu'il est possible.*

« Lorsqu'on étudie, dit-il, la science des richesses, il est essentiel de ne jamais perdre de vue ses rapports avec l'amélioration et le bonheur des hommes. On dénature cette science si l'on ne considère les richesses qu'en elles-mêmes et pour elles-mêmes. A force d'attacher ses regards sur leur formation et sur leur consommation, on finit par ne plus voir dans ce monde que des objets mercantiles. Les esprits faux peuvent abuser à ce point de l'économie politique. »

« Cette science, bien conçue, sera toujours l'auxiliaire de la morale. *Ne prenons pas les richesses pour but : elles ne sont que le moyen.* Leur importance résulte du pouvoir d'apaiser les souffrances, et les plus précieuses sont celles qui servent au bien-être d'un plus grand nombre d'hommes. Le bonheur des états dépend moins de la quantité de produits qu'il possède que de la manière dont ils sont répartis. Aucun pays n'est aussi remarquable que l'Angleterre sous le rapport *de la formation des richesses.* En France, leur distribution est meilleure. J'en conclus qu'il y a plus de bonheur en France qu'en Angleterre. — En lisant certains économistes on croirait que les produits ne sont pas faits pour les hommes, mais que les hommes sont faits pour les produits (2). »

Les opinions de ces deux écrivains indiquent un progrès

(1) Nouveaux principes d'économie politique.

(2) Droz, Economie politique.

moral dans la direction de la science. Il y a bien loin, déjà, de cette manière de définir et d'envisager l'économie politique, aux principes de l'école froide et égoïste de Smith. Les écrivains italiens de l'époque actuelle ne tendent pas moins à s'éloigner des doctrines de l'école anglaise. On en jugera par le parallèle remarquable que fait des écrivains des deux nations, le comte Pecchio dans son Histoire de l'économie politique en Italie (1).

« Les Anglais, attentifs seulement à tout ce qui tend à la richesse, approuvent la grande propriété sans s'inquiéter des nombreux et tristes effets moraux qui en résultent. Ils vantent la population manufacturière, parce qu'elle augmente la richesse d'un pays, sans s'inquiéter de la détérioration de la santé et de la vigueur de la population, laquelle, à la longue, s'affaiblit et s'effémine par un travail assidu aux métiers. Les Anglais provoquent l'usage des machines, parce qu'elles produisent en abondance et à moins de frais, sans faire attention qu'en augmentant très rapidement la production, ils occasionent tout à coup des engagemens funestes, et privent de travail des milliers d'ouvriers. L'Anglais ne voit dans l'ouvrier qu'une machine productive. Il le condamne à un travail exhubérant, l'em-

(1) Le comte Pecchio ne s'est pas borné à l'histoire de l'économie politique en Italie, il a examiné plusieurs points de la science elle-même, à laquelle il donne pour base *la liberté*. Voici le résumé de ses doctrines :

1° La liberté, par elle-même, sans l'aide de la science de l'économie politique, et malgré beaucoup d'erreurs, suffit pour faire prospérer un état.

2° La science n'est point l'équivalent de la liberté, mais un supplément nécessaire à la liberté.

3° La science est plus nécessaire aux monarchies absolues qu'aux états libres.

4° La liberté est tellement essentielle au bien-être des peuples, que la science elle-même n'est, en dernière analyse, qu'une liberté plus circonscrite.

6° Sans la liberté et sans la science, les Etats ne peuvent prospérer que par intervalles et par élancemens, grâce au caprice passager de quelque prince ou de quelque ministre bien intentionné.

prisonne dans les suffoquantes filatures de coton et l'ensevelit dans des minières de charbon, d'étain ou de fer; et s'il recommande de le bien nourrir, il semble que ce n'est dans d'autres vues que d'en retirer un plus grand produit : philantropie pareille à celle du voiturier qui nourrit bien son cheval afin qu'il puisse tirer sa voiture avec plus de vigueur. Les Anglais voudraient convertir tous les agriculteurs en artisans, et labourer la terre avec des machines, s'il était possible, sans réfléchir qu'ils substituent une population faible, pâle et décharnée à une population bien constituée et vigoureuse, dont la vie a toujours plus de durée. Ne règne-t-il pas, dans cette manière d'envisager une science, trop de calcul, trop d'esprit mercantile? Et ne conduirait-il pas à des conséquences funestes, tant à la morale qu'au bonheur général, si la prudence du législateur ne tempérait et ne corrigeait pas cette inhumaine manière de calculer? Le seul objet de la science est-il donc la richesse? Et quand même cela serait, que l'on réfléchisse que la richesse ne se distribue pas parmi les classes qui travaillent : qu'il ne leur en échoit en partage que ce qui leur est nécessaire pour se nourrir et pour réparer ses forces, et que tout le reste s'accumule en peu de mains. La science, ainsi envisagée, n'est plus qu'une arithmétique politique; et, réduite à cette seule fin, elle ressemble à un insensible machiavélisme. La science de l'économie politique, déjà aride en elle-même, dessèche trop le cœur lorsqu'on la réduit à une simple arithmétique et qu'elle augmente cet égoïsme, cet esprit de calcul déjà trop répandu en Europe, et qui remplace ces sentimens chevaleresques qui naissent de l'impression du cœur et non de la supputation du bilan de *doit* et *avoir* (1). »

(1) On est heureux de fortifier ce jugement par ces belles paroles de madame de Staël :

« La suprême loi, c'est la justice ! Quand il serait prouvé qu'on servirait les intérêts terrestres d'un peuple par la bassesse et l'injustice, on se-

« Les écrivains italiens, ajoute le comte Pecchio, diffèrent totalement des Anglais, parce qu'ils traitent la science sous tous les rapports. Non seulement ils cherchent la richesse, mais encore le bien-être du plus grand nombre possible, et ce second objet est pour les écrivains de cette nation aussi important que le premier. Chaque principe, chaque loi, est discuté sous plusieurs points de vue importans et jugé dans ses conséquences. Discute-t-on sur le principe du produit des terres, ils préfèrent à celui qui dépeuple les campagnes en enrichissant davantage la population, celui qui produit moins de richesses, mais qui subdivise la terre entre plusieurs propriétaires, et alimente ainsi une population plus apte à la guerre, ayant de bonnes mœurs et vivant tranquillement. L'économie politique est pour l'économiste italien la science la plus compliquée, parce qu'elle doit réunir la morale, la justice, le bien-être de la population, en même-temps que la richesse et la puissance de l'état. Quelle différence n'y a-t-il pas entre considérer un fait et une loi sous le double rapport économique et politique, et ne le considérer que sous le seul rapport économique? Ainsi les questions d'économie politique sont, pour l'écrivain italien, toujours compliquées et d'une solution difficile. Aussi cette science est demeurée, en Italie, le partage des philosophes les plus instruits et des auteurs les plus distingués. »

« Une autre différence essentielle entre les écrivains

rait légalement *vil ou criminel* en la commettant. Car l'intégrité des principes de la morale importe plus que tous les intérêts des peuples. L'individu et la société sont responsables avant tout de l'héritage céleste qui doit être transmis aux générations successives de la race humaine. Il faut que la fierté, la générosité, l'équité soient sauvées, à nos dépens d'abord, et même aux dépens des autres, parce que les autres, comme nous, doivent s'immoler à ces sentimens. La morale, fondée sur l'intérêt, si fortement prêchée par les écrivains français du dernier siècle, est dans une connexion intime avec la métaphysique qui attribue toutes nos idées à des sensations. Les conséquences de l'une sont aussi mauvaises dans la pratique, que celles de l'autre dans la théorie. (*De l'Allemagne.*)

anglais et italiens, consiste dans les moyens d'obtenir la quantité de la production. »

« La production est l'objet des recherches des uns ainsi que des autres; mais les Anglais en ont fait un but plus direct que les Italiens. Aussi emploient-ils des moyens divers pour y parvenir, et je dirai même qu'ils ne l'obtiennent que par des sacrifices considérables. C'est à ce but qu'ils sacrifient la vigueur et la santé des populations, la tranquillité et l'ordre public, en créant une population immense sur divers points de la superficie de l'état, toujours prête à s'ameuter au moindre mécontentement, et souvent sujette à souffrir de la faim et à devenir menaçante par les vicissitudes inévitables du commerce, d'où il résulte spontanément la cessation du travail. Les deux systèmes différens ont aussi des conséquences différentes. Celui des Italiens a pour base la modération, la tranquillité, la santé, plus que les commodités de la vie; la vigueur, plus que l'instruction : il tend à l'immobilité ou tout au plus à un mouvement très lent vers la perfection. Celui des Anglais est basé sur un mouvement perpétuel et progressif qui pousse rapidement la société jusqu'au dernier degré de la civilisation (1). »

Suivant le comte Pecchio, il existe peu de différence entre les écrivains économistes français et ceux d'Italie, dont les peuples se rapprochent si fort par le goût, la langue et la littérature. Cet auteur, examinant les ouvrages des uns et des autres, sous le point de vue purement littéraire, reproche aux écrivains anglais leur aridité et aux Italiens leur prolixe surabondance. A ce sujet, il se demande s'il n'y aurait pas un moyen qui pût réunir la concision à l'élégance? Il me semble (ajoute-t-il avec beaucoup de grâce et de vérité pour notre nation), en

(1) Histoire de l'économie politique en Italie. — Le comte Pecchio entend ici la civilisation suivant les théories anglaises auxquelles il paraît loin de donner un assentiment absolu.

lisant Necker, Ganilh, Say, Sismondi (1) que les Français l'ont trouvé comme l'avaient trouvé aussi Beccaria et Verri en Italie.

Une chose est remarquable dans l'Histoire de l'économie politique en Italie, c'est que les principaux écrivains économistes de ce pays avaient presque tous pris part aux affaires publiques et pratiqué l'administration (2), tandis que le contraire se voit en France et surtout en Angleterre, où ces exceptions sont très peu nombreuses. On pourrait s'expliquer par ce motif le peu d'utilité pratique d'une partie des théories de l'école anglaise et leur opposition fréquente avec la science de l'administration, dont il semble qu'elles devraient être bien moins l'antagoniste et le critique habituel, que les auxiliaires fidèles.

L'économie politique confirme cette ancienne remarque, que la pratique d'une science a toujours précédé la science elle-même, comme en littérature et dans les beaux-arts les modèles ont toujours devancé les règles et les préceptes (3).

(1) Le comte Pecchio aurait sans doute ajouté à ces noms celui de M. Droz, s'il avait connu les ouvrages de cet académicien.

(2) Broggia, Zanon, Belloni, furent des négocians : Pagnini, Carli, Verri, Beccaria, Néri, Filangieri, occupèrent des emplois publics. MM. Necker et Turgot, en France, n'appartiennent pas à l'école anglaise, non plus que MM. les comtes Chaptal et d'Hauterive. — Il est assez singulier qu'Adam Smith, l'ennemi formel des douanes, ait cependant exercé un emploi dans cette administration en Angleterre.

(3) M. J.-Baptiste Say dit à ce sujet, « que c'est une opposition bien vaine que celle de la théorie et de la pratique. Qu'est-ce que la théorie, sinon la connaissance des lois qui lient les effets aux causes, c'est-à-dire des faits à des faits ? Qui est-ce qui connaît mieux les faits que le théoricien qui les étudie sous toutes leurs faces et qui sait si bien les rapports qu'ils ont entre eux ? Et qu'est-ce que la pratique sans la théorie, c'est-à-dire l'emploi des moyens sans savoir pourquoi et comment ils agissent ? » Ici nous croyons que l'habile écrivain est entraîné par l'esprit de système et n'a pas voulu reconnaître une vérité cependant bien vulgaire. Quel est en effet l'artiste, le plus habile dans la théorie de sa profession, qui n'ait reconnu les avantages incontestables de la pratique, de l'application des principes ? La

En effet, ainsi que le fait observer encore le comte Pecchio, « lorsque dans le dix-septième siècle cette science commençait à peine à être traitée comme telle par un petit nombre d'écrivains, plusieurs états avaient prospéré par la seule expérience acquise. Ce n'est que dans cette expérience que l'économie politique a puisé les principes dont elle se glorifie aujourd'hui. Les républiques du moyen âge les villes anséatiques, la Catalogne, la Hollande, possédaient des fabriques, trafiquaient et s'enrichissaient sans avoir un seul livre qui leur apprît l'art d'enrichir les peuples et de faire prospérer les états. » La pratique a donc nécessairement, en économie politique, précédé la science; celle-ci ne saurait par conséquent s'affranchir entièrement des liens qui la rattachent à l'administration, et l'on peut s'étonner de la voir systématiquement opposée à ses principes, puisqu'elle n'est fondée que sur les faits qui résultent de l'administration dont elle est en quelque sorte la fille. Mais ici, comme on le voit souvent, c'est un enfant qui régente sa mère. Dans le nombre des principes dont elle s'attribue la découverte et des préceptes dogmatiques qu'elle dicte à l'univers, il en est bien peu qui déjà ne fussent connus et appréciés par les hommes d'état. Il est vrai que ceux-ci, pour la plupart, se contentent d'agir au lieu d'écrire et de professer.

En France, jusqu'à ce que la révolution eut emporté, avec les barrières qui séparaient les diverses provinces, les

main a besoin d'être exercée, le jugement d'être formé, l'esprit d'être initié au maniement des affaires. Combien existe-t-il de grands connaisseurs en peinture, en musique, en littérature qui ne sauraient produire un bon tableau, une belle composition, un ouvrage de mérite? Combien de théoriciens administrateurs et politiques n'a-t-on pas vu échouer dans la direction des affaires de l'état? Ce qu'on appelle l'esprit des affaires, du commerce, de la diplomatie, s'acquiert bien plus par la pratique des affaires et des hommes que par la théorie toute seule. Sans doute pour appliquer une science quelconque, il faut en connaître les principes et les élémens mais, excepté dans les sciences exactes, il n'est pas de théorie infaillible et que la pratique ne doive rectifier journellement.

priviléges des ordres de l'état, les corporations et toutes les institutions transmises par les siècles et par la réunion successive des provinces, l'administration, dans toutes ses opérations, devait tenir compte d'une foule d'obstacles et de considérations contre lesquels elle était souvent forcée de se heurter en quelque sorte, parce qu'elle agissait dans des conditions fixées et définies. Chaque amélioration devait être examinée sous diverses faces; et, comme tout s'enchaîne dans l'ordre social, lorsque l'administration apercevait le bien et le mieux d'un côté, elle était souvent obligée de borner la marche du progrès de crainte d'aggraver et de compliquer l'état de choses qu'elle aurait voulu améliorer. L'usage, alors, n'était pas de soumettre les actes et les motifs du gouvernement aux investigations de la curiosité publique et à la critique des écrivains. Cependant que de doctrines saines, que de maximes profondes reposent dans les économies royales de Sully, et dans les préambules des ordonnances rédigées par Colbert!

La tâche des écrivains était plus facile : dégagé de toute responsabilité morale, chacun d'eux pouvait, comme il le peut bien mieux encore aujourd'hui, considérer la marche de l'administration, sous l'impression libre ou calculée de ses opinions, de ses intérêts et de sa situation privée. Il est souvent agréable et commode de faire, au fond de son cabinet, de l'administration spéculative, et de s'élever en esprit à la hauteur des fonctions de premier ministre; mais l'homme d'état, le souverain, chargés du soin de la gloire et de la prospérité du pays, ne peuvent admettre légèrement des doctrines nouvelles et controversées, lorsque surtout la théorie elle-même est forcée d'avouer « *que les meilleurs principes ne sont pas toujours applicables* (1). »

(1) « *Les meilleurs principes ne sont pas toujours applicables*, l'essentiel est qu'on les connaisse, on en prend ensuite ce qu'on veut et ce qu'on peut. Il n'y a point, dans la pratique, de perfection absolue, hors de laquelle

Aujourd'hui la plupart des vœux raisonnables exprimés par les économistes sont satisfaits, du moins en France. Il n'existe plus de main-morte, plus de substitutions, plus de douanes intérieures, plus de maîtrises, plus de priviléges. L'industrie est libre dans l'intérieur. Celle-ci sollicite à bon droit des communications intérieures plus faciles et plus multipliées; mais exiger au-delà immédiatement, c'est demander l'impossible; et cependant l'école économique anglaise voudrait que le gouvernement abdiquât toute autorité, toute direction, toute influence non seulement sur l'industrie et le commerce, mais encore sur presque toutes les affaires de l'ordre social et politique. Lors même qu'elle consent à modérer dans ses adeptes les plus passionnés, la trop grande ardeur qui les entraîne à gourmander l'autorité, c'est avec une confiance dans sa propre infaillibilité qui ne peut égaler que son profond mépris pour l'ignorance de l'administration (1).

tout soit mal, et ne produise que du mal. Le mal est partout mélangé avec le bien : quand le premier l'emporte, on décline ; quand c'est le bien, on fait des pas plus ou moins rapides vers la prospérité, et rien ne doit décourager dans les efforts qu'on tente pour connaître et propager les bons principes. » (J.-B. Say.)

(1) « L'opinion que l'étude de l'économie politique ne convient qu'aux hommes publics a eu des inconvéniens. Presque tous les auteurs, jusqu'à *Smith*, se sont imaginé que leur principale vocation était de donner des conseils à l'autorité ; et comme ils étaient loin d'être d'accord entre eux, que les faits, leur liaison et leurs conséquences étaient fort imparfaitement conçus par eux et tout-à-fait inconnus du vulgaire, on a dû les regarder comme des rêveurs de bien public. De là le dédain que les gens en place affectaient pour tout ce qui ressemblait à un principe ; mais depuis qu'on a appliqué à l'investigation des faits et aux raisonnemens dont ils sont la base, les méthodes rigoureuses qui conduisent à la vérité dans toutes les autres branches de nos connaissances, on a fait de l'économie politique une véritable science ; il n'y a plus de conseils à donner à l'autorité. Si elle est jalouse de connaître les conséquences bonnes ou mauvaises de ses plans, qu'elle consulte l'économie politique, comme elle consulte l'*hydraulique* et la *mécanique*, lorsqu'elle veut construire une écluse ou élever des fortifications. Ce qu'on doit à l'autorité, c'est une juste représentation de la nature des choses et des lois générales qui en découlent nécessairement. Peut-être

Ce principe de *non intervention* de la part des gouvernemens et de l'administration dans les affaires de l'industrie, devait nécessairement être combattu par les écrivains que l'expérience a éloignés des doctrines de l'école anglaise.

Smith recommande aux gouvernemens de s'en rapporter uniquement aux intérêts privés, et leur dit, comme l'avaient fait avant lui les anciens économistes : *laissez faire et laissez passer.* Il n'excite qu'à la production ; il appelle les machines de toutes ses forces : il voit une destruction de valeur dans toute espèce d'impôts.

M. de Sismondi, au contraire, réclame l'intervention constante des gouvernemens, excite à la consommation, enseigne que la dépense de tous les revenus enrichit l'état, etc.

lui doit-on encore, jusqu'à ce que ces notions soient devenues plus familières, de la mettre sur la voie de quelques améliorations. Si elle les dédaigne ou les méprise, *tant pis pour elle* et tant pis pour les peuples : lorsqu'on sème l'ivraie, il est impossible de recueillir du froment. » (J.-B. Say). On peut opposer à cette orgueilleuse leçon l'opinion d'un homme dont personne n'a révoqué en doute l'expérience et la haute capacité. « L'économie politique, dit M. le comte d'Hauterive *, considérée comme science, est restée à peu près au même point où l'a laissée Adam Smith, et sera éternellement stationnaire s'il ne lui arrive pas de partager un jour avec les autres sciences l'avantage de voir ses règles vérifiées, constatées ou contredites, par la pratique des arts auxquels les principes de sa théorie doivent s'appliquer. Les principes sont des faits généralisés. Mais ce n'est que par des expériences subséquentes que la rectitude des généralisations peut être vérifiée. L'économie politique est la science de l'administration. Pour les hommes privés, elle est seulement spéculative; pour elle seule, elle est en pratique. Les administrations seules pourront seconder utilement le zèle des propagateurs de l'économie politique, et faire faire à cette science des progrès qu'elle ne fera jamais, tant qu'elle ne sera pas réellement, et de fait, ce qu'elle n'est que de nom, la science des administrations. » (*Economie politique.*)

* M. le comte d'Hauterive, conseiller d'état et directeur des chancelleries de France, est mort à Paris à l'hôtel des affaires étrangères pendant les journées de juillet 1830. La mémoire de ce vieillard si savant, si profondément versé dans la diplomatie et si spirituellement aimable sera toujours chère à ceux qui ont pu, ainsi que nous, connoître le charme de son intimité et posséder son amitié et sa bienveillance.

« Smith, dit cet écrivain, appuie tout l'espoir du développement des richesses territoriales sur la concurrence. On s'étonnera sans doute d'apprendre que le résultat pratique de la doctrine que nous empruntons de lui, paraît souvent diamétralement opposé à celui qu'il en a tiré, et que, combinant ses principes mêmes avec l'expérience d'un demi-siècle sur lequel ses écrits ont prodigieusement influé, nous croyons pouvoir démontrer qu'il fallait, en plus d'une circonstance, en tirer de tout autres conclusions. »

« Adam Smith ne considérant que la richesse, et croyant que tous ceux qui la possèdent ont intérêt à l'accroître, a conclu que cet accroissement ne pourrait jamais mieux être favorisé qu'en abandonnant la société au libre exercice de tous les intérêts individuels. Il dit aux gouvernemens : La somme des richesses privées forme la richesse des nations ; il n'y a pas de riche qui ne s'efforce de devenir plus riche encore. Laissez-le faire : il enrichira la nation en s'enrichissant lui-même. »

« Nous avons, au contraire, considéré la richesse dans ses rapports avec la population qu'elle doit faire vivre ou rendre heureuse. Une nation ne nous a point paru croître en opulence par la seule augmentation de ses capitaux, mais seulement lorsque ces capitaux, en se croisant, répandaient aussi plus d'aisance sur la population qu'ils devraient faire vivre ; car, sans doute, vingt millions d'hommes sont plus pauvres avec six cents millions de revenu, que dix millions d'hommes avec un revenu de quatre cents millions. Nous avons vu que les riches pouvaient augmenter leurs richesses, soit par une production nouvelle, soit en prenant pour eux la plus grande part de ce qui était auparavant réservé aux pauvres, et nous invoquons presque constamment, pour surveiller les progrès de la richesse, cette intervention qu'Adam Smith repoussait. Nous regardons le gouvernement comme devant être le protecteur du plus faible contre le plus fort, le défenseur de celui qui ne peut se défendre par lui-même, et le représentant de l'intérêt permanent, mais calme de tous, contre l'intérêt temporaire, mais passionné de chacun. »

« Quoique l'autorité d'Adam Smith n'ait point été reçue, à beaucoup près, dans toutes les parties de la législation économique, le dogme fondamental d'une concurrence libre et universelle a fait de très grands progrès dans toutes les sociétés civilisées. Il en est résulté un développement prodigieux dans les pouvoirs de l'industrie, mais souvent aussi une effroyable souffrance pour plusieurs classes de la population. C'est par l'expérience que nous avons senti le besoin de cette autorité protectrice que nous invoquons. Elle est nécessaire pour empêcher que des hommes ne soient sacrifiés à une richesse dont ils ne profiteront point. Elle doit toujours intervenir pour comparer le calcul égoïste des produits avec le seul calcul national de l'augmentation des jouissances, avec l'aisance de tous. »

« D'autres, avant nous, avaient remarqué que l'expérience ne confirmait point pleinement les doctrines d'Adam Smith, et l'un des plus illustres parmi ses sectateurs (M. Ganilh) s'est entièrement écarté d'un système qu'il avait d'abord professé. En général Smith avait trop considéré la science comme entièrement soumise au calcul, tandis qu'elle est, sous plusieurs rapports, du domaine de la sensibilité et de l'imagination qui ne calculent point (1). »

(1) M. Duboys-Aymé, écrivain d'économie politique et directeur des douanes, partage sur ce point les opinions de M. de Sismondi. « L'économie politique (ce sont ses paroles) n'est point une science exacte, comme quelques personnes (entre autres MM. Say, Macculloch, etc.) l'ont prétendu : c'est une science morale dont tous les principes ne sont pas invariables. La plupart varient non seulement d'un pays à l'autre, et dans un même pays, suivant les époques différentes et les circonstances où il se trouve, mais aussi il peut arriver qu'au même instant et dans un même lieu, deux systèmes dif-

M. Malthus, qui, dans son Essai sur le principe de la population, a montré un esprit si consciencieux et une touchante sympathie pour les classes souffrantes, n'a pu s'empêcher à son tour de renoncer sur plusieurs points aux doctrines de l'école anglaise.

« L'économie politique, dit-il, est essentiellement pratique et applicable aux affaires ordinaires de la vie humaine. Il est peu de branches de nos connaissances où des vues erronées puissent produire plus de mal, et des vues exactes causent plus de bien. Les théories les plus brillantes doivent s'écrouler devant le sanctuaire de la vérité dont nous devons la découverte à l'observation des faits et à l'expérience (1).

« Il n'y a pas de vérité dont je sois plus convaincu que de la nécessité de faire des exceptions à plusieurs propositions importantes en économie politique. Quand on contemple les grands événemens qui se sont passés depuis vingt-cinq ans et qu'on songe à leur influence sur les objets de l'économie politique, il n'est pas possible de se contenter de l'état actuel de la science. »

Après ces publicistes, un administrateur habile, écrivain courageux, ami d'un pouvoir fort et cependant chaud partisan des libertés publiques (2), a adressé à l'école anglaise des reproches exprimés d'une manière peut-être

férens soient bons, tous les deux pour le but que chacun se propose : l'un, par exemple, aura pour but d'augmenter la population et de répartir les richesses dans le plus grand nombre de mains possible ; l'autre voudra arrêter l'accroissement trop rapide de la population, et augmenter l'inégalité des fortunes dans l'intérêt des institutions et de la forme des gouvernemens qu'on veut maintenir. »

(1) M. Say, lui-même, a été forcé de revenir à cet axiome de la sagesse : « *Le temps est un grand maître*, dit-il, et rien ne peut suppléer à son action. C'est à lui seul qu'il appartient de démontrer les avantages qu'on peut retirer de la connaissance de l'économie politique dans la législation et l'administration de l'Etat. »

(2) M. Ferrier, directeur des douanes à Dunkerque, ancien directeur-général de cette administration sous l'empire.

un peu sévère, mais dont, à certains égards, on ne peut méconnaître la justesse.

« Une science récemment découverte, dit-il, range toutes les nations sous la même loi. Riche en théories qu'elle vante, quoiqu'elle en change perpétuellement, pauvre en faits qu'elle dédaigne, les principes qu'elle professe s'appliquent à tous les peuples; elle crée des administrateurs pour tous les pays; elle va même plus loin : elle veut des chaires d'où elle puisse régenter le monde, et pour les obtenir elle tonne contre les gouvernemens qu'elle appelle insensés et absurdes : cette science est l'économie politique. »

« En s'occupant des richesses matérielles, elle néglige les relations qu'elles peuvent avoir avec l'ordre et la conservation des sociétés. Elle prend les hommes et les peuples autrement que Dieu ne les a faits. Voilà pourquoi elle est si dangereuse. Selon elle, les produits matériels sont les seuls qui produisent la richesse, parce que seuls ils *s'accumulent;* elle met ainsi le travail matériel au-dessus du travail intellectuel qui, de tout temps, a été réputé le travail par excellence; car il est certain que l'homme n'est grand que par les forces morales (1). — L'économie politique approuve la contrebande qui, dit-

(1) Nous avons fait remarquer déjà que M. J.-B. Say avait judicieusement rectifié, sur ce point, les distinctions faites par Smith, et que l'on justifie faiblement, à notre avis, en les comparant aux grandes divisions, en trois règnes, de tous les corps de la nature, et d'après lesquelles l'homme est confondu avec les animaux. « Cet inconvénient, dit M. Duboys-Aimé, est commun à tous les systèmes dans lesquels on classe les êtres par un petit nombre de caractères. » On conçoit, en effet, que si l'on considère l'homme uniquement dans sa structure physique, on puisse le classer dans le règne animal : mais on pensera sans doute, avec M. Ferrier, qu'il est aussi peu moral que juste de ranger dans la même classe, comme le fait l'économie politique anglaise, sous le nom générique de *travailleurs improductifs*, le *jurisconsulte* et le *comédien*, le *guerrier* et le *chanteur*. Nous ne pouvons nous résoudre non plus à ne voir dans l'homme, envisagé sous le rapport économique, qu'un *capital accumulé*,

elle, n'est un crime que parce que la loi l'a faite tel, tandis qu'en réalité elle contribue à la richesse des nations (1); enfin elle prend parti pour l'usure (2).

« Je n'ose pas soutenir, ajoute-t-il, que, dans ce qu'on nomme économie politique, il n'y ait pas les élémens d'une science. Mais j'affirme hardiment que cette science est encore à naître; et comment en douter, lorsque M. Malthus nous apprend qu'après trente ans de recherches et cinquante volumes de découvertes, les écrivains n'ont pu, jusqu'à présent, s'entendre sur ce qui constitue la richesse. M. Malthus vante l'économie politique, parce qu'elle a fait l'étude de toute sa vie: mais il avoue « que tant que les écrivains qui s'en occupent ne s'entendront pas mieux, leurs conclusions ne devront pas être adoptées comme maximes à suivre. Le premier but de la philosophie est d'expliquer les choses telles qu'elles sont; et tant que les théories n'y seront pas parvenues, elles ne doivent servir de base à aucune conclusion pratique (3). »

ainsi que le définit si cruellement M. Say. Nous aimons mieux le scalpel de l'anatomiste qui réduit l'homme à l'état de squelette, dans un but utile à l'humanité, que le scalpel de l'économiste qui le transforme ainsi en un vil élément de la formation des richesses.

(1) « La contrebande accoutume à violer les lois. Sous le rapport moral, elle est fâcheuse; mais, d'après les principes de l'économie politique, elle entraîne peu d'inconvéniens quant à la richesse nationale, parce qu'elle vaut toujours mieux que les prohibitions. La société n'en est pas lésée; elle a même eu l'avantage d'obliger le fisc à modérer son activité. » (J. B. Say.)

(2) « L'intérêt exigé par un prêteur ne peut être représenté comme une injuste extorsion assise sur les besoins d'un emprunteur, etc. » (*Idem.*)

(3) « Les hommes superficiels, dit M. Droz, refusent à l'économie politique le nom de science, et, pour prouver qu'elle repose sur des données incertaines, ils disent que les écrivains qui s'en occupent, loin d'être d'accord, offrent des opinions divergentes réfutées les unes par les autres. Il pourra toujours y avoir à ce sujet deux opinions, parce qu'il y aura toujours des esprits faux et des esprits justes. Les derniers sont les seuls dont les débats seraient inquiétans, mais ils s'entendent sur les points fondamen-

A l'appui de ses jugemens, M. Ferrier fait observer que Smith n'a exercé aucune influence sur l'administration publique de l'Angleterre, et que dans le pays qui l'a vu naître, il n'a pas amené la moindre réforme.

« C'est une vérité, dit-il, qu'il ne faut pas cesser de répéter, parce qu'elle est propre à prémunir contre les dangers de sa doctrine. Il est remarquable, en effet, que l'on trouve dans un ouvrage dicté par le ministère britannique et publié par son ordre (*l'Etat de l'Angleterre au commencement de* 1822) une condamnation aussi manifeste des doctrines de Smith. Après avoir parlé de l'énorme distance qui, dans l'administration des états, sépare toujours la théorie de la pratique, et de la facilité avec laquelle on peut se perdre dans de vaines spéculations, l'auteur ajoute : « Les textes de ces dissertations et

taux, ils arrivent aux mêmes résultats pratiques : vouloir davantage, ce serait oublier que l'art de penser exclut l'identité absolue des opinions, et que cette identité ne saurait se concilier avec les recherches qu'exige l'avancement des sciences. » A la suite de ces observations, M. Droz recommande de prendre connaissance de l'ouvrage de M. Ferrier, *pour y voir les vieilles erreurs avec tous leurs développemens et pour être en état de les repousser lorsqu'elles viennent à surgir de nouveau.*

Nous ne reconnaissons pas dans l'expression de ce jugement (calqué au surplus sur celui de M. Storch) l'urbanité exquise de l'académicien auquel on doit des ouvrages pleins de délicatesse et de talent, et dont les principes d'économie politique s'éloignent si heureusement, pour la morale et l'humanité, des doctrines de l'école anglaise. Nous eussions préféré que M. Droz eût réfuté M. Ferrier, ce qui nous eût donné sans doute un bon écrit de plus sur l'économie politique.

Nous devons adresser la même observation à M. A. Blanqui, lequel, dans sa nomenclature des écrivains et des ouvrages d'économie politique (où il omet entièrement le nom de M. Ferrier), fait ainsi mention de M. le vicomte de Saint-Chamans : « *Economiste de bureau, ami des prohibitions et du système fiscal.* » C'est traiter bien légèrement, sans doute, un écrivain élégant, spirituel et éclairé, et l'un des hommes les plus honorables de l'administration antérieure aux événemens de Juillet 1830. Heureusement l'opinion publique et des suffrages élevés ont pu dédommager M. de Saint-Chamans d'être tombé dans la disgrâce de l'école économique anglaise.

de ces lieux communs étaient ouverts aux ministres comme à leurs adversaires politiques. Il leur était facile de donner, à propos d'une pétition de Manchester, un abrégé des trois volumes de la *richesse des nations*. Formés à une autre école, ils ont appris que le premier besoin national c'est la protection, le maintien, l'intégrité des sources de la grandeur maritime et de revenus qui ont placé l'Angleterre dans sa situation actuelle. Si les ministres n'ont pas complètement atteint jusqu'à la profondeur des vues spéculatives des personnes qui, soit dans des pamphlets, soit dans des discours ou des rapports faits au sein du parlement, ont soutenu l'adoption générale de toutes les théories de Smith et de ses disciples, on ne peut pas du moins leur refuser le mérite d'avoir écouté ces discours avec patience. »

« Smith, dit encore M. Ferrier, est l'objet de l'enthousiasme de ses élèves, non seulement parce qu'il a placé la richesse ailleurs que dans l'or et l'argent (ce qui avait été fait bien long-temps avant Smith), mais encore pour lui avoir assigné sa véritable source, *le travail*. Ainsi, disent-ils, la science économique *sort radieuse* des ténèbres où la retenait la gent mercantile, et la postérité devra à Smith de l'avoir enfin fixée *par cette grande découverte, la plus belle des temps modernes*. »

« Avant eux, le marquis de Mirabeau plaçait le *Tableau économique du docteur Quesnay au nombre des trois plus grandes découvertes qui eussent été faites depuis l'origine du monde*. »

« Mais Henri IV voulait que dans son royaume il n'y eût pas un seul paysan qui, le dimanche, ne pût mettre la poule au pot. Il savait qu'on n'atteindrait ce but qu'en diminuant le nombre des fainéans, dont les campagnes étaient couvertes. C'est pour cela qu'il tenait si fort à l'établissement des manufactures que Sully ne voyait pas toujours du même œil. »

« Diminuer le nombre des fainéans dans un royaume, en détruisant l'oisiveté, c'est, je pense, mettre le travail au premier rang des élémens de la richesse publique, et je trouverais assez curieux de montrer Henri IV comme l'auteur de la grande découverte de Smith, s'il n'était bien plus constant pour moi que cette découverte est aussi vieille que le monde (1). »

Sans doute Smith a eu le mérite très grand, et que nous ne songeons pas à lui disputer, d'avoir exposé avec méthode et clarté, et même démontré rigoureusement des vérités nouvelles pour un grand nombre de personnes éclairées : mais une partie de ces vérités, qui se trouvent éparses dans presque tous les écrits des anciens économistes, n'étaient point ignorées de l'administration ni même des hommes instruits dans les différens états de l'Europe. Sully, Bossuet, Colbert, Fénélon en France, n'ignoraient pas assurément que le travail appliqué aux produits de la terre était la principale source des richesses ; que l'argent n'était qu'un moyen d'échange ; que la servitude du peuple était la plus grande des entraves que puisse rencontrer la prospérité nationale ; que c'est appauvrir une nation que de la forcer à produire chez elle des marchandises qu'elle peut acheter ailleurs meilleur marché, etc.

L'édit de 1601, portant réduction de l'intérêt, *motivé sur la nécessité de rendre les capitaux à l'agriculture et aux fabriques* ; celui de 1665, portant aussi réduction de l'intérêt, *afin de multiplier les moyens de travail* ; ceux de 1669, de 1670, de 1701, dans chacun desquels il s'agit d'*augmenter les produits du travail*, prouvent que le pouvoir créateur de l'industrie était en France, au moins depuis Henri IV, une notion pratique, et en quelque sorte vulgaire. M. Ferrier eût facilement fait remonter ses preuves aux règnes de St-Louis et de plusieurs autres rois prédé-

(1) Ferrier, du Système commercial.

cesseurs de Henri IV, qui s'étaient occupés des moyens de détruire la mendicité en procurant du travail aux pauvres. Sa réflexion que la prétendue découverte de Smith *est aussi vieille que le monde*, est profondément juste : car, enfin, Smith, avec son immense talent, n'a fait pourtant que prouver, par l'analyse et en l'appliquant à la formation des richesses matérielles, cette grande vérité religieuse, la plus ancienne de toutes, vérité que nous apprennent les livres sacrés et dans laquelle semble renfermée toute la destinée morale de l'homme, comme toute l'économie de l'univers, c'est-à-dire, *que le travail a été imposé par Dieu à l'homme, comme la condition impérieuse de son existence.*

Cette considération grave nous porte à remarquer que souvent les progrès de l'esprit humain consistent à ramener les idées nouvelles aux idées anciennes. Goëthe a dit, sur la perfectibilité de l'esprit, un mot plein de sagacité et de justesse : « Il avance toujours, mais en spirale. »

Cette comparaison, fait observer madame de Staël, est d'autant plus juste qu'à beaucoup d'époques il semble reculer, et revient ensuite sur ses pas, ayant gagné quelques degrés de plus (1).

Lorsque l'esprit humain s'est égaré, c'est en effet un progrès que de revenir sur soi-même, pour avancer ensuite plus sûrement. Il ne faut pas confondre les révolutions opérées dans les idées, avec le perfectionnement de la civilisation. Car celle-ci n'est véritablement en progrès que lorsqu'elle augmente réellement le bonheur des hommes et des sociétés.

Il survient, d'ailleurs, dans la marche des siècles, des momens marqués par la Providence, des temps d'arrêt pour ainsi dire, où l'on peut juger sainement les institutions et les doctrines. Ces temps sont arrivés lorsque les

(1) Madame de Staël, *de l'Allemagne*.

faits et les résultats ont pu faire apprécier suffisamment la certitude et la valeur des théories morales ou économiques appliquées à l'ordre social.

Or, il semble que nous soyons toujours parvenus à l'une de ces époques solennelles où le grand jury européen peut se prononcer sur les effets des doctrines de l'école anglaise, en ce qui se rapporte particulièrement aux classes souffrantes de la population.

Voyons ce qui s'est passé à cet égard en Angleterre et en France, et, après cette longue digression sur l'économie politique, revenons, par cette voie, au but principal de notre ouvrage.

Les doctrines de Smith n'avaient d'autre objet que d'encourager incessamment la production indéfinie des richesses matérielles, et l'Angleterre, dont le gouvernement se trouvait sur ce point d'accord avec le génie de ses habitans, avait pris l'initiative de leur application la plus étendue. Qu'en est-il résulté à l'égard de la population ouvrière? Le traduteur des Principes économiques de Malthus va nous l'apprendre (1).

« Il y a un siècle que l'Angleterre cherche à occuper le premier rang parmi les puissances: et, depuis 1792, son gouvernement, d'accord avec l'aristocratie nobiliaire et le haut commerce, craignant, d'un côté, les progrès des principes de la révolution française, et se flattant d'ailleurs de profiter des troubles de la France pour écraser cette rivale dangereuse, n'épargna rien pour lui susciter une guerre à mort. Son système n'aurait pu se prolonger sans une prodigieuse extension de toutes les branches d'industrie et de commerce. Aussi l'Angleterre prit-elle dès lors un essor inconnu dans les annales de l'industrie manufacturière et chercha à remplacer celle de toutes les nations, dans tous les marchés de l'univers. On a livré des batailles

(1) M. Constancio.

et des combats sur terre et sur mer pour s'ouvrir des nouveaux débouchés, ou pour ne pas perdre ceux dont on était en possession. Mais, pour enrichir la nation et entretenir le luxe de l'aristocratie anglaise et des négocians et chefs de manufactures, il a fallu que le pauvre laboureur, et surtout le malheureux ouvrier manufacturier, après avoir épuisé son corps par un travail continuel trop pénible et souvent au-dessus de ses forces physiques, aille encore mendier des secours pour pouvoir nourrir sa famille. Tel est le tableau réel qu'offre l'Angleterre, non seulement depuis la paix, mais encore depuis 1793. Les sources auxquelles le gouvernement britannique doit son malheur, sont : la trop grande inégalité dans la répartition des richesses, la trop grande extension donnée à l'industrie manufacturière et au commerce étranger, enfin le nombre trop considérable d'individus n'ayant d'autre propriété que leur travail, et dont la subsistance journalière dépend de la vente de ces produits qu'ils fabriquent, laquelle peut être contrariée ou soudainement arrêtée par mille circonstances diverses ou imprévues. Aucune autre nation ne se trouvant dans cette dépendance de l'étranger, pour la vente de ses produits, aucune n'a dû souffrir autant que l'Angleterre de l'échec qu'a éprouvé son commerce. On n'a vu nulle autre part les ouvriers de tout genre en insurrection presque permanente pour obtenir de quoi se nourrir, ni plus du dixième de la population d'un pays florissant réduit à vivre d'aumônes (1). »

M. de Sismondi, de son côté, trace un tableau non moins affligeant que fidèle de la crise commerciale de l'Angleterre, qu'il n'hésite pas à attribuer aux principes de l'économie politique de Smith, ainsi que la misère effroyable qui dévore la population manufacturière de ce royaume.

(1) Le nombre des pauvres, en Angleterre, est le sixième de la population. Voir les chapitres Ier et VI du livre II.

En France, pendant les guerres de la première révolution et dans le cours de celles entreprises par l'empereur Napoléon, dont la pensée constante fut d'arrêter la tendance de l'Angleterre à la suprématie universelle du commerce maritime et de l'industrie, nos manufactures s'étaient bornées aux produits nationaux et à la consommation intérieure. La paix générale de 1814 leur imprima un mouvement rapide qu'il était facile de prévoir, parce qu'il était dans la nature des choses.

Replacée sous le dogme tutélaire de la légitimité et sous le sceptre doux et paternel des Bourbons, la France voyait se rétablir nos relations avec toutes les parties du monde connu. Elle avait devant elle un long avenir de paix et de liberté. Les progrès opérés dans tous les arts de l'industrie étrangère, lui étaient complètement révélés à la fois. Le crédit public se fondait sur des bases solides: de grands capitaux, resserrés jusqu'alors, demandaient un emploi productif. L'activité des esprits, détournée désormais de son cours belliqueux, se reportait sur les spéculations aventureuses du commerce, de l'industrie et de la bourse. Le spectacle de la prospérité apparente de l'Angleterre, que l'on s'empressait de visiter, fascinait les regards et excitait l'émulation et la rivalité de la France tout entière.

Les doctrines de Smith et de ses disciples venaient de déborder sur notre sol. On leur attribua les prodiges de l'industrie anglaise et une prospérité dont on n'apercevait pas les fondemens fragiles et précaires. Persuadés que la production était le seul élément de la richesse, que l'excitation à de nouveaux besoins était la véritable théorie de la civilisation, et la consommation une suite nécessaire de la production, nos principaux industriels se précipitèrent vers les entreprises manufacturières avec une furie toute française. On était avide de jouissances: il fallait obtenir des richesses largement et promptement.

Tout fut entraîné dans cette voie. De grandes fabriques s'élevèrent à l'envi, et autour d'elles la population ouvrière ne manqua pas de se grouper et de s'accroître dans la progression la plus rapide. On vit surgir de nouvelles villes toutes manufacturières. D'autres s'agrandirent démesurément. Durant quelques années un grand succès parut couronner notre industrie nationale, et principalement celle qui s'exerçait spécialement sur les produits de notre sol et s'attachait à satisfaire les besoins de la consommation intérieure. Mais on était allé plus loin : on voulut s'élancer aussi sur le théâtre de la concurrence universelle. On chercha, à l'aide des machines et des procédés les plus économiques, à rivaliser avec l'industrie anglaise pour les produits manufacturés dont les matières premières sont tirées de l'étranger. On s'aperçut trop tard que si la production pouvait être en quelque sorte illimitée, la consommation avait des bornes. Depuis long-temps tous les marchés de l'Europe et même de l'univers étaient encombrés de marchandises anglaises. Nos tissus de coton et d'autres produits, long-temps protégés par le blocus continental, mais dont l'abondance avait dépassé les limites de la consommation intérieure, ne purent être vendus. D'énormes capitaux, employés à l'établissement d'un grand nombre de fabriques, demeurèrent improductifs. Les fabricans durent ralentir leurs travaux, recourir de plus en plus aux procédés les plus économiques, diminuer les salaires au taux le plus bas, et finalement congédier un plus grand nombre d'ouvriers.

Il n'est guère resté debout, dans cette mémorable crise, que l'industrie fondée de préférence sur les produits du sol national, et les entreprises conduites avec prévoyance et charité.

D'un autre côté, la moyenne industrie, habituée depuis long-temps à la routine des travaux manuels qui suffisaient à des besoins modérés, dépourvue de grands capitaux et peu disposée à des innovations périlleuses, n'avait pu se prêter aux changemens de procédés et de goûts qui s'étaient subitement opérés; elle devait être forcément absorbée par le système des grandes manufactures.

Ainsi la classe ouvrière, soit qu'elle se fût attachée au char rapide et brillant de l'industrie nouvelle, soit qu'elle fût demeurée fidèle à la vieille et modeste industrie, s'est trouvée d'autant plus vivement frappée dans son existence que la paix, la liberté, la sécurité de l'avenir et les promesses des capitalistes avaient naturellement multiplié les mariages et prodigieusement accru cette partie de la population qui ne vit que de son travail et qui, du reste, sous la domination de ses nouveaux suzerains, avait peu gagné en moralité, en lumières et en prévoyance.

L'agriculture n'avait eu qu'une part bien moindre dans l'emploi des capitaux que la paix avait fait reparaître.

Toutefois elle ne pouvait être étrangère au mouvement général de l'industrie. Elle s'est réellement améliorée dans plusieurs provinces, et ses produits ont été considérablement augmentés. Mais l'agriculture a cet avantage sur toutes les autres industries, qu'elle nourrit les individus qu'elle fait naître, et que les vicissitudes politiques et commerciales, si fatales à l'industrie manufacturière, ne l'affectent que faiblement ou passagèrement. Aussi paraît-elle destinée à devenir prochainement la principale ressource de cette population exhubérante qu'a produite et que délaisse, aujourd'hui, l'économie politique anglaise appliquée à l'industrie.

Les effets des doctrines de Smith, prévus par de grands hommes d'état de la France et de l'Angleterre, devaient nécessairement se faire sentir successivement chez tous les peuples qui auraient vu se développer dans leur sein l'extension excessive des forces productives de l'industrie manufacturière. Aujourd'hui l'Angleterre, les Pays-Bas, une partie de la Suisse et de l'Allemagne, enfin quelques provinces de la France (et ce sont les plus avancées en population et en industrie manufacturière) offrent la preuve des conséquences fatales qu'entraîne, sur le sort des classes inférieures, l'application de théories économiques et matérielles de la civilisation.

Si l'on réunit à ces causes génératrices de la misère publique d'anciennes habitudes de fainéantise et d'immoralité favorisées en Angleterre, par la taxe des pauvres, ailleurs par le vice des institutions et la marche stationnaire de la charité; si l'on approfondit l'état de dénuement moral et physique dans lequel la plupart des hauts industriels ont laissé croupir les familles d'ouvriers; si l'on réfléchit enfin à l'affaiblissement général des principes religieux et charitables survenus dans les diverses classes de la société, on pourra comprendre comment, en Angleterre, en Suisse, dans les Pays-Bas et dans plusieurs départemens de la France les plus voisins de l'Angleterre et de la Belgique, le nombre des nécessiteux s'élève au dixième, au huitième, et même au sixième de la population générale.

Des calculs que nous avons lieu de croire très rapprochés de la vérité portent à environ 1,586,340 (le vingtième 39/408 de la population totale) le nombre des pauvres qui existaient en France au 1er janvier 1830, y compris 198,183 mendians. — Le cinquième de ces pauvres appartient à 6 départemens de la région du nord, où, sur une population de 3,288,207 individus, on trouve 348,731 indigens, c'est-à-dire 1/9 de la population générale. Ces mêmes contrées présentaient des hordes menaçantes de mendians de tout sexe et de tout âge, dont le nombre est évalué à environ 34,000.

Cette situation fâcheuse était encore bien loin de se manifester au même degré dans les autres parties du royaume, et particulièrement dans les départemens de l'est et du midi, mais elle n'en prouvait que mieux la cause et l'origine du mal.

Toutefois, si un pareil état de choses devait alarmer les gouvernemens et émouvoir les âmes charitables au moment où l'on cherchait à le constater (en 1829), combien n'a-t-il pas dû s'aggraver depuis qu'une révolution nouvelle est venue ébranler encore une fois l'ordre social en France et en Europe?

Un journal ministériel (1) porte à 5,000,000 le nombre ordinaire des indigens dans le royaume, et évalue au double celui qui existe depuis les événemens de Juillet 1830. Ces calculs sont évidemment exagérés. Mais nous croyons que, sans encourir le reproche de chercher à grossir le chiffre de la misère publique, on peut affirmer que le nombre des indigens s'est doublé, a triplé même momentanément dans les villes manufacturières et dans les départemens, que dans le cours de cet ouvrage nous avons classés dans la *zône souffrante*. On a vu l'administration publique, dans ces contrées où l'aristocratie industrielle avait établi plus spécialement son empire, tantôt proclamer officiellement la nécessité d'une taxe des pauvres et se déclarer impuissante à faire respecter les lois et la propriété; (2) tantôt recommander aux familles ouvrières de ne pas rendre leurs mariages plus féconds que leur industrie (3).

En Angleterre le nombre des pauvres s'élève à 3,900,000, c'est-à-dire au sixième de la population totale. Dans le royaume des Pays-Bas, la proportion est d'un septième : elle est d'un dixième en Suisse.

Dans la totalité de l'Europe, le rapport du nombre des pauvres à la population générale est d'un vingtième environ (4).

(1) *La France Nouvelle.*

(2) Voir les arrêtés du préfet du département de l'Aisne, cités dans le chapitre II du livre II de cet ouvrage.

(3) Circulaire de M. Dunoyer, préfet de la Somme, en décembre 1833. Voir le chapitre V du livre Ier.

(4) Le progrès du paupérisme commence à se faire sentir aux États-

Assurément c'est en présence de faits aussi graves que l'on peut apprécier les résultats de l'économie politique anglaise. Ce n'est plus à cette science que l'on demandera le soulagement de la misère publique ; il est évident que c'est désormais à d'autres sources qu'il faut puiser les remèdes à des maux que l'on pourrait imputer peut-être à bon droit à la science elle-même, et que bien certainement du moins, elle n'a su ni prévenir ni empêcher.

Il faut donc reconnaître que la science économique, telle qu'on l'a faite, n'est pas la théorie du bonheur des peuples.

En effet, jusqu'à ce qu'il soit reconnu que l'homme est créé uniquement pour multiplier ses jouissances par l'excitation des besoins, qu'il soit prouvé que l'amour du repos n'est pas dans la nature humaine ; jusqu'à ce qu'il n'y ait plus dans le monde ni plusieurs états, ni peuples différens ; jusqu'à ce que les mœurs, les intérêts et les langues se confondent, que les chaînes des montagnes s'abaissent, et qu'enfin la terre devienne une seule et vaste monarchie universelle ; jusqu'alors, disons-nous, il est à craindre que les théories de Smith et de ses disciples ne puissent jamais aboutir à un ordre social compatible avec la paix et la félicité de l'espèce humaine. Ces doctrines ne seront donc jamais applicables, si ce n'est dans ces âges futurs que l'école politique américaine et le saint-simonisme prédisent à nos derniers neveux. On a dit quelquefois que les économistes formés par Quesnay n'étaient plus de ce siècle.

Unis d'Amérique où l'on a adopté en partie les lois anglaises sur les pauvres et le système industriel de l'Angleterre. Dans l'espace de trente années, le nombre des pauvres s'est accru dans une proportion qui d'abord réduite à un indigent par trois cent trente-trois habitans, s'est élevée à un indigent par cent habitans, et, enfin, à un indigent sur quarante habitans environ. La taxe des pauvres s'est augmentée dans la même proportion. Nous donnerons plus de détails à ce sujet dans le livre II de cet ouvrage ; mais il est facile d'apercevoir d'avance, dans les progrès du paupérisme en Amérique, la présence des mêmes causes qui ont produit de si terribles résultats dans le royaume de la Grande-Bretagne.

On pourrait dire, avec plus de justice, que les disciples exagérés de Smith sont en avant de plusieurs siècles sur l'époque actuelle; et, cependant, ils veulent tout régir, tout régler pour le moment même: leurs écrits ne sont que des invasions perpétuelles sur la politique, la religion, les institutions et les gouvernemens. A la vérité, rien n'égale l'élasticité qu'ils ont su donner à leur science. Si l'on veut combattre un de leurs principes par des considérations morales ou politiques, ils répondent aussitôt : « Vous sortez des limites de la science, ce n'est pas notre affaire : nous n'avons mission que d'indiquer comment se forment les richesses. » A la bonne heure; mais, dans ce cas, permettez qu'à notre tour, nous négligions quelques considérations économiques lorsqu'il s'agira des grands intérêts de la morale et du bonheur des peuples. Depuis les écrits de Smith et de MM. Say et Ricardo, on ne saurait sans doute refuser à l'économie politique les formes et les attributs d'une véritable science. Mais, pour faire admettre tous ses principes comme vrais et absolus, il leur reste encore à prouver qu'ils ont répandu le bien-être dans toutes les classes de la société humaine : or il est douteux qu'elle y parvienne jamais.

Résumons-nous sur les faits qui résultent de cette controverse.

Le bonheur et la paix des nations ont décliné en raison de l'extension forcée de l'industrie et du développement exagéré d'une civilisation matérielle.

Le but de la société ne saurait être seulement la production des richesses; ce but est la plus grande diffusion possible de l'aisance, du bien-être et de la morale parmi les hommes. Les théories de l'école anglaise ne sauraient y conduire : elles doivent donc se modifier ou faire place à des doctrines plus sûres.

Déjà nous l'avons fait remarquer, une nouvelle école d'économie politique apparaît, plus morale et plus humaine, qui s'occupe bien plus de l'aisance des individus que de la richesse des nations, et du bonheur de tous, que de la propriété de quelques classes : qui cherche enfin à rendre à chaque homme la dignité, la liberté et la portion de bien-être qui lui appartiennent sur la terre. Mais, pour atteindre ce but généreux, il lui reste encore un pas à faire : c'est de confondre et d'unir étroitement, par un anneau indissoluble, la science des richesses matérielles avec la science des richesses morales : c'est, en un mot, de prendre pour base le grand élément civilisateur ; *le christianisme* (1) ; car n'est-ce pas lui surtout qu'il faut invoquer, lorsqu'il s'agit d'apaiser les souffrances de la grande société humaine ? En effet, les maux de l'humanité, presque tous inhérens à la destinée religieuse de l'homme, ne peuvent s'expliquer que par la religion comme ils ne sauraient se guérir que par elle.

Nous voudrions n'avoir pas à répéter des vérités vulgaires ; mais il faut bien le redire, puisqu'on semble l'avoir totalement oublié, la religion chrétienne, loin de s'opposer au développement de la fortune publique, au perfectionnement des sciences, à l'introduction des usages et des découvertes qui rendent la vie plus commode (2), enfin aux progrès de l'utile, les encourage en prêchant constamment le respect du droit de propriété, l'amour et la nécessité du travail et de l'ordre. La religion se prête à

(1) Un écrivain habile et religieux (M. Decoux, l'un des collaborateurs de l'Avenir, semble destiné à remplir avec succès cette noble et vaste mission, si l'on peut en juger par le discours d'ouverture des conférences publiques d'économie politique qu'il avait commencées à Paris au mois de mars 1832, et que des circonstances particulières l'ont forcé d'interrompre. C'est avec un vif sentiment d'intérêt et de satisfaction que nous l'avons vu embrasser la belle carrière dont nous ne parcourons aujourd'hui qu'une partie. Nous nous sommes trouvés heureux d'apercevoir la plus grande analogie entre ses idées et les nôtres. On a vu que nous avons profité de plusieurs de ses observations dans cette introduction de notre ouvrage.

(2) Selon Bossuet, le but des sociétés politiques est de rendre la vie commode et les hommes heureux.

l'éclat des arts et à la magnificence des villes : elle excite à l'esprit d'association, au perfectionnement de l'agriculture et de l'industrie, et par conséquent à la production de la richesse. Seulement, et par un bienfait plus grand encore, elle apprend à régler toutes les jouissances; elle leur donne un caractère de pureté, de paix et de durée que l'on chercherait vainement en dehors de ses préceptes. Elle leur enlève toute source de regrets ; elle enseigne à écarter de nos richesses et de nos plaisirs ce qui pourrait nuire à nous-mêmes et aux autres ; elle recommande tout ce qui peut rendre le travail plus prospère, l'économie plus utile, la santé plus vigoureuse, les relations des hommes sûres, pacifiques et en quelques sortes fraternelles : elle veut que la richesse et le bonheur soient répartis plus également entre tous les hommes, soit au moyen de la justice et de la charité chez les riches, soit au moyen du travail et de la prévoyance chez les pauvres ; elle veut enfin que les liens sociaux soient respectés, que l'autorité légitime soit toujours reconnue et obéie, que chaque homme contribue suivant ses moyens au bonheur de ses semblables, et que l'ambition de tous soit dirigée vers le véritable bonheur de tous.

Ainsi dans la religion se trouve l'ensemble régulier et complet de tous les élémens qui concourent à améliorer le sort des peuples, même sous le rapport matériel. Comment donc se fait-il que l'économie politique n'ait pas daigné l'appeler à son aide dans les enseignemens qu'elle prétend donner à la terre?

« Mais la religion, a-t-on dit, s'oppose aux plus nobles plaisirs de l'homme. Elle proscrit les invasions hardies de l'intelligence ; elle défend les spectacles ; elle tend à maintenir les peuples dans l'ignorance ; elle est en arrière de la civilisation. »

Non, assurément, une religion qui a inspiré Corneille, Racine, Chateaubriand, Lamartine, et tant d'autres grands poëtes et écrivains ne condamne pas ces sublimes jouissances de l'âme et de l'intelligence. Mais elle connaît l'homme, elle connaît ses passions et ses faiblesses, et comme elle redoute leur entraînement, elle doit recommander de ne pas s'y livrer. Or, par exemple, que des hommes de bonne foi, parmi ceux qui fréquentent la plupart des spectacles dans les temps où nous vivons, qu'ils nous disent si c'est bien là l'école des bonnes mœurs, de la sagesse et de la vertu! si c'est là qu'on apprend à conserver la pureté de la pensée, la paix de l'âme, la modération dans ses désirs, le goût du travail, de l'étude, de la vie intérieure, enfin le bonheur qu'assure la pratique de la vertu? S'ils répondent affirmativement, nous reprocherons à la religion d'avoir inconsidérément averti les chrétiens des dangers et des abus qu'offrent les spectacles. Mais s'ils n'osent affirmer, nous la tiendrons pour prudente et charitable.

La religion ne blâme et ne craint point les travaux hardis de l'intelligence lorsqu'ils ont pour but d'étendre le domaine du vrai et de l'utile. Elle a applaudi aux découvertes de Newton, de Descartes, de Leibnitz, de Watt, aux illustres travaux des Laplace, des Delambre, des Lavoisier et des Cuvier. Mais si elle aperçoit le danger ou l'intention d'ébranler des vérités sacrées et des croyances salutaires, et d'introduire dans les esprits des doctrines propres à renverser l'ordre social, sentinelle vigilante du bonheur et du salut des hommes, gardienne des vertus et de la vérité éternelle, elle doit avertir ou blâmer.

Bien loin de s'opposer aux progrès des arts utiles, et même des arts libéraux, la religion les a toujours honorés et encouragés. Ce qu'elle repousse, c'est l'abus, c'est ce qui peut nuire aux hommes, soit dans leur existence physique, soit surtout dans leur condition morale. Chargée de leur destinée religieuse, elle ne saurait les perdre de vue, sous ce rapport, sans cesser d'être elle-même.

La religion a travaillé constamment au développement de l'intelligence. Elle ne redoute point l'instruction du peuple, car elle sait que les lumières véritables et complètes conduisent à la religion : mais elle doit vouloir que l'on écarte de leur enseignement ce qui peut troubler l'ordre social et porter atteinte à la pureté de la morale et de la foi. Doit-on lui en faire un reproche, et qui osera le lui adresser, sinon les hommes qui ont intérêt à détruire l'ordre et la morale publique?

La religion chrétienne est incontestablement la seule base d'un état social conforme à la nature de l'homme. Ce n'est qu'avec elle et par elle que l'esprit peut s'éclairer sans danger pour le cœur, le travail suffire aux besoins de tous, la paix régner toujours entre les riches et les pauvres, et la civilisation suivre ses progrès sans manquer ou dépasser le but qui lui est assigné dans la destinée de la race humaine, celui de rapprocher l'homme déchu de sa condition primitive (1). Dans l'ordre matériel lui-même, l'établissement de la morale évangélique fut le progrès le plus étonnant du genre humain. Le christia-

(1) « L'espèce humaine suit une ligne progressive dans la civilisation, alors même qu'elle semble rétrograder. L'homme tend à une perfection indéfinie. Il est loin d'être remonté aux sublimes hauteurs dont les traditions religieuses de tous les peuples nous apprennent qu'il est descendu ; mais il ne cesse de gravir la pente escarpée de ce Sinaï inconnu au sommet duquel il reverra Dieu. La société, en avançant, accomplit certaines transformations générales, et nous sommes arrivés à l'un de ces grands changemens de l'espèce humaine. — Sur les sociétés qui meurent sans cesse, une société vit sans cesse. Les hommes tombent, l'homme reste debout, enrichi de tout ce que ses devanciers lui ont transmis, couronné de toutes les lumières, orné de tous les présens des âges, géant qui croît toujours, toujours, toujours, et dont le front montant dans les cieux ne s'arrêtera qu'à la hauteur du trône de l'Eternel. » (Châteaubriand, *Préface des Etudes historiques.*)

Si l'on pouvait hasarder des conjectures sur un avenir que la main de Dieu nous a caché, nous oserions ajouter à la pensée de l'illustre écrivain que l'épreuve imposée à l'homme sur la terre durera jusqu'au moment où, par le développement progressif de son intelligence et de ses vertus, la

nisme, aujourd'hui comme à son origine, renferme encore le germe de tous les progrès de l'avenir ; loin d'être contraire à ces progrès, il les hâte, mais il les règle.

Enfin (et, dans l'objet qui nous occupe, c'est une considération immense), la religion n'est autre chose que la charité elle-même et l'unique base sur laquelle on puisse asseoir désormais la grande réformation de l'indigence. A ce titre seul n'aurait-elle pas droit à tous les hommages?

En effet, tous les moyens d'améliorer le sort du pauvre ont été indiqués, ou plutôt impérieusement commandés par le christianisme. Long-temps il a seul suffi aux besoins des classes indigentes, malgré le vice et les abus des institutions. Aujourd'hui, les changemens subis par la grande société européenne, en multipliant les causes de l'indigence, forcent de recourir de nouveau et plus instamment que jamais à la source inépuisable et féconde de la charité. Il faut à la bienfaisance un surcroît de force et de lumières ; il faut au travail une nouvelle énergie morale ; aux privations, une résignation encore plus courageuse. Le sentiment religieux peut seul les leur donner ; et si l'excès de la population semblait exiger réellement les sacrifices que conseille l'économie politique, ce serait encore à la religion à les inspirer et à les obtenir.

Avant que les grandes révolutions civiles et religieuses de la France et de l'Angleterre eussent enlevé au clergé catholique ses biens et son influence, le sacerdoce était à peu près exclusivement chargé du soin des pauvres et des malheureux : la religion leur donnait encore plus que du pain ; elle leur donnait une nourriture morale. Du moment où, privé de ses dotations et de son rang dans l'état, il a dû demeurer, en quelque sorte, étranger à

race humaine tout entière sera redevenue digne de voir Dieu face à face et de rentrer ainsi dans tous les biens dont la faute originelle fait déchoir. C'est alors que les temps seront accomplis.... Mais, hélas! cette époque paraît encore bien loin de nous....

l'administration de la charité publique, le poids énorme de l'indigence privée de tout aliment moral, a fondu tout entier sous les gouvernemens. De là vient que, depuis la réforme, dans les états protestans, et en France, depuis la révolution de 1789, le paupérisme, développé par l'accroissement des classes ouvrières (résultat inévitable de l'extension indéfinie donnée à la production industrielle), par les vicissitudes du commerce, par la corruption des mœurs et par le renversement d'institutions utiles, est devenu un fardeau qui a exigé la création d'une taxe des pauvres en Angleterre, et qui commence à devenir intolérable et alarmant dans quelques états de l'Europe, et même en France. C'est en vain que les gouvernemens se sont efforcés de propager l'instruction et d'exciter l'industrie. Il fallait, avant tout, rendre au travail son principe moral et donner à l'industrie une direction plus humaine et plus sociale; il fallait surtout répandre dans tous les cœurs une instruction religieuse. La tâche de soulager et de prévenir l'indigence demeure donc encore tout entière à la charité chrétienne, et l'application éclairée de cette vertu peut seule résoudre le problème si important de l'extinction de la misère publique.

Peu de questions, sans doute, ont été plus souvent traitées que celles qui se rapportent à l'indigence et à la charité. Mais, guidés par des motifs différens, la plupart des écrivains n'ont embrassé pendant long-temps, dans leurs méditations sur ces graves objets, que des considérations générales ou des rapports isolés. Ainsi l'orateur sacré, en réchauffant le zèle des riches ou des âmes pieuses en faveur des pauvres, s'est borné à rappeler les préceptes du divin législateur, la nécessité de l'aumône et les raisons religieuses qui doivent porter l'homme à secourir son semblable. L'homme d'état et le publiciste n'ont vu, dans l'indigence, qu'un accident presque nécessaire résultant de notre organisation physique et sociale. La plupart des économistes, et particulièrement ceux de l'école anglaise, n'ont, en général, considéré l'indigence que sous un point de vue secondaire, et traité assez légèrement tout ce qui concernait l'individualité dans la population qui ne vit qu'au moyen de son travail ou de la charité publique (1). On s'est surtout beaucoup plus occupé des moyens de soulager la misère que des moyens de la prévenir ; et nos lois sur les pauvres, jusqu'à ce jour, semblent même n'avoir eu d'autre but que la répression des désordres auxquels la mendicité peut entraîner. La législation anglaise, bien que plus complète, n'est pas moins insuffisante. Cette imperfection de la législation dans les deux royaumes peut s'expliquer facilement. En France, où pendant si long-temps le soin des pauvres a été exclusivement confié au clergé catholique, le paupérisme ne s'est manifesté en quelque sorte que de nos jours. En Angleterre, la taxe établie en faveur des pauvres semblait devoir satisfaire à tous les besoins, et les questions relatives à l'indigence ont été presque toujours assoupies par la politique.

Cet état de choses peut faire comprendre comment les principes et les développemens de la charité ne sont point encore formulés complétement en véritable science morale et politique applicable à l'économie sociale. Cependant, une multitude d'institutions charitables ont été fondées dans toutes les parties de l'Europe depuis les premiers siècles du christianisme jusqu'à l'époque actuelle. La religion, la munificence des souverains, la piété des fidèles et la sensibilité de quelques philosophes chrétiens ont créé de nombreux moyens de soulagemens pour la vieillesse, l'enfance, les maladies et différentes espèces

(1) Il faut excepter MM. Malthus, de Sismondi, Droz, Ganilh, de Saint-Chamans, de Morogues, et quelques autres écrivains qui appartiennent plus ou moins à l'école que nous désirerions voir se former sous le titre d'*Economie politique chrétienne*.

d'infortunes. Mais là où brille l'esprit religieux et charitable, on regrette quelquefois l'absence des perfectionnemens économiques et d'une direction suffisamment éclairée. Plus souvent, là où la science philantropique a seule présidé, on remarque que les considérations morales et religieuses ont été placées au second rang. Dans presque toutes les institutions de charité, le but principal paraît être toujours bien plus d'adoucir la souffrance actuelle que d'en prévenir la cause et le retour.

Depuis un certain nombre d'années, à la vérité, les recherches et les études des publicistes et des administrateurs ont embrassé un cadre plus vaste et plus complet. Les philantropes anglais et allemands avaient ouvert la carrière : ceux de la France y sont entrés à leur tour, et ce n'a pas été sans succès. Les Rochefoucauld-Liancourt, les Doudeauville, les Montmorency, les Pastoret, les François de Neufchâteau, les Monthyon, les Degérando et les Delessert, peuvent sans doute prendre place auprès des Rumford, des Howard et des Malthus. Les quinze années de la restauration ont vu éclore des ouvrages remarquables sur un sujet qui offre tant d'intérêt à l'homme éclairé et sensible. L'Académie française, secondant les intentions d'un excellent citoyen, a puissamment contribué à diriger les esprits vers les études philantropiques. La fin du règne de Charles X, qui s'était montré, comme ses aïeux, digne du beau titre d'*aumônieux*, avait vu se former cette société des établissemens charitables qui, si elle avait pu répondre entièrement à la pensée de son institution, aurait jeté, tôt ou tard, de précieuses lumières sur la science de la charité.

Toutefois, il nous a paru que, jusqu'à ce jour, il n'existait point d'ouvrage qui offrît, d'une manière complète, l'ensemble de ce qui a été fait, écrit ou proposé pour le soulagement de la misère chez les classes pauvres de la société, et présentât, outre des observations morales sur les causes générales de l'indigence et les moyens de la prévenir, des vues pratiques sur les améliorations dont nos institutions de charité peuvent être susceptibles. Cette lacune, nous n'avons pas assurément la présomption de la remplir en son entier, nous avons seulement tracé la route à suivre pour y parvenir.

Convaincus que s'il est rigoureusement nécessaire de secourir le malheur sous quelque forme qu'il se présente à nos regards, il n'est pas moins utile de prévenir les causes de l'infortune et de la misère, nous avons dû nous attacher, en premier lieu, à la recherche et à l'examen des sources premières de ces maladies cruelles qui des individus passent au corps social. Ici, nous devons le dire, nous n'avons pas reculé devant l'espèce de dédain prodigué de nos jours aux écrivains qui, dans la simplicité de leur cœur, cherchent dans la religion et dans les livres saints la raison dernière de ce que l'intelligence humaine n'a pu ni expliquer ni résoudre. Nous avons pensé, avec une femme célèbre (1), « que le piquant des railleries contre ce qui est sérieux, noble et divin, était usé. »

L'étude des causes religieuses et morales de l'indigence nous a conduit à considérer l'influence que les diverses théories de la civilisation, le travail, l'industrie agricole et manufacturière, l'accroissement de la population, les institutions politiques, les mœurs, les climats, l'enseignement, etc., avaient pu exercer sur le sort des classes pauvres. Ces questions intéressent la société européenne; mais c'est la France que nous devions avoir constamment en vue. Ainsi, nous avons dû rechercher surtout les causes et les effets de l'indigence dans ce royaume, et constater sa situation actuelle sous le rapport du nombre et de la situation des indigens. Nous avons présenté avec quelque étendue, le résultat d'observations spéciales re-

(1) Madame la baronne de Staël.

cueillies à cet égard dans l'un des départemens les plus peuplés et les plus riches de la France (1).

Après avoir ainsi établi la cause, la nature et les progrès du mal, l'ordre des idées reportait aux moyens de le soulager et de le guérir. Ici se montrait la charité comme un guide lumineux et céleste. Nous avons suivi cette vertu sublime dans les diverses applications faites par les hommes et par les gouvernemens. Nous avons cherché à reconnaître si les institutions et la législation relatives aux pauvres étaient aussi efficaces qu'elles pouvaient l'être, et quelles étaient, particulièrement en France, les améliorations dont elles seraient susceptibles. Nous avons enfin aperçu dans l'agriculture et dans l'extension qu'elle peut obtenir par la triple alliance de la charité chrétienne, de l'industrie et de l'esprit d'association, un moyen aussi puissant que vaste de secourir et de régénérer la classe indigente : nous en avons proposé l'application.

Tel est l'objet de l'ouvrage que nous présentons aujourd'hui au public. Aucun sujet ne nous paraissant plus propre à faire excuser, par son immensité même, l'insuffisance des forces et du talent, nous avons dû puiser dans les écrits d'un grand nombre d'économistes et de philantropes. Sans nous imposer les lois de la méthode éclectique, mais jaloux de nous appuyer de l'autorité de leurs opinions, plus encore que de les combattre, nous avons fréquemment cité leurs ouvrages : nous ne craignons pas que l'on nous en fasse un reproche.

Nous avons dû nous livrer à des recherches et à des calculs fort étendus pour établir approximativement le nombre d'indigens et de mendians qui existent en Europe, et surtout en France. Quelque confiance que puisse nous inspirer la portion de ce travail relative à ce dernier

(1) Le département du Nord.

royaume, par la conscience scrupuleuse qui l'a dirigée, nous ne pouvons qu'exprimer des regrets sur le peu de progrès qu'a faits la statistique administrative de la France sur un objet dont il serait superflu de chercher à démontrer l'importance et l'utilité. La société des établissemens charitables s'était occupée de recueillir des renseignemens officiels et détaillés sur l'état des pauvres du royaume. Il eût été désirable que le ministère de l'intérieur l'eût prévenue dans cette investigation réclamée par l'économie politique autant que par la charité.

Il sera facile d'apercevoir dans cet ouvrage deux pensées dominantes : la première, que le retour aux sentimens religieux et charitables est le plus sûr, si ce n'est le seul moyen, de prévenir efficacement, et de soulager autant que cela est humainement possible, la misère publique, parce que, d'une part, la pratique et la conviction des principes religieux écartent les principales causes de cette misère, et que, de l'autre, elles multiplient les moyens de la secourir.

La seconde, que, de tous les travaux offerts à l'homme pour assurer et améliorer son existence, ceux basés sur l'agriculture et sur les produits nationaux pouvaient seuls lui promettre une garantie de véritable aisance, de paix et de sécurité.

Ainsi, arriver à une plus juste répartition de la richesse en rendant les chefs de l'industrie et les riches, en général, plus charitables, et les ouvriers plus instruits, plus prévoyans, plus religieux ; diriger de préférence les classes ouvrières vers l'agriculture ou sur l'industrie qui en dérive : tel est, à notre avis, le secret de toute charité publique éclairée ; tel est le devoir de tous les gouvernemens humains et prudens.

Nos recherches, entreprises de bonne foi et sans préjugés, nous ont conduit à cette conclusion résumée dans ces paroles de Burke qui nous servent d'épigraphe : « *Il faut recommander la patience, la frugalité, le travail, la sobriété et la religion; le reste n'est que fraude et mensonge.*

Nous ne nous sommes pas dissimulé que nos opinions pourraient être diversement jugées et peut-être même dénaturées par l'esprit de parti; mais cette considération était pour nous de peu d'importance. Nous n'ambitionnons de suffrages que parmi les hommes qui veulent sincèrement l'amélioration positive et durable du sort des classes inférieurs; parmi ceux qui travaillent à procurer aux pauvres ouvriers une régénération morale, des lumières utiles et la réalité du bien-être, et non chez ceux qui se contentent de leur offrir de vaines promesses d'émancipation, de liberté et de civilisation. Nous espérons trouver le prix de nos efforts dans l'approbation des amis de la religion, de l'humanité et de l'ordre public, car elle ne saurait être refusée à des intentions droites et pures.

C'est toutefois encore une grave question pour nous que de savoir s'il sera jamais donné aux hommes d'anéantir totalement la masse de misère qui semble le triste héritage de l'espèce humaine déchue de son ancienne dignité, et si l'infortune cessera d'appesantir un jour sa main de plomb sur cette race d'hommes irrévocablement destinés à subir les maladies et la mort (1). Un arrêt suprême semble l'a-

(1) « L'espèce humaine prise en masse, dit M. le comte Destutt-Tracy, est riche et puissante, et voit toujours croître ses ressources et ses moyens d'existence; mais il n'en est pas de même des individus : tous, en leur qualité d'êtres animés, sont condamnés à souffrir et à mourir; tous, après une période d'accroissement, si même ils la parcourent, et après quelques succès momentanés, s'ils les obtiennent, retombent et déclinent, et les plus fortunés d'entre eux ne peuvent guère que diminuer leurs souffrances et en éloigner le terme : leur industrie ne saurait aller plus loin. Il n'est pas inutile d'avoir à l'esprit ce tableau triste, mais vrai, de notre condition. Il nous apprend à ne pas vouloir l'impossible et à ne pas prendre pour une suite de nos fautes ce qui n'est qu'une conséquence de notre nature. Il nous ramène du roman à l'histoire. Il y a plus; ces ressources, ces richesses, si insuffisantes pour le bonheur, sont encore très inégalement réparties entre

voir résolue négativement. « Il y aura toujours des pauvres parmi vous, dit l'Esprit-Saint : c'est pourquoi je vous ordonne de les secourir et de les accueillir comme vos frères » (*Deuter.*, ch. XV, v. 7 et 11). Mais essayer d'adoucir cette misère, la consoler, la soulager par le travail, la religion, la charité et par le développement de l'intelligence ; rallier toutes les institutions, tous les efforts à ce but généreux, c'est obéir aussi aux vues de la Providence non moins qu'aux règles de la politique et de la prudence humaines qui n'en sont que les instrumens. La Providence n'a pas totalement refusé à l'homme terrestre une sorte d'image du bonheur éternel qui lui est réservé ; mais elle a voulu qu'il fût la récompense du travail, de la charité et de la vertu. De même que la félicité intérieure des familles consiste dans la santé, le travail et les bonnes mœurs, la puissance et la prospérité des états ne reposent que sur des populations vigoureuses, actives, et surtout profondément religieuses.

nous, et cela est inévitable. Nous avons vu que la propriété est dans la nature ; car il est impossible qu'un homme ne soit pas propriétaire de son individu et de ses facultés. L'inégalité n'y est pas moins ; car il ne se peut pas que tous les individus se ressemblent et aient le même degré de force, d'intelligence et de bonheur. Cette inégalité s'étend et se manifeste à mesure que nos moyens se développent et se diversifient. Tant qu'ils sont très bornés, elle est moins frappante, mais elle existe. C'est à tort qu'on n'a pas voulu la reconnaître parmi les peuples sauvages : chez eux-mêmes, elle est très funeste ; car elle est celle de la force sans frein. L'opposition fréquente d'intérêts entre nous et l'inégalité de moyens sont des conditions de notre nature, comme la souffrance et la mort : je crois que ce mal est nécessaire et qu'il faut s'y soumettre. (Destutt-Tracy, *Économie politique.*)

ÉCONOMIE POLITIQUE

CHRÉTIENNE,

OU

RECHERCHES SUR LA NATURE ET LES CAUSES

DU PAUPÉRISME.

LIVRE I.

DES CAUSES DE L'INDIGENCE.

CHAPITRE I.

CONSIDÉRATIONS RELIGIEUSES SUR L'INDIGENCE.

> Mais le mal, dit Cebès, qui l'a créé? — Le crime,
> Des coupables mortels châtiment légitime ;
> Sur ce monde déchu, le mal et le trépas
> Sont nés le même jour : Dieu ne les connaît pas.
>
> (LAMARTINE, *la Mort de Socrate.*)

« ON a trouvé en Allemagne, dit madame de Staël, le moyen de rattacher tout le système philosophique et littéraire à la religion. C'est une chose imposante que cet ensemble de pensées qui développe à nos yeux l'ordre moral tout entier, et donne à cet édifice sublime le dévouement pour base et la divinité pour faîte. »

« Un penseur allemand, ajoute cette femme célèbre, déclare *qu'il n'y avait de philosophie que la religion chré-*

tienne, et ce n'est pas certainement pour exclure la philosophie qu'il s'est exprimé ainsi : c'est parce qu'il était convaincu que les idées les plus hautes et les plus profondes conduisent à découvrir l'accord singulier de cette religion avec la nature de l'homme.

Ces grandes vérités nous semblent s'appliquer admirablement à la contemplation de l'indigence.

C'est en vain que la philantropie et l'économie politique cherchent l'origine de la misère dans l'existence sociale de l'homme, dans le vice des institutions qui régissent les sociétés, dans l'excès de la population, dans la direction de l'industrie, ou enfin, dans l'ignorance, l'immoralité et l'imprévoyance des classes ouvrières. Sans doute, ces circonstances contribuent à propager cette déplorable condition d'une partie de l'espèce humaine ; mais il est une dernière et plus haute raison de l'indigence, que les philosophes et les économistes n'expliquent pas, parce qu'ils ont dédaigné de la suivre dans le sanctuaire sacré où elle se trouve renfermée. Et cependant, quel sujet plus digne de leurs recherches !

En effet, si l'esprit frivole et léger de la plupart des hommes leur permettait de s'appesantir quelquefois sur les objets qui frappent journellement leurs regards, dans quelles profondes et tristes méditations ne devrait pas les plonger le spectacle d'une grande portion d'êtres humains condamnés à la privation plus ou moins absolue des choses nécessaires à l'existence, et voués au supplice d'une lutte continuelle entre des besoins impérieux et l'impuissance de les satisfaire !

Tandis que ses semblables, ses frères, jouissent de toutes les douceurs de la vie, l'indigent (et nous gémissons en le disant, c'est par millions qu'il faut compter le nombre de ces infortunés), l'indigent manque d'alimens, de vêtemens et quelquefois d'asile. En proie à la faim, au froid, aux maladies qui naissent de son extrême dénuement, chaque instant de sa vie est tourmenté par le besoin ou la souffrance. C'est peu; il voit endurer les mêmes maux aux objets de ses plus chères affections et ne peut les soulager. Si l'excès de la misère n'a pas desséché son cœur, si la source des émotions les plus nobles et les plus douces n'est pas tarie, sa sensibilité devient un surcroît de tourment. Pour l'indigent, point de repos, point de joie durable, point d'avenir, point de liberté surtout! Car si la misère a ses degrés, si tous les êtres qu'elle atteint ne sont pas impitoyablement frappés d'une somme égale de maux, une dure et commune loi ne permet à nul d'entre eux d'exister sans l'appui, nous dirions presque sans la volonté des autres hommes. Bien plus, la dégradation morale suit trop souvent chez eux la dégénération physique; l'intelligence s'affaiblit ou s'efface. Affaissé sous le malheur, l'indigent finit par méconnaître la dignité de son être. Alors si la pitié ne le découvre et ne l'adopte, si la voix de la religion ne l'éclaire et ne le console, peut-on s'étonner qu'il accuse la Providence d'une énorme injustice, ou l'ordre social d'une intolérable imperfection? Quel autre refuge, quel autre espoir lui restera-t-il que la violation des lois sociales, ou la cessation d'une aussi déplorable vie (1)? Certes, le crime est bien voisin d'un tel désespoir.

Et, chose étrange! ce n'est pas au sein des peuplades sauvages et barbares que règne plus exclusivement l'indigence. Fille des sociétés modernes, on la voit de préférence étendre son empire chez les nations les plus riches et les plus avancées en civilisation. Quelque soin qu'on prenne de la soustraire aux regards, nous trouvons à chaque pas son image dans nos plus opulentes cités. A la porte des palais et des temples, partout où la grandeur des peu-

(1) Le malheur porte les âmes faibles au découragement : abandonnées de la fortune, elles s'abandonnent elles-mêmes; elles désespèrent de l'avenir; elles ne comptent plus ni sur les événemens, ni sur les secours d'autrui, ni sur leurs propres forces. (Degérando, Visiteur du pauvre).

ples et des monarques se manifeste avec plus d'éclat, l'indigence apparaît comme pour former un douloureux et mélancolique contraste ; et lorsque le cœur de l'homme, à la vue des merveilles des arts, des prodiges de l'industrie et des chefs-d'œuvre de l'intelligence, se sent gonfler d'un orgueil qu'il ose croire légitime, une voix lamentable vient lui rappeler soudain, comme jadis l'esclave au triomphateur de l'antique Rome, que la civilisation n'a pas encore acquis complètement le droit de se proclamer la bienfaitrice du genre humain.

Cependant, l'habitude, le tourbillon des affaires et des plaisirs, le tumulte des passions, laissent presque toujours les hommes froids ou inattentifs au spectacle de la misère publique. Les heureux du jour passent, emportant au loin un cœur agité de projets, d'espérances et de désirs inconstans et nombreux comme les vagues des mers. Excepté dans les circonstances où elle devient menaçante pour l'ordre public, et excite alors l'inquiétude des gouvernemens et les alarmes de la richesse, l'infortune n'émeut fortement que les hommes qui ont eux-mêmes connu la souffrance et l'abandon. Elle ne préoccupe profondément que ces êtres distingués qui sont demeurés fidèles aux inspirations de la religion et de la charité, ou quelques philosophes dont les méditations sont consacrées à la recherche des vérités utiles et au bonheur de la société humaine.

C'est à ceux-là seulement que l'indigence, même individuelle, se révèle comme un désordre social digne d'exciter la plus douloureuse sympathie et la plus ardente sollicitude. Pour eux aussi, le fait de l'indigence devient le problème le plus vaste et le plus difficile qui jamais ait été soumis aux méditations du philosophe. Il embrasse en effet les plus hautes questions de religion, de morale et de science politique. Pour le résoudre, il ne faut rien moins qu'expliquer l'homme tout entier, c'est-à-dire sa nature et sa destinée : il faut dévoiler la cause et le but de l'inégalité des conditions humaines ; il faut, en un mot, trouver en quelque sorte le secret et la raison dernière de l'existence de l'univers.

Mais, disons-le sans honte, la sagesse humaine est impuissante à percer des voiles impénétrables à d'autres regards qu'à ceux de la foi religieuse. L'homme, et surtout l'homme indigent, est un mystère que Dieu seul pouvait révéler.

Qu'on le sache bien. Tous les efforts de la philosophie, tous les résultats de la science, toutes les recherches faites avec un cœur droit et pur, ne sont parvenus, et ne parviendront jamais qu'à démontrer l'impossibilité d'assigner à l'indigence, comme aux autres maux qui affligent l'humanité, d'autre cause première que l'arrêt irrévocable et suprême qui, en faisant descendre l'homme du rang presque divin où il avait été d'abord placé, l'a condamné au travail, au malheur, aux maladies et à la mort. Ce fait confond notre raison et nos sens ; mais il est réel et incontestable. C'est un mystère profond et terrible dans lequel, suivant l'énergique expression de Pascal, « le nœud de notre condition prend ses retours et ses replis, de telle sorte que l'homme est plus inconcevable, sans ce mystère, que ce mystère n'est inconcevable à l'homme. » En effet, l'homme serait à jamais incompréhensible si la religion et une véritable philosophie ne nous apprenaient que créé pour le bonheur, mais resté maître de sa destinée, l'homme est tombé par une faute proportionnée sans doute à son terrible châtiment, dans la condition d'une nature imparfaite d'où dérivent toutes ses contradictions et toutes ses misères.

Les traditions de tous les peuples enseignent que l'homme est déchu de sa condition originelle. Les écrivains sacrés, les historiens, les poëtes, les sages de toutes les nations sont d'accord pour attester la grandeur du premier homme, sa faute, sa chute et sa punition transmise de race en race à ses descendans. « Ouvrez les livres du second Zoroastre, les Dialogues de Platon et de Lucien, les fastes des Chinois, la Bible des Hébreux, les Edda des Scandinaves : transportez-vous chez les nègres de l'Afrique, ou chez les savans prêtres de l'Inde, tous vous peindront les temps trop courts du bonheur de l'homme et les calamités qui suivirent la perte de son innocence (1). »

Mais bien plus encore que ces traditions universelles, la nature même de l'homme retrace sa grandeur primitive et sa déchéance. Ce sentiment qui l'élève si haut et jusqu'à Dieu même, et ces besoins qui le ravalent jusqu'à la créature la plus ignoble ; ce désir d'un bonheur parfait, qu'il conçoit, et auquel cependant il ne peut atteindre ; la vanité et les misères sans nombre qui sont semées sur sa carrière ; tout, enfin, n'est-il pas un témoignage vivant que l'homme, mélange de gloire et de bassesse, de liberté et d'esclavage, de souffle immortel et de boue, n'a pu sortir ainsi de la main d'un Créateur parfait dans chacune de ses œuvres? *Marc-Aurèle* s'écriait que l'âme raisonnable de l'homme était un Dieu exilé : Young, et après lui notre Lamartine ont dit : « *L'homme est un Dieu tombé qui se souvient des cieux.* » Le christianisme nous le montre comme une sorte d'ange déchu qui connaît Dieu et la mort. « L'homme est si grand, dit Pascal, que sa grandeur même paraît en ce qu'il se connaît misérable : il est vrai que c'est être misérable que de se connaître misérable; mais aussi c'est être grand que de connaître que l'on est misérable. Ainsi toutes ces misères prouvent sa grandeur. Ce sont misère de grand seigneur, misère de roi dépossédé (2). »

Dans une question d'un ordre aussi élevé et d'où dérive

(1) M. de Chateaubriand, *Génie du christianisme.*

(2) M. le comte de Stolberg (Frédéric), dans son Histoire de J.-C., s'attache à démontrer que la tradition de la chute de l'homme a existé chez tous les peuples de la terre, et particulièrement en Orient, et que tous les hommes ont dans leur cœur le souvenir d'un bonheur dont ils avaient été privés. Madame de Staël fait observer à ce sujet : « qu'il y a dans l'esprit humain deux tendances aussi distinctes que la gravitation et l'impulsion dans le

toute l'économie de la religion chrétienne, nous ne saurions invoquer des autorités trop imposantes. Il ne peut être superflu de réunir sous les yeux du lecteur quelques pages inspirées au génie par la foi religieuse.

« Il semble qu'on peut tirer de l'ordre de l'univers une nouvelle preuve de la dégénération primitive de l'homme. Si l'on jette un regard sur le monde, on remarque que par une loi générale, et en même temps particulière, les parties intégrantes, les mouvemens intérieurs et extérieurs des êtres sont en rapport parfait.

« Par quelle incompréhensible destinée l'homme seul est-il excepté de cette loi si nécessaire à l'ordre, à la conservation de la paix, au bonheur des êtres? Autant l'harmonie des qualités et des mouvemens est visible dans le reste de la nature, autant leur désunion est frappante dans l'homme. Un choc perpétuel existe dans son entendement et son désir, entre sa raison et son cœur. Quand il a atteint au plus haut degré de civilisation, il est au dernier échelon de la morale. S'il est libre, il est grossier; s'il polit ses mœurs, il se forge des chaînes. Brille-t-il par les sciences, son imagination s'éteint; devient-il poète, il perd la pensée. Son cœur s'appauvrit en idées à mesure qu'il s'enrichit en sentimens. Il se resserre en sentimens, à mesure qu'il s'étend en idées: toujours une vertu lui conduit un vice, et toujours en se retirant, un vice lui dérobe une vertu.

« Il est donc raisonnable de soupçonner que l'homme, dans sa constitution primitive, ressemblait au reste de la création, et que cette constitution se formait du parfait accord du sentiment et de la pensée, de l'imagination et

monde physique; c'est l'idée d'une décadence et d'un perfectionnement: on dirait que nous éprouvons le regret de quelques beaux dons qui nous étaient accordés gratuitement, et l'espérance de quelques biens que nous pouvons acquérir par nos efforts: de manière que la doctrine de la perfectibilité et celle de l'âge d'or, réunies et confondues, excitent tout à la fois dans l'homme le chagrin d'avoir perdu et l'émulation de recouvrer. » (*De l'Allemagne.*)

de l'entendement. On en sera peut-être plus convaincu, si l'on observe que cette réunion est encore nécessaire aujourd'hui pour goûter une ombre de cette félicité que nous avons perdue. Ainsi, par la seule chaîne des raisonnemens et les probabilités de l'analogie, la chute originelle est retrouvée, puisque l'homme, tel que nous le voyons, n'est vraisemblablement pas l'homme primitif. Il contredit la nature des règles, quand tout est réglé; double, quand tout est simple; mystérieux, changeant, inexplicable, il est visiblement dans l'état d'une chose qu'un accident a bouleversée. C'est un palais écroulé et rebâti avec ses ruines; on y voit des parties sublimes et des parties hideuses, de magnifiques pérystiles qui n'aboutissent à rien, de hauts portiques et des voûtes abaissées, de fortes lumières et de profondes ténèbres : en un mot, la confusion et le désordre de toute part, surtout au sanctuaire (1). »

« Sans doute, dit un orateur sacré, c'est un grand mystère que cette faute originelle qui a corrompu le genre humain dans sa source et qui l'a dépouillé de sa noblesse primitive. Ce n'est pas le lieu de développer ce que la théologie nous fournit de rapprochemens et de similitudes, non pour dissiper entièrement les ténèbres impénétrables dont ce mystère est couvert, mais pour en faciliter en quelque sorte la croyance. Mais voyez combien la révélation positive de ce mystère éclaire l'homme sur sa destinée et sur les contradictions de sa nature! La raison murmure; elle se scandalise de voir, dans l'homme, ce mélange de passions basses et de désirs célestes, d'amour de la vertu et de penchant pour le vice, l'assujettissement de l'esprit à l'empire des sens, les désordres et les maux qui en sont la suite inévitable. L'homme est ainsi une énigme inconcevable à lui-même; qui nous l'expliquera? Dire qu'il n'y a pas de Dieu, et que dans ce monde tout marche au hasard,

(1) Châteaubriand, *Génie du christianisme*.

c'est une frénésie ; et plutôt que de se précipiter dans cet épouvantable abîme, il faudrait croire qu'il y a quelque vérité cachée, qui, par sa profondeur, se dérobe à notre faible intelligence. Mais voici que la religion vient au secours de la raison déconcertée. Ce que certains sages de l'antiquité païenne semblent avoir soupçonné, ce qui s'était conservé confusément dans la tradition de tous les peuples, ce que la fable avait figuré dans Prométhée dérobant le feu du ciel et par ce vol sacrilége attirant sur la terre les fléaux qui la désolent, ce que les poètes ont chanté sous le nom de l'âge d'or et de l'âge de fer, la religion l'a révélé clairement. Elle nous enseigne que l'homme n'est pas sorti des mains du Créateur tel qu'il est aujourd'hui ; que, dans l'ordre actuel des choses, il n'est plus qu'un être dégradé, un roi détrôné, mais qui, toutefois, dans sa disgrâce, conserve des traits de sa première grandeur. Il ne s'agit donc pas de faire l'homme tout grand et tout bon, malgré le sentiment qu'il a de sa corruption et de sa faiblesse. Cette opinion ne peut que l'enivrer d'un fol orgueil, de l'amour de lui-même, et tout au plus en faire un sage superbe. Il ne s'agit pas non plus de le faire tout terrestre et tout méprisable, malgré le sentiment qu'il a de sa noblesse et de sa dignité. Cette opinion, en le ravalant, peut le jeter dans l'épicuréisme et dans les plus grossières voluptés. La doctrine chrétienne tient le milieu entre ces deux excès ; elle nous montre dans l'homme l'image de Dieu, défigurée, mais non effacée, et lui apprend à se défier de lui-même, sans détruire les hautes idées qu'il doit pourtant en avoir. Voilà, comment au fond des ombres les plus mystérieuses, jaillissent, sur la nature de l'homme, et sur l'ordre présent des choses, les plus vives lumières (1). »

Un autre écrivain chrétien (2), développant les mêmes

(1) Frayssinous, *Conférences sur la religion.*

(2) M. Edouard Alletz, auteur de l'Accord de la religion et de la philosophie, et des Esquisses sur la souffrance morale.

pensées sous d'autres formes, a fortifié ainsi sa foi par de nouvelles et puissantes considérations.

« Si les ancêtres du genre humain, privés des secours de leurs semblables, ont reçu, pour exister, une éducation du ciel même, il est prouvé que la race mortelle, abandonnée à présent à elle-même, est déchue d'un état primitif, et qu'elle a cessé de jouir de toute l'activité d'intelligence qui lui est nécessaire pour entretenir un commerce glorieux avec la Divinité.

« Alors tout s'explique : le mystère de la vie humaine se découvre. L'âme a été condamnée, pour une faute quelconque, à souffrir la révolte des sens et les douleurs du corps. Mais, comme il aurait fallu l'anéantir pour lui ôter l'amour du beau et du vrai, elle a conservé sa fin sublime, et elle subit, dans les misères de la vie, une expiation qui lui permet de reconquérir, sous une autre forme, au-delà du tombeau, sa grandeur première et sa félicité perdue.

« On retrouve sous les formes brillantes de la poésie, l'harmonie des lois de la nature avec l'innocence, la paix et le bonheur de l'homme nouveau-né. Mais l'homme déchu a entraîné, avec sa ruine, celle du monde et ce puissant effet de sa chute montre combien il était grand. La terre, comme l'âme, a été soumise à de nouvelles lois. Celles qui la gouvernaient sont devenues opposées les unes aux autres comme le sont, entre eux, les mobiles des actions humaines, et le combat des élémens a été d'accord avec la lutte de l'âme contre les passions (1). Si l'on traite de blasphème, contre la puissance, contre la justice, le trouble qui règne dans la nature, c'est qu'on oublie que le désordre physique est devenu une condition de l'ordre moral, et que, destiné à souffrir, l'homme n'a-

(1) « Il y a, on ne saurait le nier, un côté terrible dans la nature comme dans le cœur humain, et l'on y sent une terrible puissance de colère. (*Madame de Staël.*)

vait plus de moyen pour rentrer dans le bien que de lutter contre le mal. »

« Certes, l'état actuel de l'univers et du genre humain, trouve sa raison dans les principes de toute sa sagesse, et sous ce rapport, la situation présente est conforme aux règles absolues du bien. Mais nous concevons que l'ordre et la paix pourraient régner à la fois dans la nature et dans notre cœur. Nous imaginons que l'ordre physique et la tranquillité de l'âme pourraient s'accorder avec les lois immuables de la justice et de la vérité ; sans doute, la situation où un pareil accord se réaliserait n'est pas la nôtre ; elle a dû exister autrefois : mais maintenant le mal est entré dans la vie humaine, parce que le bien, dans l'état actuel des choses, ne pouvait plus naître sans le mal. Nous remontons vers notre destinée primitive quand nous triomphons du désordre, soit hors de nous, soit en nous.

« La vie actuelle est comme un travail pour reconquérir les anciens priviléges de notre race. L'idée et le sentiment du but de l'existence nous sont restés, et nous nous consumons en efforts pour nous rapprocher d'une félicité qui nous paraît l'objet de cette vie. C'est pourquoi nous écoutons difficilement les leçons austères de la religion qui nous avertit d'abjurer ici-bas l'espoir du bonheur. Nous avons la conception d'une destinée meilleure, appliquée à toute notre condition sur la terre ; c'est une vie animée, riche, pleine, entière, que nous concevons possible sous les conditions positives de notre nature, une vie dont nous portons l'image secrète et que nous comparons sans cesse à la réalité froide, pauvre, aride et incomplète de cette existence, preuve d'un souvenir confus d'un autre état et du sentiment de notre première destinée.

« *L'indigence, qui nous fait sentir plus amèrement notre dégradation, est une preuve encore plus forte.* »

Nous devrions peut-être borner nos citations à ces éloquentes paroles, mais on nous pardonnera sans doute de les compléter par le passage suivant de l'une des plus belles productions des temps modernes (1).

« Le bonheur est la fin naturelle de l'homme : il désire invinciblement d'être heureux ; mais souvent la raison incertaine et les passions aveugles l'égarent loin du terme où il aspire avec une si vive ardeur ; soumise à des lois invariables, la brute atteint sûrement sa destination. Aucune erreur, aucune affection désordonnée ne l'écarte du but que lui a marqué la nature ; et la mort, dont elle n'a ni la prévoyance ni les terreurs, arrivant au moment où la décadence des organes ne lui laisse plus éprouver que des sensations pénibles, est encore pour elle un bienfait.

« Il n'en est pas ainsi de l'homme. Intelligent et libre, pour jouir du bonheur, il faut qu'il le cherche, qu'il s'applique à le discerner de ce qui n'en est que l'image ; que sa volonté le choisisse librement, et jamais il ne s'en éloigne davantage que lorsque il n'obéit, comme l'animal, qu'à ses penchans. Les nobles facultés qu'il dégrade, vengeant leurs droits outragés, lui font bientôt sentir, par l'amertume qu'elles répandent sur ses plaisirs, qu'il existe pour lui une autre loi que celle des sens.

« Le bonheur des êtres est dans leur perfection, et plus ils s'approchent de la perfection, plus ils s'approchent du bonheur. Jusqu'à ce qu'ils y arrivent, on les voit agités, inquiets, parce que tout être qui n'a pas atteint la perfection qui lui est propre et qui n'est pas tout ce qu'il doit et peut être, est dans un état de passage et cherche le lieu de son repos, comme un voyageur, égaré dans les régions étrangères, cherche avec anxiété sa patrie. Et il est remarquable que tous les hommes, dominés à leur insu

(1) Essai sur l'indifférence en matière de religion.

par le sentiment de cette vérité, joignent constamment à l'idée de ce bonheur l'idée de ce repos, qui n'est lui-même que cette paix profonde, inaltérable dont jouit nécessairement un être parvenu à la perfection, et que saint Augustin appelle excellemment *la tranquillité de l'ordre*. Et quand l'Ecriture veut peindre le séjour affreux du souverain mal, elle nous parle d'une région désolée, d'une terre de ténèbres et de mort, dont tout ordre est banni et qu'habite une éternelle horreur.

« La perfection des êtres étant relative à leur nature, il s'ensuit qu'aucun être, et l'homme en particulier, ne saurait être heureux que par une parfaite conformité aux lois qui résultent de sa nature ; en un mot, il n'y a de bonheur qu'au sein de l'ordre, et l'ordre est la source du bien, comme le désordre est la source du mal dans le monde moral comme dans le monde physique, pour les peuples comme pour les individus.

« Mais, pour se conformer aux lois de l'ordre, il faut les connaître. Donc point de bonheur pour l'homme, à moins qu'il ne se connaisse lui-même et qu'il ne connaisse les êtres avec lesquels il a des rapports nécessaires, c'est-à-dire les êtres semblables à lui, car il n'y a de rapports nécessaires ou de société qu'entre des êtres semblables ; et l'homme, en effet, peut connaître Dieu et se connaître lui-même et, par conséquent, les rapports nécessaires qui l'unissent à Dieu et aux autres hommes, et qui dérivent de la nature de l'homme et de la nature de Dieu. Autrement, il serait un être contradictoire, puisque ayant une fin, qui est la perfection ou le bonheur, il n'aurait aucun moyen d'y parvenir.

« Et ceci montre clairement l'absurdité du fatalisme, car si les actions humaines étaient nécessitées, elles tendraient toutes nécessairement à la perfection de l'homme, et il serait toujours aussi heureux qu'il est possible de l'être. Il n'y a qu'un être libre qui puisse agir contre les lois de sa propre nature, et le malheur, de même que le désordre, n'est explicable que par la liberté. »

Il suit de ces raisonnemens que la vraie religion consiste dans la connaissance des rapports de l'homme avec Dieu. Or ces rapports sont fondés sur des faits dont nous ne pouvons être instruits que par la révélation et qui tiennent évidemment à des vérités d'un ordre surnaturel. Telles sont celles renfermées dans les mystères du christianisme qui tendent tous, d'une part, à nous donner les plus hautes idées de la puissance, de la justice et de la miséricorde de Dieu; et de l'autre, à nous faire connaître la faiblesse et la dégradation de la nature humaine (1).

En effet, ces mystères, par cela même qu'ils répriment l'orgueil et la curiosité de l'esprit humain, sont l'expression du véritable état actuel de l'homme, de ses besoins et des moyens que Dieu lui a donnés pour se relever de sa dégradation et recouvrer les droits que sa faute originelle lui a fait perdre. Remarquons bien que la religion chrétienne n'a pas créé les mystères : seulement elle les déclare et les explique dans leurs rapports avec la destinée de l'homme. Mais ils confondent la raison humaine, objecte-t-on sans cesse. Eh! sans doute; mais combien d'autres faits la confondent de même! « La dernière démarche de la raison, a dit Pascal, c'est de connaître qu'il y a une

(1) « Tout ce qui a vie sur la terre, excepté l'homme, semble s'ignorer soi-même : lui seul sait qu'il mourra, et cette terrible vérité réveille son intérêt pour toutes les grandes pensées qui s'y rattachent. »

« Le mystère de l'univers est au-dessus de la portée de l'homme. Néanmoins, l'étude de ce mystère donne plus d'étendue à l'esprit. Raisonnez sur la liberté de l'homme, et vous n'y croirez pas; mettez la main sur votre conscience, et vous n'en pourrez douter. »

« Kant place sur deux lignes parallèles les argumens pour et contre la liberté de l'homme, l'immortalité de l'âme, la durée passagère ou éternelle du monde, et c'est au sentiment qu'il en appelle pour faire pencher la balance, car les preuves métaphysiques lui paraissent en égale force de part et d'autre. Il y a de la candeur dans cet aveu de la part d'un homme aussi religieux que Kant. » (Madame de Staël, *de l'Allemagne*).

infinité de choses qui la surpassent : elle est bien faible si elle ne va jusque-là. » « L'incrédulité dogmatique, (dit encore admirablement bien madame de Staël), celle qui révoque en doute tout ce qui n'est pas prouvé par les sensations, est la source de la grande ironie de l'homme envers lui-même : toute dégradation morale vient de là. »

Aussi, nous le répétons encore, c'est uniquement dans la religion qui nous enseigne comme une vérité irréfragable et comme un article fondamental de notre foi, la déchéance originelle de la race humaine, que nous avons pu trouver la seule explication complète des causes de l'inégalité des conditions sociales, et, par conséquent, la dernière raison de l'indigence. Tout ici découle de l'arrêt prononcé par Dieu et gravé dans toute la nature comme dans les livres saints.

Dieu dit à Adam : « La terre est maudite à cause de ce que vous avez fait : vous n'en tirerez de quoi vous nourrir durant votre vie qu'avec beaucoup de travail. Vous mangerez votre pain à la sueur de votre visage, jusqu'à ce que vous retourniez dans la terre d'où vous avez été tiré. Vous êtes poussière et vous retournerez en poussière. » (*Genèse*, chap. III, v. 17, 18 et 19.)

Les conséquences inévitables de ce formidable arrêt devaient être les désordres qui se remarquent dans le cœur de l'homme comme dans la nature physique. Tous les maux qui accablent l'humanité, les souffrances, la mort, les guerres, les calamités, les privations, et enfin l'indigence, n'ont pas d'autre source, et ils devaient se répandre sur la terre, avec les passions et les vices pour être les sévères exécuteurs de la justice divine. Mais Dieu réservait à l'homme un moyen d'expiation, et il le devait peut-être, puisqu'il ne l'avait pas anéanti. Ainsi la liberté et la vertu demeureront dans le cœur de l'homme pour l'aider à soutenir la lutte et à mériter de recouvrer ses anciens priviléges : c'est par ses progrès moraux qu'il pourra de nouveau franchir l'espace qui l'a séparé de son séjour primitif. Le christianisme lui montrera le chemin de cette ascension céleste et en même temps les moyens de diminuer, sur la terre, les rigueurs de l'épreuve qu'il doit y subir. Telle est l'économie de la religion chrétienne, dans ses rapports avec l'homme, dont elle seule pouvait régler la situation présente par la révélation de sa destinée future.

L'Esprit Saint l'a dit : *l'homme mangera son pain à la sueur de son front.* De là la nécessité du travail devenue la condition de l'existence de l'homme ; de là aussi, la misère devenue le partage de l'homme qui ne voudra ou ne pourra travailler.

Dès le moment où Dieu prononça son terrible jugement, l'homme se trouvant assujetti à des besoins qui se renouvelèrent chaque jour, fut forcé de travailler sans relâche pour produire les moyens de les satisfaire.

Le travail devint successivement la grande loi de l'individu, de la famille, de l'association. Soit qu'il dût s'opérer d'abord d'une manière purement matérielle, soit qu'il s'exécutât plus tard par l'intelligence, on ne peut concevoir la conservation de l'espèce humaine et de la société, sans un travail perpétuellement producteur.

Dès-lors, on comprend que la misère a dû naître au moment où un homme a été frappé de l'impuissance de travailler, lorsque son travail n'a pu suffire à ses besoins, et enfin, lorsqu'il s'est soustrait volontairement à la loi suprême du travail. La misère s'est encore produite lorsque le chef de la famille n'a pu épargner quelques ressources pour faire subsister une femme faible et délicate et des enfans en bas âge, ou pour exister lui-même lorsque des maladies ou la vieillesse lui ont enlevé la faculté du travail (1).

(1) « Telle est au sein de la civilisation moderne la condition des classes

Par une conséquence de cette loi, l'aisance et la richesse ont été le prix de la persévérance, de l'intelligence et de la prévoyance dans le travail, dont elles ont la faculté d'accumuler les produits. Trop souvent, sans doute, elles ont été la conquête de la force et de l'injustice ; mais cette violation de la loi divine ne devait aboutir elle-même qu'à produire une plus grande misère et confirmer ainsi la vérité et la puissance de cette loi.

En suivant cette chaîne de préceptes qui descend du ciel pour régler les choses de la terre, et que rien n'a pu interrompre depuis la création du monde jusqu'à nous, on aperçoit facilement, dans les imperfections inhérentes à la nature humaine et à l'organisation sociale, les causes de la misère et de l'inégalité des conditions, résultats inévitables du refus, de l'impuissance ou de l'insuffisance du travail, et de la nécessité d'une expiation.

Un écrivain philantrope (1), que nous aimerons à citer plusieurs fois dans le cours de cet ouvrage, a dit avec une religieuse conviction :

« L'homme frivole ne voit dans l'inégalité des conditions humaines qu'une sorte de jeu de hasard favorable aux uns, fatal aux autres. Le demi-philosophe y voit un désordre qui accuse la Providence ; le vrai sage s'élève à de plus hautes et plus justes pensées. Il voit dans cette inégalité même une des vues de la Providence dans la direction du monde moral sur le théâtre de préparation et d'épreuves pour un monde meilleur, où la

inférieures de la société. Il faut d'abord qu'elles travaillent, car sans travail, elles ne peuvent vivre ; leurs moyens d'existence viennent de leurs salaires, et leurs salaires sont le prix de leurs labeurs. Aucune puissance humaine ne peut les dispenser du travail : le jour où le travail cesserait, la destruction de l'espèce humaine serait accomplie. Ce travail, toutefois, ne suffit pas pour assurer l'aisance de l'ouvrier : aux fatigues qui achètent le salaire, doit se joindre la prévoyance qui en règle l'emploi. » (T. Duchâtel, *de la Charité*.)

(1) M. le baron Degérando.

vertu est appelée comme institutrice pour présider à notre éducation terrestre. *L'infortune est une grande et passagère éducation.* »

En rapprochant de cette vérité sublime l'obligation de travail imposée à l'homme, on aura offert aux philosophes qui recherchent consciencieusement la dernière raison de la misère, la seule explication compatible avec les idées de justice et de bonté infinies que nous devons attribuer à l'auteur suprême de toutes choses.

Envisagée sous ce point de vue religieux, la misère, soit qu'elle provienne d'un malheur imprévu, soit qu'elle résulte de nos propres fautes, peut être considérée, par celui qu'elle atteint, comme une épreuve passagère, ou comme une punition dont la Providence lui laisse la liberté de profiter (1). Sous ce rapport, la misère se con-

(1) L'homme était libre dans ses actions, sinon il n'aurait eu aucun mérite à être bon et vertueux, et sans cette liberté, il n'existerait moralement ni bien ni mal, ni vertu ni vice. L'homme pouvait le bien. Il le connaissait. Il a voulu le mal, c'est-à-dire la désobéissance aux lois divines; il a dû être puni par Dieu, qui est la souveraine justice.

Mais, dit-on, Dieu qui est aussi la souveraine bonté et la souveraine puissance, savait sans doute que l'homme abuserait de sa liberté, qu'il s'écarterait du bien, et tomberait dans le mal : il ne pouvait l'ignorer. Comment donc, a-t-il établi un ordre de choses dont il devait nécessairement découler pour l'homme un abime de malheurs ? Il y a, ajoute-t-on, des prédestinés et des réprouvés de toute éternité. Comment cela peut-il s'accorder avec la bonté infinie de Dieu, et avec sa puissance, auxquelles il était si facile de préserver le premier homme et sa race du crime et du malheur ?

Ces objections sont graves, mais spécieuses. Voici ce que répond d'abord la religion :

Tout, dans la nature, est l'ouvrage de Dieu; c'est un point que l'on ne dispute point, car on ne discuterait pas avec celui qui nierait l'évidence. Or, quoique dans la nature tout soit admirable et inimitable, et porte l'empreinte d'une main divine, il y a cependant une foule de choses dont nous n'apercevons pas l'utilité, dont nous reconnaissons même les dangers pour nous et pour les autres créatures. Cela ne veut pas dire qu'elles soient réellement inutiles ou mauvaises, mais qu'elles paraissent telles relativement à nous, et dans l'ordre d'idées et de faits au milieu desquels nous sommes

fond dans la masse des autres maux attachés à la vie humaine, depuis que, par sa désobéissance, l'homme type a été déchu de sa grandeur primitive; mais (et c'est ici que se révèle la bonté du Dieu qui a dû punir) la charité, sentiment divin, se répand dans les cœurs pour rétablir

placés. Ne serait-il pas injuste et présomptueux de faire un reproche à Dieu de l'imperfection relative de cette partie de ses ouvrages? Dieu, en nous créant, nous devait-il, par cela même, un bonheur parfait, l'immortalité, et en quelque sorte le partage de sa divinité? Non, sans doute. S'il nous a donné seulement les moyens suffisans de mériter un bonheur relatif à notre nature, nous devons lui rendre grâces; il a, certes, assez fait pour une pauvre créature telle que l'homme.

Mais ces élus, ces prédestinés de toute éternité? ce déluge de maux qui affligent l'humanité, et qui découlent d'une faute qui devait être nécessairement commise, puisque de toute éternité elle était prévue par Dieu même, comment les concilier avec la justice, la bonté et la toute-puissance de Dieu? Dieu a-t-il donc créé des hommes pour les abandonner ensuite à une destinée qu'ils n'ont pas le pouvoir de rendre vertueuse ou criminelle; car, d'avance, Dieu sait ce qu'elle sera?

A cela la religion répond encore : 1° Nul homme au monde ne peut pénetrer dans la profondeur des jugemens de Dieu.

2° La chute de l'homme est un mystère qu'il ne nous appartient pas d'expliquer et de comprendre. Nous devons croire Dieu souverainement bon, souverainement juste, souverainement puissant; nous devons juger ses ouvrages parfaits, non relativement à nous, mais dans l'ensemble de l'univers, qui est la création complète de la Divinité.

3° Dieu, dans ses relations avec nous, ayant manifesté une bonté égale à sa puissance, nous devons donc avoir la ferme confiance que ses jugemens, sur chaque homme, seront conformes à une justice et à une bonté infinies.

4° En attendant, nous devons observer fidèlement ses préceptes qui sont si admirablement adaptés à nos besoins, à notre nature, à notre avenir, préceptes dont notre conscience et notre raison nous démontrent invinciblement la sagesse, la justice, la nécessité et la céleste origine.

5° Assurément nous concevons un ordre de choses plus heureux pour l'homme pendant sa vie terrestre; nous concevons un bonheur qui pourrait suffire à tous ses désirs; mais nous devons croire que ce bonheur n'a pas dû exister, ou a dû cesser d'exister, et cela pour des motifs impénétrables à notre raison. Il doit nous suffire que Dieu nous ait enseigné les moyens d'améliorer notre sort, et donné l'espérance d'un avenir à jamais heureux. N'est-ce donc pas assez, et qu'est-il besoin de plus, pour exciter notre éternelle gratitude?

l'harmonie sociale détruite par l'inégalité des conditions humaines et surtout par la misère. Dès la formation des sociétés, la charité apparaît, offrant à l'indigence et au malheur une douce et tendre sympathie. L'esprit divin avait dit, dans une sainte colère : « L'homme mangera son pain à la sueur de son front. » Il fit proclamer ensuite à son peuple, par l'organe de Moïse, ces commandemens de charité : « qu'il n'y ait point d'indigens ni de mendians parmi vous ; aimez votre prochain comme vous-mêmes. » Enfin l'Homme-Dieu, pour consoler le genre humain, adressa à tous les hommes ces touchantes paroles : « Aimez-vous les uns les autres comme je vous ai aimés ; soyez miséricordieux comme votre père céleste est miséricordieux. »

C'est ainsi que se manifeste pleinement le triple but de la destinée terrestre et religieuse de l'homme : travailler, secourir son semblable, et par-là mériter de rentrer dans le glorieux héritage que le premier homme a perdu.

Le *travail et la charité!* voilà les deux grands remèdes à l'indigence, voilà toute la loi. N'accusons donc plus la Providence d'injustice, car la race humaine a dans ses mains le pouvoir d'adoucir les tristes effets de la misère : le christianisme l'en a dès long-temps investie.

L'homme, il est vrai, ne parviendra jamais à dompter complètement la pauvreté relative, non plus que les autres misères de la vie. Le paradis promis au chrétien n'est plus ce paradis terrestre fermé pour toujours. Mais le chrétien peut reconquérir ici bas ses priviléges moraux, c'est-à-dire la perfection de son cœur et de son intelligence, et en même temps adoucir puissamment sa condition terrestre.

Si la misère n'était pas considérée comme une punition et une épreuve ; si la religion n'apprenait pas à l'homme indigent qu'il a été condamné à racheter par le travail et la vertu sur la terre, le bonheur et l'immortalité ; si enfin la charité n'existait pas pour le secourir ; quel désespoir ne devrait pas saisir son âme ! l'imagination se refuse à sonder cet effroyable abîme ; et, cependant, telle serait la perspective offerte aux pauvres privés des lumières religieuses !... Au flambeau du christianisme, au contraire, l'homme le plus indigent conserve toute sa dignité. Tous les hommes, ses frères, sont appelés à le soulager, et son malheur même, lorsqu'il n'est pas adouci par la charité, peut devenir pour lui un mérite et un sujet de joie et d'espérance. Quelle philosophie humaine pourrait ainsi à la fois expliquer le mal et le guérir !

CHAPITRE II.

DE L'INÉGALITÉ DES CONDITIONS HUMAINES.

Dieu, lui-même, des rangs forma la chaîne immense,
Qu'un atôme finit, que l'Eternel commence.

DELILE.

Le maître apprend la justice,
L'esclave, la liberté;
L'indigent, le sacrifice,
Le riche, la charité.

LAMARTINE (*Hymne au Christ.*)

LES observations qui précèdent sur les causes morales de l'indigence, embrassent nécessairement l'inégalité des conditions sociales.

Cette inégalité est, comme l'indigence, l'un des élémens de la destinée humaine sur la terre. Comme elle aussi, elle entre dans les desseins de la Providence. Mais l'indigence est l'inégalité parvenue à son dernier terme. Là, elle serait intolérable si l'on perdait de vue les considérations religieuses qui rétablissent l'harmonie du monde social. Otez aux hommes l'idée d'une autre vie: ôtez-leur le christianisme et par conséquent la charité et l'égalité religieuse, que deviendra la société? ce qu'elle fut jadis, une vaste arêne où les riches et les pauvres se livreront une guerre incessante, où la violence et la force domineront l'univers, et où l'esclavage sera peut-être un bienfait pour l'indigent.

La vie sociale est une nécessité pour la race humaine, et le droit de propriété, l'inégalité des fortunes et des conditions en sont les conséquences rigoureuses, car sans elles l'état social ne pourrait évidemment exister. Les plans d'une société où la communauté des biens et l'égalité matérielle parfaite seraient établies, n'ont jamais reçu d'application réelle et possible que parmi les aggrégations d'hommes réunis dans un but religieux et qui se retiraient, dans ce but même, de la vie sociale. Ils sont manifestement impraticables dans l'organisation d'une société étendue. Ainsi, par la force même des choses, une partie de la population se trouve placée dans une condition d'infériorité : les uns possèdent le pouvoir, les distinctions, les richesses ; les autres sont réduits à la médiocrité, au travail, à l'indigence.

Dans la plupart des états politiques, les propriétés, les honneurs, la puissance ont été primitivement ou sont même encore, l'apanage d'un certain nombre de familles privilégiées. L'origine de cette inégalité remonte à l'époque de la conquête où le droit du plus fort, tempéré depuis par l'esprit du christianisme, formait la suprême loi. Ailleurs, la fortune et le pouvoir qui en dérive, se sont concentrés dans les mains des familles qui les premières, et à l'aide de capitaux accumulés par leur industrie, exploitèrent avec succès les diverses branches du travail productif.

Dans l'origine, le système de classement et de castes, fut sans doute regardé comme juste et nécessaire, ou du moins comme inévitable et forcé. Le christianisme apprit à rendre son joug plus tolérable : il enseignait l'égalité religieuse, la résignation et l'obéissance, en même temps qu'il contenait l'abus de la force et de la richesse. Insensiblement l'énergie des souvenirs et le prestige des droits primitifs s'étant effacés, et le sentiment religieux perdant de son empire, la portion souffrante ou subjuguée aperçut les abus de l'organisation sociale, et s'efforça de s'y soustraire. Dès ce moment se prépara la lutte qui a déjà éclaté sur quelques points de l'Europe et qui doit tour à tour produire des révolutions partout où les principes religieux et une sage politique ne sauront contenir le flot populaire en amenant des réformes morales progressives.

Quant à la supériorité acquise par la richesse industrielle, elle n'a pas d'abord inspiré la même jalousie, parce que son origine apparaissait en quelque sorte plus pure et plus respectable, et que d'ailleurs elle s'est confondue souvent dans les intérêts des classes inférieures. Mais dès qu'elle devient la seule aristocratie réelle, il est évident qu'elle est destinée à se trouver à son tour, et par l'effet de son isolement, le but de toutes les jalousies, de toutes les ambitions et par conséquent de toutes les attaques. A mesure que l'inégalité des rangs s'affaiblit ou s'efface, l'inégalité des fortunes se manifeste davantage et devient plus choquante.

Déjà, l'esprit d'examen s'est attaché à étudier la nature et l'influence de l'aristocratie industrielle sur le sort des classes inférieures : déjà, les faits et les raisonnemens démontrent combien cette influence pouvait être funeste et fatale. C'est à cette aristocratie à supporter maintenant le terrible choc du paupérisme qui grandit et qui s'avance.

Mais c'est en vain que les classes inférieures auraient renversé tour à tour et le système des rangs sociaux et politiques, et celui de l'aristocratie des richesses. L'inégalité consacrée par ces systèmes leur était indispensable, parce que seule elle animait le travail, parce que le partage égal des richesses ne saurait aboutir qu'à une misère commune, parce qu'enfin d'ailleurs, la force des choses rétablirait l'inégalité sous une forme ou sous une autre.

Cependant il est dans la nature de l'homme d'aimer la liberté, l'égalité et le bien-être, et de tendre à conquérir à tout prix ces biens inestimables pour lui.

Il existe donc entre les puissans et les riches, et les classes pauvres et assujetties au travail, un principe de lutte perpétuelle, destructif du principe de l'ordre social.

Qui accordera ces deux principes? La force physique? Mais cette force appartient en définitive au plus grand nombre, et le plus grand nombre forme cette population souffrante qui aura la force lorsqu'elle le voudra sérieusement. Ce n'est donc point là qu'il faut placer le point de résistance, ni chercher encore moins un moyen de pacification : « Il faut, comme l'a dit un écrivain profond (1), il faut recommander aux pauvres la patience, la résignation, le travail, la sobriété et la religion. » Il faut que les riches deviennent charitables. Il faut donc surtout travailler à rendre la société véritablement chrétienne, car ce n'est que lorsqu'elles auront compris l'une et l'autre la destinée religieuse de l'homme, que la classe riche obéira pleinement au précepte de la charité et que la classe pauvre, éclairée sur la moralité et la nécessité de l'inégalité sociale, subira avec résignation et douceur l'injustice trop apparente de cette inégalité.

L'inégalité sociale, avons-nous dit, est une des conditions de la nature humaine. « Tous les hommes seraient nécessairement égaux, a dit Voltaire, si les hommes étaient sans besoins. La misère attachée à notre espèce, subordonne un homme à un autre homme. » Or, l'urgence et la multitude des besoins augmentent cette inégalité.

Il n'entre pas dans notre sujet de rechercher quelles institutions pourraient rendre l'inégalité des conditions plus juste et plus tolérable aux yeux d'une philosophie purement humaine, mais nous dirons qu'il faut nécessairement se rapprocher du christianisme pour fonder les bases d'un édifice social où la force physique, l'usurpation et l'esclavage ne soient pas forcément érigés en lois suprêmes. La

(1) Burke.

religion, qui resserre et épure les rapports et les besoins des hommes, qui leur fait envisager le travail et la souffrance comme une épreuve nécessaire, en conservant néanmoins à chacun la plénitude de ses droits et de sa dignité, peut seule tempérer l'amertume des maux résultant de l'inégalité sociale ; dans l'ordre religieux, elle montre l'égalité la plus parfaite ; dans l'ordre temporel, elle indique comment l'inégalité peut se transformer en source d'utilité et de bonheur : elle diminue donc, autant qu'il est possible, le principe et les conséquences de l'inégalité.

Auprès de ces vérités, combien paraissent vaines et arides les explications de quelques philosophes sur l'inégalité des conditions sociales et les consolations qu'ils offrent aux pauvres sur leur misère !...

Le bon Lafontaine a résumé naïvement dans quelques vers tout ce que la philosophie matérielle a pu trouver de mieux à dire sur les causes et les effets de l'inégalité sociale.

« Jupin, pour chaque état, mit deux tables au monde :
L'adroit, le vigilant, et le fort sont assis
A la première, et les petits
Mangent leur reste à la seconde. »

Mais écoutons le patriarche de la philosophie du dix-huitième siècle.

« Une famille nombreuse a cultivé un bon terroir : deux petites familles ont travaillé des champs ingrats et rebelles ; il faut que les deux pauvres familles servent la famille opulente ou l'égorgent : cela va sans difficulté. Une des deux familles va offrir ses services à la riche, pour avoir du pain ; l'autre va l'attaquer et est battue. La famille servante est l'origine des domestiques et des manœuvres ; la famille battue est l'origine des esclaves. »

« Il est impossible, dans notre malheureux globe, que les hommes, vivant en société, ne soient pas divisés en deux classes : l'une, de riches qui commandent, l'autre, de pauvres qui servent; et ces deux se subdivisent en mille, et ces mille ont encore des nuances différentes.

« Tu viens, quand les lots sont faits, me dire : Je suis un homme comme vous : j'ai deux mains et deux pieds, autant d'orgueil et plus que vous, un esprit aussi désordonné pour le moins, aussi inconséquent, aussi contradictoire que le vôtre. Je suis citoyen de Saint-Marin, ou de Raguse, ou de Vaugirard. Donnez-moi ma part de la terre. Il y a, dans notre hémisphère connu, environ 50 milliards d'arpens à cultiver, tant passables que stériles Nous ne sommes qu'environ un milliard d'animaux à deux pieds, sans plumes, sur le continent; ce sont 50 arpens pour chacun. Faites-moi justice; donnez-moi ces 50 arpens. On lui répond : Va-t'en les prendre chez les Caffres, chez les Hottentots ou les Samoïèdes. Arrange-toi avec eux à l'amiable. Ici, toutes les parts sont faites. Si tu veux avoir parmi nous le manger, le vêtir, le loger et le chauffer, travaille pour nous, comme faisait ton père. Sers-nous, ou amuse-nous, et tu seras payé ; sinon tu seras obligé de demander l'aumône, ce qui dégraderait trop la sublimité de la nature et t'empêcherait d'être égal aux rois et même aux vicaires de village, selon les prétentions de ta noble fierté. »

« Tous les pauvres ne sont pas malheureux. La plupart sont nés dans cet état, et le travail continuel les empêche de trop sentir leur situation ; mais quand ils la sentent, alors on voit des guerres comme celle du parti populaire contre le parti du sénat à Rome, celle des paysans en Allemagne, en Angleterre, en France. Toutes ces guerres finissent par l'asservissement du peuple, parce que les passions ont de l'argent, et que l'argent est maître de tout dans un état. Je dis dans un état, car il n'en est pas de même de nation à nation. La nation qui se servira mieux du fer subjuguera toujours celle qui aura plus d'or et moins de courage. »

« Tout homme naît avec un penchant assez violent pour la domination, la richesse et les plaisirs, et avec beaucoup de goût pour la paresse ; par conséquent, tout homme voudrait avoir l'argent et la femme ou les filles des autres, être leur maître, les assujettir à tous ses caprices et ne rien faire, ou du moins ne faire que des choses très agréables. Vous voyez bien qu'avec ces dispositions, il est impossible que les hommes soient égaux. »

« Le genre humain, tel qu'il est, ne peut subsister, à moins qu'il n'y ait une infinité d'hommes utiles qui ne possèdent rien du tout. Car certainement un homme à son aise ne quittera pas sa terre pour venir labourer la vôtre, et si vous avez besoin d'une paire de souliers, ce ne sera pas un maître des requêtes qui vous la fera. L'égalité est donc à la fois la chose la plus naturelle et la plus chimérique. »

« Comme les hommes sont excessifs en tout, quand ils le peuvent, on a outré cette inégalité ; on a prétendu, dans plusieurs pays, qu'il n'était pas permis à un citoyen de sortir de la contrée où le hasard l'a fait naître. Le sens de cette loi est visiblement : « Ce pays est si mauvais et si « mal gouverné que nous défendons à chaque individu « d'en sortir de peur que tout le monde n'en sorte. » Faites mieux, donnez à tous vos sujets envie de demeurer chez vous, et aux étrangers, d'y venir. »

« Chaque homme, dans le fond de son cœur, a droit de se croire entièrement égal aux autres hommes. Il ne s'ensuit pas que le cuisinier d'un cardinal doive ordonner à son maître de lui faire à dîner. Mais le cuisinier peut dire : Je suis homme comme mon maître, je suis né comme lui en pleurant, il mourra comme moi, dans les mêmes angoisses et les mêmes cérémonies. Nous faisons tous les deux les mêmes fonctions animales. Si les Turcs s'emparent de Rome, et si alors je suis cardinal et mon maître cuisinier, je le prendrai à mon service. Tout ce discours est raisonnable et juste ; mais en attendant que le grand-turc s'empare de Rome, le cuisinier doit faire son devoir, ou toute société humaine est pervertie (1). »

J.-J. Rousseau, dans son célèbre Discours sur l'inégalité des conditions humaines, remplace, par de brillans et fougueux paradoxes, l'ironie amère et les sarcasmes du *Méphistophélès* du dernier siècle. Mais il a soin d'avertir qu'il a considéré l'origine et les progrès de l'inégalité, l'établissement et l'abus des sociétés politiques, autant que ces choses peuvent se déduire de la nature des choses et des seules lumières de la raison, et indépendamment des dogmes sacrés qui donnent à l'autorité souveraine la sanction du droit divin (2). Il résulte de son éloquente dissertation 1° que l'inégalité, presque nulle dans l'état de nature, tire sa force et son accroissement du développement de nos facultés, des progrès de l'esprit humain, et devient enfin stable et légitime par l'établissement de la propriété et des lois ; 2° que l'inégalité morale, autorisée par le seul droit positif, est contraire au droit naturel, toutes les fois qu'elle ne concourt pas en même proportion avec l'inégalité physique. Il conclut enfin qu'il est manifestement contre la loi de nature, qu'une poignée de gens regorge de superfluités, tandis que la multitude affamée manque du nécessaire.

Dans la vive indignation où le plonge le spectacle des abus de la société moderne, le philosophe de Genève semble regretter que l'homme se soit éloigné de la condi-

(1) Voltaire, Dictionnaire philosophique.

(2) « Dans son Discours sur l'inégalité des conditions humaines, Rousseau entreprit l'histoire de la société, chercha pourquoi et comment les hommes s'étaient réunis, et ce qui devait en résulter. Comme il était ennemi de l'ordre actuel des choses, il parla avec aigreur et avec verve contre les fruits de l'association humaine, la propriété, la distinction des rangs, les devoirs mutuels, l'obligation du travail des mains, et même du travail de la pensée, tout fut livré à ses attaques. » (M. de Barante, *Tableau de la littérature du dix-huitième siècle.*)

tion animale, qu'il suppose avoir été sa véritable destinée. « La connaissance de la mort et de ses terreurs, dit-il, est une des premières acquisitions que l'homme social ait faites. J'ose presque assurer que la réflexion est un état contre nature, et que l'homme qui médite est un animal dépravé. »

Du reste, il ne faut prendre ces boutades misantropiques que comme un exercice d'imagination. Rousseau nous en avertit expressément dans ces paroles : « La religion nous ordonne de croire que Dieu lui-même ayant tiré les hommes de l'état de nature, immédiatement après la création, ils sont inégaux, parce qu'il a voulu qu'ils le fussent ; mais elle ne nous défend pas de former des conjectures tirées de la seule nature de l'homme et des êtres qui l'environnent, sur ce qu'aurait pu devenir le genre humain, s'il fût resté abandonné à lui-même. »

Ce n'est point ainsi, toutefois, qu'un philosophe chrétien eût envisagé l'inégalité des conditions de la vie. Celui-ci, en ne déguisant pas les maux réels qu'elle entraîne, en eût indiqué les sources, et n'aurait point passé sous silence les remèdes qu'on peut leur opposer et les avantages sociaux qui en résultent. Il n'aurait méconnu ni l'obligation du travail imposé à l'homme, ni la nécessité d'une épreuve expiatoire, ni surtout l'intervention de la grande vertu du christianisme, *la charité.* Il eût fait remarquer que si tous les hommes avaient été égaux en capacité, en fortune, en intelligence et en force, cette vertu ne pouvait plus remplir son but sublime, celui d'être médiateur entre l'homme et la justice suprême. Car alors disparaissaient les rapports du pauvre au riche, du faible au puissant, de l'infortune à la prospérité. Alors se perdaient les traces de cette justice qui, en punissant les enfans de la faute de leur père, et les rendant héréditaires de ses misères, rappelle incessamment aux hommes leurs devoirs et le châtiment qui suit leur infraction. Il aurait enfin fait ressortir cette haute vérité religieuse : que l'inégalité est l'école ou plutôt la mère de toutes les vertus, et, par conséquent, du perfectionnement moral. »

Le véritable philantrope, que nous avons promis de beaucoup citer dans cet ouvrage, et qu'il faudrait presque citer toujours (1), a rempli la tâche que Rousseau a dédaignée ou méconnue, dans un ouvrage dont nous donnons ce simple extrait (2) :

« La profondeur et la sagesse des plans de la Providence éclatent surtout dans cette variété singulière de besoins, de capacités qui, dans l'institution des sociétés humaines, a produit à son tour une si grande multitude et une si grande variété de conditions, surtout lorsqu'on considère que ces situations diverses sont cependant tellement liées entre elles qu'à l'exemple des productions de la nature, elles conspirent toutes ensemble à un but commun, l'intérêt général. De la sorte, chacun, dans sa carrière individuelle, quelle qu'elle soit, travaille réellement pour tous, même sans qu'il s'en rende compte. Il lui suffit, pour rendre sa carrière honorable et méritoire, d'y porter comme une attention, la vue de cette même utilité commune qui doit en être le résultat. »

« Ces considérations ne sont point affaiblies par l'inégalité qui résulte de la diversité des conditions sociales. Ce n'est pas qu'il faille regarder comme un avantage absolu les effets qui résultent de cette inégalité pour entretenir l'activité par l'émulation ; car cette excitation aurait d'extrêmes dangers si les ambitions impatientes qu'elle tend à faire naître, n'étaient contenues par la morale. Mais, sous le point de vue moral, cette disproportion fait éclater des vues nouvelles, introduit entre les hommes des liens nouveaux et sacrés ; elle relève le mérite de la probité ; elle

(1) M. le baron Degérando.

(2) Du Perfectionnement moral.

appelle la modération à savoir trouver une vertu dans le contentement, à se défendre de l'envie; elle provoque des échanges de services d'une autre sorte, mais qui ont aussi un grand prix. De même que la diversité des conditions fournit la matière des transactions, et devient ainsi l'occasion d'un exercice continuel pour la confiance et la bonne foi, l'inégalité des conditions entretient un autre genre d'échanges: elle entretient le commerce de la générosité avec la reconnaissance. Dans ce commerce, celui qui occupe la condition supérieure, n'a point, comme il le semble au premier abord, le privilége de rendre seul des services, il en reçoit, et de plus importans peut-être; en retour du bien qu'il a fait, il obtient ces affections qu'aucun salaire n'aurait pu acheter ni acquitter; il reçoit des leçons de patience, de courage qui lui sont données par l'exemple d'autrui. Il ignorait la vie: c'est auprès du malheur qu'enfin il viendra l'apprendre: peut-être il ignorait son propre cœur, la vue de l'infortune le lui révélera, si toutefois il est digne de cette découverte. »

« C'est ainsi que les conditions sociales, dans leur inégalité, composent une échelle que la bienveillance est appelée à descendre et à gravir sans cesse, chargée de présens ou de tributs, échelle dont les deux extrêmes sont précisément ceux qui ont le plus besoin l'un de l'autre, ceux qu'en effet la vertu vient rapprocher entre eux. »

« Que sont, en réalité, es conditions supérieures de la société, si ce n'est une véritable mission confiée à ceux qui s'y trouvent placés, pour le bien de la société elle-même? Cela est évident, sans doute, pour ceux qui ont été comblés des dons de la fortune. Les uns et les autres sont appelés à exercer un patronage, à remplir une sorte de tutelle.

« La médiocrité du rang et de fortune, qui est pour les hommes la condition la plus générale, est aussi celle qui offre le plus de sécurité.

« A mesure qu'on descend dans les classes inférieures, on voit, pour chaque individu, le cercle de l'existence se rétrécir ; les privations, les gênes s'accroître ; les secours extérieurs devenir moins abondans. Parmi ces secours, l'un des plus précieux, celui des lumières, diminue surtout d'une manière extraordinaire. Mais si, dans ces conditions, les devoirs deviennent de plus en plus austères, ils deviennent aussi plus simples. Ce qui est exigé de nous est plus difficile ; mais la loi du perfectionnement exige moins de choses. L'éducation nécessaire à une telle situation sociale est celle d'une patience plus courageuse. Or, telle est précisément celle que les circonstances tendent à procurer à celui qui y est placé ; il est plus particulièrement appelé à recueillir les fruits attachés aux salutaires habitudes du travail (1). »

(1) Un ingénieux auteur, dont la grâce et l'éloquence du style trahissent le sexe *, a cherché à prouver aux classes pauvres qu'elles ont leurs richesses, et aux riches qu'ils ont leur pauvreté. En examinant la question de l'inégalité des fortunes, il a remarqué que la religion (qui sait très bien où ce fait peut conduire les faiblesses de l'homme) se hâte de dire que cette inégalité n'est que passagère, et que toutes les conditions viennent se confondre au tombeau. « C'est bien nous révéler, ajoute-t-il, le secret de la mort ; mais ce n'est pas résoudre le secret de la vie. L'aveugle distribution des biens et des maux n'en subsiste pas moins à nos yeux. Comment la concilier avec l'idée de la justice suprême ? le voici : la santé, la gaieté, le travail, l'emploi du temps, la sobriété, la franchise, la bienfaisance, la religion, voilà les véritables richesses du pauvre ; l'orgueil, la vanité, l'ambition, l'avarice et l'ennui, voilà la pauvreté des riches. »

Nous ne voulons pas nous livrer ici à la critique d'un ouvrage plein de consolantes vérités et de préceptes utiles, dicté, d'ailleurs, par un sentiment exquis du bon et du vrai. Mais nous ne pouvons nous empêcher de faire remarquer, en premier lieu, que la religion, en révélant la destinée toute entière de l'homme, a aussi bien expliqué le secret de sa vie, que le secret de sa mort ; ensuite, que les richesses et la pauvreté dont il est question ne sont nullement l'apanage exclusif de ceux que nous appelons riches ou pauvres. Elles peuvent, en effet, appartenir plus ou moins à chaque classe de la société. Présenter la possession des vertus morales, comme une immense compensation à la privation des richesses matérielles,

* Madame P..., auteur des Richesses du pauvre et des misères du riche.

Après la religion et la philosophie, l'économie politique devait, à son tour, appliquer ses principes à l'inégalité des conditions humaines, mais c'est par d'autres considérations qu'elle admet l'inégalité comme une des lois de la société générale, et reconnaît que, d'une égalité parfaite, naîtrait l'impossibilité d'un ordre social fondé sur les besoins mutuels des hommes. M. T. Duchâtel (1) fait observer que, même sous le rapport de la destruction de la misère, l'inégalité n'est pas incompatible avec les véritables remèdes qui triomphent des maux de l'indigence. Il n'y a pas, selon lui, de différence entre les deux systèmes, ni quant aux moyens de la soulager. Il pourrait arriver, avec l'égalité, que les parts devinssent si faibles, que la communauté des richesses se transformât en communauté de misères (2). Au lieu d'une partie de la société seulement,

a été sans doute le véritable et l'unique but de l'aimable écrivain : dans ce cas, nous ne pouvons que l'applaudir sans réserve. Il est probable aussi que par le mot générique de *pauvres*, madame P.... n'a pas entendu s'occuper de cette classe de malheureux que la misère, l'ignorance, et quelquefois le désordre, mettent à la charge de la société, et que la religion et la bienfaisance cherchent à tirer de leur dégradation. Il existe une foule d'artisans laborieux dont l'industrie concourt à nos besoins et à notre bien-être, et que l'on appelle *pauvres*, parce qu'ils n'ont pas de revenus indépendans de leur travail. C'est cette portion estimable de citoyens, qu'il eût été plus exact de désigner sous le nom d'ouvriers ou d'artisans, dont l'auteur de la *Richesse du pauvre et de la misère du riche* a voulu mettre en lumière les trésors inconnus.

Quoi qu'il en soit, l'objet de cet écrit a été de faire ressortir une grande vérité morale : c'est que les conditions du bonheur sont dans nos mains, et que les richesses, les grandeurs, les faveurs du hasard, ne sont point exclusivement au nombre de ces conditions. Pour prouver cette vérité, l'auteur a montré que la richesse avait ses inconvéniens et ses embarras, et la pauvreté ses consolations et ses avantages. Mais en mettant la félicité à la portée des classes laborieuses, il n'a pas sans doute prétendu nier qu'elle pût appartenir également aux classes opulentes ; il ne pouvait oublier qu'il dépend de celles-ci de pratiquer les vertus qui la donnent, et surtout la charité, la plus excellente de toutes.

(1) M. T. Duchâtel, *de la Charité*.

(2) Telles seraient les conséquences des doctrines du saint-simo-

c'est alors la société tout entière qui tombe dans l'indigence. » L'école économique anglaise est tentée de se féliciter d'une nécessité qui provoque sans cesse l'industrie, et, par elle, le progrès de la civilisation; mais le travail et l'industrie, poussés à leur dernier terme, les besoins constamment et indéfiniment excités, tels sont les seuls moyens qu'elle indique pour arriver aux compensations réclamées par la justice suprême. Or, il est évident que ces moyens tendent sans cesse, au contraire, à multiplier l'inégalité des conditions.

Les principes de l'économie politique chrétienne sont d'une autre nature. C'est à l'aide de la charité et d'une distribution meilleure des richesses et des lumières, c'est par la modération des désirs et des besoins, qu'elle veut, autant qu'il est possible, rétablir l'équilibre entre les hommes; elle prescrit le travail, mais elle demande qu'il enrichisse à la fois l'ouvrier et celui qui l'emploie : elle respecte l'inégalité indispensable au maintien de l'ordre social; mais elle appelle la portion souffrante de la société à une amélioration progressive; elle voudrait, du moins, que l'indigence disparût de l'échelle de l'inégalité sociale, et elle dit aux hommes : « *Que votre abondance supplée à l'indigence des autres, afin de rétablir l'égalité* (1). » L'homme en société et assujetti à l'inégalité des conditions, se trouve soumis à la double épreuve de la richesse et de la misère. L'harmonie de l'univers consiste à rendre cette double épreuve méritoire par l'épanchement constant de la surabondance de richesse sur l'infortune, et c'est pour établir cette harmonie que la charité fut créée.

M. de Sismondi a commencé d'indiquer le but des recherches de l'école économique chrétienne, dans le passage suivant de ses nouveaux principes d'économie politique.

nisme, à l'examen desquelles nous avons consacré un chapitre de cet ouvrage.

(1) Saint Paul, II. Corinth. ch. 8, v. 14.

« L'ordre social perfectionné est, en général, avantageux au pauvre aussi bien qu'au riche, et l'économie politique enseigne à conserver cet ordre en le corrigeant, et non pas à le renverser. C'est une providence bienfaisante qui a donné à la nature humaine des besoins et des souffrances, parce qu'elle en a fait les aiguillons qui doivent éveiller notre activité et nous pousser au développement de tout notre être.

« Si nous réussissions à exclure la douleur de ce monde, nous en exclurions aussi la vertu, de même que si nous réussissions à en chasser le besoin, nous en chasserions aussi l'industrie. Ce n'est donc pas l'égalité des conditions, mais le bonheur de toutes les conditions que le législateur doit avoir en vue. Ce n'est point le partage des propriétés qui procure ce bonheur, car il détruirait aussi l'ardeur pour le travail qui doit seul créer toute propriété et qui ne peut trouver de stimulant que dans ces inégalités mêmes que le travail renouvelle sans cesse : mais c'est au contraire en garantissant toujours à tout travail sa récompense, c'est en entretenant l'activité de l'âme et l'espérance, en faisant trouver au pauvre aussi bien qu'au riche une subsistance assurée, et en lui faisant goûter les douceurs de la vie dans l'accomplissement de sa tâche. »

« Rien de plus commun dans toutes les sciences politiques que de perdre de vue le double but qu'elles se proposent et qui rendent la science de la législation la théorie la plus sublime de la bienfaisance. Les uns, amans passionnés de l'égalité, se révoltent contre toute espèce de distinction : la distance qu'ils aperçoivent entre le puissant et le faible, l'oisif et le manouvrier, le lettré et l'ignorant, leur fait conclure que les privations de ces derniers sont des vices monstrueux dans l'ordre politique ; les autres, considérant toujours abstractivement le but des efforts des hommes, lorsqu'ils trouvent une garantie pour des droits divers et des moyens de résistance, comme dans les républiques de l'antiquité, appellent cet ordre la liberté, lors même qu'il est fondé sur l'esclavage des basses classes. »

« Lorsqu'ils trouvent une immense accumulation des richesses, comme en Angleterre, ils appellent opulente la nation qui les possède, sans s'arrêter à examiner si tous ceux qui travaillent de leurs bras, tous ceux qui créent cette richesse, ne sont pas réduits au plus étroit nécessaire, si le dixième d'entre eux ne recourt pas à la charité publique, et si les trois cinquièmes des individus de la nation qu'ils appellent riche, ne sont pas exposés à plus de privations qu'une égale proportion d'individus dans la nation qu'ils appellent pauvre. »

M. de Sismondi, en développant ses principes, arrive à peu près aux mêmes conclusions que nous, c'est-à-dire que l'accord du travail, de la justice, de la charité et de la religion peuvent seuls diminuer ce que l'inégalité sociale offre d'affligeant pour l'humanité.

Telle est aussi la conclusion que l'on peut tirer des considérations politiques publiées sur le même sujet, par M. de Morogues, écrivain philantrope que nous aimons à compter parmi les partisans de l'école économique chrétienne et française.

« Les besoins les plus indispensables à la vie, dit-il, seraient peut-être plus sûrement satisfaits ; la population, plus sûrement nourrie, s'accroîtrait même par le seul accroissement de la masse des choses utiles, sans que les rangs sociaux se rapprochassent. Mais tant que les rapports entre les classes resteraient les mêmes, ceux des citoyens qui se trouveraient dans les rangs inférieurs n'en seraient pas plus contens pour cela ; et si leur instruction avait développé leurs idées au point d'exciter leurs désirs plus que leur revenu ne pourrait accroître leur jouissance, ils se trouveraient de plus en plus malheureux par la plus grande étendue de privations qu'ils éprouveraient, bien qu'ils eussent une plus grande masse de jouissances. Ce n'est qu'une bonne instruction morale et religieuse qui, en inspirant à l'homme une véritable philosophie, lui apprend à se contenter de ce qu'il possède et à se faire une jouissance des privations qu'il doit s'imposer en renonçant volontairement et sans efforts à la possession des objets qu'il ne lui est pas donné d'atteindre. Sous ce rapport, la morale et la religion doivent nécessairement former la base de l'instruction de tous les hommes qui, quelle que soit leur élévation dans l'échelle sociale, désirent monter encore tant que la religion ou la philosophie ne posent pas un terme à leurs désirs. »

« C'est la divagation de ces désirs dans un sens, qui conduit les uns à l'ambition insatiable des richesses, de l'élévation, des honneurs, des dignités, de la puissance, de la gloire ; c'est la divagation dans le sens contraire qui fait demander par les autres le nivellement des fortunes acquises, égalité absurde, qui serait la cause nécessaire de l'extinction de l'émulation, de la restriction de la production et de la rétrogradation de l'ordre social. C'est donc vers le rapprochement, par la création de la richesse nouvelle, et non vers l'égalisation des situations sociales acquises, que le gouvernement doit tendre de plus en plus à mesure que les idées, s'étendant davantage dans les classes inférieures de la société, rapprochent les besoins de ces classes de ceux des classes supérieures. »

« Pour prévenir alors la nécessité d'un rapprochement trop grand, extinctif de l'émulation à laquelle la société doit ses progrès, il est indispensable que l'instruction soit plus étendue dans les hautes classes que dans les classes inférieures, et qu'autant que possible, elle soit spéciale aux situations de toutes les familles. Il le faut ainsi, pour que la société reste progressive, parce qu'il est indispensable que les classes inférieures, qui sont et doivent être toujours les plus nombreuses, trouvent leur situation aussi heureuse que possible. »

Toutes ces réflexions, si profondes et si sages, viennent comme on le voit, aboutir nécessairement aux vérités et aux préceptes que renferme le christianisme. Il est donc bien vrai, comme l'admirait Montesquieu, que la religion chrétienne, qui ne semble faite que pour une autre vie, assure encore le bonheur de celle-ci (1). »

(1) « Jésus-Christ ne nous réserve pas seulement le repos éternel dans les cieux, mais il est encore venu apporter la paix sur la terre. Mon royaume n'est pas de ce monde, nous dit-il, et l'apôtre ajoute : « Dieu ne fait acception de personne. »

« Ainsi donc, que le serviteur obéisse à son maître et le sujet à son prince ; que le pauvre ne porte pas envie au riche, que le faible ne murmure point contre le fort ; que chacun fournisse sa carrière dans l'ordre où la Providence l'a placé ; et soit qu'elle lui donne, soit qu'elle lui ôte, toujours la bénissant, *car il arrivera que les premiers seront les derniers.* Société chrétienne, société parfaite, où la bienveillance tempère l'autorité, où la justice est dans tous les cœurs, où le grand s'humilie sans rien perdre de sa grandeur, et le petit sans tomber dans l'avilissement ; où, dans la plus extrême inégalité de richesses, de conditions, d'honneurs, tous se considèrent véritablement comme égaux, parce qu'ils sont enfans du même pere, et appelés par mille voies diverses à recueillir le même héritage. » (L'abbé F. de La Mennais, *Réflexions sur l'Imitation de J.-C.*)

CHAPITRE III.

DES DEUX THÉORIES DE LA CIVILISATION.

Que celui qui l'a fait explique l'univers !
Plus je sonde l'abîme, hélas, plus je m'y perds.
Ici bas la douleur à la douleur s'enchaîne ;
Le jour succède au jour et la peine à la peine.
Borné dans sa misère, infini dans ses vœux,
L'homme est un Dieu tombé, qui se souvient des cieux.

LAMARTINE.

DEUX vastes sectes se partagent le monde philosophique (1), et s'appliquent à la vie sociale, l'une attribue

(1) Il n'entrait point dans le plan et dans les bornes de cet ouvrage d'exposer l'histoire de la philosophie et des diverses sectes dérivées du sensualisme et de l'idéalisme ; nous n'avons voulu indiquer ici que les deux grandes écoles principales et leurs conséquences pratiques sur le bonheur de la société. On sait que les théories du sensualisme, développées par l'école de Hobbes et de Hume, etc., ont été combattues avec autant de talent que de conviction par les fondateurs de l'école écossaise, Reid et Dugald-Stuart, dont M. Royer-Collard a introduit les doctrines en France, et que M. Vʳ. Cousin appelle *une protestation honorable du sens commun, contre l'extravagance des dernières conséquences du sensualisme.* Nous n'avons pas parlé non plus de l'éclectisme, nouvelle secte sortie de l'école écossaise. La philosophie éclectique est trop récente, et d'ailleurs d'un genre trop *neutre*, si nous pouvons nous exprimer ainsi, pour avoir exercé une influence marquée sur le sort de la société humaine. Elle ne serait cependant pas sans danger, si elle parvenait à s'introduire dans les théories politiques et économiques. Une philosophie qui s'annonce *comme l'harmonie des contraires et l'optimisme historique*, qui regarde les défaites et les victoires comme les arrês de la civilisation et de

l'intelligence et le perfectionnement moral de l'homme à un sentiment inné de sa destinée immortelle. Elle regarde ce sentiment comme un fait; et à ses yeux la philosophie ne peut avoir d'âutre but que la signification et l'explication de ce fait. Suivant l'autre, tout nous arrive par les sensations; elles sont l'origine des idées et constituent l'homme tout êntier.

La première règne principalement en Allemagne où Leibnitz a la gloire d'avoir maintenu la philosophie de la liberté morale de l'homme contre celle de la fatalité sensuelle. Nous n'avons pas besoin de dire que *le spiritualisme* se confond avec les vérités morales du christianisme, et qu'il tend à fortifier par la métaphysique, ce que la philosophie chrétienne a puisé dans la révélation.

La seconde secte, celle qui a pour base *le sensualisme*, s'est répandue d'abord en Angleterre, et ensuite en France. Elle se trouve exposée dans de nombreux écrits qui tous, plus ou moins, ne sont que le développement des idées de Hobbes. Or, d'après ce philosophe, l'âme est soumise à la nécessité comme au despotisme, car il admet le fatalisme des sensations pour la pensée comme celui de la force pour les actions. Conséquent à ses doctrines, Hobbes fut athée et esclave (1).

Dieu même sur un peuple; qui considère les guerres et les batailles comme inévitables et bienfaisantes; qui démontre la moralité constante du succès, et ne s'attache qu'au vainqueur; qui s'annonce *comme l'autorité des autorités*, même en matière de religion, tout en reconnaissant que dans le christianisme sont renfermées toutes les vertus; une telle philosophie, disons-nous, aboutit à l'indifférence en toutes choses, et à un égoïste fatalisme qui s'accommode de tout, de la vertu comme du vice, de l'impiété comme de la foi. Du reste, il était impossible que des esprits élevés et positifs pussent long-temps persister dans cette voie aussi fausse que funeste. Les derniers écrits de M. Jouffroy, l'un des premiers et des plus éloquens interprètes de l'éclectisme, annoncent un retour formel vers les principes immuables de la philosophie chrétienne, et leur promettent un puissant défenseur de plus.

(1) Madame de Staël.

Madame de Staël, dans son admirable ouvrage sur l'Allemagne, peint à grands traits les principaux caractères des deux sectes philosophiques.

« C'est en vain, dit-elle, qu'on veut se réduire aux jouissances matérielles ; l'âme revient de toutes parts. »

« Tout ce qui est visible parle en nous de commencement et de fin, de décadence et de destruction ; une étincelle divine est seule en nous l'indice de l'immortalité. »

« Il n'y a plus de nature spirituelle dès qu'on l'unit tellement à la nature physique que ce n'est plus que par respect humain qu'on les distingue encore. Cette métaphysique n'est conséquente que lorsqu'on en fait dériver, comme en France, le matérialisme fondé sur les sensations, ou la morale fondée sur l'intérêt. La théorie abstraite de ce système est née en Angleterre. Les métaphysiciens français avaient établi que les objets extérieurs étaient le mobile de toutes les impressions. D'après cette doctrine rien ne devait être plus doux que de se livrer au monde physique et de l'inviter comme un convive à la fête de la nature. Mais, par degrés, la source intérieure s'est tarie, et jusqu'à l'imagination, qu'il faut pour le luxe et pour les plaisirs, va se flétrissant à tel point qu'on n'aura plus bientôt assez d'âme pour goûter un bonheur quelconque, si matériel qu'il soit. »

« Un abîme sépare ceux qui se conduisent par le calcul, de ceux qui sont guidés par le sentiment. »

« Quand on veut s'en tenir aux intérêts, aux convenances, aux lois du monde, le génie, la sensibilité, l'enthousiasme agitent péniblement notre âme. »

« Ce n'est pas assurément pour les avantages de cette vie, pour assurer quelques jouissances de plus à quelques jours d'existence, et retarder un peu la mort de quelques momens, que la conscience et la religion nous ont été données. C'est pour que les créatures en possession du libre arbitre choisissent ce qui est juste, en sacrifiant ce qui est probable, préfèrent l'avenir au présent, l'invisible au visible, et la dignité de l'espèce humaine à la conservation même des individus. »

« La morale fondée sur l'intérêt serait aussi évidente qu'une vérité mathématique, qu'elle n'exercerait pas plus d'empire sur les passions qui foulent aux pieds tous les calculs. Il n'y a qu'un sentiment qui puisse juger d'un sentiment. Quand l'homme se plaît à dégrader la nature humaine, qui donc en profitera? »

« Quelque effort que l'on fasse, il faut en revenir par reconnaître que la religion est le véritable fondement de la morale. C'est l'objet sensible et réel au dedans de nous qui seul peut détourner nos regards des objets extérieurs. »

Un philosophe spiritualiste, moins connu qu'il ne mériterait de l'être (1), a, ce semble, jeté à son tour de

(1) S. Martin, auteur des Erreurs et de la Vérité, ou les hommes rappelés au principe universel de la science, *par un philosophe inconnu;* de l'*Ecce homo;* du Tableau naturel des rapports qui existent entre Dieu, l'homme et l'univers; de l'Homme de désir, etc.

S. Martin pensait que les hommes *sont naturellement bons;* mais il entendait, par la *nature,* celle qu'ils avaient originairement perdue, et qu'ils pouvaient recouvrer par leur bonne volonté; car il les jugeait, dans le monde, plutôt entraînés par l'habitude vicieuse que par la méchanceté.

Ce philosophe reconnut les desseins terribles de la Providence dans la révolution française, et crut voir un grand instrument temporel dans l'homme qui vint plus tard la comprimer. Il prit la défense de la cause du sens moral contre Garat, professeur de la doctrine du sens physique, ou de l'analyse de l'entendement humain. Son but était d'expliquer la nature par *l'homme*, et de ramener toutes nos connaissances au principe dont l'esprit humain peut être le centre. « La nature actuelle, dit-il, déchue et divisée d'avec elle-même, et d'avec l'homme, conserve dans ses lois comme dans plusieurs de ses facultés, une disposition à rentrer dans l'unité originelle. Par ce double rapport, la nature se met en harmonie avec l'homme, de même que la nature se coordonne à son principe. » Il pensait qu'il y a une raison à tout ce qui existe, et que l'œil interne de l'observateur en est le juge; il considérait l'homme comme ayant en lui un miroir vivant qui lui réfléchit tous les objets, et qui le porte à tout voir et à tout connaître. Mais ce miroir vivant étant lui-même un reflet de la Divinité, c'est par

grandes lumières sur ces hautes questions qui intéressent si vivement l'ordre social.

« Il y a des êtres, dit-il, qui ne sont qu'intelligens : il y en a qui ne sont que sensibles. L'homme est à la fois l'un et l'autre : voilà le mot de l'énigme. Ces différentes classes ont chacune un principe d'action différent. L'homme seul les réunit tous les deux, et quiconque voudra ne les pas confondre sera sûr de trouver la solution de toutes les difficultés. »

« Depuis la dégradation primitive, l'homme s'est trouvé revêtu d'une enveloppe corruptible, parce qu'étant composée, elle est sujette aux différentes actions du sensible qui n'opère que sensiblement, et qui, par conséquent, se détruisent les unes les autres. Mais, par cet assujettissement au sensible, il n'a point perdu sa qualité d'être intelligent : en sorte qu'il est à la fois grand et petit, mortel et immortel. Toujours libre dans l'intellectuel, mais lié dans le corporel par des circonstances indépendantes de sa volonté, en un mot, étant un assemblage de deux natures diamétralement opposées, il en démontre alternativement les effets d'une manière si distincte, qu'il est impossible de s'y tromper. Si l'homme actuel n'avait que des sens, ainsi que des systèmes humains le voudraient établir, on verrait toujours le même caractère dans toutes ses actions, et ce serait celui des sens, c'est-à-dire qu'à l'égal de la bête, toutes les fois qu'il serait excité par ses besoins corporels, il tendrait avec effort à les satisfaire, sans jamais résister à aucune de leurs impulsions, si ce n'est pour céder à une impulsion plus forte provenant d'une source analogue. »

cette lumière que l'homme acquiert des idées saines, et découvre l'éternelle lumière dont parle Jacob Bœham.

L'objet de son ouvrage intitulé *Ecce homo*, est de montrer à quel degré d'abaissement l'homme infirme est déchu. On y trouve cette belle expression : « *l'âme de l'homme est primitivement une pensée de Dieu.* »

« Pourquoi donc l'homme peut-il s'écarter de la loi des sens ? Pourquoi peut-il se refuser à ce qu'ils lui demandent ? Pourquoi, pressé par la faim, est-il néanmoins le maître de refuser les mets les plus exquis qu'on lui présente ? de se laisser tourmenter, dévorer, anéantir même par le besoin, et cela, à la vue de ce qui serait le plus propre à le calmer ? Pourquoi, dis-je, y a-t-il dans l'homme une *volonté* qu'il peut mettre en opposition avec nos sens, s'il n'y a pas en lui plus d'un être ? Et deux actions si contraires peuvent-elles tenir à la même source ? »

« En vain on m'objecterait à présent que quand la volonté agit ainsi, c'est qu'elle est déterminée par quelque motif. J'ai assez fait entendre, en parlant de liberté, que la *volonté* de l'homme étant *cause* elle-même, devait avoir le privilége de se déterminer seule et sans motif, autrement elle ne devrait pas prendre le nom de volonté. Mais en supposant que, dans le cas où il s'agit, sa volonté se déterminât en effet par un motif, l'existence des deux natures de l'homme n'en serait pas moins évidente, car il faudrait toujours chercher ce motif ailleurs que dans l'action de ses sens, puisque sa volonté la contrarie ; puisque lors même que son corps cherche toujours à exister et à vivre, il peut vouloir le laisser souffrir, s'épuiser et s'éteindre. Cette double action de l'homme est donc une preuve convaincante qu'il y a en lui *plus d'un principe.* »

Un auteur élégant, qui a su parer d'une douce lumière et des formes les plus gracieuses les aspérités arides ou confuses de la science, vient, dans un ouvrage très remarquable (1), de donner un nouvel appui à ces notions que la raison et le sentiment s'accordent à proclamer comme infaillibles.

(1) De l'Education des mères de famille, ou de la Civilisation du genre humain par les femmes, par M. Aimé Martin.

« Deux natures, dit-il, dans les animaux : l'instinct qui les attache à la terre, l'intelligence qui les unit à l'homme.

« Deux natures dans l'homme : l'intelligence qui l'unit à la création, l'instinct de l'âme qui l'unit à Dieu.

« De cette séparation des deux natures de l'homme, nous voyons sortir ce fait digne des regards du philosophe : toutes les facultés de l'intelligence tendent à la terre, toutes les facultés de l'âme tendent au ciel. Les unes sont les idées ; les autres sont les sentimens.... Donc il y a dans l'homme deux êtres bien distincts : l'être intelligent et l'être spirituel. A l'un, les idées qui viennent des sens ; à l'autre, les sentimens qui viennent de l'âme.... Dans l'animal, il n'y a qu'un être : aussi n'y a-t-il pas de combats. Ses pensées s'agitent au sein de la matière et restent matérielles. Dans l'homme, au contraire, les pensées de l'intelligence se déroulent à travers les sentimens de l'âme et leur empruntent quelque chose. Les plus grossières nous arrivent avec une empreinte plus ou moins forte de l'essence céleste. Voilà ce qui rend l'amour si sublime toutes les fois que l'âme ébranlée lui imprime le sentiment du beau et de l'infini... On n'instruit pas les facultés de l'âme, on les réveille. Tout ce qui nous vient d'elle, nous semble une réminiscence ou une inspiration. Ainsi les grandes vérités morales sont en nous comme sentiment, avant que le génie nous les rende visibles comme pensées. De ces principes et de ces faits, je conclus que la réunion des facultés de l'âme compose un être supérieur, un être à part, un être complet, l'être immortel. Or, toutes les facultés de cet être étant des sentimens, il en résulte que l'essence de l'âme n'est pas la pensée, mais l'amour. Aussi n'est-ce que pa l'amour que nous arrivons à Dieu. Il ne nous est pas donné de le comprendre, et il nous est permis de l'aimer. Dieu se révèle à cette partie de nous-mêmes, et cette révélation est plus qu'une espérance : si Dieu se montre à l'homme, il faut bien qu'il y ait dans l'homme quelque chose de digne de Dieu! »

« Les méditations précédentes n'avaient d'autre objet que l'étude de l'homme : je voulais me connaître, et c'est en dirigeant mes regards sur moi-même que, de toutes parts, je suis arrivé à Dieu. Dieu existe, car il a mis en nous un témoin de son existence; il existe, car toutes les facultés de l'âme le cherchent et le trouvent, fait immense et sans réfutation possible. En effet, ce qu'une intelligence adopte, une autre peut le nier. Les démonstrations logiques ont toutes leurs antinomies; mais ici point de raisonnemens, point d'argumens; c'est une lyre céleste dont toutes les cordes vibrent pour le ciel; c'est un Dieu qui se manifeste à la conscience du genre humain. Voilà notre plus beau titre à l'immortalité. Pourquoi Dieu se serait-il révélé à qui devrait cesser de le connaître? Avoir aimé Dieu et rentrer dans le néant, chose contradictoire et impossible; avoir contemplé des perspectives éternelles et cesser d'être, chose absurde ; ce serait avoir plus imaginé que Dieu n'a créé (1). »

Ces considérations philosophiques auxquelles nous devons nous borner, sont moins étrangères qu'elles ne pourraient le paraître à l'objet qui nous occupe; elles en étaient les prolégomènes nécessaires, et l'on peut même dire qu'elles renferment le germe de toutes les vérités pratiques qui s'appliquent à l'amélioration du sort des classes indigentes. Car les doctrines des deux écoles ayant passé nécessairement dans les divers systèmes de l'économie politique et formant deux théories distinctes de la civilisa-

(1) M. Brifaut, de l'Académie française, si bon juge en fait de littérature, de philosophie et de morale, dit, en rendant compte de cet ouvrage destiné à un immense succès : « Tantôt on croit entendre les sons éloignés de la voix de Pascal, tantôt il semble que la lyre de M. de Chateaubriand s'est réveillée sous une main mystérieuse : c'est un mélange de choses sublimes ou ravissantes, c'est la plus haute puissance de pensées associée aux plus touchantes merveilles du sentiment. »

tion (1), leur action doit affecter diversement l'ordre social et les différentes parties de la population : il importait donc de connaître les principes sur lesquels reposaient l'une et l'autre théorie afin d'en apprécier les résultats sur l'économie générale de la société.

La philosophie spiritualiste et chrétienne rapporte tout à la destinée religieuse de l'homme. Elle aperçoit dans ses besoins, une preuve de sa dégradation primitive; dans ses souffrances, un moyen d'expiation par la vertu; dans le travail, un moyen de satisfaire les besoins, en même temps qu'une punition et une épreuve. L'économie politique qui en dérive recommande donc et honore le travail, non seulement comme producteur du bien-être, mais encore comme l'accomplissement des lois de la Providence dans l'ordre social et dans l'ordre religieux. La civilisation qu'elle veut exciter et produire, se fonde sur le travail honnête et sur le développement de l'intelligence, de la morale, de la religion et de la charité. Elle apprend enfin surtout à réduire et à modérer les besoins.

La philosophie, fondée sur les sensations, réduit, au contraire, à la vie terrestre la seule destinée dont la raison prescrive de s'occuper; à ses yeux, les souffrances sont un accident de la fatalité, un malheur purement matériel qui n'a de soulagement que dans les secours physiques; les besoins matériels sont une preuve de la nécessité de les satisfaire à tout prix, et les jouissances que leur satisfaction procure, le véritable et unique but du travail.

L'économie politique anglaise part des mêmes principes, sa théorie de la civilisation repose sur la nécessité d'exciter les besoins de l'homme pour multiplier ses jouissances et développer son industrie. Sans doute la vertu n'est pas formellement exclue de cette doctrine; mais il est facile de s'apercevoir qu'elle n'y occupe qu'un rang très secondaire,

(1) Civilisation, état de ce qui est *civilisé, rendu honnête, louable, politesse des mœurs.*

et que de quelques magnifiques couleurs dont on pare les théories anglaises, en définitive tout se résume dans la morale des intérêts matériels (1).

« L'homme, disait Épicure, est sur la terre pour cher-

(1) « La double nature de l'homme le soumet à deux sortes de besoins, ceux de l'âme et ceux du corps ; elle lui ouvre ainsi deux sources de jouissances très différentes l'une de l'autre et par leur origine et par leur influence sur le bonheur, soit des individus, soit des sociétés. Dans les pays civilisés il n'y a peut-être aucun individu bien constitué, qui n'ait éprouvé combien les plaisirs de l'intelligence sont plus délicieux que ceux qui nous viennent des sens. Mais dans tous les états de la société et de l'homme, les besoins physiques sont les premiers qui se fassent sentir ; ils sont pressans, impérieux, et renaissent sans cesse. L'existence serait en péril s'ils n'étaient satisfaits, au moins jusqu'à un certain point : le bien-être qui résulte de ces besoins satisfaits est donc la première jouissance que l'homme ait éprouvée. Elle est la première dans l'ordre du temps et de la nécessité, quoiqu'elle ne soit ni la plus vive ni la plus noble. Un assortiment convenable des plaisirs de l'âme et du bien-être physique est ce qui constitue le bonheur. »

« Mais la source des plus nobles jouissances de l'homme sur la terre n'est pas également accessible à tous. Il en est qui sont réservés à un petit nombre d'êtres privilégiés ; celles que procure l'exercice de l'intelligence, de l'imagination, du goût ; l'épanchement des cœurs, les délices de l'amitié, l'amour de la patrie, de la gloire, les passions héroïques, comme Bâcon les appelle, toutes ces affections de l'intelligence perfectionnée, ou des âmes fortes et d'un ordre supérieur, sont inconnues au vulgaire. »

« Les besoins physiques et les plaisirs qui en dérivent sont donc le mobile et le but des travaux du plus grand nombre des hommes. On peut les classer suivant leur importance, et leur appliquer les dénominations de *nécessaire*, d'*aisance* et de *luxe*. La nourriture, le vêtement, le chauffage, etc., appartiennent à la première division ; mais dans quelques cas ils s'étendent jusqu'à la seconde et à la troisième : il faut que la sécurité les accompagne, car elle fait partie du nécessaire. L'homme a besoin de repos, mais il peut à la rigueur se passer de loisir. La libre disposition d'une partie de son temps est de l'aisance. Elle est un des avantages de la fortune, parmi lesquels il faut placer en première ligne la considération personnelle. »

« Le but et la première fonction de l'économie politique est d'assurer, d'étendre, de multiplier les jouissances du second ordre : c'est la science de la richesse des nations, et par conséquent de la population. Elle s'occupe des moyens d'appliquer, le plus utilement pour la société et avec le moins de travail possible, toutes les ressources de l'industrie, toutes les

cher le bonheur. Il le trouve dans une vie calme et tranquille. Le sage se tiendra donc en garde contre les passions qui pourraient le troubler. Le plaisir physique consiste dans la satisfaction des besoins naturels; moins on met de recherches à les satisfaire, moins on est exposé aux privations. On est par conséquent moins exposé aux revers de la fortune. »

La philosophie économique anglaise est d'accord avec celle d'Épicure sur la destinée de l'homme; mais elle en diffère par les conclusions qu'elle en tire. Épicure recommande de réduire les besoins et les désirs pour n'avoir pas de privations à supporter. Smith et ses disciples veulent au contraire qu'on les multiplie indéfiniment pour avoir la jouissance de les satisfaire. Pour l'un comme pour l'autre,

productions du sol et des arts, de procurer la plus grande somme de jouissances, en conservant le plus de loisir. »

« Si une telle science existe, si les vérités dont elle se compose ne sont pas connues de tout le monde, si elles sont le résultat de longues et profondes méditations, on devra, sans hésiter, la placer à la tête de toutes les sciences. Il n'en est certainement aucune dont les applications soient d'une si haute importance. Cependant on ne l'a montrée que sous un seul aspect. L'économie politique ne se borne pas à diriger l'industrie, le commerce, à multiplier les sources des richesses, à augmenter les jouissances que les arts mécaniques peuvent procurer. C'est la science *sociale* dans le sens le plus étendu de cette expression; c'est en la perfectionnant, et en suivant ses préceptes, que l'ordre, la justice et la véritable liberté régneront parmi les hommes; que toutes les améliorations intellectuelles et morales seront préparées; qu'un goût épuré, des mœurs polies, le sentiment universel des convenances, nous feront goûter tout le bonheur que l'homme peut espérer sur la terre. C'est au sein du bonheur que l'homme se perfectionne : s'il n'a point de loisir, comment cultivera-t-il son intelligence? Si les besoins l'assiégent, il n'entendra pas la voix intérieure qui lui parle en faveur de ses semblables.

« L'art d'assurer à tous les membres de la société une part équitable d'aisance et de loisir est en même temps celui d'assurer les progrès de l'intelligence, et d'en recueillir les fruits. Cultivons donc avec zèle la science qui doit révéler l'admirable secret de répandre le plus de jouissance qu'il est possible, avec la moindre somme de travail, et en laissant à chacun la libre disposition du temps que la préparation de ces jouissances n'aura pas absorbé. » (Principes d'économie politique, par Mac Culloch.)

la jouissance matérielle est le but de l'existence de l'homme sur la terre : ils bornent là le cercle de sa destinée. Mais Épicure avait compris que la soif immodérée des jouissances devait nécessairement produire un plus grand nombre de privations forcées. L'école anglaise a totalement négligé cette considération puisée dans la nature même de l'homme et de la vie sociale.

« Le bonheur de l'homme, dit M. Say, est attaché au sentiment de son existence et au développement de ses facultés. Or, son existence est d'autant plus complète, ses facultés s'exercent d'autant plus qu'il produit et consomme davantage (1). On ne fait pas attention qu'en cherchant à borner nos désirs, on rapproche involontairement l'homme de la brute. En effet, les animaux jouissent des biens que Dieu leur envoie, et, sans murmurer, se passent de ce que le ciel leur refuse. Le Créateur a fait davantage en faveur de l'homme. Il l'a rendu capable de multiplier les choses qui nous sont nécessaires ou seulement agréables : c'est donc concourir au but de notre création que de multiplier nos productions plutôt que de borner nos désirs. Quand l'homme fait partie d'une société civilisée, ses besoins sont nombreux et variés. Dans tous les cas, et quel que soit son genre de vie, il ne peut le continuer à moins que les besoins que ce genre de vie entraîne ne soient satisfaits. Les besoins multiplient les jouissances. La modération dans les désirs, se passer de ce qu'on n'a pas, *est la vertu des moutons*. Il convient aux hommes de se procurer légitimement ce qui leur manque : les besoins manquent encore plus aux nations que l'industrie. »

« Il s'en faut de beaucoup, disait Socrate, que le bonheur consiste, comme le vulgaire semble le croire, à multiplier indéfiniment les besoins et les jouissances de tout genre qui peuvent les satisfaire. Le bonheur consiste à res-

(1) Cette doctrine est le fondement du système de Heerenshwand.

serrer le plus possible la sphère de nos besoins. » Les anciens n'avaient aucune idée de la nature des richesses et des moyens de les multiplier. N'ayant pas su réduire en préceptes l'art de les créer, le plus sublime effort chez eux consistait à s'en passer. De là la doctrine des premiers chrétiens sur les mérites de la pauvreté. Quelques philosophes modernes, comme J.-J. Rousseau, ont été imbus des mêmes opinions, faute d'idées exactes sur l'économie des sociétés. »

« Du moment que la société humaine se forme, ajoute M. Storch, les besoins factices se font sentir et leur multiplication graduelle est sans bornes. Chaque membre de la société, par l'individualité de sa nature, a des besoins factices qui ne sont propres qu'à lui. Mais, comme tous les autres sont susceptibles des mêmes besoins, il arrive bientôt que ceux d'un individu deviennent les besoins de tous. »

Ainsi l'école anglaise fait consister la civilisation à éprouver et à satisfaire le plus grand nombre de besoins possible, et à beaucoup produire pour pouvoir beaucoup consommer. De là la nécessité de la richesse et d'un travail général, progressif et perpétuel. Au moyen de ce travail, simultanément producteur et distributeur de la richesse, le bien-être se répand dans toutes les classes, les mœurs s'adoucissent et s'épurent, les lumières se propagent, l'intelligence s'agrandit et le bonheur atteint tous les rangs de la société. Et il n'est pas à craindre que ce besoin de richesse dégénère jamais en cupidité ; car la science économique ne veut que des richesses légalement acquises.

Ces principes qui renversent toutes les notions que les sages de l'antiquité et du christianisme ont données de la vertu, ne sont pas seulement une vaine théorie spéculative : on les voit constamment appliqués de nos jours dans toutes les contrées où l'Angleterre fait ressentir son influence.

« Aucune nation, dit le comte Pecchio, ne connaît et ne pratique mieux que la nation anglaise le principe du besoin comme un moyen, 1° de rendre l'homme actif; 2° d'accroître la production du monde entier; 3° de dégrossir et de civiliser les nations et les individus. »

« Les Anglais ne voient d'autres moyens de rendre les peuples actifs, instruits et plus vertueux que celui du besoin. L'homme libre ne travaille ni par instinct ni pour s'amuser, mais bien pour satisfaire ses besoins; et il travaille plus ou moins selon que ces besoins sont satisfaits. Le sauvage n'exerce son activité qu'autant qu'elle sert à le nourrir et à le loger misérablemont. Les Espagnols, les Portugais, les lazzaroni de Naples, les Américains-Espagnols haïssent le travail, parce qu'il ne les conduit pas à satisfaire des besoins qu'ils n'ont pas. Les Anglais, au contraire, s'étant fait un besoin d'avoir une maison propre, avec des meubles décens, d'être toujous bien chaussés, de se nourrir de mets substanciels, de prendre du thé deux fois par jour, de s'habiller de draps fins, sentent un aiguillon continuel qui les excite au travail afin de ne pas être privés de certaines commodités qui sont devenues pour eux des nécessités de la vie. Si les Anglais renonçaient à quelques-unes de leurs habitudes actuelles, les heures qu'ils donnent au travail diminueraient en proportion. »

« Il y a cinquante ans, lorsque leurs besoins étaient moins nombreux, leur vie plus simple ou plus dure, ils travaillaient moins. Par la raison contraire, si l'Espagnol contractait quelques besoins nouveaux, il serait forcé de réduire le cercle de ses heures d'oisiveté pour satisfaire à ces besoins. C'est le moyen dont les Anglais se servent pour exciter les nations sauvages et les peuples indolens. Ils apportent chez les sauvages de la poudre à fusil, des couteaux et autres bagatelles, et les sauvages tuent plus d'animaux pour payer ses présens avec des pelleteries. Avec les dentelles de Nottingham, avec les bas de coton, ils ont excité les Américains-Espagnols à cultiver plus de cochenille, plus de cacao, et à couper plus de bois de teinture. Ainsi les Anglais se servent de la consommation pour augmenter la production, et ils ont métamorphosé en une source de richesse ce qui était pour les peuples anciens une source de misère. »

« Les peuples anciens avaient pour axiome, que la vertu consiste dans le peu de besoins de l'homme, et c'est pour la suivre que les législateurs cherchèrent ensemble à réduire l'homme au plus petit nombre possible de besoins ; l'ignorance même fut regardée, pendant plusieurs siècles, comme un état d'innocence et de future béatitude. C'est pourquoi on fuyait la culture de l'esprit au lieu de la rechercher. Cette philosophie s'étendit jusqu'aux temps modernes, et les économistes du continent n'osèrent pas renoncer entièrement à cette ancienne théorie de la vertu : quelques-uns d'entre eux craignent les effets du luxe. D'autres vantent la petite division des terres, parce qu'elle maintient un plus grand nombre de citoyens robustes et de bonnes mœurs. Quelques autres recommandent aux basses classes la sobriété, la simplicité, l'abstinence de beaucoup de commodités, afin de conserver la vertu ; et enfin quelques-uns, par crainte de la corruption, s'effraient de trop de lumières et de trop de connaissances chez le petit peuple. Ce système, qui est peut-être compatible avec la vertu, et peut-être avec le bonheur des individus, n'est pas le plus apte à provoquer la production, à faire faire des progrès à la civilisation, ni à rendre riche et puissante une nation dans les temps où nous vivons. C'est pourquoi, au lieu de réclamer contre les aises de la vie et contre la grande consommation que font les classes qui travaillent, les écrivains anglais en tirent des conséquences favorables. Il n'y a point d'exemple, en Angleterre, d'un sermon contre le luxe, et moins encore d'un prêche où l'on recommande le jeûne ; ce seraient les deux choses les plus ridicules que l'on eût jamais vues dans ce pays (1). »

L'école anglaise a bien entrevu les graves sujets de reproche que l'on est en droit d'adresser à de telles doctrines. Elle a cherché à s'en justifier par l'un de ses organes les plus accrédités.

« Dissipons, dit M. Say, les craintes de quelques âmes honnêtes qui ont cru que la science économique détournait trop les esprits de je ne sais quelle perfection idéale et mystique pour les ramener vers les intérêts terrestres et mondains. L'économie politique ne s'occupe que des intérêts de cette vie. Si elle sortait de ce monde, elle ne serait plus de l'économie politique; elle serait de la théologie. On ne doit pas lui demander compte de ce qui se passe dans un monde meilleur : on a tort de dire « que, la tête courbée vers la terre, elle n'estime que les biens qu'elle donne et que les talens qu'y ajoute l'industrie (2). » Elle estime tous les biens dont la jouissance est accordée à l'homme : toutefois elle ne soumet à une appréciation scientifique que les biens susceptibles d'avoir une valeur d'échange. On lui reproche d'éveiller la cupidité; mais le désir d'amasser du bien, lorsqu'il est contenu dans les bornes que lui prescrivent la raison et les lois, n'est point fâcheux pour la morale et la société. Les richesses bien acquises sont une source de considération : le désir d'être

(1) Histoire de l'Economie politique en Italie. — M. le comte Pecchio, qui, dans ce passage, émet des opinions contradictoires avec les jugemens qu'il porte ailleurs sur les principes de l'école anglaise, est tombé dans une erreur complète en ce qui concerne le précepte du jeûne en Angleterre. On sait que dans toutes les circonstances calamiteuses, le gouvernement anglais, en qualité de chef de l'église anglicane, ordonne un jeûne public. Les progrès de la morale économique, quelque étendus qu'ils puissent être dans ce royaume, ne sont point tels qu'ils aient fait disparaître entièrement l'observation des préceptes religieux. Il est connu qu'en Angleterre la célébration des dimanches et des fêtes a lieu avec un rigorisme qu'on ne trouve pas dans beaucoup d'états catholiques.

(2) Le comte Lanjuinais, Constitution de tous les peuples.

riche peut être associé à des sentimens honorables; l'économie politique n'inspire nullement le désir de se procurer des richesses autrement que par des moyens légitimes (1). On acquiert legitimement lorsqu'on donne un équivalent de ce qu'on reçoit. Or, l'économie politique enseigne de quoi se composent les équivalens qui peuvent être reçus et quels sont les moyens de pouvoir les offrir. »

On le voit, ce n'est qu'en refoulant l'économie politique anglaise dans le cercle étroit de la formation et de la consommation de la richesse qu'on peut la soustraire au compte sévère qui lui est demandé, de la morale, de la dignité et du bonheur de l'espèce humaine : mais cependant ses professeurs laissent échapper de toutes parts l'aveu « que les doctrines tiennent à tout dans *la société et qu'elles embrasent le système social tout entier* (2). »

Toutefois, avant de reproduire les considérations morales qui repoussent si fortement la théorie de l'école anglaise sur la civilisation, il convient de faire remarquer combien elle est fausse, même sous le rapport purement économique.

Et d'abord, il n'est nullement prouvé que les besoins soient le seul excitant au travail, et, par conséquent, qu'on doive les considérer comme le principe fondamental de la civilisation. Malthus et M. de Sismondi combattent cette proposition par des raisonnemens qui nous semblent sans réplique. Voici leurs paroles :

« Si le simple besoin ou l'envie que peuvent avoir les classes ouvrières de produire les choses nécessaires à la vie, était un stimulant suffisant pour engager à produire, aucun état en Europe, ou même dans le monde, n'aurait pu rencontrer d'autre limite pratique à la richesse que ses facultés productives, et la terre aurait pour le moins dix fois

(1) On a vu qu'aux yeux de l'économie politique, l'usure était un de ces légitimes moyens d'acquérir la richesse.

(2) M. J.-B. Say.

autant d'habitans qu'elle en nourrit aujourd'hui sur sa surface. »

« Mais toutes les personnes qui connaissent la nature de la demande effective comprendront que partout où le droit de la propriété individuelle est établi et où les besoins de la société sont satisfaits au moyen de l'industrie et des échanges, l'envie qu'un individu quelconque peut avoir de posséder les choses d'une grande utilité ou d'agrément, quelque forte qu'elle soit, ne contribuera en rien à les faire produire, s'il n'y a pas ailleurs une demande réciproque pour quelques-unes des choses que cet individu possède. Un homme qui ne possède que son travail, ne fait de demande de produits qu'autant que ceux qui en ont à leur disposition ont besoin de ce travail ; et aucun travail productif ne sera jamais demandé, à moins que le produit qui doit en résulter n'ait une valeur plus forte que celle du travail qui a été employé à cette production. M. Ricardo est forcé de convenir que si l'on cessait de consommer, on cesserait de produire. »

« Une autre erreur fondamentale dans laquelle Smith et ses partisans paraissent être tombés, c'est de n'avoir aucun égard à l'influence d'un principe aussi général et aussi important pour l'homme que celui de l'indolence ou de l'amour du repos. »

« Tout ce que nous savons sur les nations, aux différentes époques de leur civilisation, nous porte à croire que la préférence donnée à l'oisiveté, sur les jouissances que l'ouvrier pourrait se procurer par un surcroît de travail, est très générale dans l'enfance des sociétés, et qu'elle n'est pas du tout rare dans les pays les plus avancés en civilisation. »

« Il y aurait, en effet, fort peu d'objets utiles et d'agrément dans la société, et ils seraient en bien petite quantité, si les individus, qui sont les principaux agens de leur production, n'avaient pas d'autres motifs pour y travailler, que celui de jouir de ces objets. C'est le besoin des choses nécessaires qui excite principalement les classes ouvrières à produire des objets de luxe ; et si ce besoin qui les stimule cessait de se faire sentir ou devenait beaucoup plus faible, de manière qu'on pût obtenir les choses nécessaires à la vie avec peu de travail, il y a lieu de croire qu'au lieu de consacrer plus de temps à la production des choses utiles, il y en aurait moins d'employé à cet objet (1). »

« C'est une grande erreur, dit à son tour M. de Sismondi, et dans laquelle sont tombés la plupart des économistes modernes, que de représenter la consommation comme une puissance sans bornes, toujours prête à dévorer une production infinie. Ils ne cessent d'encourager les nations à produire, à inventer de nouvelles machines, à perfectionner leurs travaux pour que la quantité d'ouvrages achevés dans l'année surpasse toujours celle de l'année précédente ; ils s'affligent de voir multiplier le nombre des ouvriers improductifs ; ils signalent les oisifs à l'indignation publique ; et, dans une nation où les pouvoirs des ouvriers ont été centuplés, ils voudraient que chacun fût ouvrier, que chacun travaillât pour vivre. »

« L'homme a dû travailler pour avoir du repos et accumuler des richesses pour en jouir sans rien faire. Le repos est la récompense du travail, et les hommes renonceraient probablement à tous les perfectionnemens des arts, à toutes les jouissances que nous procurent les manufactures, s'il fallait que tous les achetassent par un travail constant, tel que celui de l'ouvrier (2). La division des métiers et celle des conditions, en partageant les rôles, n'a point changé le but du travail humain. L'homme ne se fatigue que pour se

(1) Malthus.

(2) Cela est si vrai que chez les nations méridionales, où le climat porte si impérieusement au repos, les mots de travail, de fatigue sont synonymes de peine, de tourment. Dans la langue espagnole, *trabajo*, *travail*, est l'équivalent de trouble d'esprit, d'affliction morale.

reposer ensuite ; il n'accumule que pour dépenser ; il n'ambitionne les richesses que pour jouir ; les efforts sont aujourd'hui séparés de leur récompense. Mais c'est parce que l'un travaille que l'autre doit se reposer. »

« Si la nation entière travaillait comme le font les seuls manouvriers ; si, par conséquent, elle produisait dix fois plus de nourriture, de logement, de vêtement, que chacun d'eux n'en pourrait consommer, se figure-t-on que la part de chacun en serait meilleure ? Bien au contraire, chaque ouvrier aurait à vendre, comme 10, et à acheter, seulement comme 1 ; chaque ouvrier vendrait d'autant plus mal, et se trouverait d'autant moins en état d'acheter, et la transformation d'une nation en une grande manufacture d'ouvriers productifs, constamment occupés, loin de causer la richesse, causerait la ruine universelle. »

« Dès qu'il y a surabondance de produits, le travail superflu doit être consacré à des objets de luxe. »

« La multiplication indéfinie des pouvoirs productifs du travail ne peut donc avoir pour résultat que l'augmentation du luxe ou des jouissances des hommes oisifs. L'homme isolé travaillait pour se reposer ; l'homme social travaille pour que quelqu'un se repose (1). »

Ainsi, sous le rapport même économique, la théorie anglaise de la civilisation rencontre des objections que les faits, comme on le verra ailleurs, confirment de la manière la plus victorieuse. Mais combien de puissantes considérations s'élèvent de toutes parts contre elles, lorsqu'on l'envisage sous le point de vue moral, religieux et politique !

« Quand on ne veut reconnaître dans l'homme que l'homme physique, a dit un spirituel écrivain, il est difficile que la morale ne soit pas réduite à devenir la science du bien-être. Il est possible qu'un calcul bien entendu de

(1) Nouveaux Principes d'économie politique.

ce bien-être conduise à la vertu ; mais le plus simple bon sens suffit pour s'apercevoir que cette route n'est ni la plus noble ni la plus sûre (1). »

Dans l'antiquité, comme dans les temps modernes, les grands peuples n'ont été grands et puissans que par leur sobriété, leur tempérance, leur habitude courageuse de réduire et de comprimer leurs besoins. C'est la multitude des besoins qui les a fait dégénérer en les plongeant dans la corruption et la mollesse, et en créant, à côté de la richesse, la lèpre du paupérisme ; c'est le sensualisme qui, pénétrant dans les institutions les plus austères et dans les rangs les plus élevés, comme dans les plus inférieurs de l'ordre social, a été la cause première des révolutions dont nos pères et nous avons été les témoins, les acteurs ou les victimes, et sera l'origine de celles réservées aux nations qu'il a démoralisées.

Le principe qui doit engager le pauvre à travailler est sans doute la nécessité de pourvoir à ses premiers besoins, et, sous ce rapport, on peut dire que le besoin est le stimulant du travail ; mais il y a loin, de cette nécessité d'exister, à la soif de richesse qui ne peut manquer d'arriver lorsqu'on cherche à multiplier et à exciter, sans mesure, les besoins factices de l'homme. Travailler pour gagner honnêtement sa vie, pour soutenir et faire élever sa famille, pour se procurer quelque aisance, afin de monter un degré de plus dans l'échelle de l'ordre social, et enfin pour trouver à la fin de sa carrière le repos, l'indépendance, l'estime publique, et, s'il se peut, le moyen de faire quelque bien à ses semblables, telle est la carrière que la théorie chrétienne de la civilisation offre à l'ambition de l'ouvrier. Chez le riche, le principe moral du travail et de la civilisation se trouve dans le désir d'éclairer son intelligence, d'être utile à son pays, d'embellir et d'u-

(1) M. de Barante, de la Littérature française pendant le dix-huitième siècle.

tiliser ses loisirs par la culture des sciences et des arts et par l'exercice de la bienfaisance.

Ces principes, complétement d'accord avec les préceptes de la philosophie religieuse comme de la simple raison, sont le seul fondement vrai de la civilisation appropriée à la destinée des hommes. La perfection matérielle étant toujours subordonnée au perfectionnement moral, il est aisé de comprendre que toutes les améliorations dans le sort des classes pauvres doivent dériver bien plus sûrement de la théorie religieuse que des doctrines de l'école anglaise. Le bon, le beau, l'utile et le vrai en toutes choses sont du domaine de l'ordre moral. Pour les faire naître, il ne faut que des besoins moraux, c'est-à-dire ceux de l'intelligence et de la vertu. « L'homme, a dit un illustre écrivain, est une intelligence servie par des organes matériels. » L'école anglaise voudrait renverser cette définition sublime et faire de l'homme un être matériel servi par l'intelligence. C'est aboutir à tout ce qu'il y a de plus ignoble et de plus misérable. Un excès de civilisation chrétienne pourrait, à la rigueur peut-être, conduire quelques individus à la vie contemplative, à la solitude, à une vie dure et pénitente. Un excès de civilisation matérielle doit bien plus sûrement en conduire un grand nombre à la cupidité, au crime, à la consomption et au suicide.

On prétend rendre les classes ouvrières éclairées, riches, heureuses, paisibles, en excitant et en multipliant indéfiniment leurs désirs. Mais ne voit-on pas que, pour ces classes misérables qui ont à peine de quoi satisfaire aux premiers besoins de la nature, et dont le travail, interrompu souvent par les accidens et les maladies, ne suffit pas à leur assurer la nourriture, l'abri et le vêtement, ne voit-on pas que, multiplier leurs désirs, c'est augmenter leurs privations et leurs misères? C'est pour les exciter au travail, dit-on, qu'on les excite à de nouveaux besoins. Mais le goût du jeu, des liqueurs fortes, de la loterie, de la débauche, les encourage-t-il au travail? L'économie politique répondra qu'elle ne suscite pas de telles nécessités; nous voulons bien le croire. Cependant, lorsqu'elle invite à toutes les jouissances physiques, peut-elle espérer, sincèrement et raisonnablement, que le peuple saura distinguer les désirs et les habitudes qui doivent l'enrichir d'avec ceux qui doivent le dépraver? Hélas! les pauvres ouvriers sont assez stimulés au travail par la dure condition de leur existence. Ce n'est pas une nourriture délicate qu'ils demandent, ni l'élégance dans les logemens et les meubles, ni des tissus précieux pour se vêtir. Commencez par leur donner d'abord le nécessaire; prenez soin de leur santé; imposez-leur la prévoyance, la tempérance, la modération dans les désirs; attachez-vous à élever leurs salaires par une meilleure répartition du prix du travail; dirigez leurs travaux vers une industrie sûre, profitable à tous, qui amène une véritable abondance pour tous; rendez-leur surtout leur dignité d'homme; consolez leur misère; éclairez leur intelligence des grandes vérités morales et religieuses; qu'ils apprennent par elles que l'homme ne doit pas faire son unique étude des richesses, et *qu'avec le royaume de Dieu et sa justice tout leur sera donné comme par surcroît.* C'est alors que vous les enrichirez véritablement, et non (comme vous le dites par une dérision amère), en leur suggérant de nouveaux besoins. A l'époque actuelle se manifeste évidemment le vide immense que l'affaiblissement des doctrines du christianisme a laissé dans tous les cœurs. Nous ressentons les effets, faciles à prévoir, de la réforme religieuse. Avant la destruction de l'unité catholique, un ordre chrétien, un ordre moral suffisait aux peuples. La société vivait des vérités du christianisme. Or, cet ordre moral, on ne peut le nier, a été ébranlé profondément dans les âmes, dans les consciences, dans les sociétés. Il devait nécessairement se remplacer par quelque chose. Le désir des jouissances matérielles lui a été substitué ; mais ces jouissances appartiennent au petit nombre : les masses ne peuvent y atteindre, et cette soif d'ailleurs est progressive et insatiable. De là leur mécontentement, leur agitation, leur inquiétude vague qui dureront et éclateront souvent par de fatales explosions, jusqu'à ce que les cœurs soient de nouveau retrempés dans les vérités religieuses (1).

Il n'est que trop bien prouvé aujourd'hui que l'application des théories anglaises n'aboutit qu'à concentrer, dans la haute classe industrielle, toutes les jouissances du luxe et tous les profits du travail des pauvres. Par la doctrine de l'excitation indéfinie des besoins, une plus grande masse de richesses a dû nécessairement être produite par la classe ouvrière ; mais c'est au bénéfice seulement des monopoliseurs de l'industrie : les ouvriers n'ont obtenu qu'un accroissement de travail et de misère. L'opulence, l'élégance, *le comfort* règnent parmi les heureux chefs des grandes manufactures. A côté d'eux, des millions d'ouvriers demandent du pain ou la mort. Telle est la civilisation de

(1) M. Eugène Sue, dans son intéressant roman intitulé l'Abbé de Cilly, place ces paroles dans la bouche de son principal personnage : « Dans toute société il y aura toujours un nombre incommensurable d'hommes à jamais voués, quoi qu'on fasse, ou qu'on promette, aux privations et au malheur. Eh bien ! osera-t-on nier que celui qui, par le pouvoir de la foi qu'il leur inspire, *donne* à ces infortunés (car dès qu'ils *croient* ils *ont*), leur donne, dis-je, s'ils sont vertueux et résignés, le bonheur éternel en échange des privations qu'ils subiraient de toutes façons ici-bas ; osera-t-on nier que ce Dieu, ce législateur, n'ait pas résolu de la manière la plus morale et la plus consolante, la plus importante de toutes les questions sociales, celle qui est la source de toutes les révolutions ; en un mot, celle de rendre heureux *ceux qui n'ont pas*, en assurant le repos de ceux qui possèdent.

« Aussi, fait remarquer M. Sue, du jour où les *propagateurs de lumières* ont eu dépossédé le prolétaire de son royaume des cieux, sans pouvoir lui rien donner en échange, et pour cause, le prolétaire n'a rien trouvé de plus juste que de vouloir *s'emparer* des *royaumes d'ici-bas*, en manière de compensation, bien disposé d'ailleurs à faire bon marché de la jouissance de l'éternité. »

l'Angleterre. Que l'économie politique s'en applaudisse, si elle l'ose : pour nous, nous nous écrierons avec Malthus : *Périssent plutôt de telles richesses et une telle civilisation!*

On veut, d'ailleurs, non seulement que le peuple soit excité au travail, mais encore qu'il soit éclairé. Or, pour développer chez lui l'intelligence et les vertus morales, seules sources véritables de la civilisation, c'est peu que de le stimuler au travail, il faut encore lui ménager le temps d'apprendre, de se recueillir, et cependant à peine consent-on à lui accorder le repos du dimanche. On a été même jusqu'à supputer ce que cette journée de travail produirait à la France (1). Mais le peuple, tourmenté de goûts factices, devenus pour lui des nécessités, pourra-t-il se livrer à ces études qui doivent étendre la puissance du travail et de l'industrie ? Le génie des arts mécaniques est, comme les muses, chaste et sobre : ce n'est pas la soif des jouissances physiques qui viendra l'inspirer ; il puise à des sources plus élevées et plus pures. L'ouvrier pauvre ne peut évidemment cultiver son intelligence qu'en s'imposant la privation des plaisirs auxquels on veut l'entraîner : il doit être par conséquent laborieux, sobre, économe, recueilli en lui-même. Ce n'est qu'alors, comme le fait observer judicieusement M. Degérando, qu'il pourra s'avancer, par une gradation insensible et régulière, à une plus grande aisance, s'il n'est pas traversé par des événemens imprévus.

Résumons les principes qui servent de base à la théorie chrétienne de la civilisation.

(1) Supposant seulement, a-t-on dit, dans tout le royaume cinq millions d'artisans, ouvriers, manouvriers et cultivateurs de tout âge et de tout sexe, oisifs, et parconséquent inutiles pendant cinquante jours, et perdant seulement chacun cinq sous par jour, il en résulte pour l'état une perte journalière de 1,250,000 fr., qui, multipliés par 50, forment annuellement un total de 62,500,000 fr. dont les bénéfices de l'industrie se trouvent diminués.

La vie terrestre n'est qu'un passage, une épreuve, une expiation. L'homme ne s'y montre quelques instans que pour pouvoir recouvrer les priviléges de sa céleste origine. Doué d'intelligence et de liberté, il doit faire lui-même sa destinée. Les sens, les besoins physiques, sont les organes de cette vie terrestre, lambeaux périssables sur lesquels est empreinte la trace de notre chute et de notre déchéance. L'âme, l'intelligence, sont les organes de la vie éternelle, organes qui émanent de Dieu et qui sont destinés à rentrer dans leur essence, puisqu'ils la comprennent. Le corps périt, l'âme est immortelle.

L'homme n'est donc pas né seulement pour satisfaire et multiplier ses besoins physiques. Sa destinée terrestre est de pourvoir à ces besoins par le travail, mais surtout de nourrir son âme et d'acquérir des richesses éternelles. Ces richesses sont les lumières morales, les vertus, les bonnes œuvres, au moyen desquelles l'homme peut adoucir puissamment la rigueur de son séjour sur la terre, car elles conduisent au bien-être, à l'aisance et au bonheur des individus et des sociétés.

Cette philosophie n'interdit point les richesses et le luxe raisonnable. Seulement, pour elle, elles sont un moyen et non un but. Elle veut qu'on en jouisse avec sagesse, avec modération, avec charité.

Elle n'interdit point non plus l'instruction et les lumières. L'économie politique anglaise prétend cependant *qu'aux yeux de la religion chrétienne l'ignorance et la dégradation de l'intelligence sont le gage d'un état d'innocence et de béatitude* (1). C'est une erreur trop grossière pour être réfutée sérieusement. J.-C. a dit : « *Bien heureux les pauvres d'esprit.* » Mais a-t-on jamais vu autre chose, dans ce passage de sa prédication sublime, qu'une exhortation aux riches de se dépouiller moralement de l'amour des

(1) M. Say.

richesses, ou aux philosophes orgueilleux de reconnaître la vanité des sciences purement humaines?

Enfin, la philosophie religieuse apercevant, dans les besoins physiques, une preuve de l'infirmité de notre nature, conclut avec raison qu'il faut travailler à les réduire, au lieu de les multiplier.

Peut-être trouvera-t-on cette théorie de la civilisation triste et sombre. C'est le reproche que l'on fait aussi à la religion d'où elle dérive. Elle doit le partager, mais qu'y faire?

Sans doute la religion du paganisme était, sinon plus poétique (MM. de Chateaubriand et de Lamartine nous ont prouvé le contraire), du moins plus riante. Tout était chez elle embelli par le plaisir; cependant elle admettait un enfer.

Mais cette religion, toute sensuelle, luttait sans cesse contre le fait. Nous ne parlons pas de la raison et de la vertu qu'elle outrageait si complètement.

Le fait est que la destinée de l'homme est triste et malheureuse sur la terre. A peine parmi les hommes dont on serait tenté d'envier le bonheur, combien peu sont heureux sans mélange? combien peu le sont toute leur vie; et ce bonheur terrestre ne doit-il pas d'ailleurs finir?

La religion chrétienne est donc celle qui s'applique à la réalité des choses humaines, et par conséquent elle doit être triste et grave comme elles. Les pensées mélancoliques qu'elle inspire ne sont cependant pas sans douceur, car elles ramènent tout à un but consolant, la future destinée de l'homme. La plupart des autres religions n'embrassaient guère que la vie présente: la religion ne considère celle-ci que comme un passage, comme une épreuve pour arriver à une vie meilleure.

Nous voudrions que la vie terrestre fût, dès ce moment, cette vie meilleure qui nous est promise: nous voudrions jouir et non espérer. L'incertitude de l'avenir, les sacrifices que la religion chrétienne exige de nous, la légèreté naturelle à l'homme, tout concourt à nous faire regarder le christianisme comme un désenchantement de la vie. Mais le fait de la vie est sombre et triste en lui-même : la religion qui explique ce fait peut-elle être autre chose qu'une sublime tristesse que console l'avenir? et cependant que de bonheur elle sait répandre sur la vie!

La gaieté et l'entraînement des hommes qui vivent seulement de la vie présente ressemblent trop bien à cette sorte de délire qui porte quelquefois des condamnés à mort à profiter du temps qui leur reste pour se plonger une dernière fois dans tous les plaisirs sensuels. La philosophie païenne était, à quelques égards, l'expression de cette déplorable disposition de l'âme, et l'économie politique anglaise la reproduit sous d'autres formes. Le christianisme, qui ne perd pas de vue la nécessité d'une épreuve et de la mort, ne saurait participer à cet aveugle oubli de l'avenir. Sa philosophie paraît sombre et désolante. Est-ce sa faute? Dites que la vie est triste, vous aurez raison : elle doit l'être; Mais, répétons-le, elle n'est qu'un passage (1).

(1) « Que l'on traite *la foi qui croit*, d'ignorance, de préjugé ou d'abrutissement; que l'on traite les promesses du Christ de fictions, de mensonges, peu importe cette monstruosité. Il est une chose qu'on ne pourra jamais nier, c'est le bonheur positif de ceux qui *croient* sincèrement, c'est la haute et consolante moralité de ce que les philosophes appellent fictions et mensonges. »

« Les élèves de cette école prétendue philosophique, dont Voltaire était le type et le chef, école stupide ou menteuse, bassement fourbe, niaisement méchante, qui attaquait le Christ et sa religion au nom du peuple et de la liberté, nieront-ils qu'en admettant, je le veux, cette seconde vie comme une fiction ou un préjugé, ce ne soit au moins un mensonge bien consolant, un préjugé bien sublime que celui-là qui vous fait croire fermement que vous reverrez ceux que vous pleurez, et que votre existence ne finit pas au fossoyeur? » (Eugène Sue, *l'Abbé de Cilly*.)

CHAPITRE IV.

DU PROGRÈS.

> ... L'ère où tu naquis, toujours, toujours nouvelle,
> Luit au-dessus de nous, comme une ère éternelle.
> Une moitié des temps pâlit à ce flambeau,
> L'autre moitié s'éclaire au jour de tes symboles ;
> Deux mille ans épuisant leurs sagesses frivoles
> N'ont pas pu démentir une de tes paroles ;
> Et toute vérité date de ton berceau.
>
> (LAMARTINE, *Hymne au Christ.*)

> Est via quæ videtur homini recta ; et
> Novissima ejus ducunt ad mortem.
>
> (*Proverb.*)

LA loi du progrès gouverne évidemment tous les êtres perfectibles, parce que le principe de perfectionnement qu'ils renferment doit tendre nécessairement à se développer dans un ordre et dans un but conforme à leur destinée.

L'homme et les sociétés humaines obéissent à cette loi d'amélioration progressive qui s'accomplit suivant des règles fixes et dans des limites déterminées, au-delà desquelles il n'y a plus progrès, mais désordre et confusion. Lorsque l'esprit humain s'en écarte, il rétrograde au lieu de marcher, et la force des choses finit tôt ou tard par le remettre sur la voie. « La civilisation, dit M. de Chateaubriand, est sur la terre comme un vaisseau sur la mer. Ce vaisseau, battu de la tempête, louvoie, revient sur sa trace, tombe au-dessous du point d'où il est parti; mais enfin, à force de temps, il rencontre les vents favorables, gagne toujours quelque chose dans son véritable chemin et surgit au port vers lequel il avait déployé ses voiles (1). »

La double nature de l'homme indique deux sortes de progrès. L'un agit dans le cercle borné de l'ordre physique; le second, dans la sphère immense de l'ordre moral.

Le progrès physique ne peut être infini. La vie de l'homme sur la terre étant réduite à un petit nombre d'années; l'homme terrestre étant assujetti à voir ses organes s'affaiblir et s'éteindre; et même, dans leur plus haut degré de force et d'énergie, ces organes étant fort bornés, il en résulte que le progrès matériel s'arrête forcément aux limites posées par la nature. On ne pourrait concevoir en effet la loi d'un perfectionnement indéfini qui aboutirait à la tombe. Le progrès des sciences, des arts, de l'industrie, de l'hygiène publique, qui doivent nécessairement s'accroître à chaque siècle, par l'héritage accumulé de nouvelles découvertes, sont très désirables sans doute, parce qu'il est bon de rendre la situation matérielle de chaque individu existant sur la terre aussi heureuse qu'elle est susceptible de l'être; mais ils ne sauraient être le but exclusif de l'homme; ils ne sauraient surtout être infinis, puisqu'ils s'appliquent à un être borné dans sa nature et dans sa durée.

N'apercevoir, dans la loi du progrès, que la nécessité des améliorations physiques est l'erreur grave, l'hérésie morale que nous avons reprochée à la philosophie de l'économie politique anglaise, et que nous devons combattre par de nouvelles considérations.

« On n'aperçoit réellement derrière le christianisme, dit encore l'auteur des Etudes historiques, que la société matérielle, société bien ordonnée, bien réglée, jusqu'à un certain point exempte de crimes; mais aussi bien bornée,

(1) Etudes historiques.

bien enfantine, bien circonscrite aux sens polis et hébétés. Lorsque dans la société matérielle on pousserait les découvertes physiques et les inventions des machines jusqu'aux miracles, cela ne produirait que le genre de perfectionnement dont la machine même est susceptible. L'homme privé de ses facultés divines est indigent et triste : borné à son corps qu'il ne peut ni rajeunir ni faire revivre, il se dégrade dans l'échelle de l'intelligence. »

L'homme doué d'intelligence a nécessairement une destinée à accomplir. Or, cette destinée de l'âme, qui est tout l'homme en dernier résultat, ne peut être que de se rapprocher de la source de la perfection, c'est-à-dire de Dieu : l'homme doit y tendre sans cesse ; là, est pour lui la véritable, la suprême loi du progrès.

Mais cette loi n'abandonne pas l'homme physique, car les perfectionnemens moraux assurent complétement l'amélioration de la vie terrestre : nous l'avons déjà dit, et nous croyons l'avoir prouvé : l'union du travail et de la charité suffiront pour le bonheur des hommes et pour l'ordre des sociétés, si les progrès de ces deux principes s'opèrent de concert et dans un but commun (1).

L'époque actuelle semble chercher le progrès en toutes choses : les mots de *progrès*, *progressifs*, sont dans toutes les bouches, dans tous les écrits. Cette tendance a ses avantages, mais elle a ses dangers. Le progrès n'est que le développement d'un principe vrai, juste, bon, utile, par conséquent immuable, et dont les conséquences doivent

(1) « Loin de faire rétrograder la science, le christianisme, débrouillant le cahos de notre être, a montré que la race humaine qu'on supposait arrivée à la virilité chez les anciens, n'était encore qu'au berceau. Le christianisme croît et marche avec le temps : lumière quand il se mêle aux facultés de l'esprit, sentiment quand il s'associe aux mouvemens de l'âme. Modérateur des peuples et des rois, il ne combat que les excès du pouvoir, de quelque part qu'ils viennent. C'est sur la morale évangélique, raison supérieure, que s'appuie la raison naturelle dans son ascension vers le but qu'elle n'a pas encore atteint. » (Chateaubriand, Etudes historiques.)

avoir les mêmes attributs. Tout autre prétendu progrès n'est qu'une erreur fatale et n'engendre que troubles et malheurs. C'est ainsi qu'en abusant des grands principes de liberté et d'égalité proclamés par le christianisme, on produit toujours la licence et l'anarchie. Changer ce qui existe, sous prétexte d'améliorer, est plus souvent une révolution qu'un progrès, et cependant un abîme immense sépare l'une de l'autre. Développer les vertus morales et sociales, refouler les vices et les passions mauvaises, tels sont les seuls progrès auxquels la société doit tendre sans cesse, si elle veut accomplir la loi de son perfectionnement.

L'homme périt. Les sociétés, qui périssent aussi à leur tour, peuvent cependant se perpétuer d'une manière indéfinie. Elles ont donc un principe de perfectionnement plus étendu, mais qui ne saurait être toutefois d'une nature différente; car, en définitive, les sociétés ne se composent que d'hommes, et la loi qui régit l'individu s'applique nécessairement aux individus identiques, réunis par le lien social: seulement cette loi embrasse alors les relations que les hommes sont appelés à former entre eux.

L'homme a une destinée religieuse. Pour l'accomplir, il doit tendre au progrès moral. Les sociétés sont soumises aux mêmes lois, car, elles aussi, ont une destinée religieuse.

Les progrès de la société vers le but qui rapproche l'homme de sa destinée religieuse, constituent donc la véritable civilisation.

Celle-ci ne consiste pas uniquement dans le raffinement des arts, ni dans la plus grande culture des sciences, mais dans l'égalité civile que le christianisme seul a établie, dans la douceur des mœurs générales, dans la générosité du droit public et des gens, dans la diffusion de la charité, dans la propagation du sentiment religieux, c'est-à-dire de ce qui est bon, juste et vrai.

De toutes parts, aujourd'hui, on invoque le progrès, on demande à avancer en civilisation. Mais sur ces points on est bien loin de s'entendre, parce que le but n'est ni compris, ni déterminé. Les deux grandes sectes philosophiques demandent également les progrès de la civilisation sociale; mais chacune les veut conformes à ses principes. Il faut cependant choisir.

L'école sensualiste ne s'occupe que du perfectionnement de l'état physique de l'homme; elle cherche à persuader que la perfection morale naîtra infailliblement de l'augmentation des richesses matérielles; que l'accroissement du bien-être de l'individu le ramènera à la dignité de sa propre nature; que le bonheur matériel conduit à la morale pratique: qu'ainsi tous les efforts des sociétés doivent avoir pour but principal d'améliorer la condition physique de la race humaine. Les progrès des arts, des sciences, de l'industrie, le développement de l'intelligence, la réforme des institutions politiques, produiront ce résultat, qu'il faut obtenir à tout prix, fût-ce même par le malheur de quelques générations. C'est en effet ainsi, ou à peu près, que se résument les doctrines du matérialisme philosophique et économique, et qu'elles entendent le but des sociétés et les progrès de la civilisation.

Mais la destinée de l'homme est-elle purement sociale? La société épuise-t-elle ou absorbe-t-elle l'homme tout entier, ou bien porte-t-il en lui quelque chose d'étranger, de supérieur à son existence sur la terre? « Cette question, dit un professeur d'histoire moderne (1), se rencontre à la fin de l'histoire de la civilisation. Quand l'histoire de la civilisation est épuisée, quand il n'y a plus rien à dire de la vie actuelle, l'homme se demande invinciblement, si tout est épuisé, s'il est à la fin de tout? Ceci, ajoute-t-il, est donc le dernier problème, et le plus élevé de tous ceux auxquels l'histoire de la civilisation peut conduire; il suffit d'avoir indiqué sa place et sa grandeur. »

(1) M. Guizot.

A cette question, un illustre publiciste (1) a fait cette réponse remarquable : « Les sociétés naissent, vivent et meurent sur la terre. Là, s'accomplissent leurs destinées; mais elles ne constituent pas l'homme tout entier. Après qu'il s'est engagé à la société, il lui reste la plus noble partie de lui-même, ces hautes facultés par lesquelles il s'élève jusqu'à Dieu, à une vie future, à des biens inconnus, dans un monde invisible : nous, personnes individuelles et identiques, véritables êtres doués de l'immortalité, nous devons avoir une autre destinée que les états. »

Cette conclusion, si parfaitement juste, laisse pourtant indécise la question de la destinée et du but des sociétés humaines, et par conséquent du véritable progrès auquel elles doivent aspirer. Or, cette question, la philosophie religieuse peut seule la résoudre.

La destinée des sociétés ne saurait être que de rendre les hommes plus heureux et plus parfaits par la pratique et le développement des vertus chrétiennes. Ces vertus s'appliquent essentiellement à l'homme social, et la société n'est que le théâtre où elles doivent s'exercer sans cesse. La charité n'existe même pleinement que pour la société, puisqu'elle serait sans but si l'homme était seul et isolé. Ainsi, travailler à rendre la vie plus commode et plus douce pour tous, par le progrès des arts, des sciences, de l'industrie et des institutions ; mais en même temps, propager dans tous les lieux et dans tous les cœurs, la justice, la bienveillance, la charité, la religion ; ainsi, rendre à la fois les hommes dignes du bonheur immortel qui leur est promis, et adoucir la rigueur de leur épreuve terrestre : telle est la destinée des sociétés, tel est le but de tout progrès, telle est la voie de la véritable civilisation ; la raison, comme le sentiment, comme la révélation, nous dit qu'il ne saurait en exister d'autres.

(1) M. Royer-Collard.

Ces vérités, que l'on ne saurait contester, forment tout le fondement du christianisme. Aussi l'homme parfait, la société parfaite, se trouveraient nécessairement dans une société de véritables chrétiens. Si les passions humaines, qui combattent perpétuellement la diffusion de la morale évangélique dans tous les cœurs, n'avaient arrêté ou amorti l'essor de ce principe sublime, il est probable que nous aurions déjà atteint le terme et la réalisation complète de la loi du progrès moral comme du progrès matériel. L'époque où nous y parviendrons est le secret de la Providence, et nous ne devons pas chercher à le pénétrer. Toutefois, plus la vie du genre humain s'avance, plus le moment doit se rapprocher où les sociétés, éclairées par de longues souffrances, détrompées de funestes illusions, et persuadées qu'elles ont marché jusqu'ici dans une fausse voie, dirigeront leurs pas et leurs efforts vers la route lumineuse tracée par le christianisme. C'est après de grandes commotions sociales que le besoin de l'ordre, de la justice, de la charité, se fait surtout sentir, et que les nations demandent à se réfugier sous ces abris tutélaires.

La situation politique de la France et de l'Europe semble plus que jamais reporter les esprits et les cœurs vers la nécessité d'une grande amélioration morale. Or, la conviction d'une telle nécessité est toujours plus ou moins l'indice d'un progrès prochain. Cette vérité a été pressentie par d'illustres écrivains, au rang desquels on est heureux de compter le plus grand de nos poëtes modernes.

« Nous sommes à une des plus fortes époques que le genre humain ait à franchir pour avancer vers le but de sa destinée divine, à une époque de rénovation et de transformation, pareille peut-être à l'époque évangélique. La franchirons-nous sans périr ?

« Où allons-nous ? La réponse est tout entière dans le fait actuel : nous allons à une des plus sublimes haltes de l'humanité, à une organisation complète de l'ordre social, sur le principe de liberté d'action et d'égalité de droits. Nous entrevoyons, pour les enfans de nos enfans, une série de siècles libres, religieux, moraux, rationnels, un âge de vérité, de raison et de vertu au milieu des âges. — Ou bien, fatale alternative! nous allons précipiter l'Europe et la France dans un de ces gouffres qui séparent souvent deux époques, comme l'abîme sépare deux continens. Le choix se fait à l'heure où je vous écris... »

« Votre théorie sociale sera simple et infaillible. En prenant Dieu pour point de départ et pour but, le bien le plus général de l'humanité pour objet, la morale pour flambeau, la conscience pour juge, la liberté pour route, vous ne courez aucun risque de vous égarer. Vous aurez tiré la politique des systèmes, des illusions, des déceptions dans lesquelles l'ignorance ou les passions l'ont enveloppée; vous l'aurez replacée où elle doit être, dans la conscience (1). »

« Et nous aussi, dit sur le même sujet l'éloquent auteur d'un ouvrage récemment publié (2), nous annonçons que le christianisme doit reparaître avec une splendeur nouvelle après ces longs et vagues efforts de l'intelligence humaine pour arriver à la découverte d'une vérité qui était toute trouvée. Ce sera, n'en doutons pas, le dernier résultat de tout ce mouvement de la pensée, de tout ce tumulte des opinions, de ces rêveries, de ces erreurs, de ces théories où se prennent tour à tour les hommes incertains et avides, comme pour attester que la vérité religieuse leur manque et qu'ils défaillent sans elle. Là aboutiront ces religions nouvelles, moitié burlesques, moitié sacriléges, parodies bouffonnes de ce qu'il y a de plus grave dans les rapports de l'homme à la Divinité, et qui semblent faites pour ab-

(1) De Lamartine, Politique rationnelle.

(2) De la Révolution en Europe, par M. Laurentie.

soudre, dans un âge de lumière, le délire idolâtrique des peuples enfans; là se résoudront de même toutes les tentatives politiques des nations modernes pour formuler en constitutions les dogmes protecteurs de la liberté. Et ce pressentiment est si vrai, si universel, que ce sont des écrivains sans foi qui l'expriment dans leurs livres; ils n'oseraient dire que le vieux christianisme suffit à l'avidité des vœux populaires; mais déjà ils s'imaginent un *néo-christianisme*, je ne sais quoi d'indéfini, mais dont la pensée, sans qu'ils le sachent, est chrétienne encore, parce qu'elle est une pensée de bonheur, d'amour et de liberté. Telle est la révolution morale du temps présent. Pour la préparer, Dieu a renouvelé la merveille d'un seul empire étendu sur le monde entier. Ce n'est pas l'empire d'une ville, comme fut celui de Rome à l'avénement de Jésus-Christ, c'est un empire tout moral, tout intellectuel; c'est un empire de la pensée, lequel embrasse tous les peuples et les pousse pêle-mêle à la découverte d'un dogme spécial, je ne dis pas inconnu, mais nouveau, ou, si l'on veut, renouvelé. »

« Voilà le mouvement du monde, mouvement immense et rapide qui a dû long-temps effrayer, par ses brusques accidens et ses secousses imprévues, mais qui doit finir par se régler et suivre les voies communes de l'ordre. Nous touchons à ce moment. La pensée humaine, après avoir erré hors du christianisme, depuis la réforme, revient à son point de départ et y ramène les nations par la liberté, pour les y fixer plus tard par une autorité intelligente et réglée. »

« Nous verrons ce retour; c'est un beau spectacle réservé à ce siècle : les crimes et les folies des hommes n'auront servi qu'à lui donner plus d'éclat et de grandeur. »

Ces considérations, quoique bien élevées, nous ramènent au but principal de notre ouvrage. Si le progrès est désirable et nécessaire, c'est surtout pour cette portion de l'humanité placée au plus bas degré de l'échelle sociale. Ce sont les pauvres, en proie aux besoins, à l'ignorance, aux séductions, aux vices qu'engendre la misère privée des lumières religieuses, qui appellent cette grande amélioration morale que tous les hommes généreux doivent hâter de tous leurs efforts : c'est pour eux qu'il faut presser l'arrivée de cette époque de charité si solennellement promise.

Nous avons montré que le christianisme, appliqué à toutes les conditions de l'état social, avait la puissance de donner aux hommes la civilisation morale la plus parfaite, sans exclure, et, au contraire, en leur procurant toutes les jouissances conformes à leur nature et à leur destinée. Le christianisme ne fait exception de personne; mais il accorde une prédilection particulière à tout ce qui souffre sur la terre. Ainsi le développement de la charité offre le plus sûr remède à l'indigence, parce que cette vertu sublime renferme le principe de tout véritable progrès.

CHAPITRE V.

DU PRINCIPE DE LA POPULATION.

> Qu'importait à Dieu la population de la terre ? n'aurait-il créé les hommes que pour les voir éternellement naître et mourir ?

Toutes les questions que font naître l'examen des causes de l'indigence et de l'inégalité des conditions humaines, et la recherche des conséquences qui dérivent des théories de la civilisation et de la loi du progrès, viennent se confondre dans une question d'une extrême importance, celle du principe de la population et de ses effets sur le sort des classes inférieures de la hiérarchie sociale.

Ici nous quittons les régions de la haute philosophie pour nous placer sur un terrain plus dégagé des théories, plus accessible aux faits de l'ordre matériel et de l'expérience pratique. Mais la question n'en est pas moins vaste, et elle exige de nombreux développemens. Nous essaierons de la traiter dans son ensemble, en nous resserrant néanmoins dans les bornes convenables.

Déjà l'économie politique anglaise commence à s'apercevoir qu'un excès de population peut devenir funeste au bonheur des individus et des sociétés. L'un de ses disciples s'écrie douloureusement : « Pauvres mortels que nous sommes ! il ne s'agit pas pour nous de naître, mais de vivre et de gagner notre subsistance. Quoique la terre soit bien vaste et bien déserte encore dans plus d'une contrée, nous accourons trop nombreux au banquet de la vie (1). »

Ce triste avertissement, écho de celui que Malthus donnait à la fin du dernier siècle, a peut-être encore, pour la majeure partie de la France, le caractère de la nouveauté. Pendant long-temps, les publicistes de tous les pays n'ont cessé d'encourager la population. Jusqu'à l'époque où Malthus fit paraître son célèbre ouvrage, on avait paru croire qu'une population nombreuse était l'expression la plus certaine, comme la cause la plus active de la prospérité des états. Les encouragemens donnés presque partout aux mariages et à la fécondité, annoncent assez que cette opinion était devenue un axiome de gouvernement et de politique. La philosophie moderne allait même jusqu'à faire un reproche au christianisme du célibat des prêtres et des ordres religieux. Aujourd'hui on se plaint du développement excessif du principe de la population : quelques nations éprouvent une véritable surcharge d'habitans, et jettent un cri d'alarme. Que s'est-il donc passé en Europe depuis un demi-siècle ?

La fécondité de la terre a nécessairement des bornes. La production du travail manufacturier a des limites marquées par la consommation. Il est évident qu'une population qui s'accroîtrait au-delà des moyens de subsistance que peuvent offrir son territoire, son industrie et son commerce, devrait nécessairement voir s'introduire dans son sein, d'abord le défaut ou l'insuffisance du travail, ensuite la rareté des subsistances, les besoins, les privations, et enfin la dure et cruelle indigence. Mais en Europe, depuis l'établissement du christianisme, l'équilibre entre la population et les moyens de subsistance s'était cons-

(1) M. Blanqui.

tamment maintenu, et n'avait été troublé que par des circonstances locales et passagères. D'où vient donc qu'aujourd'hui on se trouve amené à discuter quel est le véritable principe de la population, quels sont ses rapports nécessaires avec les moyens de travail et de subsistance : si les progrès de la population sont en juste proportion avec l'accroissement parallèle des produits de l'agriculture et de l'industrie, et comment il convient de régler les uns et les autres de manière à prévenir le malheur et le désordre qui menacent les sociétés? Il est évident que l'équilibre est rompu, et que ce phénomène se rattache à une cause qui n'a pas encore été aperçue. Or, le seul fait de nature à exercer une influence énergique sur le principe de la population est l'application des théories anglaises sur l'économie politique et la civilisation européenne. C'est depuis leur application que l'on commence à se plaindre de l'exhubérance de la population, et ces plaintes s'élèvent précisément dans les lieux mêmes où cette application a été plus généralement pratiquée. Un tel rapprochement semble former un commencement de preuves. Les notions que nous allons exposer compléteront peut-être la démonstration.

Nous n'avons sur la marche de la population, dans l'univers ancien, que des observations nécessairement bien imparfaites. Mais lors même que les documens historiques que l'antiquité nous a transmis sur ce point auraient une plus grande certitude, on n'en pourrait tirer aucune induction applicable au principe de la population tel qu'il se manifeste à l'époque actuelle. Chez les peuples anciens, les mœurs, les institutions, la religion même, qui autorisaient l'infanticide et l'esclavage, tendaient à arrêter la population dans les classes misérables. C'était par des moyens violens que l'on se procurait ou que l'on faisait disparaître tour à tour la population que l'on jugeait nécessaire ou nuisible à la prospérité de l'état. Ces moyens sont encore à l'usage des peuples étrangers aux principes du christianisme.

Il est facile de comprendre combien le nouvel élément civilisateur qui apparut au monde avec l'évangile, devait, par ses progrès, rendre à la population sa marche libre et naturelle. En abolissant l'esclavage et l'infanticide, en proclamant la charité comme la première des vertus, en prêchant la paix à tous les hommes, le christianisme avait écarté les obstacles qui entravaient l'accroissement de la population générale. Toutefois, par l'effet d'une prévoyance profonde, il dût modifier, en raison des temps, l'ordre suprême donné, au commencement du monde, aux premiers hommes, celui de croître et de multiplier. Cet ordre, il le modifia par la sainteté du mariage et par le conseil du célibat. Nous reviendrons plus tard sur ces hautes considérations.

Bien que le sacerdoce catholique présidât aux naissances, aux mariages et à la mort des fidèles, ce n'est que par degrés et en quelque sorte de nos jours, que l'on est parvenu à constater d'une manière régulière l'état de la population et ses divers mouvemens (1). Il règne encore beaucoup d'obscurité sur l'état véritable de la population de la France et de l'Europe à des époques peu éloignées, et la question de savoir s'il convenait d'encourager ou de restreindre la population est demeurée long-temps indécise ou même ignorée. La statistique, science toute moderne, pouvait seule éclairer sur ce point les gouvernemens et l'administration.

Montesquieu, l'un des premiers écrivains qui ait exa-

(1) L'origine des observations sur le mouvement de la population de la ville de Paris remonte à l'administration de Colbert, en 1670 : mais les mesures prises à cet égard ne furent pas étendues au reste de la France. La rédaction des *bills mortuaires* de la ville de Londres date de 1550; elle demeura long-temps incomplète et inexacte.

miné le principe de la population, pensait que l'Europe était, de son temps, dans le cas d'avoir besoin de lois qui favorisent la propagation de l'espèce humaine.

Voltaire publia sur ce sujet quelques aperçus spirituels et profonds, empreints, du reste, de ce sel mordant et satirique qui caractérise ses productions les plus graves comme les plus légères.

« Le terrain de la France, dit-il, est assez bon, et il est suffisamment couvert de consommateurs, puisqu'en tout genre il y a plus de postulans que de places, puisqu'il y a deux cent mille fainéans qui gueusent d'un pays à l'autre, et qui soutiennent leur détestable vie aux dépens des riches; et enfin, puisque la France nourrit plus de quatre-vingt mille moines dont aucun n'a fait servir ses mains à produire un épi de froment. »

« La population a triplé partout depuis Charlemagne. Je dis triplé, et c'est beaucoup. On ne propage pas en progression géométrique. Tous les calculs qu'on a faits sur cette prétendue multiplication sont absurdes. Si une famille d'hommes ou de singes multipliait de cette façon, la terre, depuis deux cents ans, n'aurait plus de quoi la nourrir. La nature a pourvu à conserver et à restreindre les espèces. Elle ressemble aux parques qui filaient et coupaient toujours. Elle n'est occupée que de naissances et de destruction. »

« Quand un peuple possède un grand nombre de fainéans, soyez sûr qu'il est assez peuplé, puisque ces fainéans sont logés, vêtus, nourris et respectés par ceux qui travaillent.

« Le point principal n'est pas d'avoir du superflu en hommes, mais de rendre ceux que nous avons le moins malheureux qu'il est possible. Remercions la nature de nous avoir donné l'être dans la zône tempérée, peuplée presque partout d'un nombre suffisant d'habitans qui cultivent tous les arts, et tâchons de ne pas gâter notre bonheur par nos sottises (1). »

M. Necker trouvait un gage de sécurité pour l'état dans le nombre des naissances qui surpassait en France celui des décès. Mais il fait observer avec raison que la population, selon qu'elle est différemment composée, n'a pas la même influence sur le bonheur des nations (2).

L'ancienne école des économistes français avait entrevu, mais peu approfondi, la grande question de l'accroissement de la population dans ses rapports avec la misère publique. Mirabeau, l'auteur de l'Ami des hommes, avait d'abord considéré la population comme une source de revenu. Depuis il reconnut qu'il avait erré, et que c'était le revenu qui est la source de la population.

Adam Smith fut conduit, par son système, à envisager l'augmentation presque indéfinie de la population comme un moyen et, à la fois, comme un signe certain de prospérité et de richesse. Les principes les plus saillans qu'il établit à cet égard sont ainsi exprimés :

« 1° Dans la Grande-Bretagne, comme dans la plupart des autres pays de l'Europe, le nombre des habitans ne double guère que dans cinq cents ans. Si, dans les colonies anglaises de l'Amérique, on a trouvé qu'elle doublait en vingt ou vingt-cinq ans, c'est que là le travail est si bien récompensé qu'une nombreuse famille d'enfans, loin d'être une charge, est une source d'opulence et de prospérité pour les parens. »

(1) Dictionnaire philosophique. Voltaire a parfaitement raison lorsqu'il dit que l'objet important est d'avoir une population heureuse; mais il se trompe quand il tire la preuve de la population suffisante d'un pays du grand nombre de fainéans que ce pays nourrit. Il semble, au contraire, que plus un pays est peuplé, moins il doit y avoir d'individus qui puissent vivre sans travail ou sans misère : mais ici Voltaire n'avait en vue que d'attaquer les moines, et s'inquiétait peu de l'exactitude de son assertion.

(2) De l'administration des finances.

« 3° Naturellement toutes les espèces animales multiplient à proportion de leurs moyens de subsistances, et aucune espèce ne peut multiplier au-delà. Dans les sociétés civilisées, la demande du travail règle la population, comme le fait la demande à l'égard de toute marchandise : elle hâte la production quand celle-ci marche trop lentement et l'arrête quand elle va trop vite. »

« 4° Si la récompense libérale du travail est l'effet de l'accroissement de la richesse nationale, elle devient aussi la cause de l'accroissement de la population. Se plaindre de la libéralité de cette récompense, c'est se plaindre de ce qui est à la fois la cause et l'effet de la plus grande prospérité publique. »

« 5° Quoique la pauvreté, sans aucun doute, décourage le mariage, cependant elle ne l'empêche pas toujours. Elle paraît même favorable à la génération : mais si la pauvreté n'empêche pas d'engendrer des enfans, elle est un très grand obstacle à ce qu'on puisse les élever. »

« 6° C'est dans l'état progressif de la société, lorsqu'elle est en train d'acquérir successivement plus d'opulence, et non pas lorsqu'elle est parvenue à la mesure complète de richesse dont elle est susceptible, que véritablement la condition de l'ouvrier pauvre, celui de la grande masse du peuple, est plus heureuse et plus douce. Elle est dure dans l'état stationnaire ; elle est misérable dans l'état de déclin. L'état progressif est pour tous les ordres de la société l'état de vigueur et de santé parfaite ; l'état stationnaire est celui de la pesanteur et de l'inertie ; la décroissance est celui de la langueur et de la maladie (1). »

Pendant que Smith publiait ces observations en Angleterre, la question de la population et de l'indigence occupait les méditations de quelques économistes d'Italie.

Ortès (2) voulut prouver que la science d'enrichir, en-

(1) Recherches sur les causes de la richesse des nations.

(2) Moine Camaldule, né à Venise en 1713, mort en 1790.

seignée aux nations par d'autres auteurs, était une science trompeuse et inefficace. Il prétendit que tous les biens consommables d'une nation (ou le capital national) sont proportionnés à la nation, sans que jamais il y ait un moyen de pouvoir l'augmenter chez une nation sans la diminuer chez une autre. Ce capital sera double, triple, si la population est double, triple, etc. Il n'y a de différence que dans la distribution, mais la quantité est toujours la même. Il y a, selon lui, une loi naturelle qui s'oppose à ce que les biens communs puissent augmenter chez les uns sans qu'il en résulte un pareil besoin pour les autres, de manière que l'un ne puisse être plus aisé sans que l'autre le soit moins. Ce qui paraît superflu chez quelques particuliers ne fait que représenter ce qui manque chez plusieurs autres. Lorsqu'il s'ouvre quelque source de biens, sous un certain aspect, il s'en forme certainement quelque autre sous un autre aspect, ou bien il se crée aussitôt un nouveau besoin. *Ainsi, là où il y a plus de riches, il y a plus de pauvres.*

Relativement à la population, Ortès observa qu'elle avait une progression beaucoup plus rapide que l'accroissement des subsistances et de la richesse, et prévit que, tôt ou tard, les causes qui excitaient à augmenter la population, devaient produire de grands désordres dans l'état social.

C'était en 1790 qu'Ortès publiait ses Réflexions sur le principe de la population, écrites plus de dix ans avant cette époque.

M. le comte Pecchio fait remarquer que sa méthode de considérer la marche constante de la nature et d'en déduire les lois toujours plus puissantes que les combinaisons humaines, a été mise en pratique, de nos jours, avec un heureux succès, par M. Malthus, pour ce qui est relatif à la population. « On sait, dit-il, combien les opinions de ce dernier ont été combattues. Quelle ne serait pas la surprise de ses opposans en Angleterre, s'ils savaient qu'Ortès, en faisant, de son côté, les mêmes observations, est arrivé au même résultat que leur compatriote! La coïncidence fortuite des opinions des deux auteurs est une chose étonnante. Nés dans des régions diverses, professant des religions différentes, placés entre eux à un intervalle de trente années (sans pourtant que l'Anglais ait entendu prononcer seulement le nom de l'Italien qui l'avait précédé dans le même examen), ils arrivèrent aux mêmes conséquences. »

Voici le résumé des opinions les plus remarquables d'Ortès sur la population :

« 1° La population se maintient, augmente ou diminue toujours proportionnellement en conséquence des richesses maintenues, augmentées ou diminuées auparavant; mais jamais la population ne précède les richesses. »

« 2° La population dépend de la liberté plus ou moins grande dont un peuple jouit. »

« 3° Les générations des brutes sont limitées par la force employée par les hommes sur les brutes, et employée par les brutes sur elles-mêmes. »

« 4° Les générations des hommes sont limitées par la raison. »

« 5° Les populations diminuent par les impôts excessifs et par l'esclavage. »

« 6° Il n'est pas vrai que la population soit proportionnée aux mariages. Quand la population est arrivée à un certain point, il est bien que les mariages aillent en diminuant, afin que la population se conserve, mais qu'elle n'augmente pas. »

« 7° Le célibat est autant nécessaire que le mariage pour conserver une population. Reprocher le célibat à un célibataire, serait la même chose que reprocher le mariage aux hommes mariés. »

« 8° L'abstinence volontaire du mariage chez l'homme, est la preuve de la sublimité de son être et de sa raison (1). »

Ricci (2), contemporain d'Ortès, établit sur le principe de la population et sur la direction à donner à la charité, des opinions dont l'analogie avec celles professées onze années après (1798) par Malthus, est extrêmement frappante. Ici l'on doit encore remarquer comme un fait assez curieux, la marche parallèle de l'économie politique en Italie et en Angleterre. En effet, tandis que Malthus, professeur distingué par ses vertus autant que par de rares talens, méditait ses nouvelles théories sur la population et sur la charité publique, Ricci, magistrat italien, de mœurs douces et irréprochables, se livrait aux mêmes pensées et se trouvait conduit à des conclusions presque identiques. Mais leurs opinions ne furent pas également accueillies dans les deux pays. En Angleterre, une répression hostile s'attacha aux ouvrages de Malthus et dénonça leur tendance comme immorale. En Italie, ni Ortès, ni Ricci, dont les doctrines concordaient avec celles de l'auteur anglais, ne furent réfutés avec aigreur, et encore moins regardés comme des hommes immoraux. Au contraire, Ricci augmenta en réputation et en estime auprès de son gouvernement, et le plan de réforme qu'il proposa de tous les *instituts pies* de son pays reçut l'approbation la plus formelle (3). La situation des deux nations si différentes, sous le rapport de l'industrie et de la population, explique cette diversité dans les jugemens portés sur les théories communes aux écrivains anglais et italiens.

(1) Ortès était orthodoxe exclusif, cependant on trouve dans ses écrits beaucoup d'idées très libérales. Il ne dissimule point son aversion pour l'Angleterre, dont il prédit la ruine.

(2) Ricci, né à Modène en 1742, mort en 1799. Il fut l'un des directeurs de la république cispadane.

(3) Histoire de l'économie politique en Italie.

Quoi qu'il en soit, tandis qu'Adam Smith se plaisait à proclamer l'accroissement rapide de la population comme le fondement et l'indice de la prospérité nationale, d'autres publicistes y apercevaient la source de plus grandes calamités pour les individus. L'expérience de vingt années acquise à cet égard en Angleterre sembla résoudre la question en faveur de cette dernière opinion : une nouvelle école fut opposée à celle de Smith et puisa ses principales doctrines dans l'Essai de Malthus, sur le principe de la population. Nous devons exposer, avec quelque étendue, un système qui a opéré de si grands changemens dans les idées reçues.

Francklin avait déjà observé qu'il n'y a aucune limite à la faculté productive des plantes et des animaux, si ce n'est qu'en augmentant de nombre, ils se dérobent mutuellement leur subsistance.

Comme lui, Malthus fut frappé de la tendance constante qui se manifeste dans tous les êtres vivans à accroître leur espèce plus que ne le comporte la quantité de nourriture qui est à leur portée.

Il avait remarqué que la nature a répandu les germes de la vie dans les deux règnes, d'une manière si libérale, que si elle n'avait pas été économe de place, des milliers de mondes auraient été fécondés par la terre seule en quelques milliers d'années : mais qu'une impérieuse nécessité, à laquelle l'homme est soumis comme tous les êtres vivans, réprimait cette population luxuriante, c'est-à-dire que la population est nécessairement limitée par les moyens de nourriture.

De plus, Malthus avait constaté que dans les états du nord de l'Amérique, où les moyens de subsistance ne manquent point, où les mœurs sont pures, et les mariages précoces, la population, pendant un siècle et demi, avait doublé rapidement tous les vingt-cinq ans, et que dans les établissemens de l'intérieur où l'agriculture était la seule occupation des colons, la population doublait en quinze ans.

Sir W. Petty, croyait même qu'il était possible, à la faveur de quelques circonstances particulières, que la population pût doubler en dix ans.

Suivant une table d'Euler (calculée sur une mortalité d'un individu sur trente-six), les naissances étant aux morts dans la proportion de 3 à 9, il s'ensuivait que la période de doublement devait être de douze années 4|5.

De ces faits, Malthus crut pouvoir établir, malgré les assertions de Smith et la dénégation formelle, mais dénuée de raisonnemens et de preuves, de Voltaire (1), que lorsque la population n'est arrêtée par aucun obstacle, elle doit doubler au moins dans l'espace de 25 ans, et croître ainsi de période en période dans une proportion géométrique. D'un autre côté, il était prouvé qu'on n'obtient pas avec la même rapidité la nourriture nécessaire pour alimenter un plus grand nombre d'hommes.

L'homme est assujetti à une place limitée. Lorsqu'un arpent a été ajouté à un autre arpent, jusqu'à ce qu'enfin toute la terre fertile soit occupée, l'accroissement de nourriture dépend de l'amélioration des terres déjà en valeur. Or, cette amélioration, par la nature de toute espèce de sol, ne peut faire des progrès toujours croissans : au contraire, elle en fera qui décroîtront graduellement, tandis que la population, partout où elle trouve de quoi subsister, ne reconnaît point de limites et que ses accroissemens deviennent une cause active d'accroissemens nouveaux.

« Partout où il se trouve une place où deux personnes peuvent vivre commodément, avait dit Montesquieu, il se fait un mariage. La nature y porte assez lorsqu'elle n'est pas arrêtée par la difficulté des subsistances. Les

(1) Il n'est pas vraisemblable que Malthus ait eu connaissance de l'opinion de Voltaire sur la population.

peuples naissans se multiplient beaucoup. Ce serait chez eux une incommodité de vivre dans le célibat. Le contraire arrive lorsque la nation est formée. Les pays de pâturage sont peu peuplés, parce que peu de personnes y trouvent de l'occupation. Les terres à blé occupent plus d'hommes et les vignobles infiniment davantage (1). »

D'après ses calculs, Malthus arriva à reconnaître qu'en partant de l'état actuel de la terre habitable, les moyens de subsistance, dans les circonstances les plus favorables, ne peuvent jamais augmenter plus rapidement que selon une proportion arithmétique. Ainsi, lorsque l'espèce humaine croît comme les nombres 1, 2, 4, 8, 16, etc., les subsistances croissent seulement comme les nombres 1, 2, 3, 4, 5, etc. Par conséquent, après deux siècles, la population serait aux moyens de subsistance, dans le rapport de 256 à 9, après trois siècles, dans le rapport de 4,096 à 13.

Malthus ayant porté ses investigations sur l'état de la population de presque toutes les parties du monde connu, et particulièrement de l'Europe, où le rapport des naissances aux mariages est de 4 à 1, crut trouver partout une situation qui confirmait son système. Il lui parut même démontré que chez toutes les nations du globe (bien que l'accroissement de leur population, interrompu par des causes plus ou moins énergiques, ne s'effectuât pas dans une proportion absolument géométrique) il existait une tendance de multiplication telle, que des maux déplorables pouvaient seuls les préserver d'un excédant funeste d'habitans (2). Ainsi, des émigrations forcées, des guerres

(1) De l'Esprit des lois.

(2) Malthus convient lui-même que pour faire, sous ce point de vue, l'histoire d'un peuple, il faudrait que plusieurs observateurs s'appliquassent, avec une attention minutieuse, à faire des remarques tant générales que particulières et locales sur l'état des classes inférieures et sur les causes de leur bien-être et de leurs souffrances. Pour tirer ensuite de pareilles observations quelques conséquences sûres et applicables à ce sujet,

destructives, la famine, ou des maladies exterminatrices chez les classes inférieures, étaient l'unique moyen de rétablir l'équilibre, qui, par conséquent, ne pouvait se soutenir qu'à force de malheurs individuels. Epouvanté de ce résultat de ses recherches, il donna l'éveil aux gouvernemens et appela, sur un sujet aussi grave, les regards des philantropes, des économistes et des hommes d'état de tout l'univers.

La misère et le malheur, causés par un accroissement de population trop rapide, avaient été entrevus distinctement, et de violens remèdes à ces maux avaient été indiqués dès le temps de Platon et d'Aristote. Ce sujet avait été traité par Montesquieu, occasionellement, et par quelques économistes français, mais sans application spéciale à l'Europe moderne. En Angleterre, toutefois, Franklin, sir J. Stenart, Arthur Young et M. Towesend en avaient parlé si clairement que Malthus s'étonne qu'ils n'aient pas réussi, avant lui, à exciter l'attention sur cet objet. On a vu qu'à l'époque de la publication de son ouvrage, il ne connaissait point les écrits d'Ortès et de Ricci.

Voici les principales conclusions de l'Essai sur le principe de la population :

« 1° La population est nécessairement limitée par les moyens de subsistance. »

« 2° La population croît invariablement partout où crois-

il faudrait une suite d'histoires écrites d'après ces principes, et qui s'étendit à plusieurs siècles. On peut dire qu'à cet égard, fait observer encore Malthus, la science est encore dans l'enfance ; et il y a plusieurs questions importantes sur lesquelles on n'a que des données très imparfaites. Par exemple, quel est le nombre de mariages comparé à celui des adultes? A quel point la difficulté de se marier favorise-t-elle le vice ? quel est le rapport de la mortalité des enfans chez les pauvres et chez les riches ? déterminer les variations du prix réel du travail ; observer à différens périodes, le degré d'aisance et de bonheur dont jouissent les classes inférieures de la société, etc. Une histoire fidèle du genre humain où ces questions seraient résolues, jetterait beaucoup de jour sur la manière dont agit l'obstacle constant qui arrête la population.

sent les moyens de subsistance, à moins que des obstacles puissans ou manifestes ne l'arrêtent. »

« 3° Lorsqu'on veut élever la subsistance au niveau du nombre des consommateurs, on n'obtient d'autre effet que de multiplier en plus grand nombre les consommateurs eux-mêmes. Ce n'est pas que l'on doive diminuer d'activité pour accroître la quantité de subsistance; mais il faut y joindre un effort constant pour maintenir la population un peu au-dessous du niveau. »

« 4° Les obstacles particuliers, et tous ceux qui arrêtent le pouvoir prépondérant, en forçant la population à se réduire au niveau des moyens de subsistance, peuvent tous se rapporter à ces trois chefs : *la contrainte morale* (ou la prévoyance dans le mariage), *le vice* et *le malheur.* »

Ainsi, suivant Malthus, le grand obstacle à la population est le défaut de nourriture; mais ce principal et dernier obstacle n'agit d'une manière immédiate que dans le cas où la famine exerce ses ravages, ce qui n'arrive guère que dans les pays privés de commerce et d'industrie; par exemple, chez les habitans de la Terre-de-Feu, placés au plus bas degré de l'échelle sociale. Là, la population atteint en général si exactement le niveau du produit moyen des subsistances, que le plus petit déficit dans celui-ci, résultant d'une saison défavorable, plonge ces peuples dans la plus affreuse misère. Il en est de même chez les nations indigènes de l'Amérique et dans les îles de la mer du Sud.

Les obstacles immédiats au principe de la population se composent de toutes les coutumes et de toutes les maladies que peut faire naître la rareté des moyens de subsistances, en y joignant toutes les causes physiques et morales indépendantes de cette rareté, qui tendent à enlever la vie d'une manière prématurée.

Malthus distingue ces obstacles en *destructifs* et *privatifs*.

Parmi les obstacles *destructifs*, il place les occupations

malsaines, les travaux rudes et excessifs, l'extrême pauvreté, la mauvaise nourriture des enfans, l'insalubrité des grandes villes, les excès de tout genre, toutes les espèces de maladies et d'épidémies, la guerre, la peste et la famine.

Les obstacles *privatifs* ne consistent guère que dans l'abstinence du mariage jointe à la charité. C'est ce que Malthus entend par *contrainte morale*, c'est-à-dire la privation qu'un homme s'impose à l'égard du mariage, par un motif de prudence, lorsque sa conduite, pendant ce temps, est strictement morale (1).

Parmi les obstacles *destructifs*, ceux qui paraissent une suite inévitable des lois de la nature composent exclusivement cette classe que Malthus désigne sous le nom de *malheur*. Ceux, au contraire, que nous faisons évidemment naître nous-mêmes, comme les guerres, les excès de tout genre et plusieurs maux que l'on pourrait éviter, sont d'une nature mixte. C'est le *vice* qui les suscite, et ils amènent à leur suite *le malheur*.

Puisqu'il paraît que, dans l'état actuel des sociétés, l'accroissement naturel a été constamment et efficacement contenu par des obstacles *réprimans*; puisque ni la meilleure forme de gouvernement, ni aucun plan d'émigration, ni aucune institution de bienfaisance, ni le plus haut degré d'activité, ni la direction la plus parfaite de l'industrie, ne peuvent prévenir l'action de ces obstacles qui, sous une forme ou sous une autre, contiennent la population dans de certaines bornes, il s'ensuit, d'après Malthus, que cet ordre est une loi de la nature et qu'il faut s'y soumettre. La seule circonstance qui est à notre choix est la détermination de l'obstacle le moins préjudiciable à la

(1) Le libertinage, les passions contraires au vœu de la nature, la violation du lit nuptial, en y joignant tous les artifices créés pour cacher les suites des liaisons criminelles ou irrégulières, sont des *obstacles privatifs*, qui appartiennent manifestement à la classe des vices. (Malthus.)

vertu et au bonheur ; car tout ce que peuvent les gouvernemens, en s'investissant des lumières, et les efforts de l'industrie, en obéissant aux directions les plus sages, c'est de faire en sorte que les obstacles inévitables qui arrêtent la population agissent d'une manière plus égale et ne fassent que le mal auquel il est impossible de se soustraire. Prétendre les écarter est une entreprise vaine. Ainsi, tous les obstacles que l'on a reconnus ayant paru se réduire à ces trois classes : la *contrainte morale*, le *vice* ou le *malheur*, si ce point de vue est juste, le choix ne peut être douteux. Puisqu'il faut que la population soit contenue par quelque obstacle, il vaut mieux que ce soit par la prudente prévoyance des difficultés qu'entraîne la charge d'une famille, que par le sentiment actuel du besoin et de la souffrance.

Malthus fait remarquer encore que les maux physiques et moraux semblent être les instrumens employés par la Divinité pour nous avertir d'éviter, dans notre conduite, ce qui n'est pas assorti à notre nature et ce qui pourrait nuire à notre bonheur. Les moralistes païens ont toujours envisagé la vertu comme l'unique moyen d'obtenir le bonheur dont l'homme peut jouir ici-bas ; et, parmi ces vertus, ils mettaient au premier rang la prudence ; quelques-uns même y rapportaient toutes les autres. La religion chrétienne place notre félicité présente et future dans l'exercice des vertus qui peuvent préparer à de plus sublimes jouissances, et exige en conséquence, avec plus de rigueur, que nous soumettions nos passions à l'empire de la raison, ce qui est la première maxime de la prudence. Une société vraiment vertueuse éviterait les souffrances de tout genre qui accompagnent les morts prématurées, sous toutes les formes variées qu'elles peuvent revêtir. Le but du Créateur paraît être de nous détourner du vice par les maux qu'il entraîne, et de nous engager à la pratique de la vertu par la félicité qui marche à sa suite. Un tel plan, autant que nous pouvons en juger, est digne de sa bonté. Les lois de la nature, relativement à la population, ont manifestement cette tendance. Il est donc impossible d'en tirer un argument contre la bonté divine qui ne soit également applicable à tous les maux auxquels nous sommes assujettis. « J'ai souvent vu mettre en opposition, dit Malthus, la bonté de Dieu et l'article du Décalogue, où il déclare qu'il punira les péchés des pères sur les enfans. A moins que d'élever l'homme jusqu'à la nature des anges, ou, en général, d'en faire un être fort différent de lui-même, il est impossible de se soustraire à la loi dont on est disposé à se plaindre. Ne faudrait-il pas un miracle perpétuel pour que les enfans ne se ressentissent pas, dans leur effet civil et moral, de la conduite des parens? Il paraît donc indispensable, dans le gouvernement moral de cet univers, que les péchés des pères soient punis sur leurs enfans. »

Dans tout le cours de son ouvrage, Malthus combat vivement les préjugés qui, sous le rapport même moral, encouragent les mariages et leur fécondité. Il fait observer que les pays de l'Europe où les mariages sont le moins fréquens, ne sont pas ceux où les vices contraires aux bonnes mœurs deviennent plus dominans. La Norwège, la Suisse, l'Angleterre et l'Ecosse sont au rang de ceux où prévaut l'obstacle privatif (*la contrainte morale*), et l'on ne les cite pas comme des exemples d'excessive corruption. Les femmes s'y respectent davantage, et par conséquent les hommes y sont moins vicieux (1).

Malthus reconnaît que, pour avoir le droit d'accuser le peuple d'imprévoyance dans le mariage, il faut commencer par l'instruire. Jusqu'à ce que l'obscurité qui règne encore sur le principe de la population soit dissipée et que

(1) L'observation de Malthus peut être vraie en ce qui concerne la Norwège, l'Angleterre et l'Ecosse; quant à la Suisse, les récits des voyageurs l'ont plus d'une fois démentie.

le peuple soit éclairé sur la véritable cause de ses souffrances, jusqu'à ce qu'on lui ait appris que c'est à lui-même qu'il doit les imputer, on ne saurait dire que chaque homme soit laissé à son propre et libre choix sur la question du mariage (1).

« Ce n'est pas assez, dit-il, d'abolir toutes les institutions qui encouragent la population ; il faut s'efforcer en même temps de corriger les opinions dominantes qui ont le même effet, et qui quelquefois agissent avec plus de force. Ce ne peut être, à la vérité, que l'ouvrage du temps, et le seul moyen d'y réussir est de répandre des opinions saines sur ce sujet, soit dans les écrits, soit par la voie de la conversation. Il convient d'insister plus particulièrement sur cette vérité, que ce n'est point pour l'homme un devoir de travailler à la propagation de l'espèce, mais bien de contribuer de tout son pouvoir à propager le bonheur et la vertu ; que, s'il n'a pas une légitime espérance d'atteindre ce dernier but, la nature ne l'appelle nullement à laisser des descendans après lui. La ferme persuasion que le mariage est un état désirable, mais que, pour y parvenir, c'est une condition indispensablement requise d'être en état de pourvoir à l'entretien d'une famille, doit être, pour un jeune homme, le motif le plus fort de se livrer au travail et de vivre avec une sage économie avant l'époque où il peut réaliser ses projets d'établissement. Rien ne pourrait plus fortement l'engager à mettre en réserve le petit superflu qu'un ouvrier marié

(1) Les adversaires du système de Malthus ont supposé que son but était d'arrêter la population, tandis que, selon lui, rien n'est plus désirable qu'un accroissement de population, pourvu qu'il n'entraîne pas *le vice* et *le malheur*. C'est la diminution du malheur et du vice qui est l'objet final de son ouvrage, et les obstacles à la population qu'il recommande, ne doivent être envisagés que comme des moyens pour obtenir cette fin. « *Le devoir de tous*, dit-il, *est à la portée de la plus simple intelligence. Il consiste à ne pas mettre au monde des enfans que l'on n'est pas en état de nourrir.* »

possède toujours, et à en faire ainsi un emploi raisonnable pour le bonheur à venir, plutôt que de le dissiper dans la paresse et dans le vice. »

Malthus enfin désire vivement qu'on démontre, par tous les moyens possibles, au peuple qu'il est lui-même l'artisan de sa pauvreté lorsqu'il se marie sans avoir les moyens d'élever sa famille. Il juge convenable, avec le docteur Palmy (1), que, dans les pays où les subsistances sont devenues rares, l'état veille sur les mœurs publiques avec un redoublement d'activité ; car alors il n'y a que l'instinct de la nature, soumis à la contrainte que la charité lui impose, qui puisse engager les hommes à se livrer à tout le travail et à subir tous les sacrifices qu'exige l'entretien d'une famille.

En appliquant ses recherches à la France, en 1803, époque où il publiait la seconde édition de son livre (2), Malthus fait remarquer que sur le sol de ce royaume, pendant la révolution, la population s'est accrue plutôt que de diminuer. Un tel résultat lui paraît confirmer singulièrement les principes exposés dans son *Essai sur la population*.

Suivant les calculs statistiques de M. Peuchet (3), les naissances s'élevaient annuellement, en France, à un peu plus d'un million. Un tiers des nouveaux-nés mourait avant l'âge de dix-huit ans. Il sortait chaque année environ six cent mille individus qui atteignaient cet âge.

M. Francis d'Ivernois avait estimé la perte totale des troupes françaises de mer et de terre, dans les guerres de la révolution, jusqu'en 1799, à un million et demi (4). M. le

(1) Palmy, Philosophie morale.

(2) La première édition de l'Essai sur le principe de la population parut en 1798 ; la deuxième édition anglaise de cet ouvrage fut publiée en 1803. Elle a été traduite, en 1809, par M. Prévost, de Genève.

(3) Statistique élémentaire de la France, par M. J. Peuchet.

(4) Tableau historique des pertes que la révolution et la guerre ont causées au peuple français, par Sir Francis d'Ivernois. Londres, 1799.

comte Germain Garnier (le savant traducteur de Smith) élevait les pertes seulement au soixantième de la population totale de cette époque, c'est-à-dire à environ cinq cent cinquante mille individus. L'évaluation de M d'Ivernois paraît exagérée, et celle de M. G. Garnier beaucoup trop restreinte.

Quoi qu'il en soit, la population s'étant réellement accrue en France malgré les pertes que la guerre et l'échafaud ont fait éprouver à ce royaume depuis 1789, Malthus trouva dans ce résultat une nouvelle preuve de l'énergie du principe de la population. Il attribue du reste l'accroissement de la population, durant ces temps de guerre et de troubles, à une plus grande prospérité de l'agriculture occasionée par la division des propriétés, au plus grand nombre de mariages et d'enfans et à l'aisance plus généralement répandue parmi le peuple agricole. Les moyens de subsistance ayant augmenté, la population devait naturellement s'accroître et compenser ainsi les pertes provenant des guerres et des discordes civiles.

Tel est l'exposé sommaire du célèbre système de Malthus sur le principe de la population.

Ces nouvelles doctrines, ainsi que nous l'avons fait observer déjà, opérèrent une véritable révolution dans la plupart des idées généralement adoptées en économie politique.

L'ouvrage de Malthus ne pouvait manquer de produire une sensation profonde : il proclamait des vérités tristes et sévères, mais frappantes et graves. Plein de faits intéressans, de sentimens nobles, de vues importantes présentées avec conscience et un talent supérieur, respirant constamment la morale la plus pure, il apparaissait en quelque sorte comme un phare lumineux élevé au milieu de l'océan social pour préserver les passagers des écueils semés sur leur route. Non seulement il faisait justice des préjugés et des erreurs qui excitaient imprudemment le développement indéfini de la population, mais encore il faisait apercevoir que, dans plus d'une circonstance, les bienfaits de la charité, loin d'extirper la mendicité et l'indigence, pouvaient leur servir d'aliment et d'appui. Il donnait donc une direction plus éclairée et plus sûre aux moyens par lesquels on peut améliorer la condition des travailleurs et celle des pauvres. Un grand nombre d'écrivains se hâtèrent de se ranger au système de Malthus; quelques-uns poussèrent plus loin les conséquences qu'il en avait tirées, puisqu'ils n'hésitèrent pas *à conseiller aux gouvernemens d'interdire formellement le mariage aux pauvres* (1); d'autres en abusèrent au point de proscrire la plupart des institutions de charité.

Les propositions de Malthus et l'exagération évidente de quelques-unes des assertions de son ouvrage devaient rencontrer de nombreux antagonistes; mais tous s'accordèrent, en général, à reconnaître les services qu'il avait rendus à la science. C'est en effet aux idées puisées dans l'Essai sur le principe de la population, c'est à l'examen et à la critique approfondie que méritait un écrit aussi remarquable, où se révèle d'ailleurs un zèle si ardent pour l'humanité, que l'on doit les opinions plus justes et plus sûres que l'on s'est formées aujourd'hui sur la population et des effets de son accroissement sur le bonheur des individus et des sociétés, comme sur la direction, qu'il est préférable de donner en certains cas aux applications de la charité publique.

M. J. B. Say reconnaît, avec Malthus, « que, malgré la prévoyance attribuée à l'homme et la contrainte que la raison, les lois et les mœurs lui imposent, la multiplication des hommes va toujours, non seulement aussi loin que leurs moyens d'exister le leur permettent, mais encore un peu au-delà : il est affligeant de penser, mais il est

(1) Entre autres, M. Stewart.

vrai de dire que, même chez les nations les plus prospères, une partie de la population périt tous les ans de besoin, non pas positivement du défaut de nourriture, mais parce qu'elle n'a pas tout ce qui est nécessaire pour vivre. » Cet auteur, qui a fort approfondi la question de la population, partage, en général, les opinions de Malthus, et admet en principe *que la population tend toujours à déborder ses moyens d'exister.*

M. Mill déclare que la misère générale de l'espèce humaine est un fait que l'on ne peut expliquer qu'à l'aide d'une des deux suppositions suivantes : ou la population a une tendance à s'accroître plus rapidement que les capitaux, ou bien l'on a empêché, par des moyens quelconques, les capitaux de suivre la tendance qu'ils ont à s'accroître (1).

« C'est une vérité incontestable, dit M. Ricardo, que l'aisance et le bien-être des pauvres ne sauraient être assurés, à moins qu'ils ne les cherchent en eux-mêmes ou que le législateur ne travaille à régler leur nombre, en diminuant parmi eux la fréquence des mariages entre des individus trop jeunes et trop imprévoyans (2). »

M. le comte Destutt de Tracy reconnaît également la justesse de la plupart des observations de Malthus. Il pense avec lui que, tant que la société n'a pas occupé tout l'espace dont elle peut disposer, tous les individus prospèrent assez facilement; mais, quand une fois tout le pays est rempli, quand il ne reste plus un champ qui n'appartienne à personne, c'est alors que la presse commence. Alors ceux qui n'ont point d'avances, ou qui en ont de trop faibles, ne peuvent faire autre chose que de se mettre à la solde de ceux qui en ont de suffisantes. Ils offrent leur travail de toutes parts : il baisse de prix; cela ne les em-

(1) Elémens d'économie politique.

(2) Des Principes de l'économie politique et de l'impôt.

pêche pas de faire des enfans et de multiplier imprudemment. Bientôt ils deviennent trop nombreux : alors il n'y a plus parmi eux que les plus habiles et les plus heureux qui puissent se tirer d'affaire. Tous ceux dont les services sont les moins recherchés ne trouvent plus à se procurer que la subsistance la plus stricte, toujours incertaine et souvent insuffisante (1).

M. Droz, qui a combattu sur plusieurs points le système de Malthus avec esprit et sensibilité, est néanmoins d'accord avec lui sur la nécessité de la *contrainte morale*; seulement il veut parvenir à la faire pratiquer au peuple par les lumières et des moyens doux et sages. « Répandez l'instruction, dit-il : que le sentiment de la dignité humaine pénètre dans les âmes ; que la situation sociale soit assez prospère pour que l'ouvrier ait quelque part aux douceurs de la vie. Il ne voudra pas se marier avant que d'être certain que sa femme et ses enfans auront le même avantage. On demande si la population tend à dépasser les moyens d'existence ? Oui, dans notre état de civilisation : non, dans un état de civilisation plus avancé (2). »

Telle est à peu près la conclusion de l'ouvrage de M. T. Duchâtel sur la charité. Les véritables causes de la misère, selon cet écrivain, ne sont ni dans les fautes des gouvernemens (quoique ces fautes puissent produire aussi un surcroît de pauvreté) ni dans la distribution inégale des richesses. Elles sont uniquement dans l'oisiveté, dans *une trop grande multiplication des naissances*, et enfin dans ces coups du hasard que le calcul et la prévoyance ne peuvent prévenir : d'où il suit que travailler, *ne se marier qu'avec prudence*, et enfin consommer le prix des salaires avec assez d'économie pour qu'une part mise en réserve puisse faire face aux malheurs imprévus, sont

(1) Traité d'économie politique.

(2) Economie politique, ou principes des richesses.

les moyens d'interdire à la misère tout accès dans la société (1).

C'est aussi l'opinion de M. Blanqui, l'un des historiens de l'économie politique. « Dans leur aveugle philantropie, dit-il, une foule de gouvernemens ont encouragé le mariage et flétri le célibat. Une foule ont cru qu'il suffisait de naître pour être sûr de vivre, et de paraître aux rayons du soleil pour en être réchauffé. Ainsi leur erreur, d'accord avec une erreur plus douce et pleine d'espérance, ne fait que multiplier le nombre des victimes en croyant multiplier le nombre des heureux. Cherchons les causes de cette anomalie : les nations, comme les individus, ne vivent que du produit de leur travail. Plus un peuple, une famille, un homme produisent, plus ils peuvent satisfaire de besoins dont le premier est celui de soutenir leur existence. Or, ces produits étant limités, quelquefois même d'une manière très étroite, il en résulte que le nombre des êtres qu'ils peuvent faire subsister est nécessairement circonscrit dans les mêmes limites. Cela n'empêche pas les hommes de naître, mais ne les empêche pas non plus de mourir. Des milliers d'individus ne font que paraître et disparaître parmi nous, en France, en Angleterre et en Allemagne (2). »

M. Sismonde de Sismondi, qui n'admet pas la plupart des assertions de Malthus, ne peut méconnaître cependant les dangers de la multiplication d'une population indigente. Il avoue même que, pour protéger contre ces dangers, et la classe pauvre, et les enfans à naître, et les riches tenus de les assister, il ne répugnerait pas à interdire le mariage à l'ouvrier qui n'aurait pas dix acres (ou arpens) de propriétés, ou vingt acres à ferme (3).

(1) De la Charité.

(2) Economie politique.

(3) Nouveaux principes d'économie politique.

Les observations de M. de Sismondi sur la population méritent, à raison de leur tendance toute philantropique, une attention spéciale. Nous rapportons quelques-unes de ses idées principales à ce sujet, en regrettant d'y remarquer parfois des contradictions et des erreurs au milieu d'éclatantes vérités.

« La population se règle toujours sur le revenu. Si elle dépasse cette proportion, c'est toujours lorsque les pères se sont trompés sur ce qu'ils croyaient de leur revenu, ou plutôt lorsque la société les a trompés. »

« Si la population s'accroît lorsque les moyens de la maintenir ne s'accroissent pas, la nation est frappée de la plus cruelle des calamités : la terre consume alors ceux qu'elle ne peut nourrir. De quelque manière qu'il survienne une disproportion entre le revenu et la population, c'est toujours ou le capital ou la demande de travail qui diminue, et c'est toujours la classe ouvrière qui souffre et qui est privée de son revenu (1). »

« Plus le pauvre est privé de toute propriété, plus il est en danger de se méprendre sur son revenu et de contribuer à accroître une population qui, ne correspondant point à la demande du travail, ne trouvera point de subsistance. Cette observation est assez ancienne pour avoir passé dans le langage et avoir été transmise de la langue latine aux langues modernes. Les Romains appelèrent *prolétaires* ceux qui n'avaient point de propriété, comme si, plus que tous les autres, ils étaient appelés à avoir des enfans : *ad prolem generandam.* »

« Lorsqu'on a permis qu'il existât une classe dont l'ha-

(1) M. Rubichon, dans son ouvrage intitulé : *Du Mécanisme de la société en France et en Angleterre*, vient de prouver, par des calculs positifs, que, dans ces deux royaumes, la population, depuis quelques années, a augmenté en raison inverse des moyens de subsistance. C'est à cette cause qu'il attribue le mal-aise social de leurs habitans et la tendance révolutionnaire de l'époque actuelle.

bitude fût de ne rien avoir, dont l'idée de richesse fût simplement d'exister, dont l'idée de pauvreté fût de mourir de faim; lorsqu'on a permis que sa subsistance fût ménagée si juste, qu'on ne pût rien en retrancher; ceux qui vivent dans cette condition ne forment, pour les objets de leur affection, que les vœux qu'ils forment pour eux-mêmes. Le malheureux ouvrier de ces manufactures qui ne gagne que huit sous par jour, et qui souffre souvent de la faim, ne se refusera pas lui-même au mariage. On l'a accoutumé à ne point voir d'avenir plus éloigné que le samedi, où l'on paie les comptes de la semaine. On a ainsi émoussé en lui les qualités morales et le sentiment de la sympathie. On lui a trop souvent fait connaître la douleur présente pour qu'il soit très effrayé de la douleur future que pourront éprouver sa femme et ses enfans. Si sa femme gagne aussi huit sous, si les enfans, tant qu'ils sont en bas âge, sont pour lui un titre pour recevoir quelques secours de l'hôpital, de la charité publique, ou, en Angleterre, de la paroisse; si, arrivés, à six ou sept ans, ils commencent déjà à gagner quelque chose, ses enfans, loin de diminuer son revenu, lui paraîtront l'augmenter. Sa famille deviendra d'autant plus nombreuse, qu'elle sera plus à charge à la société, et la nation gémira sous le poids d'une population disproportionnée avec les moyens de la maintenir. »

« M. Malthus a établi en principe que la population de tout pays était limitée par la quantité de subsistance que ce pays peut fournir. Cette proposition n'est vraie qu'en l'appliquant au globe terrestre tout entier, ou à un pays qui n'a nulle possibilité de tirer des autres aucune partie de sa subsistance. Jamais la population n'a atteint la limite des subsistances possibles : jamais probablement elle ne l'atteindra. Tous ceux qui auraient envie des subsistances, n'ont ni le moyen ni le droit d'en demander à la terre; ceux au contraire auxquels les lois accordent le monopole des terres, n'ont nullement intérêt à leur demander toute la subsistance qu'elles peuvent produire. En tout pays les propriétaires se sont opposés et ont dû s'opposer à un système de culture qui tendrait uniquement à multiplier les subsistances et non à augmenter leurs revenus. Long-temps avant que la population soit arrêtée par l'impossibilité où serait le pays de produire plus de subsistance, elle l'est par l'impossibilité où se trouve cette population d'acheter cette subsistance ou de travailler à la faire naître. »

« La subsistance, proprement dite, ou le pain, a pu manquer à la classe pauvre. Son défaut a pu arrêter cette multiplication rapide que M. Malthus regarde comme une loi du genre humain. Mais la nourriture ne manque pas à la noblesse, que son nom et ses prérogatives signalent au milieu de ses concitoyens, de manière qu'on peut toujours s'assurer des progrès des générations dans ce corps particulier de l'état. On fait remonter l'origine des *Montmorency* tout au moins jusqu'à l'époque de Hugues Capet, et l'on ne saurait douter que dès lors tous ceux qui avaient droit de porter ce beau nom ne l'aient soigneusement conservé. Les Montmorency n'ont jamais manqué de pain : leur multiplication, selon le système de M. Malthus, n'a jamais été arrêtée par le défaut de subsistance; leur nombre aurait donc dû se doubler tous les vingt-cinq ans. A ce compte, en supposant que le premier ait vécu en l'an 1000; dès l'an 1600 ses descendans auraient dû se trouver au nombre de 16,777,216. La France, à cette époque, ne comptait pas tant d'habitans. Leur multiplication continuant toujours de même, l'univers entier ne contiendrait plus aujourd'hui que des *Montmorency*, car leur nombre se serait élevé, en 1800, à 2,147,475,648. Ce calcul a l'air d'une plaisanterie. Il ne laisse pas que de nous représenter avec évidence, d'une part, la multiplication possible d'une seule famille, si l'on ne tient compte que des facultés virtuelles de l'espèce humaine ; d'autre part, l'obstacle que la volonté de l'homme apporte toujours à cette multiplication, obstacle tout-à-fait indépendant de la quantité des subsistances, car il arrête, avant les autres, les rangs les plus élevés de la société, ou ceux qui sont le plus à l'abri de la misère (1). »

« Le but de la société n'est point rempli aussi longtemps que le pays que cette société occupe présente des moyens pour nourrir une population nouvelle, pour la faire

(1) M. J.-B. Say fait remarquer : « que M. de Sismondi confond ici les moyens d'exister avec les subsistances. Si les subsistances sont pour la plupart des hommes la portion essentielle de leurs moyens d'exister, elles ne sont pour une famille illustre, qui a toujours occupé des emplois importans à la cour et dans les armées, qu'un objet de dépense secondaire. Il ne faut à une famille d'ouvriers, pour subsister, que du pain, de la soupe, quelques vêtemens et un abri. Il faut de plus, à une famille noble, des terres à partager entre les enfans, des pensions ou des places dont le nombre est borné, des mariages qu'on appelle convenables, c'est-à-dire où le personnel du conjoint ait une considération secondaire et où le rang et la fortune sont de rigueur. C'est la crainte de ne pas réussir à pourvoir ainsi une nombreuse famille qui impose cette réserve, soit pour contracter des mariages, soit pour en user. Si les Montmorency n'ont jamais manqué de moyens d'exister, c'est précisément parce qu'ils se sont peu multipliés. Mais en même temps, comme ces moyens d'exister, pour les grandes familles, sont beaucoup plus rares et d'une acquisition plus difficile que la cabane et la soupe qui suffisent aux besoins du pauvre, ce sont, après tout, les grandes familles qui se perpétuent le moins. » (Cours complet d'économie politique.) Nous ne pensons pas que les réflexions de M. J.-B. Say, sur les causes qui ont pu arrêter la multiplication des grandes familles, soient parfaitement fondées. Assurément, les Montmorency ont dû toujours considérer un grand nombre d'enfans comme une véritable richesse, car les rois de France ne pouvaient avoir trop de membres de cette race si noble et si généreuse, pour illustrer et défendre le trône, et il n'est aucune famille si élevée en dignité, qui n'eût tenu à honneur son alliance. M. Say a oublié que beaucoup de rejetons des familles historiques de la France embrassaient l'état ecclésiastique, et que d'ailleurs, les Montmorency, comme les autres, avaient pour premier privilége, celui de répandre leur sang pour la défense et la gloire du pays. M. Say aurait peut-être trouvé dans cette dernière considération la cause réelle qui a empêché plusieurs de nos anciennes familles de se multiplier beaucoup et qui en a éteint un si grand nombre.

vivre dans le bonheur et dans l'abondance, et que ses moyens ne sont pas mis en usage. La diffusion du bonheur sur la terre fut le but de la Providence. Il est empreint dans toutes ses œuvres, et le devoir de l'homme et des sociétés d'hommes est de s'y conformer. »

« Tandis que plus des trois quarts de la terre habitable sont privés, par les vices de leurs gouvernemens, des habitans qu'ils devraient nourrir, nous éprouvons aujourd'hui, dans toute l'Europe, la calamité contraire, celle de ne pouvoir maintenir une population surabondante qui surpasse la proportion du travail demandé, et qui, avant de périr de misère, fait partager ses souffrances à toute la classe de ceux qui vivent du travail de leurs mains. »

« Il existe dans toutes les nations une classe d'individus qui ont été réjetés hors des autres cadres de la société, qui ont perdu leur patrimoine, ou leur métairie s'ils étaient laboureurs, leur petit capital, s'ils appartenaient au commerce ou aux manufactures, et qui n'ont plus, pour vivre, que le travail journalier qu'ils font pour des maîtres étrangers. Heureuse la nation où cette classe est peu nombreuse ! Il n'y en a aucune où elle n'existe absolument pas. Ces malheureux, aussi longtemps qu'ils seront inquiets de leur propre subsistance, songeront peu à se marier et à se charger de pourvoir à la subsistance d'autrui. Mais aussitôt qu'une demande nouvelle de travail élève leur salaire et augmente aussi leur revenu, ils s'empressent de satisfaire à l'une des premières lois de la nature, et ils cherchent dans le mariage une nouvelle source de bonheur. Si l'élévation des salaires n'a été que momentanée, si, par exemple, les faveurs accordées par le gouvernement ont tout à coup donné un grand développement à une manufacture qui, après son premier début, ne peut plus se soutenir, les ouvriers dont les gages ont été doublés depuis quelque temps se seront tous mariés pour mettre à profit leur petite aisance. Puis, au moment de la décadence de leur manufacture, leur famille, disproportionnée avec la demande du travail, se trouvera précipitée dans la plus horrible misère. »

« Ce sont ces variations dans la demande du travail, ce bouleversement dans l'existence des pauvres artisans qui donnent aux états une population surabondante. Déjà arrivée dans le monde, elle n'y trouve plus de place pour exister, et elle est toujours prête à se contenter du plus bas terme auquel il lui sera permis de vivre. Il n'y a point de condition si dure qu'on ne trouve des hommes prêts à s'y résigner volontairement. »

« Le gouvernement trompe les malheureux ouvriers sur le revenu qu'ils peuvent attendre de leur industrie ; il les expose le plus souvent encore à se tromper eux-mêmes. C'est ce qui arrive lorsqu'il encourage l'établissement d'une organisation sociale qui multiplie le nombre de ceux qui n'ont rien, qui vivent au jour la journée, qui ne sont appelés à prendre aucune connaissance du marché pour lequel ils travaillent, et qui sont par conséquent à la merci de leurs maîtres. Ce n'est pas la classe des pauvres, mais celle des journaliers qu'il faut faire disparaître, qu'il faut faire rentrer dans la classe des propriétaires. »

« La société ne doit pas laisser mourir de misère ceux qui sont nés sous sa protection ; mais elle ne doit pas laisser naître ceux qui ne peuvent que mourir de misère. C'est un devoir de ne point se marier quand on ne peut assurer à ses enfans les moyens de vivre ; c'est un devoir, non point envers soi, mais envers les autres, envers ces enfans qui ne peuvent se défendre, qui n'ont point d'autre protecteur. Le magistrat est appelé à faire respecter tous les devoirs réciproques ; il n'y a pas d'abus d'autorité à ce qu'il empêche le mariage de ceux qui sont le plus exposés à oublier ces devoirs. Le mariage des mendians ne devrait jamais être permis (1) : le mariage de tous ceux qui n'ont aucune propriété devrait être soumis à une inspection sévère. On aurait droit de demander des garanties pour les enfans à naître ; on pourrait exiger celle du maître qui fait travailler, requérir de lui un engagement de conserver à ses gages, pendant un certain nombre d'années, l'homme qui se marie. »

« Les chefs des manufactures seraient aussi forcés d'augmenter les salaires et de s'assurer les ouvriers, par un gage annuel ou par une association quelconque, dans les profits de leur entreprise. Ce serait leur affaire de chercher par quel moyen ils pourraient les retirer de la condition plus que servile à laquelle ils sont réduits aujourd'hui : c'est la réforme que le législateur doit désirer avant toutes les autres, dût-elle être fatale à plusieurs manufactures. Ces manufactures ne valent pas la peine d'être sauvées, si elles ne peuvent être maintenues que par le sacrifice de victimes humaines. »

« Il est possible qu'une semblable législation excitât d'abord les plaintes des ouvriers ; bientôt les plaintes se changeraient en expressions de reconnaissance : celles du clergé seraient plus sérieuses, puisqu'on ne peut nier que quelque libertinage ne fût la conséquence du célibat forcé de tous les pauvres. A ne considérer cependant que les mœurs, ce mal est moindre que le sacrifice presque nécessaire de ce nombre de jeunes filles qui, naissant sans ressources, sont enchaînées par la misère dans le vice. »

« Si le mariage est sacré, s'il est un des grands moyens d'attacher l'homme à la vertu, de compenser, par des espérances naissantes, les chagrins du déclin de l'âge, de faire succéder une honorable vieillesse à une jeunesse active, ce n'est pas parce qu'il légitime les plaisirs des sens,

(1) Ce principe a été introduit dans la législation du royaume de Bavière et de quelques autres états.

mais parce qu'il impose au père de famille de nouveaux devoirs, et qu'il fait trouver, en retour, la plus douce récompense par les liens d'époux et de père. La morale religieuse doit donc enseigner aux hommes que le mariage est fait pour tous les citoyens également : que c'est le but vers lequel ils doivent diriger leurs efforts, mais qu'ils ne l'ont atteint qu'autant qu'ils peuvent en remplir tous les devoirs envers les êtres auxquels ils donnent l'existence. »

« L'enseignement religieux a presque toujours contribué à rompre l'équilibre entre la population et la demande de travail qui doit la faire vivre. Les religions ont commencé dès l'origine de la race humaine, et par conséquent, dans un temps où les progrès rapides de la population étaient partout désirables. Elles n'ont point changé de principes, lorsqu'un accroissement sans bornes de familles n'a plus donné naissance qu'à des êtres nécessairement condamnés à des souffrances physiques et à la dégradation morale. Dans presque tous les cultes, l'accroissement indéfini des familles a été toujours représenté comme une bénédiction du ciel. D'autre part, tandis que la religion réprimait le débordement des mœurs, elle attachait toute la moralité de la conduite au mariage, et lavait, par la seule bénédiction nuptiale, tout ce qu'il pouvait y avoir de répréhensible dans l'imprudence de celui qui contractait inconsidérément les liens de la paternité. »

« Cependant, quelle que soit l'importance de la pureté des mœurs, les devoirs des pères envers ceux auxquels ils donnent le jour sont plus importans encore. Les enfans qui ne naissent que pour la misère, ne naissent aussi que pour le vice. Le bonheur et la vertu d'êtres innocens et sans défense, sont ainsi sacrifiés aux passions d'un jour. L'ardeur des casuistes, en prêchant le mariage, pour corriger une faute, et même pour la prévenir, l'imprudence avec laquelle ils recommandent aux époux de fermer les yeux sur l'avenir, de confier le sort de leurs enfans à la Providence, l'ignorance de l'ordre social qui leur a fait rayer la chasteté du nombre des vertus propres au mariage, ont été des causes sans cesse agissantes pour détruire la proportion qui se serait naturellement établie entre la population et les moyens d'exister. »

« Considérant le mariage comme uniquement destiné à la multiplication de l'espèce humaine, ils ont fait un péché de la vertu même qu'ils enseignent aux célibataires. Cette morale combat constamment le principe universel d'intérêt et de sympathie dont nous avons parlé comme faisant la sauve-garde de la société, celui de ne point exposer à la souffrance des êtres qu'on doit chérir et protéger, de ne point appeler à l'existence des fils à qui l'on ne peut assurer une existence égale à la sienne, une subsistance qui ne les laisse pas souffrir, une indépendance qui les préserve de la corruption et du vice (1). »

Nous reviendrons plus tard sur ces dernières observations de M. de Sismondi qui nous paraît avoir complètement méconnu les véritables principes du clergé catholique relativement à l'accroissement de la population; nous

(1) Nouveaux Principes d'économie politique. M. de Sismondi, en blâmant le clergé catholique et les autres cultes chrétiens de l'espèce d'encouragement qu'ils donnent à la fécondité des mariages, a tout-à-fait oublié que la religion chrétienne place la continence entre les époux, lorsqu'elle est l'effet d'un consentement mutuel et d'un désir de perfection, au rang des plus hautes vertus. Il aurait dû s'apercevoir que les remarques contre les casuistes catholiques, et par conséquent, contre les effets de la confession, se trouvent détruites par les faits. La population a, en effet, bien moins d'accroissement dans les états catholiques, en Espagne, par exemple, où l'on se confesse beaucoup, qu'en Angleterre où l'on ne connaît ni casuistes ni confesseurs. Du reste, il semble que son système devait naturellement le conduire à proclamer les avantages du célibat des prêtres et des ordres religieux. Mais il garde, à cet égard, un profond silence. S'il est dans l'erreur, du moins n'a-t-il pas attribué aux maximes du clergé catholique un but d'intérêt sordide, comme M J.-B. Say qui n'a pas craint de dire : Les prêtres cherchent à multiplier la population, pour peupler leurs *mosquées;* les potentats, pour grossir leurs bataillons.

voulions prouver seulement, par cette citation de son ouvrage, que la plupart des économistes modernes se rattachaient plus ou moins aux idées de Malthus, sur la nécessité d'arrêter les progrès de la population dans les classes ouvrières. Comme ces opinions ont été fort débattues, nous allons placer en regard les objections les plus saillantes de leurs adversaires.

L'un d'eux, M. Everett, auteur d'un ouvrage intitulé : *Nouvelles Idées sur la population*, combat, dans presque toutes ses parties le système de Malthus. Il l'a fait avec talent, mais peut-être avec une prévention inspirée par un long séjour aux Etats-Unis d'Amérique, où le développement rapide de la population n'a produit encore aucune des calamités qu'il entraîne à sa suite dans notre vieille Europe.

M. Everett pense que si quelques lieux sont incommodés par un excès de population, ce ne peut être que passager. Il ne faut pas s'en prendre au trop grand nombre de mariages, mais aux vices de l'organisation sociale qui empêchent cette population surabondante de travailler ou qui la privent du fruit de leur travail. Il croit que la France est en état de nourrir 150 millions d'habitans au lieu de 30 millions. Il ne voit en Europe que deux ou trois petits coins de terre que l'on puisse regarder comme très peuplés, et ce sont les contrées les plus florissantes et les plus heureuses : l'Angleterre, la Hollande et la Suisse. Tout le reste est en souffrance faute d'habitans. Partisan des doctrines de Smith, M. Everett veut prouver que l'accroissement de la population est, dans le fait, la cause immédiate et active de la prospérité publique, et il affirme qu'une population double est en état de décupler le produit de son travail, de sorte que pour des populations croissantes comme les nombres 1, 2, 4, 8, 16, etc., les sommes des moyens de subsistances seront représentées par les nombres 1, 10, 100, 1,000, 10,000, etc. Enfin,

M. Everett fait remarquer une contradiction, selon lui manifeste, dans laquelle est tombé M. Malthus. Celui-ci affirme, d'une part, que la faculté réelle d'accroissement de la race humaine suit une progression géométrique, et de l'autre, qu'on ne peut citer aucun exemple d'une nation que l'influence des maux physiques et moraux n'ait pas maintenue au-dessous du niveau fixé par les produits du sol. Ces deux conséquences pourraient s'appuyer avec le même droit du nom et de l'autorité de Malthus; et cependant, dit M. Everett, elles se détruisent l'une par l'autre.

Sans partager les exagérations évidentes de M. Everett relativement au pouvoir qu'il attribue à la population de produire indéfiniment des subsistances, M. le vicomte Morel de Vindé, pair de France, membre de l'académie royale des sciences, a aussi réfuté le système fondé par Malthus et par ses disciples. Dans un écrit publié en 1829, et remarquable par sa concision et par sa clarté, il s'est attaché, 1° à prouver la fausseté du principe sur lequel il est appuyé; 2° à exposer les fâcheuses conséquences qu'on en a tirées; 3° enfin, à expliquer les causes des erreurs dans lesquelles M. Malthus et ses partisans sont tombés.

M. de Vindé commence par nier le droit que les disciples de M. Malthus accordent à la société d'opposer des moyens répressifs à l'excès de la population par des entraves aux mariages imprévoyans. Il établit que non seulement la société n'a pas le droit d'empêcher de satisfaire aux besoins physiques de l'homme, mais encore qu'elle n'en a pas la possibilité. A ses yeux, le mariage est la première condition de l'existence de la classe qui vit uniquement du travail de ses mains. Il demande ce que deviendrait la moitié du genre humain, c'est-à-dire les femmes, si ses adversaires pouvaient réussir dans leur philantropique projet d'empêcher les nombreuses unions légitimes qu'ils se permettent de proscrire sous le nom de *mariages im-*

prévoyans. Il demande encore ce qu'on entend par *les moyens suffisans* dont les ouvriers devraient justifier avant de pouvoir se marier. Cette condition est, selon lui, impossible à déterminer. Se fondant sur ce que le plus grand intérêt de la société est d'obtenir de ses membres la plus grande somme de travail, il regarde le mariage des prolétaires comme utile à la société et devant être encouragé dans son intérêt, le mariage et les enfans étant un des moyens les plus puissans de stimuler la paresse humaine et d'accroître la somme générale du travail.

M. de Vindé nie que, dans aucun cas, la population devance rapidement la production, et il pense même que si l'une des deux progressions devait prendre quelque avance sur l'autre, ce ne pourrait être que celle de la production. Dans tout état bien constitué, où la propriété et le travail sont sans entraves, toute famille laborieuse produit toujours plus qu'elle ne consomme. La masse de ces faibles superflus individuels donne à la société un immense excédant de production; elle l'emploie utilement dans ses échanges, et elle en obtient une augmentation toujours croissante de richesse et de bonheur. Cet état prospère permet alors à la population de s'accroître et de tendre sans cesse à atteindre le niveau de cette production surabondante qui la précède toujours.

Les erreurs qui ont pu originairement séduire un génie aussi élevé et aussi méditatif que M. Malthus doivent être attribuées, suivant M. de Vindé, à la préoccupation exclusive dans laquelle l'état de l'Angleterre et de l'Irlande ont constamment placé le célèbre écrivain.

Frappé du triste spectacle offert à ses yeux, Malthus a cru pouvoir ensuite généraliser des idées que les circonstances particulières à ces deux peuples avaient fait naître dans son esprit. Il a vu en Irlande une population réduite presque universellement à la dernière misère. Il a vu en Angleterre une masse effrayante de prolétaires vivant exclusivement des salaires de l'industrie et exposés à toutes les chances de cette existence précaire : il s'est hâté d'en conclure qu'il y avait trop d'hommes : et, au lieu de fouiller plus avant et de rechercher si dans ces deux populations ce n'était pas plutôt la société qui manquait à ses devoirs envers cette prétendue surabondance d'hommes, il a trouvé plus expédient de s'en prendre à ces hommes eux-mêmes.

Les causes du paupérisme en Irlande et en Angleterre, d'après M. de Vindé, peuvent s'énumérer ainsi : en Irlande, la concentration des propriétés ; l'habitation, dans les capitales, des grands tenanciers qui abandonnent leurs malheureux vassaux à la rapacité de leurs gérans ; un système général d'exploitation souvent commandé par des intérêts politiques et plus déplorable encore que celui de nos métairies en France ; un clergé protestant jouissant de biens immenses éternellement inaliénables et indivisibles, et que son intérêt, comme son fanatisme, met en opposition avec toute la population catholique à laquelle il est lui-même en horreur ; cette même population, encore surchargée de son clergé papiste, qui n'étant ni doté, ni salarié par l'état, vit entièrement aux dépens de ses ouailles déjà si pauvres ; tout un peuple sans propriété et presque sans travail, plongé depuis des siècles dans une sorte d'abrutissement dont d'autres siècles suffiraient à peine pour le rendre capable de sortir. En Angleterre : la tendance de la propriété territoriale à s'agglomérer dans les mêmes mains, la fureur des substitutions, l'énorme quantité de biens tenus en main-morte par le clergé.

« Dans une telle situation, dit M. de Vindé, le nombre des prolétaires doit augmenter sans cesse, et jamais un de ces malheureux ne peut aspirer à prendre rang dans la société comme propriétaire. Qu'en résulte-t-il ? C'est que, pour deux milliers d'hommes peut-être attachés à la propriété, il y a douze à treize millions de prolétaires attendant leur existence du travail qu'ils peuvent trouver à faire. »

« Mais ces hommes n'obtiennent qu'en petit nombre ce travail sur le sol même. L'immense étendue des parcs d'agrément, les cultures vertes pour faire des bestiaux gras, les instrumens agricoles perfectionnés, rendent plus rares de jour en jour les travaux du journalier agraire. Une masse énorme est donc obligée de se réfugier dans l'industrie manufacturière, et là tout est pour elle accident inévitable et malheur sans remède. D'abord, l'intérêt du fabricant est de réduire les salaires au plus bas prix possible : de plus, si le commerce souffre, si les demandes s'arrêtent, si de nouvelles machines s'inventent, si l'ouvrage manque enfin, à l'instant deux ou trois millions d'ouvriers sont simultanément conduits de la famine à la révolte. Là, sans doute, M. Malthus trouve encore des hommes de trop. Mais j'oserai le demander à lui-même : Est-ce la faute des hommes si la société est tellement constituée, que son territoire soit envahi par quelques-uns de ses citoyens, de telle sorte que nul autre ne puisse posséder? Ouvrez le marché de la terre à tous les prolétaires, vous n'aurez plus trop d'hommes, et vous verrez sans cesse croître rapidement une population aisée, contente, et par conséquent soumise aux lois. »

Pour prouver encore mieux la réalité des causes qu'il assigne au paupérisme et la fausseté de celles que Malthus lui suppose, M. de Vindé examine l'état de la France. « Là, dit-il, la révolution a mis dans le commerce tous les biens du clergé; elle a divisé une foule de grandes propriétés; elle a détruit les mains-mortes, les substitutions, les droits d'aînesse, et, en moins de quarante années, malgré les fléaux et les guerres de la révolution et de Bonaparte, qui ont moissonné pendant vingt-cinq ans une classe de citoyens et toute notre jeunesse mâle, la France a fait naître et nourri dans le bonheur et dans l'aisance dix millions d'hommes de plus; et, si rien ne vient entraver la libre disposition de la propriété, elle est bien loin encore d'être au terme de cette admirable progression. »

M. de Vindé s'appuie encore de la comparaison de la France et de l'Espagne, celui des pays de l'Europe où les vices d'organisation sociale sont les plus exagérés.

« Dans ce royaume, dont la population est réduite à un état si déplorable, les prêtres et les couvens possèdent en main-morte deux cinquièmes du territoire. La couronne et les majorats (c'est-à-dire les substitutions sans terme) paralysent pour toujours les deux autres cinquièmes. A peine un dernier cinquième est-il possédé par les citoyens et livré à la circulation, non pas encore tout-à-fait librement, mais grevé de toutes les prestations sacerdotales et de toutes les gênes féodales. Qu'en résulte-t-il? C'est que la classe des propriétaires intermédiaires manque presque entièrement, et que la misère est le partage de tout ce qui n'appartient pas aux deux ordres privilégiés. Or, tout le monde sait à quel excès cette misère est portée. »

En se résumant, M. de Vindé croit pouvoir conclure :

1° Que M. Malthus et ses disciples se sont étrangement trompés en supposant que l'excès de la population était la cause de la détresse des basses classes et du paupérisme;

2° Que la cause de ces maux est l'agglomération et l'esclavage de la propriété territoriale dans les pays pour lesquels M. Malthus a écrit;

3° Enfin que, de tous les pays de l'Europe, la France est celui qui est dans la meilleure voie. Elle seule jusqu'ici, par ses institutions et ses mœurs, amenant et conservant les proportions les plus convenables entre les propriétaires et les prolétaires, peut, sans danger, voir croître sa population dans une immense proportion. Pour arriver à cette perfection sociale, *il n'y a qu'à laisser faire*. Il est en effet démontré jusqu'à l'évidence que, partout où la propriété territoriale restera constamment libre et sans entraves, elle se distribuera nécessairement suivant les besoins de chacun et l'intérêt de tous. L'équilibre entre les propriétaires et les prolétaires n'éprouvant alors que de très légères oscillations, donnera toujours le travail à la demande et la demande au travail.

Telles sont les principales considérations présentées pour et contre le système de Malthus. Quoiqu'elles semblent embrasser toutes les questions qui s'y rattachent, il nous a semblé que l'on pourrait les éclairer par des observations puisées dans les faits et dans des documens statistiques modernes, et surtout en tirer des conséquences plus importantes et plus vraies. Nous essaierons de remplir cette lacune. Nous faisons remarquer d'abord qu'en Europe la population n'a jamais suivi, et est en ce moment bien loin de suivre une progression géométrique qui conduirait à des résultats véritablement absurdes (1).

En Angleterre, l'augmentation de la population paraît être actuellement de 1/60 par année. Un écrivain de la Revue britannique estime qu'elle doit se doubler en cinquante-deux ans, et M. le baron Dupin porte ce terme à quarante-huit années; mais ces deux évaluations sont

(1) En admettant les conséquences absolues du système de M. Malthus, la terre, dans les seize premiers siècles du monde (c'est-à-dire depuis la création de l'univers jusqu'au déluge, période pendant lequel les obstacles au principe de la population n'ont pas dû se manifester dans toute leur énergie), aurait pu acquérir une population de 37,321,857,977,605,340,672 habitans: or, la terre ayant 4,988,181 lieues carrées, il en serait résulté une population de près de 750,000,000,000 par lieue carrée. On s'abstiendra, après un pareil chiffre, de calculer ce que la progression géométrique aurait pu produire depuis le déluge jusqu'à nos jours. On ne saurait maintenir, sous ce rapport, le système de M. Malthus, sans arriver aux résultats les plus étranges. Il faudrait, en effet, admettre que le principe de la population tend à couvrir la terre de plus d'habitans que les mers et la terre n'en pourraient contenir, ou que les obstacles *destructifs* ou *privatifs* tendent à en moissonner annuellement un nombre presque incalculable. D'après les

évidemment exagérées. Smith pensait qu'elle ne pouvait guère doubler en moins de cinq cents ans : on voit combien il était en arrière de cette branche de la science économique.

Voici le tableau de l'accroissement de la population de l'Angleterre depuis 1750, suivant un journal (le Temps), qui paraît avoir puisé à des sources officielles (1) :

En 1750, la population était de. . . . . . 7,800,000 habitans.
En 1801, de. . . . . 10,820,000 (2).
(Trois millions de différence dans l'espace de cinquante ans.)
En 1811 12,350,000
(Quinze cent mille d'augmentation en dix ans.)
En 1821 14,400,000
(Deux millions d'augmentation en dix ans.)
En 1830 17,000,000
(Environ deux millions de différence en neuf ans.)

---

calculs de quelques géographes estimés, la terre renferme, à l'époque actuelle, 1,012,780,000 habitans; savoir :

L'Europe. . . .	209,000,000	1,012,780,000 hab. ou 200 hab. 462/498 par lieue carrée.
L'Asie. . . .	483,000,000	
L'Afrique. . .	100,000,000	
L'Amérique . .	220,780,000	

D'autres géographes admettent une population beaucoup moins considérable. Voici leur évaluation :

	Superficie.	Population.
Europe. . . .	492,000 lieues carrées.	220,000,000
Asie	2,108,000	390,000,000
Afrique. . . .	1,496,000	70,000,000
Amérique. . .	2,197,000	40,500,000
Océanie . . .	532,000	20,300,000
	6,825,000	740,800,000

(1) Le Temps, 30 avril 1831.

(2) En 1802, M. Abbot, dans la séance de la Chambre des Communes du 16 nov. 1802, portait la population de l'Angleterre à 11,000,000. Le dénombrement fait sous Elisabeth, donna 5,000,000; celui fait à la restauration, 6,000,000.

L'Irlande et l'Ecosse (où il n'y a pas de taxe des pauvres) ne sont point comprises dans ce tableau. Leur population réunie, et celle du Hanovre, s'élèvent à 6,888,200 habitans; ce qui porte la population générale de la Grande-Bretagne à 23,888,200 habitans, ou 3,821 habitans par lieue carrée.

Quelques écrivains rapportent cet accroissement si rapide à la taxe des pauvres (*poor, rate*) établie en 1750, ou plutôt renouvelée à cette époque des édits d'Henri VIII et d'Elisabeth. Cependant, comme cette taxe n'a été complétement et régulièrement perçue que depuis 1795, on peut dire que la population anglaise a doublé en soixante-dix ans sous l'influence combinée de cette loi et de l'essor donné à l'industrie, et qu'en ce moment elle doit doubler à peu près dans soixante ans. Par suite de cette progression, on peut calculer qu'en 1890 la population de l'Angleterre sera de près de 50,000,000 d'habitans. Mais comme, d'un autre côté, la taxe des pauvres a plus que décuplé dans l'espace de cinquante ans, il est évident que c'est surtout la population ouvrière et indigente qui a augmenté si rapidement, et qui doit s'accroître chaque jour davantage.

Cet exemple d'un aussi remarquable accroissement d'habitans est moins étonnant encore que ceux fournis par d'autres contrées de l'Europe, s'il faut en croire divers ouvrages de statistique.

Suivant un article de la Revue britannique, on peut, sous ce rapport, classer ainsi les principaux royaumes de cette partie du monde connu :

La population générale double en Prusse dans l'espace de	39 ans.
En Autriche.	44
Dans la Russie d'Europe.	48 (1).

(1) D'après la statistique russe de M. Ziablowsky, l'augmentation annuelle de la population est de 800,000 âmes, et elle a été de 1,200,000 dans l'espace de 15 années (1816 à 1832).

Dans les Iles britanniques.	52 ans.
En Pologne, en Dannemarck	50
En Suède, en Norwège, en Suisse, en Portugal, en Grèce et dans la Turquie d'Europe.	70
Dans les Pays-Bas.	84
En Allemagne	120
En France.	125

M. le baron Charles Dupin n'est pas d'accord avec cette évaluation : il porte la période du doublement de la population, savoir :

Pour la Prusse à	26 ans.
la Grande-Bretagne.	42
les Pays-Bas	56 1/2
les deux Siciles.	63
l'Autriche.	69
la France.	105

On explique l'excessif accroissement de la population de la Prusse par l'abondance et le bas prix des subsistances. Il en est sans doute de même dans les autres contrées du nord, toujours renommées pour leurs populations nombreuses et vigoureuses. Là, du moins, la multiplication des hommes n'est pas, comme en Angleterre, la multiplication de l'indigence et du malheur.

En France, sur 29,919,485 habitans existant au 1er janvier 1817 (1), l'accroissement de la population, pendant dix années de paix (1817 à 1826), a été de 1,932,060 (1/16), et le mouvement moyen annuel de 1/165 (2).

(1) En l'an VI de la République (1797), on comptait en France 26,048,254 habitans, et par lieue carrée 1020. En l'an VII (1798), 33,501,094 habitans (dont 28,801,694 pour la France ancienne), ce qui donnait 1101 habitans par lieue carrée. Dans les années IX et X (1800 et 1801), l'addition du Piémont et de l'île d'Elbe avait porté la population à 34,576,313 ; elle s'accrut plus tard, par la réunion de la Hollande, des villes anséatiques, des Etats-Romains, du Piémont, etc. Au 1er janvier 1826, époque du dernier recensement fait sous la restauration, la population générale de la France s'élevait à 31,878,164 h., et à 1187 22/26 par lieue carrée ; au 1er janvier 1832, elle était de 32,560,934 habitans.

(2) « Il naît annuellement 10,000 enfans dans une population de 300,000

D'après le système de Malthus, la population de ce royaume, qu'aucun obstacle destructif n'a pu sensiblement arrêter dans la période ci-dessus indiquée (1), aurait dû

individus des deux sexes. Sur celle-ci, on voit dans nos climats, environ 24,000 mariages monogamiques qui ont la durée moyenne de 21 ans et produisent, en terme moyen, de 3 1/2 à 4 enfans chacun. On compte, sur cette population donnée, à peu près 93,000 jeunes gens ou enfans des deux sexes, au-dessous de 15 ans; 6000 veuves environ et 4500 veufs. Le reste est célibataire. On a toujours remarqué que les pays libres et pauvres, tels que la Suisse, la Savoie, l'Auvergne et d'autres contrées montagneuses des régions modérément froides surtout, augmentent constamment en population, au point d'être obligées de reverser l'excédant sur les contrées de luxe et d'opulence, les villes de commerce et de manufactures, d'exportation maritime, qui font, ainsi que la guerre, une immense consommation d'hommes. Les gouvernemens républicains, les classes inférieures du peuple, dans les campagnes surtout, multiplient davantage les hommes, tandis que la population décroît sous un régime despotique ou oppressif, comme en Turquie et dans l'Inde, pays si fertiles, et dans les hauts rangs de la société, comme dans les grandes villes où règnent le luxe, les voluptés et les mœurs dépravées. Ainsi, il n'est point vrai, comme l'ont dit quelques publicistes, que le nombre des hommes s'accroisse toujours là où se trouvent les plus grands moyens de subsistance; car le riche trouve que ses enfans l'appauvrissent, parce qu'il consomme et ne produit pas, tandis que les pauvres, dont le travail crée plus qu'il ne consomment, tirent leurs richesses et leur soutien du nombre de leurs enfans. » Virey (Dictionnaire des sciences médicales).

En rendant justice à la sagacité de la plupart des observations du savant docteur, nous devons faire remarquer qu'il attribue aux formes du gouvernement, sur le principe de la population, une influence qui leur est tout-à-fait étrangère. On a vu que les états monarchiques, tels que la Prusse, la Russie, l'Autriche, l'Angleterre, etc., étaient ceux où l'accroissement de la population était le plus rapide. D'un autre côté, il suppose à la classe pauvre une prévoyance qui lui manque entièrement. Il faut 15 à 18 ans avant qu'un enfant puisse devenir le soutien et la richesse du son père. Pendant ce temps, il n'est guère, pour l'ouvrier indigent, qu'une source de sollicitude et une charge plus ou moins pesante. Si les ouvriers avaient cet esprit de calcul qu'on leur accorde, ils ne se marieraient qu'avec prudence et probablement plus tard qu'ils ne le font ordinairement. Il est plus vrai d'attribuer, pour cause réelle, à la rapide multiplication des classes ouvrières, une imprévoyance totale de l'avenir, qui les fait céder sans réflexion à l'attrait puissant qui rapproche les sexes.

(1) La disette de 1816 fut une cause de mortalité dans certaines contrées; mais ses résultats n'ont pas affecté essentiellement la marche et les progrès de la population générale.

s'accroître de 11,967,700 individus, et se composer de 59,838,870 habitans au bout de vingt-cinq ans, c'est-à-dire en 1842. Or il est plus que probable qu'à cette époque, la population de la France ne dépassera guère 35,377,231 individus, et qu'elle n'aura pas gagné, dans ces vingt-cinq ans, au-delà de 5,437,766 habitans. Il lui faudrait donc près de cent vingt ans pour être doublée (1).

Toutefois il est évident que la France, depuis près de cinquante années, a pris un accroissement de population très notable, et que, sous ce rapport, elle est dans une époque de progrès réel. Avant le milieu du dernier siècle,

(1) Quelques savans pensent cependant que le progrès de la population en France doit être plus rapide. Ils se fondent sur ce que, dans le mouvement de la population du royaume pendant 12 années (1817 à 1828), le nombre moyen des naissances a été de 967,756; celui des mariages, de 233,126; et celui des décès, de 777,379. Ainsi, pendant les 12 années, l'accroissement aurait été de 188,378; s'il se soutenait, la population augmenterait de moitié en 64 ans, serait doublée en 110 ans, et s'il ne survenait aucune cause perturbatrice du mouvement ascendant de la population depuis 12 ans, la France aurait, en 1940, plus de 60 millions d'habitans. M. Charles Dupin porte à 105 ans cette période de doublement; d'autres auteurs assignent, comme plus certain, le terme de 117 ans.

Pour compléter ces notions de statistique sur la population de la France, nous plaçons ici quelques calculs extraits de l'Annuaire du bureau des longitudes, pour 1831.

Sur un million d'individus nés en France en même temps, un peu plus de moitié parvient à l'âge de 20 ans : un peu plus du tiers à 45 ans : aucun à 110 ans.

Presque un quart des enfans meurt dans la première année. Moins d'un tiers arrive à l'âge de 2 ans. Les individus de 4 ans meurent dans la proportion de 1 à 53; ceux de 10 ans, dans la proportion de 1 à 130. Le dernier âge est celui où la mortalité est la moins grande.

A partir de la naissance, la vie moyenne est de 28 ans. A partir d'un âge plus avancé, tel que 5 ans, le chiffre de la vie moyenne croît sensiblement : il est de 43 ans, à dater de cet âge.

On compte une naissance par 31 habitans, un décès sur 39. Les décès masculins sont plus nombreux que les décès féminins.

On compte un mariage sur 130 habitans; 3 ou 4 enfans légitimes par mariage. Le rapport des naissances féminines aux naissances masculines est de 16 à 15. Il naît 1/15 de plus de garçons que de filles (en Europe, sur 100

on n'évaluait qu'à environ 1/720 l'augmentation annuelle de la population. M. Moreau, qui fit paraître, en 1777, des recherches et considérations sur la population de la France, jugeait que cette population ne pouvait doubler avant deux siècles et demi ; mais ce qui pouvait être vrai, dans l'état des choses à cette époque, ne l'est plus aujourd'hui. M. le comte Chaptal, dans son ouvrage sur l'industrie française, publié en 1819, fait remarquer qu'il est prouvé que, depuis vingt-cinq ans (c'est-à-dire depuis 1794), la population de la France a augmenté d'environ un sixième, ou de plus de 4 millions d'habitans. « Il faut en convenir, dit-il, le spectacle de guerres sanglantes et continues (1), le tableau de nos dissensions civiles ne nous avaient pas préparés à de pareils résultats. Nous voyons partout des causes de destruction, de dépopulation. Nous ne trouvons nulle part la cause d'une reproduction aussi rapide, aussi extraordinaire. Cependant, si nous comparons le présent au passé, nous pourrons faire cesser l'étonnement à cet

filles, il naît 106 garçons · les deux extrêmes de cette moyenne sont offerts par la Suède et par la Russie ; il naît, sur 100 filles, 109 garçons, en Russie, et 104 en Suède).

Pour les enfans naturels, la proportion des filles aux garçons est moins faible. Il naît en France un enfant naturel sur 33 légitimes.

Suivant M. Peuchet, les naissances des mâles sont de 1/17 en sus des naissances des femelles (de 1/16 dans les campagnes, de 1/19 dans les villes). Il meurt 1/19 de plus d'hommes que de femmes. Il meurt 23 enfans sur 100 dans la première année de la vie. Le rapport des naissances à la population est de 1 sur 28, 3598/10,000. Le rapport des décès à la population est de 1 à 30, 974/10,000 : des naissances aux décès, de 30, 9/100 à 28 3/10. Le rapport des mariages à la population est de 1 à 132, 7811/10,000. Le rapport des naissances aux mariages est de 4 1/3 à 1. Le rapport des naissances illégitimes aux légitimes, dans les villes, est de 1 à 6.

M. le comte G. Garnier calcule qu'en France la quantité moyenne du produit de chaque mariage est entre 3 et 4 enfans, quoique la durée commune d'un mariage puisse en donner 4 et 5 fois davantage. Il établit aussi que les mâles naissent en plus grand nombre que les femelles et dans la proportion de 16 à 15, ce qui confirme les précédens calculs.

(1) « L'économie politique, dit M. T. Duchâtel, démontre avec rigueur

égard. Autrefois un jeune homme ne pouvait s'établir que lorsqu'il avait atteint sa vingt-cinquième année ; mais la difficulté d'obtenir la maîtrise lui présentait de nouveaux obstacles, et prolongeait son existence de célibataire d'une manière indéfinie. Aujourd'hui l'élève qui sort de chez son maître est pressé de travailler pour son propre compte, et il ne le peut qu'en s'associant à une femme qui soigne son ménage, de manière que les mariages des gens de métiers sont devenus infiniment plus communs. D'après le recensement des ouvriers de divers métiers qui sont établis en ce moment dans les villes, le nombre en est plus que le double de ce qu'il était sous le régime des corporations. Il n'est donc pas étonnant que la population se soit accrue. Si à cette cause puissante de l'accroissement de la population on ajoute la diminution de la mortalité que produit la vaccine (1), la division des grandes propriétés

que les batailles ne dépeuplent pas, et que (1) *parmi les fruits de la vaccine on ne saurait compter un accroissement de population.* Les bienfaits de cette découverte prolongent la durée de la vie, rendent les souffrances plus rares, et empêchent que la destinée des hommes ne soit misérablement tranchée à son début : sans accroître le nombre, ils augmentent la force nationale. S'il y a population surabondante, quelque cause nouvelle de mortalité engendrée par la misère, viendra rétablir le niveau. » (De la Charité.)

Tous les raisonnemens des économistes ne pourront parvenir à démontrer logiquement qu'une découverte qui empêche la destinée des hommes d'être tranchée misérablement à son début, c'est-à-dire à l'âge où les chances de mortalité sont les plus nombreuses, ne devienne pas un puissant moyen d'accroissement de la population. L'assertion de M. Duchâtel doit être mise au rang des paradoxes dont fourmillent les écrits d'économie politique. Quant aux batailles, on a trop souvent répété, sans examen, le mot cruel attribué au grand Condé, après la bataille de Sénef, et à la vue des morts qui couvraient le théâtre du combat : « Une nuit de Paris réparera tout cela. » M. le comte Germain Garnier fait remarquer que la guerre n'opérant que sur l'un des sexes, elle ne peut pas influer beaucoup sur la reproduction. Mais il n'a pas réfléchi que, d'après nos institutions civiles et religieuses, la reproduction devant avoir lieu par les mariages seulement, la diminution du nombre d'hommes en âge de se marier, diminue nécessairement le nombre des unions légitimes, et par conséquent celui des

et les nombreux mariages qu'on a contractés pour se soustraire à la conscription (1), on réunira tous les élémens qui concourent à la solution du problème. »

Toutes les contrées de la France n'ont pas également participé au mouvement progressif de la population. Il ne s'est guère manifesté que dans les villes où l'industrie manufacturière a pris un essor rapide et un développement étendu. L'ancienne Flandre, l'Artois, la Picardie, la Normandie, l'Alsace, les villes de Paris, de Lyon, de Rouen et quelques autres peuvent réclamer la plus grande partie de l'accroissement d'habitans qu'on a reconnu exister depuis trente années, et qui s'est fait remarquer principalement dans la classe ouvrière.

Le royaume des Pays-Bas a suivi, dans sa population, un mouvement analogue à celui de l'Angleterre. Les observations statistiques, dont elle a été l'objet, prouvent que la progression actuelle est de 1/60 chaque année, et s'exerce surtout dans les classes manufacturières.

Il en est de même dans la plupart des cantons suisses où se révèle un excédant de population (2), et dans plusieurs

naissances. Sans doute les pertes de la guerre se réparent plus ou moins promptement; mais elles n'en sont pas moins une cause de ralentissement dans les progrès de la population.

(1) On a, en effet, remarqué, lors de l'exécution de la loi du 8 mars 1818 sur le recrutement de l'armée, qu'un nombre prodigieux d'exemptions du service militaire ont été prononcés pour des mariages contractés avant la promulgation de la loi, dans l'intervalle de 1814 à 1818.

(2) Nous trouvons dans un ouvrage récent, les notions suivantes qui confirment l'opinion générale sur l'exhubérance de la population en Suisse.

« Ses champs partout cultivés et produisant tout ce qu'ils peuvent produire; ses vergers si bien entretenus, ses vignes plantées jusque sur les rochers, attestent suffisamment que les bras ne manquent point à l'agriculture. Nos terres se vendent trop cher déjà, et le nombre des acheteurs s'accroissant, le sol augmente de valeur nominale, sans augmenter de valeur intrinsèque. Le prix peut en être doublé sans qu'il rapporte davantage. Chez nous, plus de bras que d'ouvrage, plus de prétendans que de siéges, plus de bouches ouvertes que de dîners servis. Nos manufactures ne sauraient recevoir un accroisement bien considérable, même pour la fabri-

états de l'Allemagne, limitrophes du Rhin (1). Les provinces de Flandre et d'Alsace, en France, donnent lieu aux mêmes observations.

De ces faits résulte une vérité incontestable, c'est que dans une partie de l'Europe, le principe de la population a pris, depuis cinquante ans, non pas sans doute la progression géométrique que lui attribue Malthus, ce qui est impossible à admettre, mais du moins un développement très rapide qui, se manifestant particulièrement dans la classe ouvrière, a amené de l'embarras, du mal-aise, et enfin le paupérisme.

Ce n'est pas que le progrès d'accroissement des subsistances soit aussi lent que l'avance Malthus; tout annonce, au contraire, que, dans une grande partie de la France et dans plusieurs états de la zone méridionale de l'Europe, cet accroissement pourrait suivre pendant long-temps encore une progression supérieure à celle de la population, si les capitaux et la direction donnée à l'agriculture et à l'industrie se prêtaient mutuellement à seconder la fécondité du sol; mais il paraît hors de doute que l'équilibre nécessaire entre le principe de la population et les moyens d'exister se trouve complètement rompu en quelques parties de l'Europe, et menacé dans plusieurs autres, et que cet état de choses doit inspirer de justes alarmes aux gouvernemens. MM. Malthus, de Sismondi, Constancio, de

cation des produits indigènes; les autres coûtent trop cher pour qu'il y eût concurrence possible; les capitaux sont bornés d'abord; et resserrés entre quatre ou cinq lignes de douanes, nous manquerions bientôt de débouchés pour nos marchandises fabriquées, etc. » (Simple correspondance, ou épîtres d'un simple tambour à un simple professeur; par M. D'Amery, Suisse, 1831.) — L'auteur déplore, pour son pays, la cessation des capitulations, qui, avant la révolution de Juillet, offraient de si grands avantages à la Suisse, en plaçant un grand nombre de ses habitans au service de la France.

(1) Les émigrations nombreuses de ces contrées, pour l'Amérique, attestent la surabondance de leur population.

Vindé, Rubichon, de Morogues et une foule d'observateurs, d'écrivains et de publicistes s'accordent à présenter le tableau le plus affligeant de la misère qui oppresse les populations ouvrières en Angleterre, dans les Pays-Bas, en Suisse et dans quelques autres états. Cette misère et la prodigieuse augmentation des classes industrielles et indigentes sont des faits que ne peuvent infirmer les assertions optimistes de M. Everett. Il suffit, pour les prouver, de faire remarquer que la taxe des pauvres, en Angleterre, a éprouvé une progression bien plus rapide encore que la population : en 1750, cette taxe était de 730,135 liv. st. (18,049,431 f.), en 1818, elle s'élevait à 9,320,440 liv. st., c'est-à-dire à plus de 240 millions de francs, et elle s'accroît chaque année. Dans les Pays-Bas, on a dû employer des moyens extraordinaires basés sur le développement de l'agriculture, pour nourrir et occuper une population surabondante. Plusieurs pays de l'Allemagne ont envoyé des émigrans aux États-Unis ; dans quelques cantons suisses et, entre autres, dans celui de Glaris, près du quart de la population est dans l'indigence. On verra également dans le cours de cet ouvrage que plusieurs départemens de la France, renommés par leur industrie, ne sont pas à l'abri de cette calamité.

Mais, d'accord sur les faits, les écrivains ne le sont pas sur leurs causes. Malthus attribue les maux dont on se plaint à la tendance de la population à s'accroître plus que les moyens d'exister, et par conséquent à l'imprévoyance du peuple dans les mariages ; M. de Sismondi, aux vices des institutions, et il serait même tenté de les imputer, en partie, à l'enseignement religieux ; M. Morel de Vindé en accuse la concentration des propriétés ; les économistes anglais, l'ignorance et la paresse des peuples et les institutions de charité. On n'est pas moins divisé sur les remèdes à apporter au paupérisme. Malthus recommande *la contrainte morale* ; M. de Sismondi, l'interdiction du mariage aux ouvriers pauvres ; M. de Vindé, la division des propriétés ; l'économie politique anglaise, l'excitation des besoins et le développement indéfini de l'industrie manufacturière. Où se trouve donc la vérité au milieu de ce conflit d'opinions et de systèmes? Essayons de le découvrir.

M. de Coux, économiste catholique, avoue qu'il avait long-temps admiré les résultats des doctrines de l'école anglaise ; « mais, dit-il, depuis 1810, les événemens ont marché, et, avec cette prospérité des Iles britanniques, se sont dissipées mes premières illusions. Une étude consciencieuse des faits me conduisit à des résultats inattendus. Je me demandai ce que signifie cette surabondance de population qui fait désespérer des hommes protestans ou incrédules, et comment cette surabondance, qui résume en elle tous les autres fléaux qui peuvent désoler le monde, cette surabondance, plus terrible que la peste et la famine, puisque la peste et la famine en sont les remèdes naturels, avait été inconnue de nos aïeux. Chose étrange! Pendant huit siècles, la France et l'Angleterre feisaient consister leurs richesses dans le nombre de leurs habitans ; et les récompenses prodiguées aux familles qui donnaient le plus de citoyens à l'état, attestent que pendant ces huit siècles, la naissance d'un fils n'était encore une calamité pour personne. Ce fait, quand il serait isolé, suffirait pour justifier le catholicisme, car il régna en maître durant cette longue période, et par conséquent, c'est à lui, et à lui seul que nous devons attribuer cette différence. Je tâchai de comprendre cette vérité, et le doute commença pour moi, non ce doute qui précède l'erreur, mais celui qui vient après et finit par lui être mortel. »

Il est remarquable, en effet, que les maux dont on déplore l'introduction en Europe aient commencé à se manifester et se soient ensuite propagés successivement chez les peuples qui ont abandonné le catholicisme, et qui, les premiers, ont reçu et appliqué les théories de la civilisation matérielle et les doctrines de l'économie politique anglaise.

On accuse les institutions, et cette accusation n'est pas nouvelle. Nous ne pouvons nous empêcher de rappeler ici que c'est au moment même où la religion catholique était l'objet des plus vives attaques, qu'au nombre des théories imaginées pour découvrir l'origine du mal physique et moral des sociétés, il en est une qui prit beaucoup de faveur, parce qu'elle imputait aux vices des institutions tous les maux qui pèsent sur la société. On poussa l'abus de la pensée jusqu'au point d'accuser l'existence même de ces institutions. « L'homme, disait-on, tenait de la nature la vertu, la santé et le bonheur. Les liens sociaux lui ont fait tout perdre. » La conséquence rigoureuse de ce système était que le seul moyen de rendre à la race humaine son innocence, serait de renoncer aux institutions politiques et sociales. *Condorcet* n'a pas craint de dire que si l'homme voulait suivre la nature, il reculerait indéfiniment les limites de son existence sur la terre et *probablement ne serait plus mortel*. Or, peut-on raisonnablement admettre qu'une société sans institutions pût s'exempter d'une surabondance de population misérable?

Dans un écrit plus moderne et plus circonspect (1), M. Godwin ne pousse pas aussi loin les conséquence de cette théorie; mais la route qu'il donne pour revenir à l'âge d'or est aussi la destruction des gouvernemens, de la religion, de la propriété, du mariage, des institutions moins importantes que celles-là, en un mot de tout ce qui compose l'édifice de nos sociétés. Telle est à peu près la conclusion des doctrines émises aujourd'hui par les disciples de Saint-Simon, philosophe singulier, qui n'avait eu d'abord pour but que de réaliser une grande applica-

(1) De la Justice politique.

tion de l'économie politique à l'industrie, c'est-à-dire l'association de tous les travailleurs pour le bonheur commun, mais dont les sectateurs semblent avoir pris pour mission de propager sur la terre tous les principes subversifs de l'ordre social (1).

M. de Sismondi est assurément bien loin de partager de semblables erreurs ; au contraire, il semble regretter sur plusieurs points la disparition des anciennes institutions qui retardaient le mariage des ouvriers, et contenaient le principe de la population dans les limites les plus étroites. Il blâme avec raison la direction donnée à l'industrie moderne. Mais il nous paraît dans l'erreur relativement aux causes du paupérisme, non seulement sur les principes du catholicisme, comme nous le prouverons bientôt, mais encore sur les résultats de la concentration des propriétés que repousse, comme lui, M. le vicomte de Vindé.

Sans doute, la division de la propriété foncière est un avantage pour les classes inférieures ; le droit d'acquérir semble inhérent à la nature de l'homme, et l'on conçoit que les institutions qui gênent ou paralysent l'exercice de ce droit, paraissent attentatoires à la liberté et au bonheur des individus. Mais l'on se tromperait, si l'on prétendait expliquer par ces institutions la surabondance de population ouvrière dont on se plaint aujourd'hui. Ces institutions sont anciennes, et jadis cet excédant de population n'existait pas. D'où vient qu'en Espagne et en Portugal, où la concentration des propriétés existe aussi au plus haut degré, la population ouvrière et prolétaire ne présente aucune augmentation progressive ? D'où vient que dans le royaume des Pays-Bas, où la division des propriétés est admise par les institutions, le nombre des ouvriers pauvres ne cesse de s'accroître ? D'où vient que les villes manufacturières

(1) Nous présentons, dans le chap. XVI, quelques notions sur l'origine et le but de cette religion nouvelle qui s'est vouée d'elle-même au ridicule, l'arme la plus mortelle en France.

voient surtout apparaître cette surabondance de population pauvre et misérable ? La division des propriétés amène avec elle l'augmentation du nombre des propriétaires-cultivateurs, mais n'entraîne pas nécessairement l'accroissement de la classe ouvrière. En Angleterre, la propriété est concentrée, il est vrai, dans un petit nombre de familles, et la population misérable augmente dans une proportion inconnue au reste de l'Europe. Mais quand bien même sa législation serait changée, il est évident que la classe prolétaire, à moins que l'on n'adoptât la loi agraire, ou que l'on ne s'emparât violemment des propriétés de la noblesse et du clergé, comme sous le règne de Henri VIII, et comme en France à l'époque de la révolution, il est évident, disons-nous, que les prolétaires n'éprouveraient aucun soulagement dans leur situation, ni aucune modification dans leur tendance à multiplier. Pour acquérir légalement, il faut des capitaux, et la classe ouvrière en est dépourvue. Pour songer à l'avenir de ses enfans, il faut n'être pas soi-même très misérable. D'un autre côté, on accuse les institutions de charité, la taxe des pauvres, la paresse, l'ignorance et l'imprévoyance des classes ouvrières, de contribuer à produire un excès de population misérable. Cela peut être vrai de la taxe des pauvres, et cela est vrai surtout des vices communs aux ouvriers immoraux. Mais les ouvriers étaient jadis plus ignorans et tout aussi imprévoyans qu'aujourd'hui ; cependant on ne se plaignait pas de l'excès de leur nombre ; et, quant aux institutions charitables, il suffira de dire ici que c'est la misère et le malheur qui les ont fait naître, et que jamais, jusqu'à ce jour, on n'avait songé à leur imputer des maux auxquels elles ont servi d'unique refuge pendant une longue suite de siècles religieux. Plus tard, nous prouverons combien on leur doit de l'admiration et de la reconnaissance. Enfin, on reproche au catholicisme les encouragemens qu'il donne au mariage et à leur fécondité :

ici les contradictions et les erreurs se montrent en foule.

Personne n'ignore de combien de déclamations, de sarcasmes et d'attaques diverses le célibat des prêtres catholiques et des ordres religieux a été l'objet de la part du philosophisme moderne. Le principal prétexte de la destruction des monastères a été même les obstacles qu'ils apportaient aux progrès de la population. Aujourd'hui que ces préjugés de l'ignorance sont tombés devant les faits dévoilés par Malthus, voilà que les économistes changent tout à coup de langage et accusent le catholiscisme d'une tendance trop favorable au principe de la population. M. de Sismondi impute à l'enseignement religieux d'avoir détruit la proportion qui se serait naturellement établie entre la population et ses moyens d'exister, et M. Say accuse le clergé de chercher à *peupler ses mosquées*. D'autres économistes cependant, craignant de voir restreindre la population ouvrière, dont la haute industrie dispose d'autant plus despotiquement qu'elle est plus nombreuse et plus misérable, s'écrient avec un accent religieux : Faut-il donc arrêter la population? N'est-ce pas même aller contre les intérêts du Créateur et contre ses commandemens que de borner les mariages et leur fécondité? Tout est confusion dans ces plaintes contradictoires. On se trompe sur les intentions de Malthus, comme on s'est trompé sur les préceptes du catholicisme.

La vérité est que Malthus, dans son système fondé sur une morale irréprochable, est complétement d'accord avec les principes du christianisme dans lesquels il paraît avoir puisé ses premières inspirations. Il pense qu'il est dans les intentions de Dieu que la terre se peuple, mais non indéfiniment, sans règle ni mesure; qu'elle se peuple, d'une race saine, vertueuse et heureuse, non d'une race vicieuse, souffrante et misérable. Il aurait complété sa démonstration, s'il avait su ou osé s'affranchir des préjugés du protestantisme qu'il professe.

Le catholicisme, loin d'exciter imprudemment le principe de la population, le modère au contraire et le règle. Si l'on examine les institutions, si l'on approfondit les causes du célibat des prêtres et des ordres religieux, et l'origine des honneurs qu'il rend à la virginité et à la continence (abstraction faite du rapport religieux et du mérite d'une vie de sainteté, d'épreuves et de sacrifices recommandés aux chrétiens), on y trouvera une haute pensée d'ordre social et une rare et sublime prévoyance de l'avenir.

Au commencement du monde, le Créateur dit à l'homme et à la femme, en les bénissant : « Croissez et multipliez (1). » Plus tard, la loi nouvelle, appropriée à une société formée, conseille au contraire l'abstinence du mariage comme avantageuse à l'homme (2), et saint Paul semble adresser à nos pauvres d'aujourd'hui ces paroles pleines de sagesse : « *Les personnes qui se marient imprudemment souffriront dans leur chair des afflictions et des maux; or, je voudrais vous les épargner* (3). »

Les paroles formelles de celui que l'église catholique

(1) « Dieu, après avoir créé l'homme et la femme, les bénit et leur dit : Croissez et multipliez-vous; remplissez la terre et vous l'assujettissez, et dominez sur les poissons de la mer, sur les oiseaux du ciel et sur tous les animaux qui se meuvent sur la terre. » (Génèse, ch. Ier, v. 22, 24, 27 et 28.)

(2) *Sunt enim eunuchi, qui de matris utero sic nati sunt; et sunt eunuchi qui facti sunt ab hominibus; et sunt eunuchi qui seipsos castraverunt propter regnum cœlorum. Qui potest capere capiat.* (St. Math., chap. XIX, v. 12.)

(3) « Quant aux vierges, je n'ai point reçu de commandemens du Seigneur. Mais voici le conseil que je vous donne comme fidèle ministre du Seigneur par la miséricorde qu'il m'a faite : je crois donc qu'il est avantageux, à cause des nécessités pressantes, qu'il est, dis-je, avantageux à l'homme de ne se point marier. Etes-vous lié avec une femme ? ne cherchez point à vous délier. N'êtes-vous point uni avec une femme ? ne cherchez point de femme. Si néanmoins vous épousez une femme, vous ne péchez pas; et si une fille se marie, elle ne pèche pas : *mais ces personnes souffriront dans leur chair des afflictions et des maux; or, je voudrais vous les épargner*. Voici donc ce que je dis : Le temps est court,

appelle le grand Apôtre, et qui sont devenues le fondement des institutions civiles et religieuses, tant que le catholicisme a régné exclusivement en Europe, dispensent de toute autre apologie. Des preuves puisées dans les faits ne manquent pas ; l'exemple des états catholiques où l'excès de population est encore inconnu peut nous suffire.

Que deviennent donc les allégations des philosophistes modernes et des économistes de l'école anglaise, qui tantôt s'élèvent contre le célibat des prêtres et des institutions qui exigeaient des vœux de chasteté perpétuelle, tantôt reprochent au clergé catholique d'encourager imprudemment les mariages et la population ? Mais, hâtons-nous de le dire, beaucoup d'écrivains commencent à reconnaître cette erreur et cette injustice, et l'on pourrait en citer plusieurs, même parmi les disciples de l'école économique. C'est un grand pas de fait par la raison humaine, dont les progrès, comme nous l'avons déjà fait remarquer avec Goëthe, reviennent quelquefois sur eux-mêmes pour avancer plus sûrement.

Quoi qu'il en soit, ce n'est plus à l'enseignement religieux, ce n'est pas aux institutions civiles, ce n'est pas à la concentration des propriétés, ce n'est pas non plus à l'ignorance et à l'imprévoyance des classes ouvrières que l'on doit imputer les progrès du paupérisme moderne. Osons le dire : il a été préparé par les théories de la civilisation matérielle qui prennent pour base l'excitation et la multiplication des besoins ; et il a été développé par l'application des doctrines économiques qui ont fondé la richesse des états sur la production indéfinie de l'industrie manufacturière. Ces deux actions combinées ont donné à la population ouvrière l'essor le plus rapide, en multipliant les

mes frères, et ainsi que ceux qui ont des femmes soient comme n'en ayant pas ; et ainsi, celui qui marie sa fille, fait bien ; mais celui qui ne la marie pas, fait encore mieux. » (S. Paul, Épît. aux Corinth., v. 25, 26, 27, 28, 29 et 30.)

mariages précoces, en groupant un nombre infini de familles autour des grandes fabriques, en faisant abolir les jurandes et les maîtrises, en forçant toutes les cités manufacturières à étendre leur enceinte devenue trop étroite, en affaiblissant enfin partout le principe religieux. D'une autre part, cette double action, qui amenait forcément l'emploi des machines et la réduction des salaires, a rendu le sort des ouvriers doublement misérable. C'est ainsi que s'est formé cet excédant de population livré au paupérisme révélé par Malthus, et dont on a cherché les causes partout ailleurs que dans leur source réelle et palpable. Si l'on rapproche la marche parallèle des théories matérialistes de civilisation et d'économie politique, de la marche de la population ouvrière et indigente, on ne pourra s'empêcher de partager notre conviction.

Quelques personnes ont cru pouvoir trouver dans la découverte de la vaccine et dans les perfectionnemens de l'hygiène publique la cause d'une plus grande population. Cette cause ne serait dans tous les cas que secondaire, et ne pourrait d'ailleurs expliquer le fait d'une surabondance d'ouvriers misérables.

Toutefois, pour être juste et vrai, il faut remarquer que si la population ne croît pas en progression géométrique, elle tend toujours cependant plus ou moins à déborder les moyens de subsister. Bien qu'arrêtée par les maux physiques et moraux qui ne sauraient jamais disparaître totalement parce qu'ils tiennent à la nature des choses et à celle de l'homme lui-même, cette tendance progressive existe et doit nécessairement dès lors aboutir au paupérisme ; mais en même temps, nous croyons qu'il est au pouvoir de l'homme de la diminuer et d'adoucir les maux qui lui servent d'obstacle, de manière à ce que la mesure de la population devienne en quelque sorte fixée par le degré de la civilisation elle-même ; non de cette civilisation qui consiste à multiplier les besoins et la richesse, mais de celle fondée sur les progrès de la morale chrétienne, qui prescrit aux pauvres le travail, aux riches la bienfaisance : qui conseille le célibat, qui recommande la prévoyance dans les mariages, qui ordonne aux gouvernemens la justice, aux peuples la subordination et la paix, à tous les hommes la charité.

Ce n'était pas assurément pour devenir tour à tour la proie des guerres, des famines et des épidémies pestilentielles, ni pour être le jouet du vice ou du malheur que le genre humain a reçu sa tendance perpétuelle à se conserver et à s'accroître. La race humaine était primitivement destinée à jouir sur la terre d'une plénitude de bonheur. Roi de la création, en communication immédiate avec Dieu même, l'homme devait ignorer à jamais la douleur et la misère ; il est tombé de cette haute destinée dans une vie d'épreuve et de passage où il a trouvé constamment la somme des maux au-dessus de celle de biens terrestres : la faculté de se multiplier est, alors, devenue pour lui une source de souffrances et de privations. C'est une condition dure, mais inévitable. Gardons-nous, cependant, d'en accuser la Providence. Le christianisme, en révélant une seconde fois à l'homme sa glorieuse destinée, lui a apporté, non seulement les moyens de ressaisir les anneaux de la chaîne qui doit l'unir à Dieu, mais encore tous ceux qui pouvaient adoucir la rigueur de sa vie terrestre. Depuis le code chrétien, la Providence n'a plus laissé l'homme sans défense contre l'indigence et ses besoins. Le précepte du travail, celui de la charité, le conseil du célibat sont, en effet, des remèdes puissans pour le soustraire à la misère. Ainsi, les progrès de la population seront peu à craindre lorsqu'ils marcheront avec les progrès de la civilisation chrétienne. Le principe de la population ne saurait être arrêté sans doute, mais il peut être réglé et contenu. Modéré jadis par le christianisme, il n'a nulle part produit le paupérisme. Exagéré par le culte des sens et de la richesse, il est évident qu'il doit augmenter sans mesure le nombre des individus que l'imprévoyance, l'immoralité, l'impuissance ou l'insuffisance du travail réduisent à la condition de propagateur de l'indigence, et deviennent un sujet perpétuel d'alarmes et d'embarras pour la société.

Il résulte de ces diverses notions sur le principe de la population plusieurs vérités qui paraissent incontestables :

1° Les gouvernemens n'ont aucun besoin d'encourager l'accroissement de la population, comme on leur a conseillé si souvent jadis, sans examen. Leur intérêt est de posséder une population robuste, aisée, intelligente et morale, bien plus qu'une population nombreuse, mais misérable. Depuis que les faits et l'expérience ont parlé si hautement, on ne peut plus admettre avec Smith que l'accroissement du nombre d'habitans soit à la fois l'indice, la cause et l'effet de la prospérité des états.

2° L'extension indéfinie des manufactures, et l'agrandissement donné aux villes de fabriques, sont une des causes les plus puissantes des progrès de la population ouvrière et indigente. Loin donc d'appeler un surcroît de population dans ces cités, il serait à la fois plus politique et plus humain de chercher à reporter dans les campagnes le trop plein des villes, et de diriger les bras vers l'industrie agricole et nationale de préférence à toute autre industrie. Il serait également important de tendre sans cesse à faire passer graduellement les classes d'ouvriers prolétaires au rang de celles qui les attachent en quelque point à la propriété territoriale. On a remarqué de tous les temps que les ouvriers qui ne possèdent absolument rien ont toujours les familles les plus nombreuses. Montesquieu fait observer, à ce sujet, avec autant de justesse que de profondeur, « que « les mendians sont dans le cas des peuples naissans. Il « n'en coûte rien au père pour donner son art à ses enfans, « qui même sont en naissant les instrumens de cet art. Ces

« gens, dans un pays riche ou superstitieux, se multiplient « parce qu'ils n'ont pas les charges de la société, parce « qu'ils sont eux-mêmes les charges de la société. » Or, ce que Montesquieu dit des mendians, peut s'appliquer à la majeure partie des ouvriers prolétaires.

3° Les institutions qui avaient pour but ou pour résultat de retarder le mariage des ouvriers, étaient fondées sur une sage prévoyance. L'on ne saurait sans doute regretter les entraves qu'elles pouvaient apporter au libre exercice de l'industrie; mais il est du moins permis de désirer que la législation s'applique à rechercher les moyens de concilier la liberté et le développement de l'industrie avec les garanties que la société est en droit d'exiger contre une surabondance de population indigente. Nous n'admettons pas, avec M. de Sismondi, que l'on puisse interdire le mariage aux ouvriers et aux pauvres. Une pareille exclusion serait tout-à-fait contraire à la justice et à la liberté naturelle. Mais la loi pourrait, sans blesser ces droits imprescriptibles, imposer, relativement au mariage, des conditions aux ouvriers qui sollicitent ou reçoivent des secours publics, et aux chefs des grands établissemens d'industrie qui leur donnent du travail (1). Les gouvernemens devraient surtout appeler le sacerdoce chrétien à fortifier, par ses conseils, les précautions que croirait devoir prendre la société à cet égard; car il ne faut pas s'y tromper, l'abstinence du mariage ne saurait jamais être plus efficacement inspirée aux pauvres que par le sentiment religieux (2). Nous reviendrons plus tard sur cette question importante.

(1) On pourrait appliquer à cette considération d'intérêt général le même principe qui porte le gouvernement à empêcher les jeunes soldats de se marier, à refuser l'admission des remplaçans mariés, et à n'accorder de permission de mariage aux officiers et aux soldats en congés illimités, que sur la preuve des avantages et des garanties que présentent le mariage sollicité.

(2) « La religion chrétienne, qui respecte la liberté autrement que cer-

4° Enfin, il est évident, ainsi que nous chercherons à le démontrer bientôt par de nouvelles observations, que le célibat des prêtres et des ordres monastiques n'a jamais pu exercer d'influence fâcheuse sur les progrès de la population. Conforme aux conseils du christianisme, nécessaire à l'ordre et au bonheur des sociétés, il semble aujourd'hui avoir trouvé grâce aux yeux de l'économie politique. Sans doute un jour viendra (et peut-être n'est-il pas éloigné), où les gouvernemens seront amenés par la force des choses et par un plus grand développement de lumières et de liberté, à autoriser la formation de nouvelles associations célibataires de travail et de charité, qui ne rechercheront plus l'opulence, mais l'utilité, et dont le but, dans l'état actuel de la civilisation, se conformera aux besoins nouveaux de la société.

On vient de le voir, par tout ce qui précède : si l'équilibre nécessaire à maintenir entre la population et les moyens de travail et de subsistance, se trouve rompu ou prêt à l'être, si la sécurité et le bonheur des peuples sont menacés par un surcroît de population indigente, ce n'est point aux institutions qui ont si long-temps régi l'univers chrétien qu'on est fondé à l'attribuer. Le mal appartient tout entier à des erreurs et à de fausses théories sur les principes de la population, de la richesse et de la civilisation sociale. Le philosophisme et l'économie politique anglaise ne nous ont offert, sur la surabondance de la population indigente, que des railleries, de stériles regrets, et des conseils immoraux, funestes ou imprati-

tains philosophes, possède surtout la ressource des sacrifices volontaires pour corriger l'excès de la multiplication des pauvres. C'est par elle qu'on peut espérer de contenir les sexes jusqu'à l'âge où ils peuvent s'unir avec moins d'inconvéniens pour eux et pour l'état. Elle seule peut résoudre un problème insoluble par les moyens étrangers à ceux dont elle possède le secret, et parvenir, non pas à empêcher, mais à retarder les mariages. L'effet général en sera tout ce qu'il peut être pour la société et les familles. » (De Raineville père, Mémoire sur les colonies d'indigens.)

cables (1) : leurs doctrines ont laissé des traces déplorables partout où elles se sont fait jour ; il est donc temps de reconnaître qu'il existe une science plus sûre et plus humaine, et d'y attacher désormais nos espérances comme nos recherches.

(1) Parmi les plus étranges documens économiques de notre époque on doit citer une circulaire de M. Dunoyer, préfet du département de la Somme, et membre de l'académie des sciences morales, relativement aux secours à accorder aux indigens, adressée, en décembre 1833, aux maires de son département. Ce magistrat, après avoir jeté dédaigneusement un blâme philosophique sur l'aumône et la charité chrétienne, poursuit ainsi : « Il n'y a pas, pour les familles pauvres, deux manières *de se tirer d'affaire :* ces familles ne peuvent s'élever qu'à force d'activité, de raison, d'économie et de prudence ; de prudence *surtout dans l'union conjugale, et en évitant, avec un soin extrême, de rendre leur mariage plus fécond que leur industrie.* » Que le vertueux Malthus doit rougir s'il apprend jamais que ses théories ont pu servir de texte à de telles exhortations administratives !...

CHAPITRE VI.

DU CÉLIBAT RELIGIEUX.

L'abstinence volontaire du mariage chez l'homme est la preuve de la sublimité de son être et de sa raison.

ORTÈS.

Il est sublime de voir l'homme né libre, chercher en vain son bonheur dans sa volonté; puis, fatigué de ne rien trouver ici-bas qui soit digne de lui, se jurer d'aimer à jamais l'Eternel, et se créer, comme Dieu, dans son propre serment, une volonté.

CHATEAUBRIAND.

La plupart des écrivains du dix-huitième siècle ont considéré l'obligation du célibat imposée aux prêtres séculiers et aux ordres religieux monastiques, comme l'une des sources de la dépopulation des états, et, par conséquent, de la langueur de l'industrie et de l'agriculture. A les entendre, la félicité publique était incompatible avec une telle institution.

L'abbé de Saint-Pierre avait même calculé que 100,000 prêtres mariés en France formeraient 100,000 familles, ce qui donnerait plus de 10,000 habitans par an et 2 millions de Français en deux cents ans; d'où il suivrait que, sans le célibat des prêtres, on aurait aujourd'hui 4 millions de catholiques de plus, à prendre seulement depuis

François Ier, ce qui formerait une somme considérable d'argent (864,000,000 fr.) s'il est vrai, ainsi qu'un Anglais l'a supputé, qu'un homme vaut à l'état plus de 9 liv. st. (216 fr.).

On ne saurait nier, sans doute, que ce grand nombre de célibataires n'ait contribué à modifier la progression de la population en France; mais peut-on raisonnablement s'en plaindre lorsqu'on approfondit le principe de la population? Toutefois, en supposant même qu'il en fût résulté quelque préjudice matériel pour l'état, devrait-on le mettre en balance avec les avantages moraux qui résultent, pour la société, du célibat des ecclésiastiques?

Chez les peuples anciens, le célibat devint presque toujours une des conditions essentielles pour les personnes qui s'attachaient au service des autels. En Égypte, à Athènes, à Rome, parmi les Gaulois, partout on trouve des vierges consacrées. Le célibat a eu ses martyrs chez les païens; les Grecs regardaient la chasteté comme une vertu surnaturelle.

A plus forte raison, était-il de l'essence d'une religion fondée sur la spiritualité la plus parfaite, que l'inspiration divine persuadât aux hommes la nécessité d'une entière pureté de mœurs, pour approcher plus dignement des lieux qu'habite la Divinité, et se dévouer à son culte. Si nous ne trouvons pas en nous-mêmes le germe de cette pureté, elle devait être, pour ainsi dire, une vertu révélée et de foi.

Le ministère des autels demandant une attention continuelle et une dignité d'âme et de corps singulière, la plupart des peuples avaient été portés d'eux-mêmes à faire du sacerdoce une classe séparée dans l'état. Ainsi, chez les Egyptiens et les Perses, comme chez les Juifs, il y eut des familles exclusivement attachées au service de la Divinité et de ses temples. Il était convenable, à l'idée que les peuples religieux se formaient de l'objet de leur adoration et de leur crainte, que tous ceux qui s'en rapprochaient fussent distingués et révérés. Il y eut des religions où l'on jugea qu'il était nécessaire de leur ôter l'embarras d'une famille. Ce fut là particulièrement l'esprit du christianisme, même dès son origine. La loi du célibat chez les évêques, les prêtres et les diacres, est aussi ancienne que l'Eglise. Ce n'est pas qu'il y eût de loi divine écrite qui défendît d'ordonner prêtres des personnes mariées, ni aux prêtres de se marier (1); Jésus-Christ n'en a fait aucun précepte; mais l'esprit et le vœu de l'Eglise primitive commandèrent à ses principaux ministres de vivre dans une grande continence, et depuis lors, l'autorité suprême a établi la règle invariable du célibat dans l'Eglise catholique.

Les motifs religieux qui ont porté à exiger du prêtre chrétien le sacrifice perpétuel de ses passions terrestres et de tous les liens de famille, sont trop évidens pour qu'il ne soit pas superflu de les énumérer; mais indépendamment des considérations toutes spirituelles, on aperçoit, dans le célibat écclésiastique, des avantages politiques et sociaux qui seuls auraient suffi pour le rendre nécessaire.

Nous trouvons, à cet égard, dans un journal de province, qui comptait d'illustres coopérateurs, et dont la disparition prématurée doit exciter de justes regrets (2), des réflexions aussi remarquables par leur vérité que par leur énergie.

(1) La pratique même des premiers siècles est formelle. On ordonnait prêtres des hommes mariés; il était seulement défendu de se marier après la promotion aux ordres, ou de passer à de secondes noces après la mort d'une première femme. L'usage d'ordonner prêtres des personnes mariées a subsisté et subsiste encore dans l'église grecque, et n'a jamais été formellement improuvé par l'église latine.

(2) Le Courrier Lorrain, qui recueillait les pensées de MM. l'Abbé de La Mennais, Gerbet, Lacordaire, Decoux, Prosper de Dumast, etc., et dont la direction était confiée à l'estimable M. Boiselle, ce journal a cessé par les mêmes motifs qui ont arrêté la publication de l'*Avenir*.

« Le célibat, dit M. Guizot, a empêché que le clergé chrétien ne devînt une caste. »

« Ajoutons qu'il a conservé dans l'église catholique le double élément de l'indépendance et du progrès ; de l'*indépendance*, en épargnant à ses pasteurs la plus forte moitié des tentations de mutisme, de courtisanerie, et de subjection aveugle au pouvoir, bassesses que l'homme repousse encore assez pour lui-même, mais auxquelles succombe aisément, dans l'intérêt des siens, la tendresse paternelle ; du *progrès*, en lui faisant recruter ses chefs çà et là, dans tous les rangs de la société, à la différence du clergé stationnaire de l'Égypte et de l'Inde. Il a paré à ces scandaleuses transmissions de bénéfice de père à fils, et de beau-père à gendre qui déshonorent l'anglicanisme. C'est ainsi, grâces au célibat, que s'est maintenue, chez les seules nations catholiques, la dignité du sacerdoce, sentiment auguste et délicat, qui se manifeste moins encore par la vénération du prêtre, que par une impitoyable sévérité pour les fautes remarquées à l'instant même, et signalées de cent pas loin, comme doit ressortir en effet la moindre tache sur la neige ou sur l'hermine ; tandis qu'on y prend à peine garde et qu'on a perdu jusqu'à l'*idée typique* de la perfection sacerdotale, dans ces malheureux pays où l'on fait d'une cure une dot ; où l'on s'habitue à voir la honte d'une fille de ministre retomber sur son père et lui fermer la bouche sur les désordres de sa paroisse ; où les tribunaux retentissent fréquemment de procès en adultère intentés contre un prêtre ; où l'homme des autels, fût-ce le plus honnête, voit la gravité de son ministère à chaque instant compromise dans des commérages de femme, ne peut jamais donner à Dieu que les restes d'un temps absorbé par les minuties domestiques, et sent avec regret la fécondité d'une épouse tarir l'aumône entre ses propres mains ! Qui ne connaît, d'après M. J. de Maistre et lord Byron, la profonde abjection, la servilité rampante où sont tombés les popes russes et les papas grecs? Et le professeur Marhneixen n'a-t-il pas hautement avoué que, dans les états allemands, la plupart luthériens, ses confrères ne sont plus que des officiers de police? »

« La seule confession pénitencielle, cette immuable loi si bien gravée dans l'Ecriture-Sainte et dans la tradition, serait assez, d'ailleurs, pour interdire au clergé toute autre union qu'avec Dieu et l'humanité souffrante, assez pour lier, pour marier le prêtre à l'autel par une chaîne de diamans. La rompre, c'est, quoi qu'on en dise, attenter aux mœurs nationales, aux consciences, à toute la sécurité domestique. »

« Suffirait-il donc, dit Ferrère (un laïc, un avocat), suffirait-il, pour épouser nos filles, de préparer la séduction dans ces entretiens justement révérés, dont la religion elle-même éloigne l'œil et l'oreille d'un père? Ah! s'il en était ainsi, hâtons-nous, fermons à cette religion l'entrée de nos demeures! »

Le célibat ecclésiastique est donc évidemment une nécessité morale et sociale pour un peuple chrétien; il prive l'état de quelques citoyens producteurs de la richesse matérielle; mais ceux qu'il lui enlève, pour les consacrer à Dieu, travaillent à former des citoyens utiles et vertueux: il ne leur a ôté l'embarras d'une famille et des affaires domestiques que pour donner l'exemple d'un sublime dévouement, que pour les faire veiller plus attentivement au maintien de la religion, dont les principes ne peuvent être altérés sans que le repos et l'harmonie des états ne soient troublés profondément (1). Les bienfaits que le

(1) Nous aimons à citer ici l'opinion d'un académicien dont nous aimons la personne et le talent, autant que nous honorons le caractère. M. Brifaut, en payant un juste tribut d'éloges à l'ouvrage publié récemment par M. Aimé Martin, sur l'éducation des femmes, s'exprime en ces termes:

« Parmi les diverses questions que M. Aimé Martin sait approfondir

christianisme verse incessamment sur les sociétés sont assez grands, assez précieux pour qu'on ne lui envie pas le mérite du sacrifice qu'il impose à ses ministres. Doit-on

avec un talent philosophique devenu bien rare, car il a pour auxiliaire la franchise, il en est une d'une importance majeure qu'il n'a fait qu'effleurer, et qui méritait cependant l'examen attentif du sage et du chrétien : je veux parler du mariage des prêtres. L'auteur se décide un peu trop légèrement, à mon avis, pour l'affirmative : outre qu'un tel sujet demande, chez un laïque qui le traite, une sorte de mesure et de ménagement que M. Aimé Martin, d'ailleurs sévère et délicat observateur des convenances, ne me paraît pas avoir suffisamment gardé, je trouve que s'il fait ressortir avec force les inconvéniens du célibat, il ne se rend pas assez compte des raisons qu'on peut opposer à l'état contraire. Il ne voit que les épreuves fâcheuses par où les sens du prêtre peuvent passer, et, pour protéger sa vertu, il l'invite à se marier. Mais voit-il le prêtre époux, père, grand-père? le voit-il au milieu d'une famille qui le dispute au monde, sa première famille? Le voilà un pied dans le sanctuaire, un pied dans le siècle; le voilà qui se partage entre les intérêts de Dieu et ceux de ses enfans. Et que devient l'enthousiasme sacré? où puisera-t-il cette charité ardente qui embrasait le genre humain! Tout garrotté des liens de la paternité, songera-t-il à voler, comme Las Casas, à la conquête des âmes dans les contrées les plus lointaines; à répandre son cœur et sa bienfaisance, comme Vincent de Paule, sur tous les malheureux connus ou inconnus, qui meurent sans secours dans les mille coins de la terre qu'il habite; à couvrir, comme Fénélon, son siècle et les siècles à venir, des rayons vivifians de son génie philantropique; à unir, enfin, comme François de Sales, tous les cœurs et toutes les volontés dans l'amour des hommes? Mais que fais-je? et à quoi bon raisonner? les faits ont plus d'éloquence que les argumens. Que M. Aimé Martin prête l'oreille, et qu'il juge. »

« Dans la ville d'Auch éclata un vaste incendie : l'archevêque, M. d'Apchon, l'apprend, court, arrive sur le théâtre du désastre; il voit, au plus haut étage d'une maison en flammes, une pauvre femme qui balançait, à une fenêtre, le berceau de son enfant, en implorant, par ses cris, la pitié publique, non pour elle, mais pour cette faible créature que les feux allaient envelopper. Le pasteur regarde autour de lui; partout la consternation et la stupeur. Debout, immobile, les bras croisés, les yeux tristement attachés sur cette scène de désolation, un homme du peuple, dans la vigueur de l'âge, se tenait à côté du prélat, qui lui crie : « Cinquante louis de pension si tu montes là-haut; » et de ses mains il appliquait, lui-même, sur le mur embrasé et à moitié croulant, une échelle qu'on venait d'apporter par ses ordres. — « Monseigneur, je suis père, je me garde pour mes enfans! — « Moi, je suis chrétien, je m'expose pour mes sem-

se plaindre des libéralités de la nature, parce que, dans cette riche profusion de graines qu'elle produit, il y en a quelques-unes de stériles?

Quant au reproche contraire et plus moderne, celui d'encourager imprudemment la population, nous répondrons qu'il est vrai que la religion chrétienne recommande d'avoir soin des mariages et de rendre heureuse et facile l'éducation des enfans; il est vrai qu'elle considère la sainteté et le bonheur des mariages comme un intérêt public et une source de félicité pour les états (1); il est vrai encore qu'elle contribue à la conservation de la population en réprouvant les mauvaises mœurs, en apportant des secours et des consolations aux malheureux, aux malades, en un mot à tous ceux qui souffrent. Mais là se borne toute son intervention sur les progrès de la population; car il est réel qu'elle place la continence au rang des vertus les plus méritoires, et proclame hautement la préférence qu'elle donne à l'état du célibat sur celui du mariage. On ne peut donc lui reprocher ni de nuire à la population, comme l'ont fait les philosophes du dix-huitième siècle, ni de trop l'encourager, comme l'affirment les économistes modernes. La religion se tient à cet égard dans la plus juste mesure, dans celle que l'économie politique elle-même est contrainte aujourd'hui de demander comme un bienfait.

Le célibat des ordres monastiques, de même que le célibat ecclésiastique, devait nécessairement modifier la progression de la population générale; mais, pour l'un comme pour l'autre, nous n'avons plus de justification à présenter à cet égard. Ce n'est point, lorsque tant de

blables. » L'intrépide pasteur dit, s'élance sur l'échelle, parvient au grenier, où les flammes l'avaient dévancé, sauve la mère et l'enfant, et redescend au milieu des bénédictions d'un peuple qui n'oubliera jamais le sublime dévouement de cet apôtre. »

(1) Bossuet, Politique sacrée.

plaintes s'élèvent sur une surabondance de population, que l'on peut avoir besoin de réfuter les vieilles ou nouvelles déclamations de l'erreur et de la mauvaise foi. Nous nous bornerons donc à faire remarquer que sans le célibat des ordres monastiques nous eussions été privés de cette milice sacrée de sœurs hospitalières, de religieux dévoués aux soins de l'humanité et de l'instruction populaire, qui fait encore l'ornement de la chrétienté, et dont le modèle ne se trouve nulle autre part que dans la religion catholique. Nous n'eussions pas connu ces illustres et nobles phalanges de chevaliers dont les annales renferment de tels prodiges de courage et de charité, que l'on a peine aujourd'hui à les comprendre. Soulager l'humanité, propager l'instruction, apaiser la Divinité par de sublimes sacrifices et de tendres prières, tel fut le but primitif des institutions monastiques. Si les passions humaines altérèrent à la longue leur principe religieux, si l'opulence, l'oisiveté et les vices pénétrèrent dans quelques-uns de ces établissemens, c'est que le siècle avait corrompu l'origine de ces associations et les avait entraînées dans des voies toutes humaines. Ces abus, qui servirent de prétexte à la réforme, nous ne les défendons pas assurément. Mais n'est-il pas juste de faire remarquer que, dans les temps mêmes où ces abus existaient, le paupérisme était à peu pres inconnu en Angleterre, comme il l'est encore dans la plupart des états catholiques. La majeure partie des revenus du clergé et des ordres religieux se dépensait en aumônes, en établissemens pieux ou charitables, et venait souvent au secours de l'état. En Angleterre, comme en France, leur violente transmission en d'autres mains a sans doute fait élever de grandes et rapides fortunes; mais peut-on affirmer qu'elle ait réellement servi à améliorer beaucoup le sort des classes inférieures? L'opulence excessive du clergé catholique, le maintien en main-morte d'immenses propriétés, les abus de ces richesses ont été, il faut l'avouer, le sujet de reproches plus justes et plus graves que celui d'arrêter ou de trop encourager le principe de la population : mais était-ce un motif de proscrire entièrement les institutions monastiques? N'était-il pas possible de faire disparaître les abus et de ramener l'institution à sa première origine et à un principe si fécond en bienfaits de toute espèce? Qui peut méconnaître en effet l'utilité, la nécessité même de ces asiles où l'homme malheureux, détrompé des illusions de la vie, se réfugiait comme dans un port tutélaire; où le crime repentant venait s'expier et trouver un pardon qu'il aurait vainement attendu des hommes; où enfin des solitaires studieux se dévouaient à d'immenses recherches d'érudition dans le seul but du progrès des connaissances utiles (1)? Or, ce besoin n'est pas seulement celui des temps d'ignorance et de barbarie; il appartient bien davantage aux époques de la civilisation avancée; il surgit surtout, avec une nouvelle force, aux temps de révolutions politiques qui font naître les grandes vertus comme ils voient éclore les grands crimes. Alors c'est le désir du recueillement, de la méditation, de la solitude, de la contemplation des choses sublimes, qui saisit les esprits élevés; c'est le penchant à la vie intérieure, au soulagement des misères humaines qui s'empare des âmes tendres. Une foule d'êtres faibles et malheureux demandent à se réunir pour se consoler et se fortifier mutuellement par la prière, les bonnes œuvres et le travail. Ce besoin, c'est celui de la société actuelle; il doit être satisfait; il doit l'être infailliblement, car nous ne

(1) On ne peut avoir perdu le souvenir des services rendus à la science par les instituts religieux, et notamment, par la Congrégation de St.-Maur. Cette savante association semble à la veille de reparaître dans les ruines restaurées de l'antique abbaye de Solesmes. La France chrétienne et littéraire a vu avec le plus vif intérêt M. de Châteaubriand recevoir et accepter le titre de membre honoraire de la société religieuse qui vient de se former au milieu de ce vénérable monument.

pensons pas qu'il soit possible d'étouffer un progrès de religion et de liberté. Le temps arrivera où toutes les erreurs et les préjugés propagés par l'esprit étroit du philosophisme et du monopole politique devront disparaître devant les éternels principes de la liberté morale de l'homme et les nécessités d'une haute civilisation.

CHAPITRE VII.

DU TRAVAIL.

> Par lui des passions le tumulte s'apaise,
> Les chagrins sont calmés, le vice combattu;
> Il ajoute au plaisir, il nourrit la vertu.
>
> (DELILLE.)

On a fait un grand honneur à Smith d'avoir, avant tous les autres économistes, considéré le travail matériel comme le premier, et même comme le seul producteur de la richesse; et pourtant on a pu remarquer, avec un honorable écrivain (1), que la connaissance de cette vérité est aussi ancienne que le monde.

On a aussi beaucoup exalté un célèbre professeur d'économie politique (2), pour avoir placé au rang des producteurs, et réhabilité ainsi aux yeux de l'univers économiste les savans et les travailleurs dans l'ordre intellectuel. Or, cette classification, rigoureusement juste, n'est assurément pas moderne. Sans enlever à Smith et à M. Say le mérite d'avoir présenté, avec beaucoup de talent, l'un, la théorie de la richesse produite par le travail matériel, l'autre, celle de la richesse résultant du travail de l'intelligence, nous devons rattacher leurs prétendues découvertes aux sources fécondes de la religion et de la véritable philosophie, plus

(1) M. Ferrier.
(2) M. J.-B. Say.

anciennes que l'économie politique anglaise, et surtout plus pures et plus vraies.

Le travail producteur est né avec les besoins de l'homme. Il remonte à cette terrible parole du Créateur offensé par la créature : *Tu mangeras ton pain à la sueur de ton front.* En effet, ce n'était désormais que par le travail que l'homme pouvait échapper aux tourmens du besoin et de la misère. Cette nécessité du travail s'appliquait à l'homme isolé : elle s'appliquait davantage encore aux hommes réunis en société et sans cesse multipliés par le développement du principe de la population.

« La théorie du travail, dit M. le comte d'Hauterive (1), se confond avec celle des besoins ; l'un est le produit de notre activité spontanée, comme les autres sont le produit de notre sensibilité. Les besoins excitent au travail ; le travail développe les facultés humaines, et l'homme acquiert ainsi les moyens de satisfaire à ses besoins. »

« L'homme travaille pour satisfaire à ses besoins. Toutes les lois de son travail sont renfermées dans cet objet final de l'exercice de ses facultés ; la proportion de son travail est dans la mesure de ses besoins. Cette proportion et cette mesure sont hors de l'atteinte des lois sociales. »

« L'association du travail est le lien qui rapproche et unit les hommes. — Quant au but du rapprochement, il n'est pas dans la société, il est dans la nature. Si la société a un but qui lui soit propre, il est dans les lois mêmes qui la forment. La société existe par l'association des travaux, et elle n'existe que pour former cette association. Le travail est donc le moteur général de tous les rapports de l'organisation sociale. »

Depuis long-temps, ces principes, qui confirment une portion des théories de Smith et de ses disciples, ont été aperçus et indiqués, comme l'étaient également les avan-

(1) Économie politique.

tages résultant de la division du travail et des opérations de l'intelligence.

Platon (second livre de la République), voulant exposer l'origine de la cité, ou de la société humaine, développe son système économique avec une clarté et une précision que ne surpasserait point un élève de Smith. L'intérêt réciproque, établit-il d'abord, rapproche les hommes les uns des autres, et les force à réunir leurs efforts. Il montre ensuite comment ce principe seul devait amener la division des métiers, comment chacun fit mieux la chose qu'il fit seul, et comment tous devaient ainsi produire davantage. Le commerce, à ses yeux, est le résultat des progrès des manufactures et de l'agriculture, et le premier encouragement qu'il demande pour le commerce, c'est la liberté. Du progrès seul de la société, il fait résulter l'opulence de quelques-uns de ses membres, qui se livrent aux plaisirs ou à l'étude justement parce que les autres travaillent. L'inégalité des biens, l'altération de la santé, et les besoins croissans des cités rivales, lui font conclure, enfin, qu'il doit exister une population *gardienne*, maintenue aux dépens du reste du peuple et par une participation à son travail (1).

On voit combien ce grand philosophe, ce sage appelé divin, et celui de tous les païens qui s'est approché le plus près des vérités du christianisme, avait devancé par son génie les écrivains dont on a si fastueusement vanté les découvertes économiques. Non seulement il sut apercevoir le principe de la puissance du travail matériel, et l'énergie qu'il reçoit par la division des travaux, mais encore la nécessité d'un travail moral et intellectuel, indispensable à la conservation des sociétés et aux progrès de la civilisation. Toutefois, il se garda bien d'appliquer ces principes à une civilisation purement matérielle. Dans

(1) M. Simonde de Sismondi, Nouveaux Principes d'économie politique.

son système, la vertu forme la base de l'ordre et des progrès de la société ; la richesse n'est qu'un moyen de bonheur, et ne saurait être le but de la destinée humaine. Ici, encore, Platon a en quelque sorte deviné la philosophie chrétienne.

Ce n'est point ainsi que Smith et son école ont compris l'homme et le travail. Nous avons donné ailleurs un exposé de leurs doctrines. Nous nous contenterons de rappeler ici qu'ils envisagent les jouissances physiques comme l'objet principal de l'homme ; les richesses, comme le moyen de se procurer ces jouissances, et le travail comme le producteur de la richesse. D'après cette théorie, il est désirable de multiplier les besoins pour exciter le travail, et par conséquent pour se procurer plus de jouissances. Oubliant que le repos est aussi un besoin et une jouissance, et le but auquel tendent les hommes qui peuvent se passer de travail, les économistes anglais proclament la loi du travail indéfini comme la loi suprême. Sans avoir égard à l'excès naturel de la production sur la consommation, ils veulent produire au plus bas prix possible : d'un côté, ils tendent à accroître le nombre des travailleurs ; de l'autre, à diminuer l'emploi de leurs bras, et, par cette contradiction manifeste, ils excitent à la fois et découragent le travail.

Il est facile de juger par-là que si l'économie politique anglaise a développé quelques vérités utiles sur la nécessité et les avantages du travail, qui est en effet un trésor, comme le dit le bon La Fontaine, elle en a tiré des conséquences fatales à l'humanité et à la morale. Le principe du travail devait apparaître sous une autre forme à l'examen de la philosophie chrétienne. Voici comment elle le conçoit et l'explique.

D'abord, le Créateur, en punissant l'homme, l'a condamné au travail, mais non à la misère : il ne lui a point interdit l'aisance, la richesse, ni le repos, puisque ces biens devaient nécessairement résulter du travail et de la vertu.

En second lieu, l'homme, arrivé à la richesse et au repos par le travail accumulé, n'a pas dû, pour cela, végéter dans l'inaction. Dieu a nécessairement prévu que la multiplication des hommes et la formation des sociétés feraient naître divers ordres de travaux, comme l'accroissement des richesses et l'inégalité des conditions amèneraient des devoirs nouveaux et des vertus nouvelles au milieu desquelles brillerait la charité. Tout est entré dans le plan de la destinée religieuse de l'homme sur la terre. Le travail de l'intelligence devait nécessairement y tenir une grande place. Il était le partage naturel des hommes pour lesquels le travail mécanique n'était plus une condition rigoureuse de l'existence, ou de ceux que la Providence avait doués d'un génie supérieur. Ainsi l'homme que son travail matériel a enrichi, celui qui a hérité de la fortune de ses pères, celui qui a développé plus rapidement son intelligence, sortent de la classe des travailleurs manœuvres, pour s'élever à celle des travailleurs intellectuels, ou passent dans les rangs de la classe *gardienne* de la société. Leurs travaux, d'un ordre plus éminent, sont donnés en échange du travail qui leur est fourni sous la forme matérielle. Pour l'homme riche, l'administration de ses biens, le bon emploi de sa fortune, son temps consacré à des fonctions utiles, et surtout la pratique de la bienfaisance, sont autant de travaux par lesquels il continue d'obéir à la loi suprême du Créateur et à remplir sa place dans l'échelle sociale du travail.

Ces deux ordres de travaux sont en rapport parfait avec la double nature de l'homme, intelligence enveloppée d'une écorce matérielle, et servie par des organes physiques. D'une part, le travail matériel l'aide à satisfaire les besoins de l'être terrestre ; de l'autre, les travaux de l'intelligence secondent la tendance naturelle de l'être spirituel à se rapprocher progressivement de son origine et à s'élever vers la région d'où il a été précipité. Mais quelle que soit la nature du travail imposé à l'homme, on conçoit qu'elle ne saurait cesser d'être dirigée dans le but de sa destinée religieuse, sans manquer à son principe.

Le travail n'a d'autre objet véritablement utile que de satisfaire les besoins réels de l'homme ou d'augmenter sa dignité et sa valeur morales. Appliqué uniquement à procurer des plaisirs physiques, il va nécessairement aux besoins factices, au superflu, aux goûts blasés : il aboutit à la corruption, à l'excès du luxe, à la misère. Sans doute, les progrès de la civilisation et de l'aisance font naître de nouvelles habitudes qui créent des besoins réels. Le luxe même est relatif aux temps et aux lieux ; mais il doit arriver par degrés, et n'être produit que par une plus juste répartition de la richesse.

Dans l'état actuel des sociétés, il y a chez quelques hommes, impuissance, défaut ou refus de travail.

L'impuissance tient à la faiblesse physique ou morale, aux maladies, à l'âge, à l'ignorance.

Le défaut ou l'insuffisance de travail proviennent de circonstances particulières à la direction de l'industrie et au développement du principe de la population.

Le refus de travail est le fruit de la paresse ou de l'immoralité.

Ces diverses situations de l'homme produisent nécessairement l'indigence.

La charité s'applique à chacune d'elles : elle complète, fortifie et harmonise la loi suprême du travail.

Telle est aux yeux de la religion la théorie du travail et de la charité.

Dans son excellent ouvrage sur le perfectionnement moral de l'homme, M. le baron de Gérando a développé cette théorie avec un rare talent et la plus exquise sensibilité. Nous ne pourrions donner ici qu'une analyse imparfaite des chapitres dans lesquels il traite ces questions élevées; nous renvoyons donc nos lecteurs à cet écrit où nous avons été heureux de voir si bien exprimer nos propres pensées, et que nous nous empressons de revendiquer en faveur de l'école économique chrétienne.

Adam Smith avait dit, avec une grande vérité, *que le travail mène au bonheur*. M. de Gérando complète cette pensée en prouvant *que le travail est une vertu*.

Parmi les vues que renferme son beau traité de morale, nous citerons celle-ci qui nous a frappé :

« On a composé pour un grand nombre de professions des manuels propres à les guider dans les procédés de l'art. Il y aurait d'autres manuels à leur offrir qui, considérant ces professions sous le point de vue moral, indiqueraient les devoirs qui sont plus particulièrement relatifs à chacune d'elles, la manière de les remplir, les avantages que l'on peut retirer de leur accomplissement. Avec leur secours, on prendrait de ce qu'on appelle *son état*, une idée plus relevée et plus juste en même temps. On le considérerait comme un moyen de satisfaire à la destination qu'a reçue la nature humaine, comme un moyen de devenir meilleur et d'être utile aux autres. »

« Le moraliste aurait à promulguer le code des devoirs applicable à chacun de ces peuples divers. S'il s'appliquait aux professions industrielles, par exemple, que de choses à dire sur l'esprit d'ordre, l'activité, la vigilance, la prudence, la loyauté et la délicatesse qui doivent être l'âme des opérations auxquelles elles se livrent ! Que d'avertissemens précieux à donner, en même temps, pour garantir le cœur de la sécheresse d'esprit, des vues étroites qui sont trop souvent les habitudes du calcul, du commerce des choses purement matérielles, du débat des intérêts pécuniaires ! »

« S'il s'adressait aux chefs d'établissement, que de précieuses directions à leur offrir sur les soins de bienveillance et de protection qu'ils doivent aux individus placés sous leur dépendance, sur les exemples qu'ils sont appelés à leur donner, sur la manière de porter un véritable esprit de famille dans ces rapports où l'on ne voyait que l'échange du travail et du salaire. »

C'est, en effet, en envisageant sous ce point de vue l'école du travail qu'on la rend conforme aux vues de la souveraine Providence, c'est-à-dire utile à tous les hommes. Le travail, sans but moral, uniquement appliqué à satisfaire et à provoquer des besoins factices et à amener par-là cette civilisation matérielle, objet des vœux de l'économie politique anglaise, n'est plus qu'un instrument dégradé comme la main qui l'emploie. Il ne peut avoir pour résultat que de propager à l'infini l'égoïsme, la cupidité, l'inégalité des conditions sociales, les maladies, la misère, l'excès de la population et les élémens du désordre de la société. Il est évident que si les possesseurs de capitaux s'emparent exclusivement du travail dans le seul objet de satisfaire une avidité inépuisable de richesses et de jouissances (et ils en sont à peu près les maîtres), le travail sera à la fois excessif et sans rémunération suffisante en faveur des ouvriers. Il ne faut pas perdre de vue que le travail conduit à la richesse, bien plus ceux qui le dirigent et le paient, que ceux qui le pratiquent. La moralité du travail, la juste fixation des salaires sont donc les seuls moyens d'obtenir le résultat voulu par la sagesse éternelle. Par eux la loi du travail accomplit sa mission suprême : elle devient un doux échange de secours mutuels, de services, de récompenses et de profits épurés par la charité. C'est alors qu'elle peut rendre aux hommes toute la somme de bonheur qui leur est demeurée sur la terre, et développer, sans danger, les progrès de la civilisation matérielle. Ce n'est pas simplement le travail qui mène au bonheur, ainsi que le suppose

Smith, mais le travail *honnête*, tel que le définit Ortès.

On comprend, du reste, que la nécessité et les résultats du travail aient été considérés très diversement par les différentes sectes philosophiques. M. Ed. Richer, de Nantes (1), dans son ouvrage intitulé *les Cosmopolites*, a donné sous une forme assez piquante un aperçu curieux des systèmes et des opinions plus ou moins paradoxales, qui se combattent dans ce vaste champ offert à la controverse. Nous pensons qu'on nous saura gré de placer ici l'extrait des discours que l'ingénieux auteur suppose avoir été prononcés sur cet objet, dans une assemblée de cosmopolites, réunis pour former une société nouvelle et qui délibèrent sur le principe de leur association.

Le président de l'assemblée. « Le travail est l'âme de toute société, l'unique agent de toute la nature. La nature ne doit qu'une chose à l'homme : c'est le temps. L'homme n'a besoin que d'une chose pour tirer parti des bienfaits de la nature : c'est le travail. Toutes les qualités des corps dorment dans les corps jusqu'à ce que le travail les en fasse sortir. Le travail est l'agent qui convertit à notre usage tout ce qui existe dans l'univers. Rien de ce qui existe même ne prend vie que par lui. L'univers est la base sur laquelle la vie opère, et cette vie, quels que soient les noms qu'on lui donne, qu'on l'appelle intelligence ou végétation, c'est toujours le travail qui en est le principe. Au physique, c'est l'action qui entretient la force, comme au moral, c'est l'étude qui agrandit l'intelligence. La santé se fortifie par l'exercice; la science, qui est la santé de l'âme, s'acquiert par l'habitude de la réflexion. »

« Le travail, c'est, ou l'intelligence appliquée aux

(1) M. Edouard Richer est connu par un grand nombre d'écrits, la plupart consacrés à la philosophie ou à l'histoire de la Bretagne. Ces ouvrages se distinguent par une grande élégance de style, et par leur tendance au plus pur spiritualisme.

choses morales, ou les organes de l'homme en contact avec les objets extérieurs. Ainsi, soit au physique, soit au moral, c'est lui seul qui nous fait sentir son existence. »

« Dans la sensation, comme dans la pensée, il y a du travail. »

« Prouver que le travail est un fait réel, un fait primitif de la nature humaine, c'est en prouver l'origine d'une manière incontestable. »

« Dieu nous est prouvé parce que nous nous élevons par la pensée jusqu'à son intelligence. Cette intelligence qui imagine quelque chose de mieux que la nature physique, d'où nous serait-elle donnée, si elle n'était pas quelque chose de mieux que cette nature? Car chaque chose ne peut communiquer que ce qu'elle a. La terre qui nous a nourris, ne nous dit pas qu'elle nous comprend; elle nous porte et nous engloutit, voilà tout. »

Un médecin prussien. « La base que l'on donne au travail est totalement fausse. Il n'est pas besoin du travail pour nous avertir de notre existence. Je ne vois dans l'homme physique qu'une machine sans volonté. Le travail n'est pas la suite de la volonté. »

Un quiétiste espagnol. « Cette opinion est pleinement confirmée par la théologie. L'homme est une intelligence, et, comme toutes les intelligences, loin de se plaire aux détails, aux soins de la vie, il les méprise. Il laisse aux derniers rangs de la société ceux qui s'en occupent. S'il est lui-même absorbé dans une passion fougueuse qui approche un peu de la vie céleste, en ce qu'elle développe l'âme et la tire hors d'elle-même, vous le voyez aussitôt éprouver un ennui mortel de la part de tout ce qui le rappelle à la vie ordinaire. Il voudrait toujours être ravi au ciel, et il se plaint de ce que ses ailes le laissent retomber sur la terre. Etudiez les passions dans leur principe, vous y découvrirez toujours cette tendance à l'immatériel qui signale en nous une créature dont la terre n'est pas le domaine, et dont le travail qu'elle exige n'est pas le but. »

« La suprême félicité, comme la suprême sagesse, consiste dans le sentiment du repos qui est neutre à l'égard du principe de la vie, et non dans celui de l'activité qui lui est toujours contraire (1). »

(1) Il ne faut pas conclure de l'opinion que M. E. Richer place dans la bouche de son quiétiste espagnol, que l'oisiveté ait jamais été approuvée par la religion chrétienne. Elle est au contraire aussi sévèrement défendue par elle que par la loi naturelle. Nous nous bornons à citer ici deux autorités respectables.

« Sous un prince sage, dit Bossuet, l'oisiveté doit être odieuse, et on ne la doit point laisser dans la jouissance de son injuste repos. C'est elle qui corrompt les mœurs et fait naître les brigandages. Elle produit les mendians, cette race qu'il faut bannir d'un royaume bien policé, et se souvenir de cette loi : qu'il n'y ait point d'indigens et de mendians parmi vous. » (Deuteronom, XV, v. 4. Politique sacrée.)

« Une des erreurs dont J.-C. a repris le plus souvent les pharisiens était leur entêtement sur le repos complet du sabbat. Il leur a constamment soutenu que les œuvres de charité étaient plus agréables à Dieu, que l'inertie absolue dans laquelle ils faisaient consister la célébration du jour consacré au repos. Saint Paul exhorte les fidèles à se procurer par le travail spécialement, non seulement de quoi pourvoir à leurs besoins, mais encore de quoi soulager les pauvres (Eph. 2, chap. IV, v. 8). Il se donne lui-même pour exemple, et pousse la sévérité jusqu'à dire : *Celui qui ne travaille pas, ne mérite pas d'avoir à manger* (Thess., chap. III, v. 8). La charité, qui est une vertu du christianisme, ne fut jamais une vertu oisive. »

« Cette morale fut exactement suivie. Plusieurs chrétiens, dit M. Fleury, travaillaient de leurs mains, pour éviter l'oisiveté. Il leur était fort recommandé d'éviter ce vice et ceux qui en sont inséparables, comme l'inquiétude, la curiosité, la médisance, l'examen de la conduite d'autrui. On exhortait chacun à s'occuper de quelque travail utile, particulièrement des œuvres de charité envers les pauvres et envers tous ceux qui avaient besoin de secours. »

« C'est très donc injustement que les païens reprochèrent aux chrétiens d'être des hommes inutiles. « Nous ne comprenons pas, leur dit Tertulien, en quel sens vous nous appelez hommes inutiles; nous ne sommes ni des solitaires, ni des sauvages, tels que les brachmanes des Indes. Nous vivons avec vous et comme vous. Nous fréquentons le barreau, la place publique, les bains, les boutiques, les marchés. Nous soutenons, comme vous, les travaux de la

Un poète italien. « L'erreur est la suite du travail. L'ignorance est-elle un mal? Pour l'ignorance tout est merveilleux et poétique dans la vie. Pour la science tout est desséché. Pourquoi la religion, l'amour, l'enthousiasme nous charment-ils? Parce que nous ne pouvons les définir. L'ignorance est dans la nature comme le repos dont on la fait provenir. »

Un économiste de l'école de Turgot. « Voilà les dangers de la vie oisive : c'est qu'elle fournit à celui qui s'y livre des prétextes pour persévérer. Il n'y a pas besoin de tant de métaphysique pour comprendre la nécessité du travail. Sans lui, la société ne pourrait se soutenir un instant dans son assiette ordinaire. Car, qu'est-ce que l'association politique, si ce n'est une convention par laquelle il est reconnu que chacun contribue par son travail à l'aisance de tous, tandis que tous contribuent par leurs forces à protéger le travail de chacun? »

navigation, de la milice, de l'agriculture et du commerce. Nous exerçons vos arts et vos métiers. Nous n'évitons que vos assemblées superstitieuses. » Apologet., chap. LXII, Orig. contra Celsum, liv. VIII, etc. »

« Les censeurs modernes du christianisme ne sont pas mieux fondés à dire qu'il a consacré l'oisiveté en approuvant l'état monastique. L'église, loin de tomber dans ce défaut, ordonna d'abord aux clercs d'apprendre un métier pour subsister honnêtement (Can. 51 et 52 du 4e Concile de Carthage). Le travail des mains fut formellement recommandé aux moines, et la règle de saint Benoît le leur ordonne encore. Cassien et d'autres auteurs attestent que les solitaires de la Thébaïde étaient très laborieux, qu'ils se procuraient, par leur travail, non seulement de quoi subsister, mais encore de quoi faire l'aumône (Bingham, Orig. eccl., liv. VII, chap. III, § 10). On n'accusera pas aujourd'hui les ermites de Sénart et du Mont-Valérien, ni les religieux de la Trappe d'être inactifs; ils ont exactement repris la vie des premiers moines que les religieux d'Orient ont conservée. »

« Ce fut par la ruine du clergé séculier, après l'inondation des Barbares en Europe, que l'on fut obligé d'élever les moines au sacerdoce, et que l'église dut changer sa discipline. Pour l'honneur de ce caratère, il fallut les dispenser du travail des mains, et leur recommander seulement la prière, l'étude, la lecture et le chant des psaumes. »

(Dictionnaire théologique de l'abbé Bergier.)

« On vante les charmes de la vie contemplative, comme si l'homme était un Dieu qui n'eût aucun besoin physique. En dépit de tous les argumens des Asiatiques, chrétiens ou musulmans, il faut bien de toute nécessité que la moitié de leur vie au moins se passe sur la terre, et s'ils ne travaillent point, que feront-ils de cette moitié ? »

Un naturaliste hollandais. « Je n'ai pas vu un climat sous lequel la nature, sans attendre le secours des hommes, ne produisît d'elle-même tout ce qui est nécessaire à notre subsistance. »

« Les biens véritables sont ceux que nous tenons de la nature. Ceux que nous acquérons à la sueur de notre front sont des biens, sans doute, mais ils ne valent pas la peine qu'ils ont coûtée. Celui qui nourrit les oiseaux du ciel, nourrit l'homme également sans qu'il soit nécessaire de prendre tant de soins superflus. En douter, ce serait douter de la Providence, méconnaître l'économie générale. »

« En définitive, restons à la place que nous a marquée la nature et nous ne manquerons de rien. Sortons au contraire de notre rang, et nous ne nous maintiendrons dans un autre que par un travail forcé qui, loin d'être un avantage, sera un supplice. Une créature qui a du temps et une âme immortelle ne peut mieux employer l'un et l'autre qu'à bénir la main qui lui prodigue tant de faveurs, et à méditer ses ouvrages. »

Un membre du parlement d'Angleterre. « La société existe : elle n'est pas à former. La condition des peuples rend le travail une nécessité absolue. Par le travail, un peu d'or réalise aux yeux de l'homme toutes les jouissances imaginables. Pourquoi y a-t-il de l'union parmi les hommes divisés par tant de rivalités nationales et par tant de passions haineuses ? C'est qu'ils travaillent, et que, par ce moyen, ils dépensent en une ambition louable l'activité qu'ils auraient employée à se déchirer. »

« Le devoir du législateur est de se servir du travail pour apaiser tour à tour ou pour exciter les intérêts sociaux. Le repos n'est ni dans la nature de l'homme, ni dans celle des sociétés. »

« Sans le travail, l'intelligence de l'homme, comme une terre en friche, ne produit rien qui soit de quelque utilité pour ses semblables. L'éducation, l'industrie, toutes ces grandes choses qui élèvent l'homme si fort au-dessus des animaux, sont le produit d'un travail soutenu. »

« La nature nous donne des besoins pour que nous les satisfassions par le travail, et elle a varié ces besoins afin que nos travaux varient avec eux. Chacun, forcé de recourir à son voisin, ne peut se suffire à lui-même. Voilà l'origine de la société. Nous sommes solidaires les uns des autres par le travail, et la famille humaine qui, sans lui, vivra dispersée, ne forme avec lui qu'une société de frères. »

Un quaker de la Nouvelle-Angleterre. « Dis donc une société de *loups*. Vous savez bien que le travail est un mal nécessaire pour celui qui le supporte : vous rendez l'Européen plus malheureux que le noir Yoloff ; vous créez un point d'honneur pour le travail comme pour la guerre. Le travail, dis-tu, perfectionne l'âme humaine ! L'âme n'est-elle pas sortie toute faite du sein de l'Être-Suprême ? Et qu'est-ce que l'éducation y ajoute si ce ne sont les préjugés qui la défigurent ? L'ambition ravage le monde au moyen du travail. Ta vieille Europe, dégradée par les travaux imprudens de ses habitans, ne fournit peut-être pas partout à leur population entassée. Le travail ne sert qu'à alimenter le luxe, le luxe insatiable, le monstre aux cent têtes ! Les saintes lois de la nature passent avant celles des économistes. »

« Vous ne savez que faire de votre population ! Mais n'y a-t-il pas des déserts sous le globe ? Dans votre belle France même, avez-vous défriché les landes de Bretagne ? »

« S'il n'y avait que les besoins réels à satisfaire, il n'y aurait pas une goutte de sueur répandue dans le monde; mais il faut qu'un seul accapare la portion de mille. Tandis qu'un fainéant, assis dans son fauteuil, écrit sur l'utilité du travail, des millions d'hommes expirent pour n'avoir pu en supporter l'excès. Je n'approuve pas l'inaction complète : je blâme le travail que la société impose, car il n'y a que celui-là qui soit réellement pénible; c'est si peu dans l'intérêt de tous que chacun travaille, qu'on emploie la force pour y contraindre ceux qui ne veulent rien faire. Or me trouverez-vous l'origine d'un mouvement auquel il faut que la force nous contraigne ? En un mot, où il y a un vrai besoin, il n'y a plus de travail; il y a au contraire un vrai plaisir vers lequel la nature nous entraîne impérieusement; où il y a du luxe, il y a un travail forcé, et c'est celui-là qui est un mal. »

Un professeur de Gottingue. « Nous sommes assujettis au travail par notre travail même, parce qu'il est de notre essence de désirer toujours. Plus vous travaillerez, plus vous désirerez de travailler encore. Le superflu est indispensable à tous, parce qu'il est en quelque sorte le complément de nos désirs. Sans doute, il faut peu travailler pour se procurer l'étroit nécessaire. Mais où est-il, cet étroit nécessaire ? C'est comme le point mathématique : chacun croit le concevoir, et personne ne le démontre. Le pauvre, dans sa pénurie, dit que s'il avait *le nécessaire,* il s'en contenterait; mais c'est un mensonge de son cœur dont il est la dupe le premier. »

« S'il n'y avait pas d'envie dans le cœur de l'homme, il serait permis à chacun de ne travailler que pour le présent; mais, dès que notre existence est plus dans l'avenir que dans le présent, il est impossible que nous ne travaillions pas plus pour ce qui nous paraît immense que pour ce qui n'a que la durée d'un instant. Voilà ce qui fait qu'on ne se repose jamais; voilà ce qui fait qu'on travaille pour ses enfans après avoir travaillé pour soi, parce que nos enfans sont encore notre vie propre. C'est pour cela enfin qu'on travaille pour acquérir de la réputation qui étend notre existence dans tous les lieux et dans tous les temps. Ainsi, dans la retraite comme dans la société, l'homme travaille, ici pour un chiffon, là pour un livre; un jour pour les besoins de son corps, le lendemain pour ceux de son esprit. »

« Réformez donc la nature humaine avant que de blâmer le travail. Dès que l'un dissipe et que l'autre amasse, il faut que la force contraigne le premier à travailler de nouveau pour qu'il ne ravisse pas l'héritage de l'autre. »

Un savant d'Edimbourg. « Tous les travaux possibles ont pour mobile l'ambition déguisée sous le nom d'amour de la gloire, et l'intérêt personnel qui usurpe le beau nom d'amour de l'ordre. Actuellement, que devient la morale, si toute notre activité n'est légitimée que par ces deux mobiles? L'ambition ne peut acquérir qu'en prenant le lot des autres. Un désir, quel qu'il soit, est toujours criminel, parce que la charité consiste à donner du sien, et non à prendre celui des autres. Faire de l'intérêt privé le mobile des actions des hommes, c'est dire aux plus forts et aux plus habiles qu'eux seuls ont raison, et il n'y a plus de morale dans le cœur. »

« Le triomphe des institutions sociales serait d'amener les hommes à un point où *chacun fût en tous.* Ce seraient alors la générosité, la charité, tous les sentimens aimans et vertueux qui en seraient la base. Eh bien! au point où vous l'avez conduit, *tous sont dans un.*

Un Encyclopédiste parisien. « S'il n'y a pas de travail, les liens de famille sont brisés. Si le travail n'était pas le propre de l'homme, s'il n'était pas inspiré par la nature, pourquoi le travail de l'homme de lettres serait-il accompagné d'une satisfaction si douce? Pourquoi celui du peuple serait-il suivi de chants folâtres et d'une gaieté bruyante? Le repos n'est nullement dans l'univers, si ce n'est dans les tombeaux, et voilà pourquoi c'est le séjour de l'éternel silence. »

« Tout va en se perfectionnant dans les œuvres de l'homme, et c'est précisément parce qu'il ne peut se contenter du nécessaire, c'est précisément parce qu'il ne peut rester oisif, que son âme s'agrandit avec les objets et se crée des besoins, inutiles si l'on veut pour le corps, mais réels pour l'intelligence. Réduisez l'homme au strict nécessaire, vous le réduisez à *l'animalité.* »

Un sénateur russe. « L'on vous a dit vrai : le travail est la condition de l'homme ; mais il fallait ajouter que c'était aussi la condition de Sisyphe, de rouler sans cesse un rocher au sommet d'une montagne d'où il retombait sans cesse. »

« La Genèse ne nous apprend-elle pas que c'est par suite d'une prévarication que l'homme a été condamné au travail? Et pourquoi voudriez-vous, en dépit du cœur qui vous dément, vous persuader que ce qui vous a été infligé comme un supplice, soit devenu la cause de votre bonheur? »

« Que nous a dit la Divinité quand elle est descendue jusqu'à nous pour nous élever à elle? *Les oiseaux ont leurs nids, les bêtes des champs ont leurs tannières, et le fils de l'homme n'a pas où reposer sa tête.* Non, sans doute il ne l'a pas, puisqu'il ne peut trouver de bien-être que dans une perpétuelle agitation. »

« Pour nous donner des preuves de la prééminence de l'homme, on nous rappelle qu'Adam imposa des noms aux animaux ; mais alors l'homme n'était pas déchu. C'était l'homme céleste qui avait une telle puissance, et l'homme, tel qu'il est aujourd'hui, nous offre partout des témoignages irrécusables de sa chute. Le travail est une condamnation et par conséquent un mal. C'est le tribut du crime et non celui de la nature. »

« Le repos du corps produit chez l'homme l'exaltation des facultés mentales, et cette exaltation est le seul travail qui soit digne de lui. La lumière vient d'en haut. Il ne faut point l'agiter. Pour la produire, il n'y a qu'à la recevoir. »

Un Professeur de rhétorique.

« L'homme le plus heureux est le plus occupé. »

L'assemblée se dissout sans rien conclure, et l'auteur termine par cette citation du Livre saint :

« Ce que j'ai trouvé seulement, est que Dieu a créé l'homme droit et juste et qu'il s'est embarrassé lui-même dans une infinité de questions. Qui est semblable au sage, et qui connaît l'éclaircissement de cette parole ? » (Eccles., C. 7, v. 30.)

Nous devons regretter que le spirituel sténographe des Cosmopolites se soit borné à tenir la plume et se soit abstenu de parler lui-même. Mieux que personne il était digne d'exprimer cette vérité profonde qui jaillit évidemment du chaos de tant d'opinions contradictoires ; c'est que, pour donner le bonheur à la terre, il suffirait que le travail fût animé par la charité.

CHAPITRE VIII.

DE LA FORMATION, DE LA CONSOMMATION ET DE LA DISTRIBUTION DE LA RICHESSE.

> Le seul objet de la science est-il donc la richesse? Et quand même cela serait, que l'on réfléchisse que la richesse ne se distribue pas parmi les classes qui travaillent : qu'il ne leur en échoit en partage que ce qui leur est nécessaire pour se nourrir et pour réparer ses forces, et que tout le reste s'accumule en peu de mains.
>
> (Le comte PECCHIO.)

On a pu voir dans tout ce qui précède, que le travail inhérent à la nature de l'homme isolé ou social avait acquis, depuis le christianisme, une puissance morale réelle. En effet, devenu un lien de charité entre les riches et les pauvres, il s'élevait naturellement au rang des vertus, quoiqu'il servît toujours d'expiation à la faute originelle. Il n'était plus l'indice de la longue punition du genre humain : il était au contraire la source de ce progrès qui doit incessamment rapprocher l'homme de sa condition primitive. Uni à la charité, il concourt à améliorer chaque jour la situation du corps et celle de l'âme. Il produit l'aisance et la richesse, il développe l'intelligence au profit de tous les hommes, et dans l'ordre de leur destinée physique et religieuse ; mais s'il en est séparé, il n'est plus que l'instrument de l'égoïsme ; il ne conduit plus à la vertu ni au bonheur ; il perpétue et aggrave le désordre de l'état social qu'il était appelé à fonder.

L'économie politique dont le mérite réel est d'avoir analysé, avec beaucoup de clarté et de justesse, le phénomène de la formation des richesses, ne saurait contredire ces vérités morales, bien qu'elle les ait constamment négligées.

Voici l'abrégé des principes de la science sur le mécanisme de la production (1).

« Le travail est l'action intellectuelle ou mécanique exercée par l'homme sur les ressources que la nature lui a offertes. Il est la base de toute production, de toute utilité, de toute valeur. »

« Produire, c'est donner par le travail aux choses une utilité qu'elles n'avaient pas. Cette utilité, lorsqu'elle a été reconnue, constitue la véritable valeur des choses qui deviennent dès ce moment des richesses, des produits. »

« La valeur des choses, généralement fondée sur l'usage qu'on peut en faire, se mesure par la quantité ou la qualité de tout autre chose qu'on a la possibilité de se procurer par ce moyen, si on se décide à les échanger. Cette valeur est variable de sa nature, selon les lieux, les temps et les circonstances. »

« Il en est ainsi de tout ce qui peut se vendre ou pour mieux dire s'échanger ; car lorsqu'on achète une chose avec de l'argent, on ne fait que l'échanger avec cet argent même qui n'a pu s'acquérir primitivement qu'au moyen d'un échange, c'est-à-dire la cession d'une chose utile ou d'un premier produit. »

« Cette particularité détermine sur-le-champ la véritable valeur de l'argent, de la monnaie. Si l'on évalue les choses par la quantité de monnaie qu'on peut en retirer,

(1) Ces notions sont extraites de l'ouvrage de M. Blanqui sur l'économie politique.

c'est que l'usage continuel de l'argent nous permet de juger plus facilement et plus exactement que tout autre terme de comparaison ce que vaut un objet, le prix qu'on peut en obtenir. »

« Lorsque le travail de l'homme est parvenu à donner de la valeur à une chose, elle prend le nom de *produit.* L'homme produit de mille manières et par tous les genres d'industrie qui sont en son pouvoir. Toutefois on a remarqué que la masse de ses productions était le résultat de trois branches principales que l'on est convenu d'appeler industrie agricole, industrie manufacturière, industrie commerciale. »

« Les agens de ces productions sont les capitaux, le travail, les débouchés. »

« Les capitaux, nécessaires pour le mouvement de l'industrie, représentent toujours une somme de valeurs acquises d'avance, et ces valeurs ne sont elles-mêmes que le résultat de l'économie, c'est-à-dire d'une masse de produits soustraits à la consommation *improductive*, celle qui détruit une valeur sans la remplacer; tandis que la consommation *productive* est celle au moyen de laquelle une valeur détruite est remplacée par une valeur nouvelle. »

« La terre, la possession d'une chute d'eau, celle d'une machine à vapeur, d'un vaisseau, d'une collection d'ustensiles aratoires ou d'animaux domestiques, les métiers, les instrumens des diverses professions, les matières premières sont des capitaux comme l'argent. »

« Les capitaux sont appelés *productifs* lorsqu'ils sont exploités par l'industrie d'une manière utile, d'une manière qui crée des valeurs; *improductifs*, lorsqu'ils ne rapportent rien, comme un champ non cultivé. »

« L'argent n'est réellement productif qu'autant qu'il procure à l'industrie les services dont elle a besoin. »

« Le capital d'un pays ne se compose donc point seulement de ses valeurs en numéraire, mais de toutes les autres. »

« Les capitaux ne se forment qu'avec d'autres capitaux. »

« On peut amasser, c'est-à-dire économiser, accumuler des valeurs sous toutes les formes. »

« L'utilité, source des valeurs, est cette faculté qu'ont certaines choses de satisfaire nos besoins ou d'augmenter la somme de nos jouissances. »

« Toùs les travaux de l'intelligence, les sciences, les arts, toutes les professions utiles, peuvent créer des valeurs et sont des richesses. »

Ces notions sont parfaitement d'accord avec la morale, qui n'admet d'autres sources de richesse que le travail, l'intelligence et l'économie. Mais la science commence à s'en écarter, lorsqu'elle entreprend d'établir les principes de la consommation et de la distribution des richesses.

Persuadée que l'unique destinée de l'homme sur la terre est d'éprouver des jouissances, l'économie politique s'attache à multiplier les besoins et les moyens de les satisfaire. Elle veut donc appliquer à ce but tout le pouvoir producteur du travail. Elle n'a pas sans doute l'injustice préméditée d'exclure aucune portion de la société du banquet de la vie. Au contraire, elle appelle tous les hommes à beaucoup produire pour pouvoir beaucoup consommer. Dans une illusion philantropique embrassée, nous le croyons, de bonne foi, elle voit dans cette double action, constamment excitée, le moyen de rendre tous les membres de la société riches et heureux. Des besoins et de la production de tous, dit-elle, naîtront de continuels échanges et une consommation toujours croissante. Les richesses se distribueront d'elles-mêmes dans tous les rangs sociaux; pour cela, il suffit de laisser l'industrie parfaitement libre et de laisser faire l'intérêt personnel de tous.

Malheureusement ce n'est point ainsi que les choses se

passent; l'expérience a pris soin de démontrer la fausseté et les dangers de ce système, et il était facile de le prévoir.

Pour que l'activité de l'industrie ne soit pas interrompue, il faut qu'il y ait équilibre parfait entre la production et la consommation. Or, si la première n'a d'autres bornes que celles assignées à la puissance du travail et des capitaux, la seconde est nécessairement limitée, d'abord par la nature de l'homme, ensuite par la nature même des produits dont plusieurs ne se consomment que lentement, et que le consommateur a intérêt à ménager, et enfin, par la faculté d'acquérir ou d'échanger les produits créés. Si tous les hommes avaient une masse égale de besoins, de capitaux, de forces et d'intelligence, on pourrait concevoir, à la rigueur, une égale distribution de richesses opérée par la production et par la consommation; mais cette égalité n'existant pas et ne pouvant exister, il est évident qu'une portion d'entre les hommes, seulement, pourra créer des richesses par l'accumulation des valeurs et que la plus grande partie des autres ne serviront que d'instrumens à cette création. Le travail les nourrira, cela devrait être du moins, mais à coup sûr il ne pourra les enrichir. Il doit arriver nécessairement d'ailleurs des intervalles où tous les besoins étant complétement satisfaits, il y aura exhubérance de produits. Ces produits n'étant plus demandés, l'industrie s'appliquera à provoquer la consommation et la demande par le bas prix de ses ouvrages. Mais, dans cette situation, il faut nécessairement que le travail soit moins rétribué, On voit que la production de la misère sera bien près, alors, de succéder à la production de la richesse.

Une exhubérance de produits ne serait utile à la masse des consommateurs qu'autant que ceux-ci feraient usage de ces sortes de produits. Mais s'il est question d'objets de luxe, par exemple, ou de ceux destinés seulement à la classe aisée, l'ouvrier pauvre, à quelque bas prix qu'ils soient livrés, ne saurait jamais y atteindre qu'autant qu'il recevrait un fort salaire; mais ce salaire est nécessairement réduit en raison du bas prix auquel l'industrie livre ces produits. Ce serait donc un malheur pour l'ouvrier, de songer à se les procurer; car il ne pourrait se donner le superflu qu'en retranchant au nécessaire ou en se livrant à un travail forcé. Ce qui importe à l'ouvrier pauvre, c'est que l'abondance et le bas prix s'établissent principalement sur les objets de nécessité première, tels que les alimens, le combustible et les vêtemens grossiers, mais propres et solides. Or, ces produits sont pour la plupart fournis par l'agriculture et n'exigent qu'une industrie peu avancée.

Une des premières erreurs de l'économie politique est donc d'avoir considéré tous les produits sous un même point de vue, et généralisé des principes qui, pour la majeure partie de la population, exigent des exceptions multipliées.

Quelques écrivains paraissent avoir prévu ce reproche, et en conséquence, ils ont recommandé à l'industrie de se livrer spécialement à la production d'objets d'une consommation plus générale. Mais ils partent également du faux principe que l'on ne doit assigner aucune limite à ce genre de production, que la consommation doit s'accroître indéfiniment avec l'abondance et le bon marché des produits, et que les bénéfices des entrepreneurs d'industrie sont intimement liés au bien-être des ouvriers. Sans doute, les ouvriers, comme producteurs, ont intérêt au développement de l'industrie, et comme consommateurs à la diminution du prix des choses qu'ils consomment. Mais il est facile de comprendre que ces intérêts sont diamétralement opposés. En effet, s'ils produisent à bon marché, ils ne pourront gagner suffisamment de quoi se procurer les objets qui leur sont nécessaires. Ils ne le pourront pas davantage s'ils produisent chèrement. Pour qu'ils puissent participer à la production de la richesse, il faut donc nécessairement, d'une part, que leurs salaires soient généreusement fixés; de l'autre, que le bas prix des choses qu'ils consomment soit opéré par la diminution des bénéfices de l'entrepreneur. Sans cette double condition, il est évident que jamais les ouvriers ne pourront accumuler des valeurs, se créer des capitaux, et par conséquent sortir de leur condition misérable et précaire; ils ne serviront qu'à concentrer les richesses en un petit nombre de mains. Nous verrons plus tard les faits justifier ces observations.

Les besoins mutuels, les échanges, la division du travail forment la théorie naturelle du phénomène de la formation, de la consommation et de la distribution des richesses. Elle a été développée d'une manière très séduisante par l'économie politique; mais la science ne s'est pas arrêtée à une considération morale bien importante aux yeux de l'humanité; c'est qu'il ne s'agit pas seulement d'augmenter la masse des richesses d'une nation ou de l'univers, mais d'assurer une plus juste répartition de ces richesses entre les hommes.

Sans doute ce serait une recherche vaine que celle de procurer à chaque membre de la société la même somme d'aisance ou de jouissances. L'inégalité est une des lois suprêmes de l'ordre moral et de l'ordre physique, et il n'est pas donné aux hommes de pouvoir changer cette disposition de la grande charte du genre humain; mais une loi également impérieuse, parce qu'elle est de toute justice, veut que chaque individu qui concourt à la formation de la richesse, reçoive, du prix de son travail, au moins un moyen certain d'existence, et que celui qui ne peut contribuer à la production des valeurs trouve, dans l'abondance du riche, un secours qui l'aide à subsister. Toute théorie d'économie politique qui ne tendra point à réaliser l'accomplissement de cette loi, ira évidemment contre les vues de la Providence et aboutira à la dissolution de l'ordre social.

Ecoutons à cet égard un des écrivains qui, des premiers, a cherché à concilier l'économie politique avec la morale et l'humanité (1) :

« La plupart des écrits sur l'économie politique, dit-il, dirigent trop exclusivement l'attention des lecteurs vers la production des richesses. Il semble qu'on veuille produire uniquement pour produire. On ajoute ainsi à la sécheresse d'une science qui ne peut intéresser que par son but. Ce but étant de satisfaire les besoins des hommes, il importe que les richesses soient bien distribuées, c'est-à-dire réparties dans un grand nombre de mains. On diffère trop d'exposer et de développer ces vérités lorsqu'on rattache à la production tous les sujets qui présentent des valeurs avec elle. »

« Le bonheur d'un état dépend moins de la quantité des produits qu'il possède que de la manière dont ils sont répartis. Supposons deux états également peuplés, dont l'un a deux fois plus de richesses que l'autre ; si les produits sont mal distribués dans le premier, qu'ils le soient bien dans le second, celui-ci offrira la population la plus heureuse. Aucun pays n'est aussi remarquable que l'Angleterre sous le rapport de la formation des richesses. En France, leur distribution est meilleure. J'en conclus qu'il y a plus de bonheur en France qu'en Angleterre. »

« C'est pour que la distribution soit abondante qu'il est à désirer que la consommation soit considérable ; mais, lorsque nous méditons, souvent il arrive qu'une idée se substitue dans notre esprit à une autre idée. Ainsi, nous pensons d'abord à la prospérité publique, et, pour l'accroître, nous examinons comment on peut multiplier les richesses. Bientôt préoccupés de cet examen, nous ne songeons plus qu'aux richesses. Le moyen devient un

(1) M. Droz.

but, et le bonheur est oublié. La facilité avec laquelle s'opèrent ces changemens d'idées est une grande cause d'erreurs. Un écrivain distingué en économie politique (M. Ricardo) prend la plume pour être utile à ses semblables ; mais, entraîné par ses calculs, il semble quelquefois oublier les hommes et ne tenir compte que des produits. Par exemple, il établit que, dans une contrée où se trouvent dix millions d'habitans, si le travail de cinq millions d'entre eux suffit pour les nourrir et les vêtir, le pays n'aurait point d'avantage à compter douze millions d'habitans, si le travail de sept millions devenait nécessaire pour obtenir le même résultat. Il lui est indifférent que deux millions d'hommes existent ou n'existent pas, si le produit est le même. En lisant certains économistes, on croirait que les produits ne sont pas faits pour les hommes, mais que les hommes sont faits pour les produits. »

« Les richesses bien distribuées mettent les habitans d'un état dans une situation favorable pour en créer de nouvelles. Si la distribution est tellement vicieuse que les uns aient presque tout et que les autres n'aient presque rien, les premiers n'ont pas plus la volonté d'encourager l'industrie que les autres n'ont la possibilité de s'y livrer : tout languit ; l'intelligence est engourdie ; les hommes ne savent se procurer ni des travaux ni des plaisirs. »

Tout cela est d'une justesse parfaite ; mais ces considérations d'intérêt général peuvent-elles être suffisantes pour changer un ordre de choses dans lequel les hommes croient juste et permis tout ce que la loi ne défend et ne punit pas ? Dans nos sociétés modernes, et particulièrement dans celles qui ont adopté les théories anglaises d'industrie et de civilisation, l'industrie riche et puissante est partout légalement en présence de l'ouvrier faible et misérable ; partout une population nombreuse et souffrante est à la discrétion des possesseurs des manufactures et des capitaux. Cependant une juste fixation des salaires devrait être la condition première de toute entreprise d'industrie; partout l'ouvrier, par son travail, et suivant le mérite et la valeur de ce travail, devrait trouver la possibilité d'exister convenablement avec sa famille et de se créer même quelques épargnes (1): le profit de l'entre-

(1) « L'on a constaté que, dans la France, la dépense moyenne s'élevait, par iudvidu, à 198 fr. 3 c. chaque année. C'est pour l'entretien d'une famille composée de cinq personnes (ainsi qu'on le suppose ordinairement et que cela est pour la France prise dans son ensemble, bien que dans plusieurs départemens il n'y ait que quatre personnes et demie par maison), 990 fr. 15 c. par an. »

« Sans doute que cette dépense moyenne ne peut être celle de la famille du simple journalier; car, quoi qu'on fasse, à moins de niveler les fortunes, ce qui tuerait l'émulation et serait absurde, l'ouvrier à la solde de ceux qui l'occupent sera toujours, quant à la dépense, au-dessous d'eux dans l'ordre social. Son salaire doit pourtant le mettre dans le cas d'approcher le plus possible de la dépense moyenne, afin qu'il se trouve le plus heureux possible. »

« Au lieu de ne s'élever qu'à 91 fr. 80 c., ainsi que cela a lieu pour la dépense annuelle de 7,500,000 citoyens, il serait à désirer que cette dépense pût s'élever à 120 fr. par personne, comme elle l'est pour les 7,500,000 qui jouissent du degré d'aisance immédiatement supérieur, ou même qu'elle pût s'élever à 150 fr., comme elle se trouve être pour les 7,500,000 de la classe immédiatement au-dessus de celle-ci. Mais il ne faudrait pas, dans l'intérêt de ces trois quarts des Français, que le revenu des hautes et moyennes classes qui composent le reste de la nation française, s'élevât dans le même rapport; car, s'il en était ainsi, le revenu qui fixerait l'aisance moyenne, restant dans le même rapport avec celui des classes inférieures, celles-ci ne trouveraient pas leur sort amélioré, quand bien même elles auraient plus d'objets de jouissance, puisque leurs désirs se seraient accrus dans la même proportion que la masse des choses à leur usage. On a une preuve évidente de la vérité de cette assertion, en s'assurant que dans l'Angleterre, où le revenu moyen s'élève à plus de 800 fr. par individu, le paupérisme est quatre fois plus terrible que dans la France. C'est plutôt le rapprochement des fortunes qu'il faut tâcher de faciliter par la création de la richesse, que l'accroissement prodigieux de la masse des richesses elles-mêmes, qui, si elles se répartissaient seulement dans les sommités, se feraient toujours au détriment des nombreuses portions de la société qui ne concourent pas au partage. On voit cela toutes les fois que la richesse se crée principalement par des gens déjà riches, à l'aide des machines qui

preneur ne devrait se régler qu'après le prélèvement d'un salaire suffisant. S'il n'en était pas ainsi, la société ne serait-elle pas nécessairement conduite au malheur ou à la révolte ? Mais qui devra tenir la balance dans cette lutte d'intérêts au sein de laquelle la loi semble ne pouvoir intervenir ? L'égoïsme et l'avidité ont rompu l'équilibre : c'est à la charité et à la morale qu'il appartient de le rétablir.

économisent des bras, ou à l'aide de la concurrence établie par nos grands capitalistes, sur nos marchés, entre les produits du travail réel de nos ouvriers et celui du travail des ouvriers étrangers. Tout cela peut servir pourtant à accroître la masse des produits ; mais dans l'intérêt du peuple, la liberté à cet égard ne saurait être illimitée. » (De la Misère des ouvriers, par le baron de Morogues.)

CHAPITRE IX.

DES PROFITS ET DES SALAIRES.

> Quand la charité distribue les richesses, elles sont la toute puissance de l'homme : elles créent pour ainsi dire un monde nouveau dans l'ordre nouveau ; elles font naître en tous lieux l'abondance et la vie.
>
> (*Code de la Bienfaisance.*)

> Meliùs est parum cum justitiâ quàm multi fructus cum iniquitate.
>
> (*Proverb.*)

Ainsi que nous venons de le faire observer, c'est lorsqu'il s'agit de la rémunération équitable du travail que se manifeste avec le plus de force la difficulté de concilier la morale des intérêts, préconisée par l'économie politique anglaise, avec l'amélioration du sort des classes ouvrières.

La science des richesses démontre qu'il faut nécessairement produire au plus bas prix possible. L'entrepreneur d'industrie ne peut, en effet, à cause de la concurrence universelle, obtenir de grands bénéfices que par la modicité du prix de la main-d'œuvre. Lorsque les premiers besoins, les besoins impérieux, sont satisfaits, les produits, en quelque sorte superflus, ne sont demandés qu'à la condition du bon marché ; il faut alors, ou que l'entrepreneur borne ses bénéfices, ou que l'ouvrier soit rétribué le moins possible. La concurrence d'industrie amène donc nécessairement une concurrence d'économie sur les salaires.

L'économie politique veut que les services de l'entrepreneur d'industrie soient chèrement rétribués, car il faut considérer, dit-elle : 1° la nécessité de trouver des capitaux ; 2° les qualités personnelles et les connaissances que ses fonctions exigent ; 3° les risques auxquels il s'expose (1). Quant à l'ouvrier, *pourvu qu'il reçoive de quoi ne pas mourir de faim, il doit être satisfait.*

On a peine à le croire ; mais c'est là à peu près cependant, la conclusion qu'il faudrait tirer de ce passage de M. J.-B. Say :

« Les travaux simples et grossiers pouvant être exécutés par tout homme, pourvu qu'il soit en vie et en santé, *la condition de vivre est la seule requise pour que de tels travaux soient mis en circulation.* C'est pour cela que le salaire de ces travaux ne s'élève guère, en chaque pays, au-delà de ce qui est rigoureusement nécessaire pour y vivre, et que le nombre des concurrens s'y élève précisément au niveau de la demande qui en est faite, car la difficulté n'est pas de naître, mais de subsister. Du moment qu'il ne faut que subsister pour s'acquitter d'un travail, et que ce travail suffit pour pourvoir à cette subsistance, elle a lieu. »

« Il y a cependant ici une remarque à faire. L'homme ne naît pas avec la taille et la force suffisantes pour accomplir le travail même le plus facile. Cette capacité, qu'il n'atteint guère qu'à l'âge de quinze ou vingt ans, plus ou moins, peut être considérée *comme un capital* qui ne s'est formé que par l'accumulation annuelle et successive des sommes consacrées à l'élever. Par qui, comment ces sommes ont-elles été accumulées ? C'est communément par les parens de l'ouvrier, par des personnes de la profession qu'il suivra, ou d'une profession analogue. Il faut donc que dans cette profession les ouvriers gagnent un salaire

(1) M. J.-B. Say ajoute assez naïvement : « C'est dans cette classe que se font presque toutes les grandes fortunes. »

un peu supérieur à leur simple existence, c'est-à-dire qu'ils gagnent de quoi s'entretenir, et, de plus, de quoi élever leurs enfans. »

« Si le salaire des ouvriers les plus grossiers ne leur permettait pas d'entretenir une famille et d'élever des enfans, le nombre de ces ouvriers ne serait pas tenu au complet; la demande de leur travail deviendrait supérieure à la quantité de travail qui pourrait être mise en circulation; le taux de leur salaire hausserait jusqu'à ce que cette classe fût de nouveau en état d'élever des enfans en nombre suffisant pour satisfaire à la quantité de travail demandé. »

« C'est ce qui arriverait si beaucoup ne se mariaient pas. Un homme, qui n'a ni femme ni enfans, peut fournir son travail à meilleur marché qu'un autre qui est père. Si les célibataires se multipliaient dans la classe ouvrière, non seulement ils ne contribueraient point à recruter la classe, mais ils empêcheraient que d'autres pussent la recruter. Une diminution passagère dans le prix de la main-d'œuvre, en raison de ce que l'ouvrier célibataire pourrait travailler à meilleur marché, serait bientôt suivie d'une augmentation plus forte en raison de ce que le nombre d'ouvriers diminuerait. Ainsi, quand même il ne conviendrait pas aux chefs d'entreprise d'employer des ouvriers mariés, parce qu'ils sont plus rangés, cela leur conviendrait, dût-il leur en coûter un peu plus pour éviter de plus grands frais de main-d'œuvre qui ne tarderaient point à retomber sur eux. »

« Les ouvrages des femmes sont peu payés par la raison qu'un très grand nombre d'entre elles sont soutenues autrement que par leur travail et peuvent mettre dans la circulation le genre d'occupations dont elles sont capables, au-dessous du taux où se fixeraient leurs besoins (1). »

(1) M. Say ne paraît point avoir complètement établi la cause de la

« J'ai dit que ce qu'il fallait pour vivre était la mesure du salaire des ouvrages les plus communs et les plus grossiers ; mais cette mesure est très variable. Les habitudes des hommes influent beaucoup sur l'étendue de leurs besoins. La mesure de ce qu'il faut pour vivre dépend en partie des habitudes du pays où se trouve l'ouvrier. Plus la valeur de la consommation est petite, plus les produits auxquels il concourt sont à bon marché ; s'il veut améliorer son sort et élever les salaires, le produit auquel il concourt renchérit, ou la part des autres producteurs diminue. »

« Il n'est pas à craindre que les consommations de la classe ouvrière s'étendent bien loin, *grâce au désavantage de sa position*. »

« Les salaires de l'ouvrier se règlent contradictoirement par une convention faite entre l'ouvrier et le chef d'industrie. Le premier cherche à recevoir le plus, le second à donner le moins possible. Mais, dans cette espèce de débat, il y a, du côté du maître, un avantage indépendant de ceux qu'il tient déjà de la nature de ses fonctions. Le maître et l'ouvrier ont bien également besoin l'un de l'autre, puisque l'un ne peut faire de profit sans le secours de l'autre ; mais le besoin du maître est moins immédiat, moins pressant. Il en est peu qui ne puissent vivre plusieurs mois, plusieurs années même, sans faire travailler un seul ouvrier ; tandis qu'il est peu d'ouvriers qui pussent, sans être réduits aux dernières extrémités, passer plusieurs années sans ouvrage. Il est bien difficile que cette différence de position n'influe pas sur le réglement des salaires. »

« Ajoutez qu'il est bien plus facile aux maîtres de s'en-

modicité du salaire des femmes. Si ce salaire n'est pas aussi élevé que celui des hommes, cela tient surtout à ce qu'elles consomment moins, et qu'en général, leur travail n'est pas d'une aussi grande valeur. La raison et l'économie politique veulent que le profit soit en rapport de la valeur ajoutée par le travail à l'objet fabriqué.

tendre pour tenir les salaires trop bas, qu'aux ouvriers pour les faire augmenter. Les premiers sont moins nombreux, et leurs communications plus faciles ; les ouvriers, au contraire, ne peuvent guère s'entendre sans que leurs ligues n'aient un air de révolte que la police s'empresse toujours d'étouffer. Le système qui fonde les principaux gains d'une nation sur l'exportation de ses produits, est même parvenu à faire considérer les ligues d'ouvriers comme funestes à la prospérité de l'état, en ce qu'elle entraînerait une hausse sur les marchandises d'exportation, laquelle nuit à la préférence qu'on veut obtenir sur les marchés de l'étranger. Mais quelle prospérité que celle qui consiste à tenir misérable une classe nombreuse dans l'état, afin d'approvisionner à meilleur marché des étrangers qui profitent des privations que vous vous êtes imposées ! Pourquoi ne pas laisser les intérêts des hommes chercher librement leur niveau ? »

En vérité, le cœur se serre lorsqu'on voit la science poser en quelque sorte en principe, que c'est uniquement pour fournir à l'industrie une suffisante population d'ouvriers, qu'il convient de donner à ceux-ci un salaire *un peu plus que suffisant pour vivre*, afin qu'ils puissent s'entretenir et élever leur famille : que c'est dans ce seul but qu'il faut proscrire le célibat des ouvriers ; qu'on la voit, disons-nous, se féliciter de ce que les consommations de la classe ouvrière ne puissent pas s'étendre bien loin, grâce au désavantage de sa position, et enfin calculer froidement la valeur et le salaire d'un homme par l'accumulation des capitaux employés à se rendre propre au travail !

Il est vrai que M. Say blâme le système de concurrence universelle, et qu'il serait tenté d'autoriser les ligues formées entre les ouvriers pour obtenir une fixation plus avantageuse de salaires. Mais l'extension indéfinie de l'industrie, qu'il ne cesse de proclamer, n'amène-t-elle pas inévitablement cette concurrence, et la condition des ouvriers qu'il semble plaindre, n'est-elle pas le résultat forcé de ses théories?

M. Say dit ailleurs : « L'humanité aimerait à voir les ouvriers et leurs familles vêtus selon le climat et la saison : elle voudrait que, dans leurs logemens, ils pussent trouver l'espace, l'air et la chaleur nécessaires à la santé ; que leur nourriture fût saine, assez abondante, et même qu'ils pussent y mettre quelque choix et quelque variété. » Mais, ajoute-il bientôt : « Il est peu de pays où des besoins si modérés ne passent pour excéder les bornes du strict nécessaire, et où par conséquent ils puissent être satisfaits avec les salaires accoutumés de la dernière classe des ouvriers. » On croirait qu'il va conclure en faveur d'une augmentation de salaires ; nullement : l'économie politique veut au contraire, dans l'intérêt de la production, que ces salaires soient tenus constamment au taux fixé par le strict nécessaire. »

M. Say désapprouve les chefs d'industrie qui, toujours prêts à justifier les œuvres de leur cupidité, soutiennent que l'ouvrier, mieux payé, travaillerait moins, et qu'il est bon qu'il soit stimulé par le besoin. Smith, dit-il, qui avait beaucoup vu et parfaitement observé, n'est pas de leur avis. « Une récompense libérale du travail, dit cet auteur, en même temps qu'elle favorise la population de la classe laborieuse, augmente son industrie, qui, semblable à toutes les qualités humaines, s'accroît par la valeur des encouragemens qu'elle reçoit. Une nourriture abondante fortifie le corps de l'homme qui travaille : la possibilité d'étendre son bien-être et de se ménager un sort pour l'avenir, en éveille le désir, et ce désir l'excite aux plus vigoureux efforts. Partout où les salaires sont élevés, nous voyons les ouvriers plus intelligens et plus expéditifs. Ils le sont plus en Angleterre qu'en Ecosse, plus dans le voisinage des grandes villes que dans les villages éloignés. Quelques ouvriers, à la vérité, quand ils gagnent, en quatre jours de quoi vivre pendant toute la semaine, restent oisifs les trois autres jours; mais cette inconduite n'est pas générale. Il est plus commun de voir ceux qui sont bien payés, à la pièce, *ruiner leur santé en peu d'années par le travail.* »

M. Say, pour remédier à l'insuffisance des salaires, recommande les vieillards, dont l'économie politique n'a plus besoin, à la charité et aux associations de bienfaisance. Il réprouve les prodigalités des ouvriers : « Les orgies de la populace, dit-il, sont des jours de deuil pour le philosophe !... »

Il était difficile que cet écrivain ne laissât pas échapper sur le sort des ouvriers quelques sentimens philantropiques; son silence, à cet égard, eût été la complète condamnation de la science. Mais dans quelles contradictions perpétuelles s'est-il laissé entraîner en voulant développer et fortifier les théories de Smith, et à quelles conclusions est-il amené !...

C'est pour exposer les ouvriers à ruiner leur santé par un travail forcé qu'il convient d'accorder au travail une récompense libérale.

C'est pour obtenir les produits au plus bas prix possible qu'il faut réduire les salaires au strict nécessaire des ouvriers.

D'un autre côté, pour obtenir d'abondans produits, il faut exciter la consommation, et par conséquent les besoins, et comme les ouvriers forment la classe la plus nombreuse des consommateurs, c'est surtout les besoins de la classe ouvrière qu'il est nécessaire de multiplier. Ce principe est le fondement de la théorie de la civilisation.

Ainsi, d'une part, vous cherchez à faire naître chez les ouvriers des goûts et des besoins de jouissance qui leur étaient inconnus; de l'autre, vous êtes forcés d'avouer que le bas prix du travail peut seul faire naître une production facile à consommer, et vous établissez que le salaire doit être fixé au strict nécessaire : vous blâmez les ouvriers qui cherchent à se procurer quelques jouissances grossières : vous leur reprochez quelques heures de repos et d'inaction. Vous voulez que l'ouvrier songe à sa vieillesse et place à la caisse d'épargnes, et vous ne lui donnez tout justement que ce qu'il faut pour ne pas mourir de faim !....

On le voit ; il est impossible de concilier des principes aussi contradictoires. La science économique anglaise s'est placée, à cet égard, dans un cercle d'erreurs inextricables, par cela seul qu'elle n'a tenu aucun compte de la nature et de la dignité de l'homme et du but moral de la société.

Pour consoler l'humanité, on doit se hâter de dire que d'autres écrivains ont considéré la question du salaire des ouvriers sous un point de vue plus charitable et plus vrai. Voici l'opinion de M. Droz que nous avons rangé à si juste titre au premier rang des économistes de l'école française moderne.

« Il est juste que la part du fabricant puisse surpasser de beaucoup celle de l'ouvrier, qui se livre à des travaux faciles, qui n'a point besoin d'avance, et dont la part est garantie. Mais les profits qui naissent de bas salaires et de hauts prix, sont odieux. Les prix courans des salaires sont presque toujours au-dessous de leur valeur réelle. Observons les nombreux élémens dont elle se compose. Il faut que l'ouvrier gagne ce qu'exigent son entretien et celui de sa famille. Il faut que les jours de travail soient assez rétribués pour subvenir aux besoins des jours où l'on ne travaille pas, et ces derniers ne sont pas seulement les jours de fêtes ; ce sont encore ceux où l'on ne peut se procurer de l'ouvrage, et ceux où des maladies contraignent à l'inaction, ainsi qu'à de nouvelles dépenses. Enfin arrive une longue maladie, la vieillesse, pour laquelle il faut que le revenu de l'ouvrier lui permette de faire des épargnes. Qu'on juge s'il y a beaucoup de pays et d'époques où les salaires soient portés à leur valeur? »

« Le travail est une espèce de marchandise. Le prix en est donc réglé par le rapport entre l'offre et la demande. Il est évident que le prix du travail ne peut être, d'une manière permanente, au-dessus de ce qu'il faut à l'existence des travailleurs. Mais on a trop de preuves que ceux-ci peuvent être réduits à ce qu'il faut strictement pour exister. On voit même les salaires descendre, et rester quelque temps au-dessous d'un taux si bas. Alors, l'ouvrier se dépouille de ses modestes économies. Il vend, pièce à pièce, son chétif mobilier. Il n'est plus vêtu, il se couvre de haillons, et se soutient en retranchant de sa nourriture. »

« Le taux des salaires n'est pas réglé par le prix des subsistances. Dans les temps de disette, on voit une concurrence de misère réduire les travailleurs à s'offrir avec anxiété pour le prix le plus vil. Cependant la classe qui vit de salaires forme les trois quarts de la population. Comment parler de prospérité lorsque tant d'hommes sont dans la misère! Aussi long-temps qu'on verra, même dans les pays riches, une multitude d'individus manquer des choses nécessaires, on pourra dire que l'économie politique n'a pas découvert les principes qui doivent diriger l'industrie, ou que l'administration ne sait pas profiter de ces principes. »

« Le premier, le plus sûr remède contre les maux dont nous venons d'être frappés, serait l'instruction, le développement moral des facultés intellectuelles dans toutes les classes de la société. »

« C'est un grand crime que de retenir injustement le salaire des ouvriers. On commet ce délit, si l'on abuse de leur situation, et lorsqu'on les force à travailler pour un prix inférieur à celui qu'on devrait leur donner. Quand l'éducation du pauvre est bonne, celle du riche est sans doute bonne aussi. Dans cet état de la société, les entrepreneurs ne veulent pas, ou, par respect humain, n'osent pas abuser trop de leurs avantages. On les voit même, alors, essayer d'ajouter aux salaires, en imaginant des établissemens de bienfaisance, des associations de secours, des caisses d'épargne, pour subvenir aux besoins de l'âge et du malheur. »

« On ne trouve, sous l'empire de la misère, qu'une population vile, sans intelligence et sans activité. Arthur Young dit qu'en Irlande *le travail est à bas prix, et non à bon marché*. Il y a, dans cette phrase, toute une excellente leçon d'économie politique; car les intérêts de l'entrepreneur et de l'ouvrier ne sont pas opposés, comme on le croit sur l'apparence. Ce qu'on appelle baisse des salaires, peut avoir de funestes effets. La baisse du prix des marchandises a des résultats bien différens. Cette baisse accroît la demande, et devient une source de profits. »

M. de Sismondi, qui appartient aussi à l'école française, va beaucoup plus loin que M. Droz. Il ne veut pas seulement qu'un intérêt éclairé et juste règle les transactions entre les chefs d'industrie et les ouvriers. Il demande qu'il soit établi en principe de législation *que tous ceux qui font travailler soient exclusivement chargés de secourir les ouvriers dans leur détresse.* Ainsi cesserait la lutte de tous les manufacturiers pour faire baisser les salaires; ainsi la société, en permettant que l'un travaille et que l'autre fasse travailler, n'éprouverait plus aucun dommage; ainsi cesseraient toutes les souffrances qu'éprouvent aujourd'hui les ouvriers. M. de Sismondi termine ses observations en citant, comme devant servir d'exemple au monde, la situation si critique de l'Angleterre.

Dans la partie de notre ouvrage consacrée à l'examen de la législation sur les indigens, nous reviendrons sur les questions importantes et hardies soulevées par M. de Sismondi. Nous n'avons pas besoin de dire d'avance qu'il nous paraîtrait aussi imprudent qu'impraticable de faire intervenir le législateur dans la fixation des salaires; mais en même temps nous exprimerons la conviction profonde que la société a le droit, et même l'obligation, de garantir l'existence des ouvriers que l'organisation actuelle de l'industrie laisse à la disposition presque despotique des entrepreneurs, et de se garantir elle-même contre le dommage que lui cause incessamment la propagation de l'indigence dans les classes ouvrières.

Quoi qu'il en soit, et pour nous résumer sur la question des profits et des salaires, nous reconnaissons volontiers, avec l'économie politique, qu'il est juste et utile que le spéculateur qui risque ses capitaux dans une grande entreprise, qui y consacre son temps, ses talens et une expérience quelquefois chèrement achetée, obtienne une large rémunération de ses soins et de ses avances; mais nous demandons qu'il trouve la plus grande part de ses bénéfices dans la consommation abondante des produits; nous demandons qu'il ne spécule pas sur les forces, sur les besoins, sur les passions des ouvriers; qu'il veille à leur santé, à leurs mœurs, à leur instruction, et qu'enfin il ne s'enrichisse pas uniquement de leurs sueurs et de leur misère.

Le bas prix des produits, toutes les fois qu'il n'a pour origine que l'infériorité des salaires, ne peut être d'aucun avantage pour la société. Celle-ci n'a qu'un faible intérêt, si toutefois elle en a, à voir s'accroître démesurément des fortunes rapides. Elle en a, au contraire, un très grand à prévenir l'augmentation de l'indigence produite par l'insuffisance du salaire de l'ouvrier.

Or, ce salaire est insuffisant, toutes les fois qu'il ne peut fournir à l'ouvrier, selon les habitudes et les exigences du pays qu'il habite:

1° De quoi exister convenablement, c'est-à-dire d'avoir

une nourriture saine, des vêtemens solides et propres, un logement aéré et qui le mette à l'abri de la rigueur de la saison.

2° De quoi entretenir et faire subsister sa famille, qu'on suppose se composer d'une femme et de deux enfans âgés de moins de quatorze ans.

3° De quoi soutenir ses parens vieux et infirmes.

4° De quoi faire quelques épargnes pour les jours de repos et de maladie, et enfin pour sa vieillesse (1).

(1) Nous avions cherché à établir, autant qu'il était possible de le faire, le taux moyen des salaires que la justice et l'humanité prescrivaient d'allouer aux ouvriers en France : mais cette tâche ayant été complétement remplie par un écrivain de la nouvelle école économique française, nous ne pouvons mieux faire que de placer ici ses calculs et ses observations.

« Voici comment on peut établir en France, dans une grande ville, la dépense nécessaire d'une famille d'ouvriers composée du chef, de sa femme, de trois enfans, ou de deux enfans et d'un vieillard.

1° Nourriture.

Pain à 16 onces par personne (pour 5 personnes pendant 365 jours), 912 kil., à 32 cent. 1/2 chacun, faisant en tout.	296 f.	40 c.
Viande, œufs, laitage, légumes ou assaisonnemens (sel compris), à 50 c. par jour, pendant 365 jours. . . .	182	50
Boissons fermentées, à 25 c. par jour, pour la famille. . .	91	25
Total pour la nourriture.	570	15

2° Logement.

Habitation	50 f.	130
Feu et lumière.	40	
Impositions directes.	10	
Renouvellement et entretien du mobilier. . . .	30	

3° Vêtemens.

Habits et linge à raison de 50 f. pour lui. . . .	50 f.	140
De 30 f. pour sa femme.	30	
Et de 60 f. pour trois enfans	60	

4° Dépenses imprévues.

Ustensiles, tabac, etc.	19
Total.	859 f. 15

« Voilà pour l'ouvrier dans l'aisance, dont les outils de travail sont

Si le salaire ne peut donner tous ces moyens à l'ouvrier, nous n'hésitons pas à le dire, il n'est plus conforme aux

fournis par celui qui l'emploie, ou qui lui sont payés par un surcroît de salaire. »

« Supposez-le dans la gêne, il ne réduira ni sur sa dépense en pain, ni sur le prix de son logement, ni sur celui de son chauffage. Il réduira sur l'accessoire de sa nourriture, sur les boissons fermentées et surtout sur les vêtemens et le mobilier. Sur toutes ces dépenses, il ne pourra, qu'à grande peine, opérer moins d'un huitième, ou environ 100 fr. de réduction ; si lui et sa famille ne gagnent pas 760 fr., il sera dans la misère et aura besoin de l'assistance publique. »

Ces 760 f. peuvent lui provenir de son travail pendant 300 jours, à 1 f. 50 c. par jour, ci.	450 f.
De celui de sa femme pendant 200 jours, à 90 c.	180
Et celui de ses enfans pendant 260 jours, à 50 c.	130
Total des salaires gagnés dans l'année	760 f.

« Au-dessous de ce gain, la famille de l'ouvrier est dans la misère. »

« En partant de là pour fixer la dépense nécessaire de l'ouvrier de nos villes, nous reconnaissons que la première base à déterminer est le prix du pain. »

« M. le baron Ch. Dupin l'a fixé, dans la chambre des députés, au prix de 32 cent. 1/2 le kilog. pour l'époque actuelle. Ce prix est celui du pain fabriqué par les boulangers, avec du froment. »

« On calcule généralement que l'hectolitre de ce grain rend 80 kil. de pain, et qu'il est accordé 3 fr. de manutention aux boulangers pour ces 80 kilog. »

« Sur 80 kil. à 32 cent. 1/2, faisant 26 fr. l'hect., on doit donc déduire 3 fr. pour frais de manutention ; reste 23 fr. pour le prix du blé froment consommé par les ouvriers de nos villes : le prix de la mouture et du blutage se trouve payé par la vente des déchets en son, fourni par le blé, en sus de la farine. »

« Ce prix de 23 fr. est beaucoup plus élevé que celui que le blé avait autrefois, s'il faut s'en rapporter à M. le baron Ch. Dupin, qui nous dit que le pain ne se vendait, en 1815, que 30 cent. le kil., et, en 1790, que 23 cent. ; ce qui porte le prix du froment, en 1815, à 21 fr. l'hect., et, en 1790, à 15 fr. 40 cent., prix du froment en 1788, et non en 1790, comme l'a dit M. Dupin, puisqu'en 1790 l'hect. de froment valait 20 fr., et le pain 29 cent. le kilog. »

« Il faudrait que l'ouvrier ne payât le pain que 21 cent. 1/2 le kilog. pour que son aisance et celle de sa famille fussent complètes ; et il serait nécessaire pour cela que le froment pût être récolté et vendu par le fermier au

lois, non seulement de la nature, de la justice et de la charité, mais encore à celles de la prudence politique. Il

prix de 14 fr. 20 cent. l'hect., prix auquel, depuis 1772, il n'est jamais tombé en France, si ce n'est dans quelques départemens pris isolément. »

« La moyenne du prix du froment dans les seize années qui se sont écoulées du 1er janvier 1815 au 31 décembre 1830, s'élève à 20 fr. 10 cent. l'hect. On ne peut guère espérer que dans l'état actuel des choses le froment tombe, année moyenne, au-dessous de ce prix. Nous fixerons donc le prix désirable du froment, dans le moment actuel, à 20 fr. par hect., par rapport au salaire possible de l'ouvrier des villes, qui, ainsi que l'ouvrier des campagnes, verrait le montant de ses journées employées diminué, et son salaire restreint, si le fermier et le propriétaire, gênés par une baisse trop forte sur le prix des grains, étaient contraints de réduire leurs dépenses. »

« La dépense de l'ouvrier des campagnes et de sa famille est, en France, moindre que celle de l'ouvrier des villes, parce que les usages sont différens; elle ne peut guère s'établir que comme il suit à l'époque actuelle, quand le pain de boulanger vaut, dans les villes, 32 cent. 1/2 le kilog. »

1° Nourriture.

« Pain de ménage, à raison de 19 onces par personne, qui, pour 5 personnes pendant 365 jours font 1084 kil. estimés à 28 c. seulement par kilogramme, parce que ce pain renferme d'autres graines que du froment : cela fait pour le pain seulement, savoir. . . .	303 f.	52 c.
Laitage, légumes, viande, assaisonnemens (sel compris), à 25 c. par jour pour 5 personnes pendant 365 jours. .	91	25
Boissons fermentées à 10 c. par jour pour tout le ménage.	36	50
Total pour la nourriture	431 f.	27 c.

2° Logement.

Une maison avec un petit jardin	40 f.	70
Pour feu et lumière.	10	
Impôts directs.	5	
Entretien du mobilier	15	

3° Vêtemens.

Habits et linge à raison de 35 f. pour le chef du ménage.	35	100
De 20 pour la femme.	20	
Et de 15 f. pour chacun de ses trois enfans. . .	45	

4° Dépenses imprévues.

Ustensiles, tabac, etc.	18	73
Dépense totale de l'ouvrier des campagnes et de sa famille.	620 f.	

serait peut-être même plus avantageux à l'ouvrier de n'avoir pas de travail, que d'avoir un salaire insuffisant.

« Quand l'ouvrier des campagnes est assuré d'obtenir cette somme de 620 fr., et qu'il gagne, en outre, le prix de ses outils, il se trouve au-dessus du besoin, tellement que si la diminution du prix du froment, en entraînant celle des autres grains destinés à la nourriture, lui permet, comme à l'ouvrier de la ville, d'économiser de 35 à 40 fr. sur ce principal objet de consommation, il se trouve proportionnellement dans une plus grande aisance que lui, puisqu'alors son revenu est accru d'un vingtième au-dessus de ses besoins habituels. Il commence à faire de petites économies et à acheter une chèvre, une vache, un cochon, ou quelques petits lots de terre, tandis que le revenu de l'autre, accru dans une moindre proportion, ne suffit pas encore pour lui procurer l'aisance des familles de sa classe qui ne la trouvent que lorsqu'elles ont la possibilité de dépenser 860 fr. dans leur année; et remarquez bien que cette somme de 860 fr. pour l'ouvrier de nos villes, et celle de 620 fr. pour l'ouvrier de nos campagnes, ne les placent, relativement à leurs habitudes sociales, que dans un degré d'aisance analogue, bien que 620 fr. soient plus facilement et plus sûrement gagnés dans nos villages où l'ouvrage appliqué au sol ne manque presque jamais, que 860 fr. ne le sont dans nos villes où mille circonstances peuvent le rendre de plus en plus rare, les produits des fabriques étant toujours d'un débit moins certain que ceux des exploitations agricoles. »

« Veut-on savoir ce qu'il faut de travail à la famille laborieuse de nos campagnes pour obtenir 620 fr.? le voici :

300 journées du chef de famille, à 1 fr. 25 c.	375 f.
200 journées de sa femme, à 75 c.	150
Et 250 journées d'enfans, à 38 c.	95
Total suffisant pour mettre, au village, une famille d'ouvriers dans l'aisance.	620 f.

« Supposez maintenant que la famille agricole possède ou loue quelques acres de terres sur lesquelles elle exerce son industrie, et que leur exploitation la mette à portée de nourrir une vache ou quelques chèvres, d'élever un porc et des volailles, aussitôt cette industrie accroît son aisance, elle la place au niveau du petit propriétaire, du petit fermier ou de l'artisan du village, dont le talent rend le salaire plus considérable que celui du simple terrassier, et dont, pour l'ordinaire, la situation sociale est meilleure que celle du journalier de nos villes, parce qu'il faut à ceux-ci plus d'avance pour s'établir avec succès. C'est donc moins du journalier de la campagne que de celui des villes qu'il est urgent de prévenir le pau-

Dans le premier cas, du moins, la charité vivement excitée vient à son secours et possède tout le mérite de ce

périsme, et c'est surtout dans l'intérêt de ce dernier que le prix des grains serait le plus utilement diminué, si cela était possible. »

« Cette diminution importe beaucoup moins au journalier de la campagne qu'à celui des villes, parce que, pourvu que le prix des grains ne soit pas exorbitant, il trouve autant de bénéfices dans ses travaux agricoles mieux payés, qu'il pourrait en obtenir d'une légère diminution dans le prix des grains, qu'il supplée souvent avec des légumes qu'il récolte lui-même. »

« Ce n'est pas à ravaler le prix des grains qu'il faut s'attacher, mais il faut venir au secours de la population ouvrière de nos cités en en faisant refluer l'excès dans nos campagnes qui manquent encore de bras et qui n'attendent qu'un surcroît de travail pour devenir de plus en plus productives. On ne saurait trop faire de sacrifices pour atteindre ce but auquel on ne parviendra jamais trop promptement, dans l'intérêt de la France. Puisse-t-on y arriver bientôt par l'établissement projeté de colonies agricoles ! »

« Quand, au commencement de 1832, le ministre du commerce, effrayé de la détresse de la classe ouvrière, demanda aux préfets des renseignemens sur l'état du commerce et de l'industrie dans les principales villes du royaume, il apprit qu'à Metz et à Nancy, les ouvriers ne gagnaient pas au-delà de 75 c. ; que le salaire des ouvriers, dans les Vosges, était tout aussi modique ; qu'à Rouen, les ouvriers tisserands, et à Lyon, les *canuts* n'avaient pas une existence plus heureuse, et qu'il en était de même à Orléans, où la grande masse des ouvriers se trouvant sans ouvrage, laissaient plus du quart de la population en proie à la misère, ne vivant que du pillage des bois voisins de cette ville, jusqu'à ce que des ateliers de charité procurassent aux ouvriers, chefs de famille, un salaire de 75 c. par jour, et aux femmes et enfans un salaire beaucoup moindre.

« En temps ordinaire, cependant, le salaire des ouvriers des villes est, quant au chiffre, plus fort que celui des campagnes. A Orléans où le prix de la journée, relativement au paiement des amendes, est fixé à 1 f. 50 c., et à 1 fr. pour la campagne, ce prix a été, en réalité, de 1 fr. 50 c. à 2 fr., dans la ville, quand il n'est que de 1 fr. 25 c. à 1 fr. 50 c. pour le manouvrier des campagnes. A Paris, il atteint de 2 fr. 50 c. à 3 fr. et plus, quand le commerce va bien, tandis que dans les campagnes du Maine ou de la Bretagne, il ne surpasse guère 90 c. ou 1 fr. »

« Dans l'Hérault, le prix de la journée du travail a été fixé, en janvier 1832, à 1 fr. 30 c., pour les villes de Montpellier, Cette, Lunel, Ganges, Beziers, Pézénas, Agde, Bedarrieux, Lodève et Clermont, et à 1 fr. pour les autres communes. Dans toute la France, le salaire des cantonniers est fixé à 36 fr. par mois, 1 fr. 20 c. par jour, somme qui leur suffit pour élever leurs familles dans les localités les moins dispendieuses, et qui, ajoutée

soulagement. Dans le second, il n'ose recourir à la bienfaisance. Il serait d'ailleurs contraire au but de la charité, qu'en cherchant à soulager la misère de l'ouvrier qui travaille, elle ne fit que contribuer à satisfaire la cupidité de l'entrepreneur du travail.

à la jouissance d'une petite maison et d'un petit jardin, leur suffit dans les autres. »

« En Angleterre, la journée de travail, qui devait se payer 4 fr., pour égaler celle de France, ne se paie plus, en beaucoup de lieux, que 50 à 60 centimes, conséquence de la trop grande importation des produits de l'agriculture étrangère, autant que de la multiplication des machines. » (Le baron de Morogues : de la Misère des ouvriers.)

Les calculs de M. de Morogues s'accordent à très peu près avec les nôtres, en ce qui concerne la fixation du salaire de l'ouvrier agricole. Nous différons au sujet du taux des salaires de l'ouvrier artisan des grandes villes et principalement de celles de la région du nord de la France. Nous avons trouvé, par exemple, que pour faire vivre une famille d'ouvriers, dans la ville de Lille, il fallait que le total annuel des salaires acquis par la famille s'élevât au moins à 1,051 fr., et encore avons-nous supposé que l'ouvrier n'aurait aucun parent âgé ou infirme à sa charge; nous n'avons rien prélevé pour l'instruction de ses jeunes enfans, rien mis à part pour l'épargne ni pour les cas imprévus. Or, le simple ouvrier manufacturier de la ville de Lille ne gagne guère, dans les temps de prospérité, plus de 1 fr. 75 c. par jour; sa femme 60 c., et ses enfans en état de travailler, environ 53 c., total 2 fr. 88 c. par jour. En comptant 300 jours de travail, ce qui est tout ce qu'un peut espérer, on n'a qu'un produit de 1,051 fr. par an, c'est-à-dire tout juste de quoi faire subsister la famille. L'éducation des enfans, les maladies, les cas imprévus, les économies ne peuvent figurer sur ce minime budget, qu'en forçant à augmenter les privations. Les vicissitudes du commerce manufacturier, qui réduisent le taux des salaires ou suppriment totalement le travail, les maladies fréquentes chez les ouvriers des fabriques, leurs habitudes d'ivrognerie et de désordre sont autant de causes de diminution dans les moyens d'existence. On voit donc combien un pareil état est voisin de la misère, s'il n'est déjà la misère elle-même, et combien l'intervention de la morale et de la charité sont indispensables pour rétablir toutes choses dans cette juste proportion qui, suivant Malthus, constitue toute l'économie politique.

CHAPITRE X.

DE L'INDUSTRIE AGRICOLE.

Pâturage et labourage sont les mamelles de la France.

(SULLY.)

De toutes les industries auxquelles l'homme peut se livrer pour assurer son existence et son bonheur, la plus solide, la plus appropriée à une juste distribution de la richesse, la moins sujette à de funestes vicissitudes dans l'activité du travail et dans le taux du salaire, celle qui maintient le plus heureusement l'équilibre dans la population, celle enfin que la Providence a offerte la première aux hommes comme épreuve à la fois et comme consolation, est sans contredit l'industrie agricole, c'est-à-dire le travail qui s'exerce sur le sol lui-même pour produire des alimens ou des matières premières.

Les économistes français et italiens du dix-huitième siècle, en considérant la terre comme la source de toutes les richesses, avaient aperçu une grande vérité, que la religion avait au surplus dès long-temps proclamée. Mais il fallait, pour la faire admettre aujourd'hui, que le temps et l'expérience vinssent dissiper les doutes que de fausses idées sur la science des richesses ont long-temps entretenues.

Adam Smith n'avait vu, dans la terre, qu'une sorte de

laboratoire où l'on prépare les élémens de sa richesse. « C'est dans le sein de la terre, dit son savant traducteur (M. Garnier), qu'elles commencent; c'est le travail qui les achève : la terre ne fournit jamais que la matière dont se forment les richesses, et celles-ci n'existeraient pas sans la main industrieuse qui modifie, divise, assemble et combine les différentes productions de la terre, et les rend propres à la consommation. »

Cependant, il est vrai que la terre fournit *immediatement* de véritables richesses, puisque la plupart de ses produits peuvent être utilisés sans le secours de l'industrie proprement dite. La confection des vins, celle des farines, l'éducation des bestiaux et les professions qui s'appliquent à multiplier les substances alimentaires, appartiennent de plus près à l'industrie agricole qu'aux manufactures et au commerce. Toutes les valeurs utiles qui s'échangent sont des richesses. La terre produit assurément avec abondance ces valeurs utiles et échangeables. Donc elle ne *commence* pas seulement les richesses; elle les donne *réelles*, *immédiates*, et l'industrie ne fait qu'ajouter à leur valeur par le travail qui tend à en multiplier l'usage et à en faciliter la consommation. Aussi M. Ricardo dit, avec raison, que la terre est aussi *une machine*. Ce qui la distingue de toutes les autres, c'est qu'elle est très supérieure à celle qu'enfante le génie des arts; elle porte en elle-même une puissance active que nous ne faisons qu'accroître et diriger.

L'extension de l'industrie agricole, dont le but principal est de multiplier les moyens de subsistance, favorise sans doute le principe de la population. « On n'a jamais vu, dit Malthus, l'agriculture faire des progrès permanens sans qu'il en résultât, de manière ou d'autre, un accroissement permanent de population. Ainsi, il est plus exact de dire que l'agriculture est une cause productive de la population qu'il ne saurait l'être d'appeler la population la cause de la prospérité de l'agriculture, quoiqu'on ne puisse nier qu'elles réagissent l'une sur l'autre, et qu'elles se favorisent mutuellement. » Mais si l'agriculture favorise le principe de la population, c'est surtout parce qu'elle répand l'abondance et qu'elle conserve les êtres créés : dès lors, en multipliant les hommes, elle multiplie aussi le bonheur, et ne peut faire craindre jamais une population surabondante.

Les travailleurs que l'agriculture emploie étant pour la plupart admis dans les familles d'agriculteurs comme valets, et à ce titre nourris et entretenus, éprouvent moins vivement que les ouvriers des manufactures le besoin d'avoir un ménage. Les journaliers mariés sont souvent nourris par leurs maîtres, et trouvent à occuper, à des travaux peu pénibles, leurs femmes et leurs enfans. Il en résulte que si l'agriculture, sous quelques rapports, tend à augmenter la population, ce n'est que par degrés et sans devenir une cause de multiplication de l'indigence. Il est sans exemple en Europe, si ce n'est peut-être en Angleterre, qu'elle ait contribué à faire naître un véritable excédant de population, et cela tient, chez les Anglais, à des circonstances particulières que nous exposerons plus tard.

Dans les travaux agricoles, les sexes ne sont point incessamment rapprochés comme dans les établissemens d'industrie manufacturière ; il y a moins d'occasions pour la débauche et moins de penchant pour les mariages précoces. La pratique de l'agriculture habitue à la prévoyance et à l'économie. Les valets de ferme, les jardiniers et une foule d'ouvriers agriculteurs sont, en général, payés à l'année, et se trouvent naturellement amenés par-là au goût et au besoin de l'épargne.

Les agriculteurs habitent les campagnes où le prix des denrées de première nécessité, des logemens, du combustible et des vêtemens est nécessairement beaucoup moins élevé que dans les villes ; leurs salaires, qui varient rarement, se trouvent fixés dans une proportion plus juste avec leurs besoins et leur travail. Ils ont, dans le courant de l'année, des momens de loisir qu'ils emploient à une industrie mécanique ou qu'ils peuvent donner à acquérir de l'instruction. Ils participent donc davantage à une équitable distribution des richesses et des lumières.

L'agriculture n'offre point le danger de multiplier sans mesure, sans limites et sans transition le nombre des ouvriers qu'elle occupe ; il est dans sa nature de ne s'améliorer que progressivement et de proportionner la demande des travailleurs aux accroissemens graduels qu'elle reçoit, sans qu'on puisse craindre une brusque interruption de travail. C'est d'elle qu'on peut dire, avec vérité, qu'elle nourrit tous les êtres qu'elle fait naître et qu'elle emploie. Il est très rare de voir des disettes absolues. Sans doute de mauvaises récoltes affectent quelquefois le bien-être des propriétaires ou des fermiers ; mais elles n'amènent pas précisément l'indigence au sein des populations agricoles. C'est un accident que les années suivantes se chargent de réparer. D'ailleurs, le travail ne cesse pas pour cela ; il semble même s'accroître au contraire, parce que le propriétaire cherche à se dédommager par de nouveaux efforts, certain qu'il est d'y réussir plus ou moins complétement ; car la terre lui rend avec usure ce qu'elle a retardé ou refusé. C'est pour ce motif que l'on voit les années de stérilité suivies presque toujours d'une grande abondance, et que la culture des pommes de terre, par exemple, qui semble devoir préserver à l'avenir les populations de la disette des subsistances, a pris une extrême extension à la suite de mauvaises années. La terre, enfin, est un vaste atelier d'industrie qui ne saurait jamais se fermer totalement comme ceux des autres manufactures ; le travail y est constamment assuré, et il est exact de dire que les classes manufacturières souffrent bien davantage encore des rares malheurs de l'agriculture que les classes agricoles elles-mêmes. Nous ne parlons pas ici des calamités produites par la guerre et par la violence. Celles-ci heureusement ne sont pas durables, et d'ailleurs elles n'épargnent pas non plus les autres branches d'industrie que souvent elles font disparaître sans retour.

La situation des ouvriers agricoles envers les propriétaires ne ressemble en rien à celle des ouvriers manufacturiers vis-à-vis des entrepreneurs d'industrie. Le nombre qu'en emploie chaque propriétaire est nécessairement borné ; il les connaît : il y a entre eux un échange de confiance, de bienveillance comme de besoins : le maître exerce une sorte de patronage paternel. Jamais la nature des produits de la terre n'exige que les grands bénéfices s'acquièrent par l'extrême économie des salaires : le propriétaire ne réduit ceux-ci que dans certaines saisons et dans la proportion du travail à payer. Il n'existe point, dans la condition des journaliers agricoles, cette subjection passive et forcée que contractent les masses d'ouvriers attachés aux manufactures, et qui naît de l'excès de la concurrence comme de l'excès des besoins. On ne connaît pas, dans l'industrie agricole, de coalitions de propriétaires pour diminuer les salaires, ni de ligues de journaliers pour les faire élever.

Ces avantages incontestables, long-temps méconnus par l'école de Smith, commencent à être enfin aperçus même par les partisans les plus ardens de l'économie politique anglaise. C'est un progrès à constater.

M. J.-B. Say, en faisant remarquer combien l'accroissement de l'industrie a contribué au bien-être des peuples sous le rapport du logement et du vêtement, fait observer que la nation anglaise a beaucoup à souffrir lorsque les débouchés viennent à lui manquer, et qu'elle est obligée quelquefois de se les procurer par des moyens violens. « Peut-être, ajoute-t-il, ferait-elle sagement si elle cessait des encouragemens qui dirigent sans cesse de nouveaux capitaux vers les manufactures et le commerce extérieur, et si elle augmentait ceux qui les portent vers l'industrie agricole. La Grande-Bretagne se créerait par-là des consommateurs plus à sa portée dans son sein, et ceux-là sont les plus assurés. » En effet, les produits de l'agriculture sont de la nature la plus propre à appeler la consommation, et surtout la consommation intérieure. C'est ce qui leur donne un immense avantage sur tous les autres produits industriels.

L'agriculture, il est vrai, n'amène pas aussi rapidement la production de la richesse que le peut faire l'industrie manufacturière ; elle ne crée point des fortunes individuelles aussi subites ; elle n'est pas susceptible d'employer promptement de vastes capitaux ; mais elle apporte une meilleure distribution de l'aisance publique ; elle amène une plus grande abondance de subsistances, un travail permanent et assuré, une plus juste fixation des salaires et une population plus saine, plus robuste et plus limitée dans ses progrès. C'est donc à juste titre que, sous le rapport économique, nous avons pu lui assigner le premier rang dans l'industrie humaine.

« La culture des terres, dit M. Droz, est pour les hommes une immense manufacture, les terres fournissent une rente aux propriétaires, des profits aux fermiers, des salaires aux ouvriers de la campagne. Leur exploitation est, sous de nombreux rapports, l'industrie la plus importante ; elle produit les subsistances et les matières premières ; elle occupe la plus grande partie de la population ; elle a, sur les forces physiques de l'homme, une influence salutaire ; elle fait naître une prospérité moins sujette aux revers que celle dont la source est dans les ateliers et le commerce. »

Si la prééminence de l'agriculture en économie politique a été reconnue par les administrateurs et les écrivains les plus recommandables (1), elle ne l'est pas moins sous le rapport de la morale, de la paix publique, de l'amélioration du sort des classes inférieures, enfin des progrès d'une véritable civilisation. Tous les hommes d'état, comme tous les moralistes, sont également convaincus que l'agriculture fait naître le goût de la propriété, adoucit les mœurs, donne à l'homme plus de dignité, développe davantage ses forces physiques et morales, l'attache profondément au sol de la patrie, et devient ainsi l'élément le plus puissant de l'ordre social.

Ecoutons quelques amis éclairés de l'industrie agricole :

« L'agriculture est, de toutes les occupations auxquelles l'homme peut se livrer, la plus utile et la plus honorable : la plus utile, parce qu'elle sert immédiatement à sa conservation ; la plus honorable, parce qu'elle est la plus indépendante, et qu'elle engendre toutes les vertus, compagnes ordinaires des mœurs simples. L'agriculture vit, si l'on peut s'exprimer ainsi, de ses propres forces, et n'a presque rien à attendre des hommes qui ont tout à attendre d'elle. Un laboureur cultive son champ, parce qu'il est sûr d'employer le produit de sa récolte ; il n'a, pour cela, besoin de protection ni de récompense. Plus la société sera nombreuse, plus il aura d'intérêt à perfectionner et à étendre son travail, et c'est déjà une vérité reconnue que tout ce qui tend à accroître la population tend au profit du peuple des campagnes (2). »

« L'agriculteur ne vit peut-être pas plus que l'industriel ; mais il conserve plus long-temps ses forces exercées par des travaux plus pénibles, mais plus sains, faits à l'air libre et toujours de jour. Il est aussi plus sobre et

(1) Sully, Bossuet, Fénélon, les anciens économistes, Turgot, les comtes Chaptal et d'Hauterive, Malthus, Say, Ricardo, Destutt de Tracy, Simonde de Sismondi, Droz, d'Harcourt, Ferrier, Duboys-Aimé, de Saint-Chamans, de Bonald, Mathieu de Dombasle, de Morogues, etc.

(2) Ferrier.

plus tempérant que l'industriel ; sa nourriture est plus saine et plus réglée. S'il se repose le dimanche, il travaille le lundi. L'agriculture a des travaux de tous les âges ; et le vieillard, parvenu au terme de sa carrière, la finit comme il l'a commencée, et garde encore, autour de la maison, les enfans et les troupeaux. On ne parle pas de l'intelligence du laboureur, bien autrement exercée par la variété des travaux, la conduite, la réflexion et les connaissances qu'exigent la conduite de la terre et le soin des bestiaux, que celle de l'industriel occupé toute sa vie à faire tourner une manivelle, faire courir une navette, ou mouvoir un balancier (1). »

« Si les populations agricoles sont naturellement prudentes et paisibles, elles sont à la fois plus fortes et plus généreuses ; elles sont laborieuses, animées d'un esprit d'ordre et de conservation. Au milieu d'elles, la religion soutient toujours les courages : les bonnes mœurs y sont en honneur, et les traditions pures du foyer domestique y dirigent nécessairement les générations nouvelles comme un guide tutélaire qui les attend au berceau et ne les quittera qu'à la tombe (2). »

« La vie du cultivateur est une véritable éducation morale, s'il sait en effet recueillir toutes les instructions qu'elle renferme. La variété des soins qui lui sont demandés, les productions qui récompensent ses efforts, la régularité des phénomènes dont il est témoin, les circonstances diverses qui l'appellent à réfléchir sur l'utilité de l'ordre, de l'économie et de la prévoyance, le besoin qu'il a des autres hommes alors même qu'il est comblé des dons de la nature, les scènes magnifiques qui se reproduisent à chaque instant sous ses yeux, les témoignages de la bonté et de la sagesse du Créateur qu'il recueille de toutes parts, cette grande harmonie de la création qui se déploie au-

(1) Le vicomte de Bonald.

(2) Saulay de Laistre, ancien sous-préfet d'Hazebrouck.

tour de lui : voilà tout autant de leçons, et quelles leçons!... (1) »

Nous ne finirions pas si nous voulions retracer ici toutes les vérités religieuses et morales, et toutes les beautés poétiques aperçues et exprimées à ce sujet par les écrivains de tous les âges et de tous les pays. Nous nous bornerons à faire remarquer qu'il existe dans la destinée religieuse du genre humain un lien puissant qui l'attache à l'agriculture, et qui explique la place qu'elle occupe dans l'ordre moral de l'univers. C'est sur la terre qu'avait été placé le séjour de délices du premier homme, alors innocent et heureux; c'est dans son sein que l'homme fut depuis condamné. La durée du jour mesure la durée de ce travail; c'est de la terre que l'homme physique reçoit sa subsistance; c'est enfin dans la terre qu'il doit reposer. Il y a dans ces rapprochemens l'empreinte d'une loi éternelle dont l'homme ne saurait dévier sans manquer à sa destinée véritable, et qui révèle à la fois la nécessité et les bienfaits de l'agriculture. C'est visiblement à la terre qu'était confiée la richesse réelle que Dieu nous avait accordée. Tout ce que l'homme a voulu se procurer d'ailleurs ne s'est trouvé qu'une richesse factice, trop souvent funeste.

« Que faut-il aux trois quarts des hommes, a dit l'Esprit-Saint, pour être heureux, si ce n'est de cultiver leurs champs tranquillement et de se reposer sans inquiétude à la fin de leurs travaux (2)? »

Il est donc incontestable que l'agriculteur, sans cesse appelé à suivre la grande loi divine et à admirer les effets d'une Providence immuable, est naturellement plus porté au sentiment religieux que l'industriel dont les regards et les pensées ne s'élèvent guère au-delà d'une sphère toute matérielle, et deviennent en quelque sorte mécaniques comme son travail.

(1) Le baron Degérando.

(2) Macchabées, livre 1, chap. 4, v. 8 et 12.

Ces considérations donnent le secret du bonheur et de la paix dont jouissent habituellement les populations livrées à l'agriculture.

Nous avons dit qu'en Angleterre seulement, la population agricole se trouvait dans une situation analogue à celle des ouvriers manufacturiers, tant sous le rapport de l'accroissement rapide de la population que sous celui de la multiplication de l'indigence. M. de Sismondi en indique la cause, en faisant connaître la condition précaire dans laquelle la concentration des propriétés et les perfectionnemens économiques, introduits dans la grande culture, ont placé les journaliers agriculteurs. Mais cette situation, toute exceptionnelle, ne saurait contredire nos observations générales : elle confirme même nos prévisions sur les conséquences infaillibles de l'application des théories économiques anglaises, à quelque branche d'industrie que ce puisse être.

Toutefois, la suppression des moyens qui favorisent la concentration de la propriété foncière a paru à de judicieux écrivains pouvoir devenir une source de misère et de désordre dans la société. MM. de Bonald, Malthus, Arthur Young se sont élevés contre le morcellement indéfini des terres. Le dernier, en faisant remarquer les suites fâcheuses de l'excès de population qu'a fait naître en France la trop grande division de la propriété, n'hésite pas à dire « que multiplier ainsi les hommes, c'est multiplier le malheur. » Néanmoins, par une contradiction que Malthus a de la peine à s'expliquer, il propose, comme l'expédient le plus propre à prévenir le retour des disettes accablantes pour le pauvre, d'assurer à chaque ouvrier, père de trois enfans au plus, la propriété d'un acre de pommes de terre et assez de pâturage pour nourrir une ou deux vaches.

« Si chacun d'eux, ajoute-t-il, avait un champ assez étendu de pommes de terre et une vache, ils ne se soucieraient plus du prix du blé. » Malthus combat ce projet comme étant un encouragement au mariage et à la population. Il ne croit pas d'ailleurs que ce soit sérieusement qu'Arthur Young juge une chose désirable de nourrir les habitans des campagnes de lait et de pommes de terre. On doit désirer, selon lui, pour le bonheur des peuples, une nourriture habituellement chère sur laquelle se règlent les prix des salaires, et pour les temps de disette, une nourriture moins chère qui remplace facilement ou agréablement la nourriture ordinaire.

Quoi qu'il en soit de ces opinions, nous devons faire observer qu'à la longue, le morcèlement excessif des patrimoines fonciers devrait, sans doute, aboutir à une sorte d'expropriation légale et à la ruine des familles propriétaires de terre. Si tous possédaient, la part de chacun deviendrait si minime que son produit serait à peu près illusoire. Mais en réalité, cette division extrême, que les lois autorisent en France, ne saurait s'effectuer d'une manière indéfinie. Le principe qui tend à favoriser la division des terres, lutte sans cesse contre l'attrait puissant de la conservation des biens de famille et le goût non moins vif de la propriété chez les gens riches ou simplement aisés. Le pauvre, seul, se trouve réduit quelquefois, par le besoin, à se dépouiller de sa chétive parcelle de terre. A la mort du père de famille, il est vrai, l'héritage doit être divisé; mais parmi les enfans appelés à le partager, si l'un d'eux n'est pas favorisé par la volonté du père, il s'en trouve toujours quelqu'un qui a prospéré dans sa carrière ou forme un établissement avantageux. Celui-là se charge ordinairement des biens de la famille ou cherche à les racheter s'ils ont été aliénés ou divisés. D'un autre côté, les mariages se chargent le plus souvent de prévenir ou de compenser le morcèlement des terres. Le petit propriétaire est plus prévoyant dans le mariage que l'ouvrier industriel. Par-là, la famille retrouve d'un côté ce qu'elle a perdu de l'autre.

La plupart des capitalistes industriels finissent toujours par se fonder une fortune territoriale. Ainsi se maintient l'équilibre et disparaissent les dangers d'une excessive division des terres. Mais quand bien même cette division s'opérerait au-delà des bornes qui semblent fixées par la nature des choses, elle aurait toujours à nos yeux le très grand avantage de multiplier le nombre des propriétaires et des agriculteurs, premiers élémens de l'ordre et de la paix publique, et d'éloigner en même temps l'une des causes les plus actives de la misère. Si l'on parcourt les contrées agricoles de la majeure partie de la France, celles même où les terres sont le plus divisées, on y trouvera peu d'indigens, peu de mendians, peu de bras inoccupés. Là encore la population est plus robuste : l'instruction n'y est pas moins répandue, et les bonnes mœurs sont mieux conservées. Il n'est pas un administrateur de département qui n'ait eu maintes fois l'occasion de se convaincre combien l'état, sous le rapport du recrutement de l'armée, de l'acquittement des charges publiques, du respect des lois, trouvait d'avantages à posséder des populations agricoles. Nous ne pouvons méconnaître que, sous une foule de rapports, la conservation des familles, par la conservation des propriétés, ne soit d'une haute importance. Mais cet avantage serait peut-être trop chèrement acheté par la diminution de la population agricole au profit de la population ouvrière. Le problème à résoudre est de maintenir le principe de la division des terres dans de justes bornes. Il nous semble résolu par le fait.

Il résulte de toutes ces réflexions, auxquelles nous aurons l'occasion d'en rattacher beaucoup d'autres, que l'on doit placer dans l'industrie agricole la principale et la plus sûre amélioration des classes ouvrières.

Colbert se plaignait que, de son temps, on ne savait à quoi employer cette grande quantité de fainéans qui remplissaient la France et demeuraient inutiles et les bras croisés au lieu de l'enrichir par leur travail. A cette époque, le principe agricole se trouvait arrêté par des vices d'organisation sociale. Le grand ministre trouva, dans son génie, les moyens d'y suppléer en créant le commerce de la nation et tous les bienfaits qui marchent à sa suite. « Le temps des nouveaux Colbert est venu (dit à ce sujet M. le baron de Keverberg, l'un des administrateurs les plus distingués des Pays-Bas), et c'est actuellement dans l'agriculture qu'ils chercheront avec succès des ressources inépuisables d'abondance. »

Un savant législateur, connu par ses travaux statistiques (M. le baron Ch. Dupin), exclusivement préoccupé de la puissance des nombres dans la formation des richesses, et de la nécessité d'accroître les forces productives de la France, a négligé toutes les considérations morales et économiques que nous venons d'indiquer, lorsqu'il se plaint vivement du trop grand nombre d'hommes consacrés aux travaux agricoles en France, et qu'il évalue à 21 millions (1). Il pense que la moitié pourrait suffire, et, dans son enthousiasme pour l'industrie, il voudrait que 10 millions et demi fussent promptement transvasés dans les classes manufacturières. Nous examinerons ailleurs l'opportunité et les conséquences d'une semblable révolution sociale. Mais dès ce moment nous croyons pouvoir avancer qu'une telle subversion de l'état actuel des choses en France, conduirait nécessairement à tripler, au moins, le nombre des indigens du royaume. Nous nous réservons de le prouver.

(1) Dans son exposé du dernier projet de loi sur les céréales, M. le comte d'Argout (alors ministre de l'intérieur) n'évalue qu'à 15 millions le nombre des cultivateurs. Il porte à 4 millions celui des propriétaires fonciers.

CHAPITRE XI.

DE L'INDUSTRIE MANUFACTURIÈRE.

> Qu'on ne croie pas, d'après ce que j'ai dit sur l'industrie, que j'en sois le détracteur et l'ennemi. Je ne suis l'ennemi de rien de ce qui contribue à l'ornement et au bien-être de la société. J'honore, au contraire, une sage industrie, et je m'élève seulement contre son indiscret et excessif accroissement qui, trop souvent, lui fait trouver en elle-même sa propre ruine : et en cela, j'ai pour moi le témoignage des hommes habiles de l'Angleterre qui, sous le rapport de l'industrie et de son influence sur la société, peuvent être juges sans appel.
>
> (Le vicomte de BONALD.)

L'INDUSTRIE manufacturière, ainsi que nous l'avons déjà dit, est le travail qui s'exerce sur les produits du sol national, ou sur les productions des pays étrangers pour leur donner une utilité ou une valeur plus grande et en faciliter la consommation et le commerce.

Dans les deux cas, ses effets, relativement aux classes ouvrières, semblent, au premier aspect, devoir procurer à celles-ci une somme au moins égale de travail, de salaire et d'aisance. Toutefois ils diffèrent essentiellement de nature si, au lieu de s'appliquer aux produits nationaux, et de se mesurer sur les besoins réels et appréciables de la consommation intérieure, l'industrie manufacturière adopte de préférence les matières premières étrangères, et s'élance dans l'espace vague et indéfini de la concurrence universelle.

Dans le premier cas, elle a pour résultat d'augmenter la valeur des terres, d'exciter l'agriculture à produire en plus grande abondance, d'assurer la consommation de ses produits, et, en s'unissant étroitement à l'industrie agricole, de compléter tous ses avantages et de participer à tous ses bienfaits.

Mais si l'industrie manufacturière s'applique exclusivement à des travaux qui n'ont pas pour objet principal de satisfaire les premiers besoins de la population, si elle s'exerce sur des produits étrangers au sol national, et ne peut régler sa production sur une appréciation exacte de la consommation du pays ou de l'étranger, il est certain qu'elle expose les classes ouvrières à des chances de détresse plus ou moins fatales et toujours plus ou moins prochaines.

Et d'abord la population agricole, attaquée dans l'élément de sa prospérité, ne peut tarder à se ressentir de cette fausse et imprudente direction donnée à l'industrie : et c'est un premier et très grave dommage.

En second lieu, la population industrielle n'a plus d'existence assurée, car elle doit subir toutes les vicissitudes qui s'attachent nécessairement aux entreprises dont la base est placée en dehors du sol national. Pendant quelque temps, sans doute, elle possédera du travail, obtiendra des salaires suffisans, et alors, pleine de sécurité et de confiance, elle se groupera autour des manufactures et se multipliera par l'effet de cet attrait du mariage toujours plus vif dans les classes ouvrières et prolétaires que dans toutes les autres. Mais tôt ou tard un événement politique, les chances mobiles du commerce, une découverte nouvelle, le caprice même de la mode et du goût, une foule de circonstances enfin, peuvent et doivent faire écrouler subitement l'édifice fragile de cette existence artificielle. Les industries rivales, de l'étranger, provoquent sans cesse l'économie de la main-d'œuvre et la baisse des salaires qui forment tout le revenu des ouvriers industriels (1). Enfin une grande catastrophe arrive ; quelques entrepreneurs se sont enrichis ; un plus grand nombre se sont ruinés ; les ateliers se ferment et des populations entières tombent dans la misère sans autre refuge que la charité.

Telle est la leçon que donne journellement l'expérience et qui force à reconnaître qu'à peu d'exceptions près, toute industrie qui n'est pas fondée principalement sur les produits du sol et sur les besoins nationaux, ou, dans le cas contraire, qui n'est pas singulièrement favorisée par des avantages locaux, est sans cesse menacée, et avec elle la population qu'elle s'est créée.

Ce n'est pas que l'industrie manufacturière appliquée aux produits du sol national soit totalement exempte de ces chances funestes ; mais elle n'y est assujettie qu'à un bien moindre degré et dans des circonstances infiniment plus rares, car elle a cet avantage qui l'associe à l'industrie agricole, d'être plus spécialement destinée à la consommation intérieure, de satisfaire des besoins plus nombreux et moins variables, de pouvoir plus facilement apprécier l'étendue de la demande, et par conséquent d'y proportionner la production.

Les produits agricoles de chaque pays suffisent presque toujours pour donner de l'activité aux manufactures et

(1) M. T. Duchâtel, dans son ouvrage sur la charité, fait observer avec raison que la condition des ouvriers et de leurs familles est en raison des salaires. « Partout, dit-il, où les salaires sont trop faibles, la misère est inévitable ; toute prévoyance demeure stérile, toute volonté d'économie impuissante. Comment les salaires sont-ils déterminés ? Voilà le grand problème de la condition des classes inférieures. M. Duchâtel en trouve la solution dans l'équilibre entre la population et la somme de richesse à laquelle elle emprunte les moyens d'exister. Or, on verra que cet équilibre est presque impossible à maintenir dans le système actuel de l'industrie manufacturière.

alimenter les transactions commerciales, soit dans le pays même, soit à l'extérieur.

Toutes les branches de l'industrie favorisent l'accroissement de la population ; mais il règne, dans la condition des individus qui leur appartiennent, une différence sensible en faveur des ouvriers attachés à l'industrie agricole. Les chances de mortalité sont plus fortes dans la classe purement industrielle ; l'accroissement rapide de celle-ci, multiplie le nombre des êtres chétifs, malsains et qui finissent toujours par retomber à la charge de l'état.

« Deux nations, dit Malthus, pourraient voir croître précisément, avec la même rapidité, la valeur échangeable du produit de leur sol et de leur travail, et ne pas offrir au pauvre ouvrier les mêmes ressources ; car si l'une s'appliquait principalement à l'agriculture et l'autre au commerce, le fonds destiné à mettre le travail en activité croîtrait bien différemment chez l'un et chez l'autre. Chez celle qui serait vouée à l'agriculture, le peuple vivrait avec plus d'aisance et la population croîtrait plus rapidement. Chez celle qui se serait adonnée au commerce, les pauvres auraient très peu amélioré leur sort. »

Une autre observation non moins exacte, c'est que l'ignorance, l'imprévoyance et l'immoralité dominent dans les cantons purement manufacturiers. Il n'en saurait être autrement, puisque, dès l'âge de six à sept ans l'industrie s'empare de l'enfance, et énerve ses forces par un travail prématuré, tandis que l'avidité ou la misère des parens les empêche de consacrer, à l'instruction de leurs enfans, des heures qui peuvent produire un chétif salaire.

Enfin, et sous un point de vue politique, on doit faire remarquer que, dans l'intérêt de l'état, la seule manière de placer les capitaux est celle qui ne permet pas à la mise de fonds de s'anéantir en totalité. La manufacture la plus productive se détruit par un événement naturel. Outre les chances commerciales, la mort d'un homme industrieux perd l'entreprise qu'il avait fait prospérer. Ses enfans ne suivent pas la même marche, ou ne continuent pas. Les résultats des capitaux placés dans des spéculations éventuelles éprouvent une grande variation. Le fonds le plus plus solide est la terre (1).

Il est donc vrai que la direction donnée au travail n'est point indifférente en économie politique générale, surtout en ce qui concerne le bien-être des populations ouvrières. C'est une distinction qui nous semble avoir échappé à beaucoup de bons esprits et même à l'illustre auteur de l'Esprit des lois, ou plutôt qu'il n'a pas suffisamment établie, lorsqu'il a dit dans son immortel ouvrage : « Un homme n'est pas pauvre parce qu'il n'a rien. Celui qui n'a aucun bien, mais qui travaille, est aussi riche que celui qui a cent écus sans travailler. » Montesquieu n'a pas assez développé sa pensée. S'il l'eût complétée, il aurait sans doute songé à l'avenir de l'ouvrier, aux avantages de l'épargne et de la possession d'un capital. Il a supposé l'ouvrier toujours pourvu d'un travail, assuré de force physique constante, et d'un salaire suffisant. Mais combien peu ces conditions se trouvent réunies chez l'ouvrier tout-à-fait pauvre !

Cependant les fondateurs de l'économie politique anglaise et leurs nombreux disciples, ont admis en principe que l'extension indéfinie de l'industrie manufacturière sur quelques produits qu'elle s'applique, était sans danger pour le sort des populations ouvrières. Supposant que la consommation suivra toujours la production parce que la production se conformera toujours aux besoins réels, ils ne donnent aucunes bornes à l'activité de l'industrie. Ils avancent même que les gouvernemens doivent non seulement la laisser entièrement libre, mais encore l'encourager dans ses progrès comme dans ses perfectionne-

(1) Voir les Réflexions sur l'état agricole et commercial des provinces centrales de la France, par M. le vicomte d'Harcourt.

mens; car dans son excès même, elle tend toujours à améliorer le sort de toutes les classes de la société.

Cette doctrine a été combattue par d'habiles écrivains; mais elle l'est aujourd'hui surtout par les résultats d'une expérience européenne. Laissons parler les premiers; nous exposerons ensuite les faits qui appuient leurs raisonnemens.

« Les manufactures ajoutent à la richesse, dit M. le vicomte de Saint-Chamans (1), en multipliant les produits qui servent de débouchés à d'autres produits, en créant des revenus. Elles ajoutent plus ou moins à la richesse nationale suivant le genre de leurs matières primitives. Celles dont la matière première est indigène et tient à une nourriture, comme la laine, le cuir, etc., sont les plus utiles; celles dont la matière première est indigène sans tenir à une nourriture, comme le chanvre, le lin, la soie, viennent après. Celles dont la matière est étrangère, comme le coton, etc., sont les moins avantageuses. »

« Ces trois espèces de manufactures créent des revenus à l'entrepreneur et aux ouvriers; mais la première plus encouragée aurait, en outre, l'avantage inestimable d'exciter à la multiplication des bestiaux, de multiplier les engrais et de donner à la terre un surcroît de fertilité dont se ressentiraient toutes les espèces de productions. Que de revenus créés par-là et que de profits pour tous les producteurs! La seconde espèce crée, comme la précédente, des revenus aux propriétaires à qui elle achète la matière première; mais ses bienfaits se bornent là, et elle n'a pas comme elle l'avantage de procurer des vivres et de faire tout fructifier par la multiplication des engrais. La troisième espèce, non seulement ne crée pas des revenus aux propriétaires, mais elle leur en ôte, si, en résultat, c'est en argent et non en marchandises que la matière étran-

(1) Système d'impôt.

gère est payée. Car l'argent qu'elle donne aux étrangers eût été dépensé dans le pays et eût créé des revenus aux propriétaires. Donc elle leur en a ôté en leur emportant cet argent (1). »

« Dans un pays industrieux comme la France, la prospérité des manufactures suivra toujours la prospérité de l'agriculture. Les producteurs ne manqueront pas. C'est donc par l'amélioration de l'agriculture que le gouvernement parviendra à faire prospérer les manufactures. »

M. de Saint-Chamans ajoute à ce sujet : « Si jamais la routine fait place au système qui a pour lui l'évidence des faits et des théories, si l'on met des taxes nouvelles sur les consommations, l'intérêt de la nation est que le droit soit très faible sur les tissus de laine, moins faible sur les tissus de chanvre et de lin, plus fort sur ceux de coton. »

Adam Smith et ses disciples ont constamment repoussé l'intervention du gouvernement en matière d'industrie ; M. de Sismondi l'invoque fréquemment. Voici comment il s'exprime :

« Smith avait considéré la richesse d'une manière abstraite, sans rapport avec les hommes qui devaient en jouir. Dans son système, il concluait qu'en faisant le plus d'ouvrage possible, au meilleur marché possible, par la première opération on augmenterait le revenu, et par la seconde on diminuerait les dépenses de la société. La concurrence la plus absolue devait avoir inévitablement l'un ou l'autre de ces effets ; mais quand on a considéré l'économie politique comme se rapportant à la population aussi bien qu'à la richesse, quand on a cherché, non point ce

(1) On voit ici que M. de Saint-Chamans attribue à l'argent la puissance qu'ont tous les capitaux, et que l'argent possède plus qu'un autre, de créer des revenus, en s'appliquant à développer l'industrie. Cette puissance a été trop méconnue par les économistes anglais qui ont félicité Smith d'avoir détrôné *l'or et l'argent* auxquels, suivant eux, on avait accordé une trop grande valeur dans la définition de la richesse.

qui donnerait plus d'opulence, mais ce qui donnerait aux hommes, par l'opulence, plus de bonheur, on a dû commencer à s'effrayer de la chose même qu'on avait d'abord désirée. Travailler le plus possible et vendre au plus bas prix possible, c'est renoncer à tous les avantages de cette richesse qu'on va rechercher. C'est ajouter à sa peine et ôter à ses jouissances, *c'est changer les citoyens en esclaves* pour se donner l'avantage de faire porter en compte de plus fortes sommes pour celui qui calculera le bilan de la nation. »

« Le gouvernement a été institué pour protéger, avec les forces de tous, chacun contre les injures de tout autre. Il oppose l'intérêt public à l'intérêt privé, il est appelé à servir de lumières à tous contre les lumières de tous. La justice est l'expression de ces lumières. Cette justice, en même temps qu'elle est le plus grand bien de tous, est opposée à l'intérêt privé de chacun ; car cet intérêt enseigne toujours à usurper le bien de son voisin. »

« L'économie politique est une autre expression des lumières sociales. Elle apprend de même à distinguer l'intérêt de tous (savoir qu'aucun ne soit excédé de travail, qu'aucun ne soit privé de récompense), d'avec l'intérêt de chacun (d'attirer à lui toutes les récompenses du travail), en en faisant le plus possible, au plus bas prix possible. »

« A l'égard de la population agricole, la tâche du gouvernement consiste à réunir sans cesse le travail avec la propriété, à accélérer cette réunion par tous les moyens indirects de la législation, à donner la plus grande facilité pour les ventes d'immeubles, à maintenir la division des héritages dans les familles, à interdire toutes les réserves, toutes les substitutions perpétuelles qui enchaînent les propriétés et à attacher à la possession des avantages qui fassent que chaque paysan se propose l'acquisition d'un petit patrimoine comme le but de son ambition. »

« Il est plus difficile de pourvoir à l'existence des pauvres ouvriers des villes. L'imagination s'effraie de leur nombre et de leur misère, et parmi les calamités qui les affligent, il y en a qui sont sans remèdes. »

« Cette classe, plus dépendante qu'aucune autre pour sa subsistance des hasards de tout genre, est justement celle qui calcule le moins pour la formation de sa famille ; c'est celle qui se marie le plus tôt et qui produit le plus d'enfans. »

M. Ferrier combat aussi les théories de l'école anglaise par des observations qui ramènent encore la question des salaires, si étroitement liée au sort des classes ouvrières.

« Pour les marchandises, dit-il, dont la demande, soit pour la beauté de la matière, soit par d'autres causes, excède habituellement l'offre, la baisse des prix, résultat de la baisse des salaires, permet de soutenir au dehors la concurrence de l'étranger : elle tend aussi à mettre les produits à la portée d'un plus grand nombre de consommateurs. Sous ces deux rapports, la baisse des salaires est un bien ; mais elle est un mal en cet autre sens que la classe ouvrière ne recueille pas le fruit de ses peines et fait de la richesse sans y participer. »

« C'est le spectacle le plus affligeant pour l'humanité, sans que d'ailleurs on aperçoive aucun moyen d'améliorer la condition des travailleurs ; car s'ils gagnent peu, c'est que leur nombre est trop grand. Que peut-on faire pour les pauvres quand leurs bras sont au rabais ? L'Angleterre, si riche par son industrie agricole et manufacturière, recule aujourd'hui devant cette question qui appartient désormais à la politique, tant les circonstances lui ont donné de la gravité. »

« La baisse des profits fait moins de malheureux que la baisse des salaires ; mais elle nuit beaucoup plus au développement de la richesse. La théorie, qui apprend que le bon marché des produits en accroît la demande, est en défaut, lorsqu'il y a dans un pays plus de capitaux et de travailleurs que les besoins de la consommation ne l'exigent. Car les plus forts consommateurs sont en même temps les plus forts producteurs, et que, gagnant moins, ils dépensent moins. Forts profits (1), forte consommation et forte production sont trois choses qui vont bien ensemble. »

Nous aurions pu multiplier ces citations; mais elles nous semblent suffire pour confirmer la vérité et la force des principes que nous avons déjà exposés, et qui recommandent, dans l'intérêt de la classe pauvre, d'une part, de préférer l'élévation des salaires des ouvriers aux bénéfices exagérés des entrepreneurs d'industrie; de l'autre, d'appliquer l'industrie manufacturière aux produits du sol, et particulièrement ceux qui multiplient les subsistances, de préférence à tous les autres produits.

Nous avons fait remarquer que l'industrie manufacturière nuisait à la force physique de la population. Cette observation, vérifiée par l'aspect de toutes nos grandes cités industrielles, se trouve spécialement applicable, en Europe, aux travaux qui s'exercent sur des produits étrangers. Voici un témoin, M. Storch, que l'économie politique anglaise ne saurait récuser.

« Autant l'industrie agricole, dit cet auteur, est en général favorable au développement physique des ouvriers, c'est-à-dire à la grande masse de la nation, autant l'industrie manufacturière est contraire à ce développement. Les travaux de la campagne entretiennent la santé de l'ouvrier et le rendent fort et robuste. Ceux des ateliers minent insensiblement sa constitution, lui font perdre sa vigueur et le condamnent souvent à une mort prématurée (2). »

(1) M. Ferrier aurait pu ajouter : *et forts salaires.*

(2) Malthus fait observer que toutes les tentatives qu'on a faites pour employer les pauvres dans de grands établissemens de manufactures ont presque toujours échoué : cela se comprend aisément. La misère et l'immoralité ruinent la santé et l'intelligence; or, l'industrie ne veut plus des ouvriers qu'elle a une fois plongés dans la pauvreté et dans la dégradation morale.

« Tout le monde sait que la poussière du coton, dans les manufactures de ce *matériel*, rend les hommes aveugles, que les attitudes qu'exigent certains métiers deviennent la cause de ces difformités qu'on remarque si souvent dans la classe des artisans. En Russie, comme dans les pays agricoles, on voit peu de gens contrefaits. Lorsque, dans ma jeunesse, je visitai les villes manufacturières de la France et de l'Allemagne, je fus frappé du nombre de figures hideuses et contrefaites que je rencontrai partout, dans les rues comme dans les ateliers, et dont je n'avais vu rien de pareil dans ma patrie. »

« Pour vous faire une idée des maux physiques et moraux qui vont à la suite d'une fabrication active, lisez ce qu'un Anglais dit là-dessus : c'est le docteur Aikins qui parle, dans sa description de la ville de Manchester. »

« Dans nos fabriques de coton, dit-il, ce sont surtout des enfans qu'on emploie. Elevés dans les ateliers de Londres, on les conduit par troupeau chez nous. Personne ne les connaît, personne ne leur témoigne le moindre intérêt. Enfermés dans des chambres étroites où l'air est empesté par l'huile des lampes et des machines, on les applique à un travail qui dure toute la journée et qui se prolonge quelquefois même bien avant dans la nuit. Ces circonstances, le défaut de propreté et le changement fréquent de la température auxquels ils sont exposés en sortant et en rentrant, deviennent la cause d'une foule de maladies, et surtout de la fièvre nerveuse si commune dans les ateliers. Lorsqu'ils sortent de l'apprentissage, ces enfans sont, dans la règle, des êtres faibles et incapables d'aucun travail fatigant ou soutenu : les filles ne savent ni coudre, ni tricoter, et elles sont dépourvues de toutes les qualités qui font les bonnes mères de famille. Pour se convaincre des tristes suites de tout cela, on n'a qu'à comparer les ménages des cultivateurs et ceux des manufacturiers. Chez les premiers, tout est propre, tout respire l'aisance et le contentement. Chez les autres, on ne voit que saleté, haillons et misère, quoique le salaire des ouvriers de fabrique soit presque double de celui dont jouissent les valets de ferme. »

« Telles sont, par rapport à la santé, les inconvéniens attachés à la vie de l'artisan. A la vérité, la population d'un pays manufacturier et commerçant peut s'élever bien plus haut que celle d'un pays agricole. Mais sans compter que cette population sera composée en grande partie d'êtres faibles et languissans, il est encore à remarquer que du moment qu'elle dépasse le nombre d'individus que le pays peut nourrir, de son propre produit rural, sa subsistance devient précaire, et qu'alors la misère, parmi les dernières classes du peuple, la fait souvent reculer (1). »

(1) Nous plaçons ici un tableau non moins affligeant qu'exact de la population d'une partie de la ville de Londres.

PROMENADE A SPITALFIELD, QUARTIER HABITÉ PAR DES ARTISANS ET DES PAUVRES A LONDRES.

« Il me prit envie de voyager dans ces terres australes et inconnues. C'était un jour de fête. Certes, si j'étais tombé des nues, je n'aurais pas eu plus de sujets d'étonnement. Tout était nouveau, rien ne me rappelait la partie septentrionale de Londres et les êtres qui l'habitent. Ce qui me frappa d'abord, ce furent les proportions diminutives de tous ceux qui m'entouraient. Je ne voyais que petits hommes, chétifs, étiolés, malades, difformes, aussi peu semblables aux Londoniens de l'autre côté de la ville, que le Lapon, haut de quatre pieds, ne ressemble à l'Américain géant. L'excès du travail et de la misère courbe sous une vieillesse prématurée, le jeune homme de vingt ans qui paraît en avoir quarante; vous ne rencontrez pas un vieillard qui ne soit mutilé, contourné, qui ne réunisse à la décrépitude de l'âge quelque difformité repoussante; ce ne sont que bossus avec épaules rondes, monstres aux jambes arquées et aux longs bras, hommes, dont la tête long-temps ployée sur leur poitrine, a conservé cette position oblique : tel est le résultat d'une vie de labeur. Ces malheureux sont restés courbés sur le métier à tisser la soie, véritable instrument de supplice, qui leur donne à peine du pain et les flétrit dès le premier âge. Là une épine dorsale droite est une merveille; un homme qui a plus de cinq pieds est un géant; si vous le rencontrez, par hasard, dans le pays dont nous parlons, soyez sûr que ce n'est pas un indigène.

La ville de Londres se souviendra long-temps de cette procession solen-

M. le vicomte de Bonald confirme ces observations affligeantes, de tout le poids de l'autorité attachée à son nom si justement vénéré.

« L'ouvrier manufacturier, dit-il (et c'est surtout de celui employé aux fabriques de coton qu'il veut parler), appliqué à des travaux sédentaires, dans des lieux ren-

nelle des tisserands de Spitalfield, qui, il y a peu d'années, quitta sa région natale et s'achemina vers la chambre des communes, pour lui demander justice, c'est-à-dire du pain. Cette armée de pauvres pygmées en haillons, ces figures d'inanition et de décrépitude prématurée, cette maigreur générale, ces teints hâves et plombés, étaient bien plus éloquens que ne pourront l'être jamais tous les discours de nos faiseurs de phrases.

Comment s'étonner de cet amoindrissement de l'espèce humaine? Longtemps les malheureux auxquels nous devons nos habits de luxe n'ont gagné que quatre schelings et demi (5 fr. 60 c.) par semaine, et encore ce misérable salaire, qui, sextuplé, aurait à peine suffi aux besoins matériels de leur vie, s'interrompait-il tout à coup la sixième ou septième semaine, pour reprendre après une interruption de huit jours. Ils ne gagnaient réellement que la somme nécessaire pour acheter du pain et de l'eau. Ils croyaient cependant à leurs droits politiques, et ne négligeaient pas de les faire valoir. J'assistai aux débats d'un comité fondé par eux, et dont les séances avaient lieu dans une taverne. Mais, attendu leur pauvreté, de l'eau, placée dans un grand tonneau où l'on puisait avec des écuelles de bois, était le seul rafraîchissement sur lequel les assistans pussent compter.

Que les philosophes et les hommes politiques y pensent donc; qu'ils aillent, comme moi, examiner de près cette misère à laquelle notre luxe insulte; qu'ils aillent, comme moi, s'asseoir sur ces misérables escabaux, seuls meubles qui ornent les petites cellules des maisons à [illegible] étages que cette population habite. C'est surtout le dimanche qu'il faut la voir, et qu'elle fait pitié! elle est couverte de lambeaux et de haillons qu'elle blanchit avec soin; elle va, pour deux sous, s'asseoir dans un petit jardin large de huit pieds, avec sa muraille noire de suie et de fumée et sa table de bois blanc. Suivez-les de leurs maisons à l'église et de l'église à l'atelier: jamais sur ces figures pâles et flétries un rayon de joie et d'espérance. Leurs amusemens sont misérables comme leur vie: attablés chez le maître d'auberge, ils fument et boivent, mais sans sourire; leurs intelligences sont rachitiques comme leurs corps. J'ai vu un aubergiste, pour leur offrir un sujet de curiosité et d'intérêt, condamner un petit enfant à ramasser, sur la terre, cent cailloux en deux minutes. Ainsi, leur âme et leur corps ont également cédé à l'influence pestilentielle de la misère.

(*New Monthly magazine.*)

fermés, obligé souvent de travailler la nuit pour subvenir, par ce travail extraordinaire, à la modicité de son salaire, est beaucoup plus tôt infirme que l'agriculteur. Echauffé par la continuité de son travail, il se repose le dimanche et s'enivre le lundi; et payé par semaine, tandis que le valet agriculteur l'est à l'année, il dispose de son argent bien plus facilement que celui-ci pour le jeu ou pour le cabaret. Il ne fait presque jamais de réserve ni pour ses vieux ans, ni pour sa famille (car les ouvriers des fabriques sont presque tous mariés). La réunion des sexes les dispose au mariage, qui, contracté de bonne heure, ne les sauve pas même du libertinage, et lorsque les infirmités ont épuisé leurs forces, n'ayant rien amassé ni pour eux, ni pour leurs enfans, ils n'ont les uns et les autres de ressource que la mendicité et les hôpitaux. »

« Aussi, est-ce dans les villes manufacturières que se trouvent le plus de mendians; et Malthus a remarqué qu'en Suisse, c'est dans le voisinage des villes les plus riches qu'il s'en trouve davantage. »

« L'industrie occupe la jeunesse et peut-être trop dans les pays qui ont besoin de soldats et ne peuvent leur donner la solde que leur offre l'industrie. Mais l'industrie abandonne aussi la vieillesse et l'infirmité. »

« En Suisse, le premier magistrat du canton de Glaris (le landamman *Hehr*), disait, il y a quelques années : « La vie sédentaire, une mauvaise nourriture et un séjour dans des lieux humides et malsains ont ravi à notre peuple sa santé et sa vigueur naturelle. Le quart de notre population demande l'aumône. »

« En Angleterre, la population ouvrière s'étend outre mesure. Il n'y a jamais d'égalité entre le travail demandé et le travail à faire. Les ouvriers vont se dégradant de plus en plus. La taxe des pauvres, qui s'élevait, en 1750, à 730,135 liv. sterl., s'est élevée, en 1818, à la somme énorme de 9,320,440 liv. sterl., c'est-à-dire à plus de 242 millions de francs. »

Enfin, les résultats des opérations du recrutement de l'armée, en France, prouvent que dans les cantons industriels, la population peut à peine fournir le contingent qui lui est assigné. Le nombre des réformes, pour cause d'infirmités, y est de près des 2/3, tandis qu'il ne s'élève pas à plus des 2/7 dans les cantons purement agricoles.

Ces tristes tableaux n'ont qu'une trop grande exactitude. Il n'est aucun observateur philantrope qui ne les ait vus se reproduire dans les principales villes manufacturières de la France et de l'étranger, dans celles surtout où les fabriques de coton sont spécialement établies.

Nous n'avons pas assurément la pensée d'adresser un reproche aux hommes d'état éclairés qui, les premiers, contribuèrent à introduire et à développer en France la grande industrie qui s'exerce sur cette matière étrangère. Leurs intentions furent toutes nationales, et de grands succès pouvaient et devaient y répondre. Si de funestes conséquences en sont résultées pour les classes ouvrières, c'est la cupidité, l'avidité et l'égoïsme des entrepreneurs de cette industrie qu'il faut en accuser, plus encore que des encouragemens trop irréfléchis peut-être, accordés par le gouvernement à l'extension indéfinie de ses produits

Quelques détails sur l'établissement de l'industrie du coton en France pouvant avoir ici de l'intérêt, comme servant à mesurer les progrès parallèles de cette industrie et du paupérisme, nous allons citer ce qu'écrivait en 1819, sur cet objet, M. le comte Chaptal, dont l'industrie française a déploré si justement la perte encore récente.

« La filature du coton par mécanique n'était presque pas pratiquée en France il y a trente ans. Celle de la laine, du lin et du chanvre, par les mêmes moyens, y est encore inconnue. La plupart des cotons employés dans nos fabriques étaient faits au rouet ou à la main dans les campagnes, surtout dans les montagnes où la main-d'œuvre est à plus bas prix. Une grande partie des fils était importée d'Angleterre, de Suisse et des Echelles du Levant. Depuis cette époque, des établissemens immenses se sont formés de toutes parts. Les mécaniques les plus parfaites ont été importées d'Angleterre et perfectionnées par nos artistes. La filature de coton par mécanique est devenue en peu de temps une de nos branches d'industrie les plus importantes, et à l'exception d'une petite quantité de fil très fin qui s'introduit en fraude pour alimenter nos belles fabriques de Tarare et de Saint-Quentin, nos établissemens fournissent à tous nos besoins. Plusieurs fabriques se bornent à convertir le coton en fil pour le vendre aux fabricans de tissus. D'autres mettent en œuvre le produit de leur filature et en forment des toiles. Plusieurs filent le coton, tissent les toiles et les impriment. »

« La filature du coton et la fabrication des tissus par mécanique, que l'Europe s'est appropriée, a fait changer de nature au commerce de l'Inde d'où l'on importait toutes ces toiles. Une grande partie des bras employés jusque-là à la filature et au tissage s'est trouvée de suite sans travail, et c'est pour leur donner une nouvelle occupation que le gouvernement anglais s'est hâté d'y encourager la culture de la canne à sucre et d'autres objets que fournissait abondamment l'Amérique. »

« L'état actuel de nos filatures par les mécaniques dites *mull-jennys et continues*, nous permet de fournir par an à la fabrication des tissus ou de la cotonnerie plus de 25 millions de livres de fil de coton, indépendamment de ce qui se file encore au rouet ou à la main dans les montagnes. »

« Dans les temps de guerre qui viennent de s'écouler, nos approvisionnemens en coton avaient été rendus difficiles et les assortimens presque impossibles. Nos filatures étaient réduites à n'employer que les cotons du Levant qui nous arrivaient par terre, et ceux de Naples ou de Motrillos en Espagne. Le coton du Levant qui est gros et court, se prête difficilement à former les fils d'une grande finesse. Ceux de Naples et d'Espagne sont plus fins, mais on ne pouvait en extraire plus de 3 à 4 millions de livres. D'un autre côté, le gouvernement, qui souvent n'était guidé que par de purs intérêts de fiscalité, avait grevé l'entrée des cotons d'un droit supérieur à celui de l'achat primitif, ce qui encourageait la contrebande et fermait les débouchés aux produits fabriqués. Le commerce des cotons du Levant avait pris sa direction par Vienne et par le Rhin. On voulait qu'il se frayât une route par Trieste, et on ferma la porte au coton qui arrivait par le Nord. »

« Toutes ces contrariétés réunies eussent dû étouffer cette industrie, et l'on ne peut qu'être frappé d'étonnement lorsqu'au milieu de tous ces obstacles multipliés on la voit s'établir, s'étendre, se perfectionner. Il faut convenir que ce n'est pas là un des moindres prodiges de notre industrie dans ces derniers temps, et cette victoire honore autant le caractère français que celles qui ont illustré nos armées. Elle le venge de cette légèreté dont on a cherché à le noircir à diverses époques. Il serait difficile de trouver une nation qui, dans des circonstances aussi pénibles, ait montré plus de constance et plus de zèle pour le bien public. »

« Le terme moyen des importations en cotonades, pendant les années 1787, 1788 et 1789, a été de 25,851,253 fr., et pendant les six années antérieures à 1812, il n'a été que de 1,492,028 fr. En 1789, nous fabriquions déjà en France une grande quantité de mouchoirs de coton. Rouen et Montpellier en fournissaient au commerce pour plus de 15,000,000 fr. Le procédé de la teinture sur coton, qu'on venait d'importer de Smyrne et d'Andrinople, s'était tellement répandu et perfectionné, qu'on exportait une assez grande quantité de fil teint en rouge. »

« Dans les départemens de l'Aisne, de la Seine-Inférieure, de la Somme et du Nord, on était parvenu à fabriquer plus de 1,500,000 pièces de nankin par an. Cette précieuse branche d'industrie s'est perdue du moment qu'on a rouvert la porte aux nankins de l'Inde, moyennant un droit d'entrée. Ce résultat aurait dû être prévu si l'on eût considéré que la concurrence pour cet article était rendue impossible par la nécessité où nous sommes de revêtir ces tissus d'une couleur artificielle. »

« En 1812, on comptait en France 1,028,642 broches, produisant 10,445,329 kil. de fil de coton. En supposant 300 jours par année, et 12 heures de travail par jour, les filatures de mécanique qui existaient à cette époque auraient pu fournir 13,474,650 kil. de fil. Le département du Nord produisait à lui seul, en 1812, 5,827,000 kil. de fil, c'est-à-dire plus de moitié de la totalité de la France. »

Suivant M. le baron Ch. Dupin, dès 1825, la France filait 28 millions de kilog. de coton à des degrés supérieurs en finesse, et les mettait en œuvre pour former une foule de tissus qu'à la première époque nous savions à peine fabriquer, depuis les basins jusqu'à ces tulles si délicats, qu'aujourd'hui Lyon seul confectionne sur deux cents métiers, et que Dunkerque, Calais, Saint-Etienne, Saint-Quentin, Lille, Rouen et vingt autres cités savent aussi fabriquer (1).

Voilà assurément de brillans résultats industriels; et, bien que l'on puisse les attribuer plutôt au développement des théories anglaises qu'à l'esprit national, nous ne nierons pas que les progrès de l'industrie du coton aient contribué à augmenter la masse de la richesse nationale. Tant qu'elle s'est bornée à satisfaire les besoins de la consommation intérieure, et à repousser les importations étran-

(1) La plupart des fils destinés à la fabrication des tulles nous viennent de l'Angleterre. Nous n'avons pu encore arriver au degré de finesse nécessaire dans la confection du fil qu'exige cette sorte de tissu.

gères, on ne devait qu'y applaudir. Il en était ainsi avant la restauration, et même à l'époque où M. le comte Chaptal écrivait son important ouvrage. Mais depuis lors, il y a eu véritablement excès dans la production, et il n'est que trop permis de conserver des doutes sur la nature et la réalité de l'amélioration qu'elle a apportée au sort des classes ouvrières.

Il est reconnu aujourd'hui qu'elle a, en quelque sorte, sinon détruit, du moins infiniment réduit la culture et l'industrie des chanvres et des lins qui faisaient prospérer jadis les campagnes de la Normandie, de la Bretagne, de la Flandre, du Maine et de plusieurs autres contrées du royaume, sans que rien les ait remplacées avantageusement. La Bretagne et le Maine, surtout, ont été appauvris d'une manière affligeante. Si quelques grandes villes de la Normandie, de la Picardie, de la Flandre et du Lyonnais, telles que Rouen, Amiens, Saint-Quentin, Lille, Tarare, ont dû quelques années de haute prospérité aux fabriques de coton, il est de fait que cette industrie n'a été momentanément une source de richesse que pour les entrepreneurs. Il y a eu, sans doute, pour le consommateur, en général, économie à substituer les tissus de coton à ceux de chanvre, de lin et de soie, dans un grand nombre d'usages journaliers. Mais cette économie eût été la même, et peut-être plus grande encore, si l'on avait librement permis l'introduction en France des étoffes de coton étrangères, puisque celles-ci peuvent être livrées à meilleur marché. L'industrie du coton, comme toutes celles qui s'exercent sur les produits étrangers au sol de l'Europe, étant d'ailleurs commune à tous les peuples de l'univers, devait être nécessairement l'objet d'une concurrence continuelle et générale; or, cette concurrence entraîne avec elle la réduction des salaires, l'introduction des machines, et la guerre des douanes et des prohibitions, et n'est en réalité profitable qu'à la nation qui peut produire à meilleur marché (1).

(1) A l'appui de ces observations, nous plaçons les détails suivans donnés par la Revue britannique, sur l'industrie du coton en France et en Angleterre.

INDUSTRIE DU COTON EN ANGLETERRE.

En 1760, les produits de la filature et du tissage du coton ne s'élevaient pas à 200,000 liv. sterling (41,000,000 fr.).

En 1824, M. Huskisson déclarait, à la chambre des communes, que le produit annuel des tissus de coton était de	33,500,000 st.	827,500,000 f.
Il s'élevait, en 1827, à	36,000,000	900,000,000
En 1833, à.	37,000,000	925,000,000
En déduisant 6,000,000 pour le coût de la matière brute, il reste un produit de	31,000,000	765,000,000
Le capital consacré à cette industrie excède.		1,875,000,000

Cette industrie occupe plus de 850,000 blanchisseurs, fileurs, tisserands. La population attachée à cette industrie, y compris les enfans, peut s'élever à 1,500,000 individus (*Monthly Review*).

Les produits des filatures et du tissage de coton excèdent de plus de 25,000,000 fr. le revenu brut du vaste empire de la Chine, et la masse de travail, opérée à l'aide des machines, par les 850,000 ouvriers qu'elle emploie, égale celle que 80,000,000 d'ouvriers opéreraient à la main (*id.*).

INDUSTRIE DU COTON EN FRANCE.

C'est au commencement de ce siècle que l'industrie cotonnière a pris naissance en France.

En 1806, une loi, provoquée par M. Rubichon, prohiba l'entrée de tous les tissus de quelque nature qu'ils fussent. Elle fut sévèrement exécutée. Deux ans à peine après sa promulgation, la Normandie, le Beaujolais, la Flandre, la Picardie, l'Alsace et Paris même furent remplis de métiers dont les produits trouvèrent leur écoulement sous la protection du système continental.

On avait pensé que, grâce au bas prix de la main d'œuvre en France, et en accordant de fortes primes à la sortie, les tissus de coton français dont la consommation se trouvait déjà protégée à l'intérieur par la prohibition rigoureuse des produits étrangers, pourraient soutenir la concurrence des tissus anglais sur les marchés extérieurs. Erreur funeste qui a porté le dernier coup à l'industrie cotonnière de la France. Par suite de ce système, des capitaux immenses ont été dévorés en pure perte, et des millions d'ouvriers ont été réduits à la plus profonde misère. L'Angleterre, par le perfectionnement de ses ma-

D'un autre côté, en concentrant sur les mêmes points un très grand nombre d'ouvriers et en leur offrant, dans le principe, du travail et de hauts salaires, les manufactures

chines et par l'abaissement successif du salaire de ses ouvriers, s'est toujours trouvée en mesure de livrer ses produits à 20 p. o/o au-dessous de la France; car les primes n'étaient pas assez considérables, pour compenser l'énorme différence qui existe entre le prix du frêt payé en France et en Angleterre, le coût des machines et leur établissement dans les deux pays. D'ailleurs, ce serait se faire une idée bien fausse que de penser que la main-d'œuvre, en Angleterre, est de beaucoup plus élevée qu'en France. La seule différence qui existe, se trouve balancée par la plus grande habileté de l'ouvrier anglais. Depuis 1775, les façons ont été tellement réduites, qu'on a peine à concevoir comment l'ouvrier anglais peut parvenir, avec un salaire si restreint, à subvenir à tous ses besoins et à ceux de sa famille. La pièce de coton, dont la main-d'œuvre était payée, en 1776, par la maison Peel et comp. de Blackburn, 137 fr., se paie aujourd'hui 12 à 13 fr. 25 c. Il résulte des recherches de Marshall (John) que le prix de la main-d'œuvre dans les manufactures de coton a baissé, depuis 1814, dans la proportion de 12 à 1. Il s'en faut que nous soyons partisans de ces rénumérations si réduites, qui mettent un grand nombre d'ouvriers à la charge des paroisses. Hélas! si la France est dévorée par ses lois restrictives, nous le sommes par la taxe des pauvres, qui va toujours croissant! Ce serait vainement que la France chercherait encore à produire, à meilleur marché que nous, par des moyens factices. Nos fers, nos charbons, dont l'extraction est si facile, nos navires, toujours sûrs de trouver un chargement de retour, le caractère spécial de nos ouvriers nous assurent pendant long-temps une prospérité incontestable. La Suisse seule pourrait lutter avec avantage, si elle avait des ports de mer.

Pour donner plus de poids à notre assertion, nous reproduisons ici le résumé d'un parallèle qui a été établi en France par des hommes de l'art, duquel il résulte que si la fabrication de 15,000 pièces de coton coûte, en Angleterre, 64,708 fr., elle reviendra, en France, à 116,250 fr.: ainsi, il y a, à l'avantage de la fabrication anglaise, 3 fr. 25 c. par pièce ou près de 100 p. o/o!..... L'impression des toiles de coton est peut-être meilleure en France; les dessins sont faits avec plus de goût, les couleurs plus vives, quoique moins durables. Si la liberté du commerce existait, nous pourrions trouver de l'avantage à faire imprimer nos toiles en France, et à donner pour échange de ce travail nos pièces en blanc.

Ainsi donc, on le voit, la France en prohibant nos tissus, a nui à l'écoulement de ses vins et des divers produits de son sol, et a établi, aux dépens du consommateur, un monopole en faveur des fabricans du coton, sans cependant enrichir ceux-ci, car leur détresse augmente de jour en

ont contribué à multiplier considérablement la population ouvrière et prolétaire. Sous ce rapport, elles ont sans doute favorisé les intérêts de l'agriculture, en augmentant la consommation dans les environs des villes manufacturières; mais comme en même temps elles ont grossi extraordinairement le nombre des individus voués au malheur, aux maladies et à l'indigence, il n'y a pas compensation suffisante aux yeux de l'humanité.

L'Angleterre, qui fabrique à 100 p. 0/0 meilleur marché que nous, doit probablement à l'extension indéfinie de ses fabriques de coton la majeure partie de ses innombrables indigens (1). Le traducteur de l'Economie politique de Malthus (M. Constancio) dit à ce sujet : « Le coton n'est pas plus un produit de l'Angleterre que la soie; et malheur à nous, malheur plus grand qu'aucun que nous ayions éprouvé jusqu'à cette heure, si jamais la prospérité de notre commerce de coton devient nécessaire pour acheter la subsistance d'une portion considérable du peuple anglais. » Et cependant l'Angleterre a l'avantage d'être pourvue de la matière première par ses colonies, qui du moins profitent des progrès de cette branche d'industrie. Mais pour la France, qui n'a pas ce dédommagement, on n'a qu'à jeter un regard sur le nombre d'indigens et sur l'état précaire, malsain et misérable de la classe ouvrière dans les départemens du Nord, de la Somme, du Pas-de-Calais, de l'Aisne, etc., où se trouvent nos principales fabriques de coton, et l'on sera convaincu que les progrès du paupé-

jour. La prohibition a eu pour effet d'élever le prix réel et conventionnel de ces articles, et d'empêcher une partie du travail et du capital du pays d'avoir un emploi plus productif et plus utile (*Revue britannique*, juin 1833).

(1) En enlevant le commerce et l'industrie du coton aux Indes, l'Angleterre a plongé des populations entières de ce pays dans un état effroyable de misère. Ce qu'elle éprouve aujourd'hui, par le développement exagéré de cette industrie même, ne doit-il pas paraître une sorte de punition infligée par la Providence ?

risme ont constamment marché avec ceux de cette branche d'industrie. Si, dans quelques localités, en Alsace, par exemple (1), les fabriques de coton n'ont pas offert le même résultat, c'est que, dans ces contrées, les travaux du coton ont été partagés par la population agricole, et que les chefs de l'industrie ont été plus paternels et plus prévoyans pour leurs ouvriers. Nous fournirons, dans le cours de cet ouvrage, de nouvelles preuves à l'appui de ces observations.

Nous ne prétendons pas, sans doute, que l'on doive pour cela abandonner la filature et le tissage du coton; nous voudrions seulement qu'on cherchât à prévenir le malheur que le système actuel de ces manufactures répand sur les populations ouvrières, et que le gouvernement et les spéculateurs comprissent qu'il n'est ni humain ni politique de lui donner des encouragemens. Il nous semble qu'il est facile d'apercevoir déjà que si la direction des capitaux en France, au lieu d'être portée si puissamment vers les manufactures de coton, avait été fixée sur les produits nationaux, tels que les laines, les cuirs, les lins et les chanvres, les eaux-de-vie, les produits chimiques, les fers, les fabriques de sucre de betterave et les substances alimentaires, le développement de la richesse nationale, moins rapide peut-être, eût été assis sur des bases plus solides et bien plus propres à répandre l'aisance et le bonheur dans toutes les classes de la population.

Quelque justice que nous aimions à rendre à M. le comte Chaptal, pour les vues de bien public qui animaient ses efforts en faveur du perfectionnement de l'industrie du coton en France, nous devons lui savoir bien plus de gré de ses succès pour l'amélioration de la filature des laines.

Les Anglais nous avaient devancés encore en appli-

(1) En Alsace, on s'est principalement adonné à la fabrication des étoffes peintes, sur laquelle les Anglais reconnaissent notre supériorité pour le goût du dessin et la vivacité des couleurs.

quant, non seulement à la filature de la laine, mais à toutes les opérations qui s'exécutent pour la fabrique des draps, des mécaniques plus parfaites que celles qui étaient employées chez nous; et, déjà, ils s'étaient acquis une telle prépondérance, qu'il n'était plus possible de concourir avec eux sur les marchés de l'Europe pour les objets de même nature. Leur avantage était tel, que, malgré les lois prohibitives et les vexations de tout genre qu'on exerçait pour saisir leurs étoffes dans l'intérieur de la France, elle en était inondée. Il fallait donc ou renoncer à cette fabrication, ce qui eût été un dommage énorme pour l'agriculture et l'industrie, ou imiter leurs procédés. Il n'y avait pas à balancer. M. le comte Chaptal, alors ministre de l'intérieur, crut que le meilleur moyen de nous approprier les méthodes anglaises était d'attirer en France l'un des plus habiles constructeurs que possédât la Grande-Bretagne. Il appela donc M. Douglass. Il lui forma un établissement, et, en peu de temps, nos fabriques ont pu se pourvoir, non seulement de mécaniques propres à la filature, mais de toutes les machines nécessaires aux nombreuses opérations de la draperie.

En 1818, la valeur de tous les produits de la laine qui sont réservés à la consommation de la France était de 216,731,565 francs.

M. le comte Chaptal a donc rendu, sous le rapport de la fabrication de nos laines, un immense service à l'agriculture et à l'industrie de la France. Il n'a pas tenu à son zèle patriotique que les mêmes améliorations fussent introduites dans la préparation des fils de chanvre et de lin, production non moins importante pour le pays, puisque la valeur des chanvres récoltés en France s'élevait jadis à 50,000,000 fr. et celle des lins à 19,000,000 fr., et que leur fabrication donnait une valeur de 145,796,012 fr. pour les chanvres, et de 160,000,000 fr. pour le lin. Mais jusqu'à ce jour, et malgré les encouragemens puissans donnés par l'empereur Napoléon, les procédés mécaniques appliqués au coton et à la laine n'ont pu s'étendre à la filature du chanvre et du lin. L'abondance et le bon marché des tissus de coton les ont peu à peu fait substituer presque généralement aux toiles de lin et de chanvre, et une industrie toute nationale a perdu tout ce qu'a gagné une industrie qui trouve des rivales dans toutes les parties du monde.

Nous ne passerons point ici sous silence une des belles industries de la France, celle des soieries, quoiqu'à la rigueur on ne puisse la considérer entièrement comme nationale, puisqu'elle s'exerce en partie sur des produits étrangers. Elle n'a d'ailleurs pour objet que de satisfaire les besoins circonscrits de l'opulence et du luxe; mais du moins elle offre à nos artistes les moyens d'étendre la suprématie du goût français, à nos ouvriers un travail souvent prospère, et à une branche de notre agriculture un puissant encouragement : à tous ces titres, elle appartient à la France. Cette industrie, toujours sujette à de nombreuses vicissitudes, a décliné sensiblement depuis plusieurs années, et surtout depuis la révolution de Juillet. Nous allons exposer, à cet égard, quelques détails auxquels les événemens encore récens de Lyon donnent de l'intérêt. Ces détails prouveront de plus en plus combien l'industrie du coton a affecté en France toutes les autres industries, car personne n'ignore que pour beaucoup d'objets de luxe, les étoffes de coton ont remplacé l'usage des soieries; mais cette considération ne saurait être que secondaire devant les questions que fait naître l'état actuel de l'industrie lyonnaise. La nécessité d'une juste fixation des salaires, la rectification des lois de douanes qui accordent la libre exportation de nos soies en Angleterre et ont augmenté le droit d'importation des soies étrangères, les dangers de la concentration des ouvriers sur un même point, ceux non moins grands de l'ignorance et de l'immoralité des ouvriers et de la cupidité des entrepreneurs de l'industrie, les résultats inévitables de la concurrence et de l'excès de la production, enfin l'avantage de placer de préférence les métiers dans les campagnes, tout, en effet, vient expliquer les causes et l'origine de la révolte des ouvriers en soie de Lyon, et se rattacher à l'examen de la situation de cette branche d'industrie.

Nous puisons les notions suivantes dans les divers articles d'un journal consacré aux progrès, et souvent remarquable par ses doctrines d'économie politique (1). Ils furent publiés peu de temps après les funestes événemens de Lyon.

« L'époque est encore près de nous où la France exportait annuellement 500,000 kilog. d'étoffes évaluées à 110 millions environ. On avait dû à Colbert des encouragemens puissans pour cette branche d'industrie. A mesure que les siècles s'accumulent, l'esprit des nations se modifie. Les révolutions politiques créent de nouveaux rapports, élèvent des industries rivales dans les pays étrangers. C'est ainsi que l'art de fabriquer les étoffes de coton et de filer le lainage, ayant trouvé en Angleterre un réformateur, les toiles de Brabant et de la Hollande perdirent de leur valeur. La marine anglaise ayant établi des rapports constans avec les possessions de l'Inde, et les progrès de la mécanique ayant mis en œuvre les soies de l'Asie, il n'est plus resté à la France que l'empire du goût et de la mode. »

« Nous avions, sous l'empire, enseigné aussi à nous combattre avec l'industrie. Elberfeld, Creveld et Zurich sont devenus des fabriques où la soie des contrées italiennes est habilement mise en œuvre. La décadence de l'industrie lyonnaise en fut une conséquence. »

« En Suisse, en Allemagne, on savait travailler à bon

(1) Le Temps.

marché. En Angleterre, l'art de filer, d'organsiner, de tisser et de teindre, était assez avancé pour combattre avec succès la cherté des transports et le prix élevé de la main-d'œuvre. Il aurait fallu à la France un élan nouveau : rester stationnaire, c'était périr. Néanmoins nos récoltes de cocons se font encore par les procédés indiqués par la maison rustique. L'éducation des vers à soie n'a pas changé. Le déchet qui résulte des procédés agricoles est évalué à 10 millions, et l'on ne peut calculer les pertes que cause l'impossibilité de fabriquer de beaux tissus avec des matières premières mal préparées. »

« En 1824, Lyon avait vingt-six mille métiers en activité. Il n'y en avait plus que quinze mille en 1828, et l'on en comptait à Zurich plus de cinq mille. Il n'y en avait que trois mille en 1815. La Suisse fait maintenant plus des deux tiers de ce que ne peut faire Lyon. Elle compte plus de dix mille métiers dont l'activité est constante autant que productive. »

« Aujourd'hui nous payons un tribut de 60 millions par an à l'étranger pour entretenir nos fabriques. La cherté de la main-d'œuvre nous ôte tout moyen de lutter pour les *tissus unis* avec la Suisse et l'Allemagne. Nos procédés mécaniques sont encore bien imparfaits. Là devrait se faire sentir la main puissante d'un gouvernement protecteur. On oublie que Napoléon fonda un prix d'un million pour l'inventeur d'une machine à filer le lin. »

« Cela explique pourquoi le commerce des étoffes de soie à Lyon est depuis plusieurs années dans un système progressif de souffrance. »

« Le nombre des fabricans s'est considérablement accru. (On nomme fabricant, non l'ouvrier, mais le négociant qui commande la confection des étoffes.) La concurrence des fabricans a eu pour résultat inévitable une diminution dans le prix des tissus : plusieurs, gênés par l'exiguité de leurs capitaux, ont été obligés de vendre au rabais. Beaucoup ont fait supporter à l'ouvrier la réduction qui menaçait leurs fabriques. »

« L'organisation de la fabrique des étoffes de Lyon est vicieuse. Il y a deux classes d'ouvriers, les uns, qu'on nomme *maîtres*, ont plusieurs métiers chez eux ; trois, quatre, rarement plus de six ou huit. Ce sont les seuls domiciliés. Les autres, qu'on nomme *compagnons*, travaillent chez leurs maîtres, et ne reçoivent que la moitié du prix des façons. Les uns et les autres sont soumis à la volonté et souvent à l'arbitraire du fabricant. Les salaires sont réglés de gré à gré entre les parties intéressées ; mais le fabricant, s'il manque de moralité, a des moyens à peu près certains d'éluder les conventions. De là un fréquent manque de bonne foi, des abus et des vexations de tout genre. »

« Une autre cause à signaler, commune à la plupart des autres industries, c'est l'énorme supériorité de la production sur la consommation. Les tissus sont entassés dans les magasins des fabricans, et il a fallu en faire beaucoup moins, précisément parce qu'on en avait fait beaucoup trop ; de là, diminution forcée du travail et du prix des façons. »

« On a exagéré la détresse des ouvriers de Lyon : elle a été aussi grande sous l'empire et sous la restauration. Toutefois il faut convenir qu'ils ne gagnent point assez. »

« L'approbation d'un tarif fut la mesure la plus imprudente. Fabricans, ouvriers, administrateurs, hommes de toutes les classes, savent à Lyon qu'un tarif est inexécutable, absurde, dangereux. Lorsque l'industrie à Lyon prospère, l'ouvrier fait la loi aux fabricans : il la reçoit d'eux lorsqu'elle languit. »

« Les ouvriers en soie de Lyon, dit *canuts*, forment, dans l'immense famille des artisans, un genre qui a ses caractères tranchés, et dont voici les principaux traits généraux. Un teint pâle, des membres grêles et bouffis par des sucs lymphatiques, des chairs molles et frappées d'atonie, une stature au-dessous de la moyenne, telle est la constitution physique ordinaire des ouvriers en soie lyonnais. Il y a dans leur physionomie, je ne sais quel air de simplicité et de niaiserie (abstraction faite des nombreuses exceptions); leur accent, dans la conversation, est extraordinairement lent et traînant. Leur corps manque de proportions, et ils ont une allure à eux. Considéré au moral, l'ouvrier en soie lyonnais est doux, inoffensif, très attaché à ses préjugés. Son intelligence (sauf encore les exceptions) est bornée; il a peu d'idées. On remarque une singularité dans la trivialité de son langage. Elle consiste dans le sens qu'il donne à certains mots détournés par lui, de la manière la plus bizarre, de leur acception ordinaire. »

« Laborieux pendant la semaine, ces artisans sont incapables de se mettre en mesure lorsque le commerce fleurit, contre la misère lorsqu'il languit. Le dimanche et le lundi (seuls jours auxquels ils fassent un peu d'exercice hors de leurs ateliers) voient se consommer le salaire de la semaine entière. Fidèles à leur imprévoyance, ils vivent toujours pauvres (1). »

« Les canuts les plus opulens ont deux métiers et quelquefois trois, dans une grande chambre, échauffée en hiver par un poële de fonte qui sert à la fois de cheminée et de fourneau. Souvent la misère de ces pauvres gens est telle qu'elle les force à faire de la même pièce la chambre à coucher, l'atelier et la cuisine. Rarement le balai imprime ses traces sur le plancher couvert de poussière. C'est là pourtant que se fabriquent ces étoffes brillantes, délicates, si faciles à altérer et à salir, et qui doivent être remises au fabricant dans tout leur éclat et dans toute leur

(1) Ce portrait de l'ouvrier en soie, lyonnais, peut s'appliquer en tout point à tous les ouvriers des manufactures, et particulièrement des fabriques de coton : on pourra en juger par ce que nous disons de la classe ouvrière à Lille. (Voir le livre II, chap. III.)

pureté. L'habitude des soins qu'elles exigent, le peu de vivacité de ces familles automates, rendent les accidens rares. »

Un autre journal (*le Globe*) confirmait ces observations dans un article publié à la même époque.

« La classe des ouvriers en soie de Lyon, dit-il, forme les deux tiers de la population lyonnaise. Elle ne comprend pas moins de cent mille individus. Ils sont des plus misérables qu'il y ait en France, fort peu éclairés, presque tous rabougris, amaigris, dans un état de maladie permanent, habitant des réduits infects. Une masse aussi peu cultivée sous le rapport moral et intellectuel doit être peu avancée sous le rapport moral. Une fois irrités par quelques griefs vrais ou supposés, ou égarés par la misère qui est cramponnée à leur existence comme une cause constante de démoralisation, ils s'emportent et entrent dans des accès de fureur qui sont la manifestation du mécontentement des êtres arriérés. »

« Quoi qu'il en soit, l'industrie de Lyon ne peut plus se soutenir. Elle s'écroule. Que le gouvernement veille à ce que la chute se fasse le plus doucement pour elle et pour les autres intérêts, c'est tout ce qu'il peut faire. »

« Une industrie exploitée par des ouvriers accumulés dans une grande ville est désormais impossible ; voilà ce qui paraît évident. On se hasardera à en donner une raison qui paraît si simple qu'on ne sait si on doit la risquer. Elle n'a rien de philosophique ni de politique. »

« La concurrence a mis les produits des manufactures à si vil prix que les bénéfices du fabricant sont impossibles, à moins qu'il ne trouve une main-d'œuvre à très bon marché, et, d'un autre côté, les productions surpassant nécessairement la consommation, il y a des momens où la première doit se rallentir, et le gain des ouvriers diminuer. »

« La main-d'œuvre à bas prix ne se trouve point dans

les grandes villes où l'existence est toujours plus chère, et si un ouvrier vit au jour la journée, uniquement de son métier, il faut *qu'il meure ou qu'il se batte*; telle est l'origine des troubles de Lyon. »

« Le remède ne peut se trouver que dans l'alliance intime de l'agriculture et de l'industrie, parce que l'agriculteur a des loisirs forcés (et par agriculteur nous entendons en général l'habitant des campagnes); qu'il peut donner ses loisirs contre une faible rétribution qui est souvent pour lui un espèce de superflu; et que, dût-elle seulement servir à rendre sa misère moins rude, il pourra, si elle vient à cesser, demander son nécessaire à la terre, en attendant la renaissance de la prospérité industrielle. »

« C'est là ce qui fait l'immense avantage des fabriques de la Suisse et de l'Allemagne sur celles de Lyon. En Suisse, c'est le paysan dans sa cabane, au retour des pâturages et de ses forêts, ce sont sa femme, sa fille, qui consacrent leurs momens de repos ou les longs loisirs d'hiver au tissage des étoffes. Ses commandes sont reçues avec joie, mais non pas attendues avec l'angoisse du désespoir; le salaire ajoute aux commodités de la vie; mais ce n'est pas la vie elle-même qui doit s'accroître avec lui. »

« Près de nous, dans les Vosges, nous avons cet exemple sous les yeux. La teinture et la filature dont les procédés sont plus compliqués, s'exécutent à la vérité par des ouvriers permanens réunis dans les fabriques; mais les tissages se font dans les campagnes. Est-ce à cause de cela que la grande crise commerciale qui a ébranlé si fortement Mulhausen a eu moins de retentissement dans les fabriques d'Alsace appuyées sur la population industrielle et agricole des montagnes? C'est ce que l'on croirait assez, sans cependant l'affirmer. »

« Quoi qu'il en soit de ce fait particulier, on n'hésitera pas à prédire qu'on ne pourra plus tenter avec succès d'établir une industrie en grand, si on ne lui donne pas pour soutien l'agriculture, soit que les habitans des campagnes voisines des fabriques se livrent volontiers aux travaux qu'elles pourront leur fournir, soit que le manufacturier distribue à chacun de ses ouvriers, à un titre quelconque, des terres dont l'exploitation marche de front avec celle de l'industrie, et fournisse des secours à cette dernière dans des momens de langueur. Ainsi disparaîtront ces agglomérations de prolétaires qui sont à la fois la plaie de l'ordre social actuel, et l'écueil évident ou caché de tous les faiseurs de systèmes économiques. Certes, le développement de l'industrie y perdra en force et en grandeur; mais le bonheur réel des hommes sera, ce semble, une suffisante compensation. »

Nous ne pouvions rien désirer de mieux pour la confirmation de nos principes, que ces aveux échappés aux organes d'une opinion politique qui n'est pas la nôtre, mais qui, du moins, se rencontrent avec nous sur le large terrain de l'humanité, de la justice et de la véritable philantropie. Comme nous, on le voit, ils jugent indispensable de changer le système anglais appliqué à l'industrie manufacturière, si l'on ne veut pas que tôt ou tard toutes les populations ouvrières de la France, poussées au dernier degré de la misère, ne soient réduites, comme les malheureux artisans de Lyon, à prendre cette terrible et pourtant si touchante devise: *Du pain en travaillant, la mort en combattant* (1)!

Nos craintes, à cet égard, pourraient-elles paraître exa-

(1) Les nouveaux troubles survenus à Lyon, le 9 avril 1834, viennent à l'appui de nos tristes prévisions. L'on n'a rien fait pour calmer le malaise moral et matériel des ouvriers de cette ville. On a laissé subsister les droits qui frappent, à l'entrée, les soies étrangères, et maintenu la libre exportation, en Angleterre, des soies françaises, mesure que le gouvernement anglais avait vainement sollicitée pendant la restauration : par-là, on a empêché les fabricans de pouvoir accorder une augmentation de salaires impérieusement réclamée par l'état de misère des ouvriers. La situation s'est progressivement aggravée; enfin, des associations de secours

gérées, lorsqu'on approfondit à quel point le système industriel moderne a démoralisé les machines vivantes qu'il emploie! Il est prouvé aujourd'hui par des documens officiels, que, lorsque dans les départemens agricoles du royaume, le nombre des crimes contre les propriétés est à la population dans le rapport de 1 à 9,476, le même rapport pour les départemens industriels est de 1 à 3,162. Tandis que dans les départemens agricoles, on compte 1 suicide sur 67,205 habitans, les départemens industriels en offrent 1 sur 7,603 habitans (1). De tels résultats indiquent surabondamment combien les grandes agglomérations d'ouvriers sont pernicieuses aux mœurs publiques et n'éclairent que trop douloureusement l'abîme où aboutissent les brillantes théories de l'économie politique anglaise (2).

mutuels, seule ressource du malheur, ont été considérées comme séditieuses et assimilées aux associations politiques. Il n'est donc pas étonnant que d'infortunés artisans, livrés au désespoir, et à la veille d'être privés du droit de se soulager réciproquement par l'association, aient cédé aux séductions de l'esprit de parti, et aient fait cause commune avec des fauteurs de troubles et de désordres.

(1) Le département de la Creuse, celui de tous ceux du royaume qui paie le moins de patentes et où l'industrie manufacturière a fait le moins de progrès, est à la fois celui qui présente le moins de crimes, le moins de suicides et le moins de pauvres!...

(2) « Les tableaux comparatifs des dix départemens les plus industriels de la France, et de ceux qui paient le moins de patentes, démontrent d'une manière effrayante l'influence désastreuse de l'industrie patentable sur la population ouvrière. Ils prouvent péremptoirement que dans nos dix départemens les plus industriels, où en cinq ans il a été payé 49,266,773 fr. de patentes, ce qui donne 10,351 fr. par 1,000 habitans, il y a eu un accusé de crime contre les propriétés sur 3,162 habitans, et un suicide sur 7,603; tandis que dans les dix départemens les moins industriels de la France, qui, réunis ensemble n'ont payé, en cinq ans, que pour 3,491,555 fr. de patentes, ce qui n'a fait que 1,018 pour 1,000 habitans; il n'y a eu qu'un accusé de crime contre les propriétés, sur 9,476 habitans, et un suicide sur 67,265. »

« Comment, après une démonstration mathématique aussi évidente, pourrait-on douter encore de la supériorité de la situation des masses dans

Au surplus, l'examen de l'influence de l'industrie manufacturière sur le sort et la moralité des ouvriers, nous conduit naturellement à l'étude de la grande question des machines substituées, par cette industrie, à l'emploi des bras des hommes. Ce sera le sujet du chapitre suivant où nous placerons de nouvelles considérations et de nouveaux faits qui se rapportent également à la condition actuelle des populations industrielles.

les pays agricoles, relativement à celle où elles sont placées dans les pays industriels ? Vainement, nous dira-t-on que les ouvriers industriels reçoivent de plus fort salaires que les ouvriers agricoles. Qu'importe à leur bonheur ce surcroît de salaire, si, nonobstant cela, leurs recettes sont de plus en plus insuffisantes pour eux, et si leurs besoins sont toujours de plus en plus grands que leurs salaires ? quel bien leur fait l'élévation de leurs salaires, si, en le recevant, ils se trouvent encore plus misérables ? »

« Viendra-t-on nous dire que depuis la révolution de Juillet 1830, la stagnation des affaires a beaucoup aggravé le malheur des populations industrielles ? Oui, sans doute, et cela s'est beaucoup plus fait sentir parmi les populations urbaines, et surtout parmi celles des très grandes villes que parmi les populations agricoles, parce que celles-ci produisant des objets de première nécessité, destinés à la consommation intérieure, ne peuvent être privées de leur travail par la stagnation du commerce, et par l'interruption des relations à l'étranger, autant que le sont les populations manufacturières qui travaillent pour l'étranger et sur les produits étrangers. »

« Le travail agricole est beaucoup plus stable que celui des manufacturiers. Ceux-ci gagnant par saccades, et vivant au milieu de ceux qui participent à toutes les jouissances de la vie, ils dépensent beaucoup quand ils gagnent beaucoup ; et, accoutumés à jouir plus, ils se trouvent plus misérables quand, leurs salaires diminuant, ils sont contraints de réduire leurs dépenses. » (M. le baron de Morogues, de la Misère des ouvriers.)

CHAPITRE XII.

DES MACHINES.

> Les Anglais voudraient convertir tous les agriculteurs en artisans et labourer la terre avec des machines si c'était possible, sans réfléchir qu'ils substituent une population faible, pâle et décharnée, à une population bien constituée et vigoureuse, dont la vie a toujours plus de durée.
>
> (Le comte PECCHIO.)

> Les machines dont l'objet est d'abréger l'art, ne sont pas toujours utiles.
>
> (MONTESQUIEU.)

L'EMPLOI des machines dans l'industrie manufacturière, ayant pour double objet de multiplier la production et d'économiser les forces physiques de l'ouvrier, devait nécessairement exercer une immense influence sur le travail, les salaires et la condition des classes ouvrières. Toute révolution, en industrie comme en politique, déplace inévitablement des intérêts. Favorable aux uns, funeste aux autres, elle établit un ordre de choses nouveau où les anciennes habitudes, les anciens besoins, les anciennes existences doivent disparaître et se voir remplacer par d'autres élémens sociaux. La question est là, comme ailleurs, d'obtenir en résultat l'amélioration réelle du sort général de la société. Si les masses ont reçu plus de bonheur, il faut savoir se résigner à des sacrifices nécessaires. Si au contraire la révolution n'a profité qu'à quelques-uns et blessé les intérêts du plus grand nombre, sans doute alors elle a été fatale et ne pourrait se développer qu'en amenant une longue suite de calamités. C'est au temps, le plus souvent, qu'est réservée la solution du problème; et malheureusement lorsque l'expérience l'a constaté, le mal est devenu irréparable. Toutefois il est possible de juger des résultats d'une révolution quelconque par les principes qui l'ont opérée et par les degrés qu'elle met à s'accomplir. L'histoire de tous les temps et de tous les pays semble prouver à chaque page, que pour être utiles et nécessaires, les révolutions doivent avoir pour base, la morale, la justice et la charité, et que, pour être heureuses, elles doivent être lentes et progressives.

Peu de questions ont été plus vivement controversées que celle de l'avantage et des dangers de l'emploi des procédés mécaniques dans les différentes branches de l'industrie. Pour l'éclairer, nous devons faire connaître les opinions contradictoires qui ont été émises à cet égard. Suivant notre méthode, nous les rapprocherons les unes des autres, en nous réservant le droit d'une conclusion impartiale : le lecteur ne sera pas fâché de parcourir le tableau de ces contrastes si familiers à la raison humaine.

Plaçons d'abord sous ses yeux les paroles des principaux apologistes des machines.

M. le comte Chaptal. « Les machines qui remplacent aujourd'hui la main de l'homme dans presque toutes les opérations de l'industrie manufacturière ont opéré une grande révolution dans les arts. Depuis leur application on ne peut plus calculer les produits par le nombre de bras employés, puisqu'elles décuplent le travail ; et l'étendue de l'industrie d'un pays est aujourd'hui en raison des machines et non de la population. »

« Les personnes peu éclairées craignent toujours que l'emploi des machines n'enlève le travail à une grande partie des ouvriers qui sont employés dans les fabriques. On a dû éprouver les mêmes craintes lorsqu'on a découvert la charrue et l'imprimerie, mais en remontant à l'origine des arts, pour en suivre les progrès jusqu'à nous, on voit que la main-d'œuvre s'est constamment armée de machines qu'on a perfectionnées peu à peu, et que la prospérité de l'industrie a toujours été proportionnée à ces améliorations; la raison en est que les machines, en diminuant le prix de la main-d'œuvre, font baisser celui du produit et que la consommation augmente par les bas prix dans une progression plus forte que celle de la diminution des bras. D'ailleurs, en augmentant les produits on donne lieu à un plus grand nombre de travaux de détail qui exigent de la main-d'œuvre et emploient plus de bras qu'on ne pourrait le faire par une fabrication sans mécanique qui serait forcément moins étendue. »

« La population de Manchester et de Birmingham n'était pas le dixième de ce qu'elle est devenue depuis l'adoption des machines, et à coup sûr il y a aujourd'hui plus de personnes employées dans les imprimeries qu'il y avait autrefois de copistes. »

« D'ailleurs, il n'est pas au pouvoir d'une nation qui veut avoir une industrie manufacturière de ne pas adopter les machines dont on se sert ailleurs. Elle ne pourrait ni faire aussi bien, ni vendre au même prix, et dès-lors elle perdrait sa fabrication. C'est donc aujourd'hui un devoir que de les employer, et l'avantage reste à celui qui a les meilleures. »

« Nous sommes loin encore d'avoir en France cette profusion de machines qu'on voit en Angleterre. Dans ce dernier pays, on les emploie à tous les travaux. On y remplace partout la main des hommes par des mécaniques. Les pompes à feu sont le mobile de toutes les opérations dans les ateliers, et cependant une grande partie de la population y vit du produit de l'industrie manufacturière. Si nous n'avons pas donné une aussi grande étendue à l'application des machines que l'ont fait les Anglais, c'est que la main-d'œuvre est moins chère chez nous, et que le bas prix du combustible en Angleterre permet d'y employer partout avec avantage les machines à vapeur. »

M. J.-B. Say. « Les machines suppléent à une partie de la main-d'œuvre, et n'en sont que plus favorables à la société. Elles multiplient les produits intellectuels. Les besoins des nations ne sont pas une quantité fixe. Une même population peut consommer davantage. Les machines ne diminuent pas le nombre des citoyens, mais elles les obligent à changer d'occupations. On n'évite aucun inconvénient en repoussant les machines. Supposez qu'on eût empêché les machines à filer le coton de s'introduire en France, qu'en serait-il arrivé? On n'aurait pu fabriquer dans nos manufactures que des cotonnades grossières, sans finesse, sans égalité, et fort chères. Les étrangers en auraient fait à bon marché, et supérieures aux nôtres, et qu'on aurait prohibées. De là une disproportion énorme entre les prix du dehors et ceux du dedans, et comme une disproportion de 25 p. 0/0 est un encouragement auquel ne résiste pas la contrebande, l'industrie étrangère aurait fini par nous fournir tout ce qui se serait consommé de cotonnades en France. Aucune fabrique française ne pouvant se soutenir, elles n'auraient plus acheté de cotons filés à la main. La population ouvrière serait devenue de plus en plus malheureuse. Il aurait fallu renoncer à ce genre de production, et à l'espoir qu'il pût donner de l'ouvrage à un seul ouvrier. On aurait changé un mal passager en un mal durable. »

— « Et d'ailleurs les machines à vapeur sont chères. L'application n'en est employée que par les personnes riches, et l'invention de nouvelles machines devient de jour en jour plus difficile. »

— « Le défaut d'ouvrage n'est jamais funeste que là où

il n'y a pas de machines. La Pologne et la Chine en sont un exemple. — Il y a des lacunes inévitables dans les travaux manufacturiers. Les machines, à la longue, multiplient les travailleurs. »

« Dans les lieux où tout se fait à bras d'hommes, si le travail vient à manquer, beaucoup d'hommes restent sans pain. Tandis que lorsqu'une machine manque d'ouvrage, son propriétaire perd seulement l'intérêt du capital qu'elle représente. »

« Ce ne sont pas les supplémens qui occasionent la misère des peuples; c'est le défaut d'industrie et d'activité, la pénurie des capitaux, une mauvaise administration, etc., etc. (1). »

M. le comte Al. de La Borde. « L'invention des machines à vapeur a réduit la fatigue à un simple exercice salutaire, les opérations pénibles à une direction plutôt qu'à un travail. En définitif, ce sont les classes inférieures qui profitent du surcroît d'aisance et de rétribution produit par les procédés économiques. C'est donc une grande erreur que la prévention où l'on est encore généralement partout contre les machines, non seulement dans le peuple, mais parmi les trois quarts des gens instruits. On croit toujours qu'elles diminuent la main-d'œuvre et font mourir de faim les classes ouvrières, tandis qu'en résultat c'est un bien-être plus grand qui tend à se répartir principalement parmi elles.

« Une des causes de cette erreur, c'est de confondre toujours l'*inaction* avec le *loisir*. L'une est sans doute une perte pour le pauvre, mais l'autre fait partie de la fortune du riche, et l'introduction des machines à vapeur tend à multiplier le loisir sans jamais créer l'inaction. C'est-à-dire qu'elles se bornent à élever chaque ouvrier à un rang plus haut d'industrie qui le rapproche de l'aisance, et à ne

(1) On trouvera plus loin quelques autres raisonnemens en faveur des machines, extraits du Cours d'économie politique de M. Say.

porter l'inaction qu'au sommet de l'échelle sociale, où alors elle est un loisir, un repos justement acquis. »

« Il s'établit toujours insensiblement une diminution de travail avec les mêmes salaires quand un produit augmente, ou une augmentation de salaire, lorsque le travail devient plus productif. Ce qui a lieu pour les particuliers tourne également au profit de l'état, et on peut dire que les machines n'établissent pas une inaction dans la société, ce qui serait une perte, mais augmentent la masse du loisir, ce qui est une acquisition. Cette admirable combinaison du travail et du génie multiplie tous les produits, rend toutes les jouissances usuelles sans diminuer l'emploi des ouvriers, puisque dans les fabriques, comme dans l'agriculture, elles ne remplacent que le dernier échelon de la société, que le temps, pour ainsi dire, de la fabrique et de l'apprentissage ; elle laisse en entier à l'homme des travaux dignes de lui et de ses organes ; elle lui laisse surtout la faculté de réfléchir, d'observer, et par conséquent de concevoir. »

« L'invention d'une machine met sur la voie de cent autres ; car la plus compliquée, comme la plus simple, n'est jamais autre chose que l'imitation des travaux manuels de l'homme, réduits par la division du travail à un petit nombre de mouvemens qu'il est facile de connaître et de remplacer par une puissance matérielle. La conduite et la direction de ces bras supplémentaires restent toujours les mêmes, et, ainsi que nous l'avons dit, ce n'est point le travail qui diminue, mais c'est la production qui augmente. »

« La France est loin sans doute encore de ces grandes combinaisons si multipliées en Angleterre ; mais elle a plus fait de pas pour y parvenir qu'il ne lui en reste à faire. »

M. le baron Charles Dupin. « Sans doute la quantité absolue de travail exécuté pour un certain prix par des moteurs inanimés l'emporte beaucoup sur la quantité de travail exécuté par l'homme et surtout par la femme. Mais il faut toujours que les individus de l'espèce humaine soient employés à la construction même des machines, à leur établissement dans les lieux convenables, à leur mise en activité, à la surveillance continue de leur action, à la réparation immédiate de tous les accidens qu'on voit survenir, et que la plupart des machines ne peuvent pas réparer d'elles-mêmes. »

« L'emploi des moyens mécaniques restitue donc aux hommes une grande partie des travaux qu'il a semblé d'abord leur ravir ; il leur restitue des travaux qui portent un caractère propre et particulier à l'espèce humaine. Ce caractère est celui de la haute intelligence qui distingue notre espèce. Dans les opérations d'industrie perfectionnée, il faut que l'esprit des hommes, que leur attention, que toutes leurs qualités intellectuelles soient constamment en action. Presque toujours, au contraire, il suffit d'une faible dépense de force physique, puisque la dépense principale est faite par les moteurs inanimés ou par les animaux. »

« Cette amélioration est d'autant plus précieuse qu'elle fournit un travail parfaitement convenable à la femme, travail qu'elle excelle à pratiquer, bien que sa force soit de beaucoup inférieure à celle de l'homme. Ainsi, dans le filage des cotons, il est nécessaire qu'après des chariots chargés de bobines une personne intelligente soit sans cesse attentive à voir si quelque bobine n'est pas entravée dans son jeu, si quelque fil n'est pas cassé pour suspendre à l'instant la marche du chariot, renouer le fil qui s'est rompu, replacer chaque partie dans la position qui convient à son action parfaite, et livrer de nouveau le chariot au travail de filage. Cette occupation n'exige qu'un emploi très médiocre de la force physique. Il convient parfaitement à la femme. On peut même le confier à des adolescens et à de jeunes filles. »

« Je pourrais citer une foule d'autres exemples où le travail du sexe féminin, celui de l'enfance et de la vieillesse sont de nature à donner des résultats précieux, et dont le salaire doit être proportionnel, non plus à la légère dépense de force matérielle, mais à l'emploi régulier et très assidu des facultés intellectuelles, des soins délicats, de l'attention ingénieuse, enfin, emploi qui n'appartient qu'à l'esprit humain. »

« Cette intervention de notre intelligence dans les travaux opérés par des forces inanimées nous explique comment la contrée qui fait le plus grand usage de ces forces inanimées, et qui, par conséquent, semblerait devoir réduire à l'oisiveté la plus grande partie de la population, est au contraire le pays qui donne à cette population le plus grand emploi proportionnel dans les opérations de l'industrie. Ces travaux occupent dans la Grande-Bretagne les deux tiers de la population, tandis qu'en France l'industrie ne parvient encore à procurer de l'emploi qu'au tiers de la population. »

M. Bergery (1). « Supprimez la charrue et cultivez la terre à la bêche, le pain se paiera fort cher; il sera d'un prix excessif. Si vous remplacez les moulins que font mouvoir l'eau, le vent, la vapeur, par des moulins à bras semblables à ceux des premiers siècles, l'augmentation que produirait ce seul pas rétrograde équivaudrait à la moitié du prix actuel. »

« Toute machine nouvelle réellement utile occasione infiniment plus de travail qu'elle n'en peut faire. Le nombre des ouvriers employés croît en même temps que

(1) Ancien élève de l'école Polytechnique, auteur de l'*Économie industrielle*, ouvrage rempli de préceptes excellens adressés aux classes ouvrières.

s'étendent la puissance et l'usage des moyens mécaniques. Voyez l'effet des machines qui servent aux filatures, à l'horlogerie, à l'imprimerie, etc. »

« Une machine ne peut pas tout faire ; il n'en est aucune qui soit capable de fonctionner sans la surveillance de l'homme, sans donner lieu à une foule de petites opérations pour lesquelles la main d'un être intelligent est indispensable. Si les machines ôtent aux ouvriers des travaux qui demandent seulement de la force et des mouvemens d'automates, elles leur laisseront toujours ceux que réclament les fonctions de l'esprit, des connaissances et des mouvemens qu'une volonté réfléchie peut seule produire d'une manière convenable. Cette part est tellement large, que si l'industrie faisait pendant quelque temps encore des progrès égaux à ceux qui ont illustré la fin du dernier siècle et le commencement de celui-ci, la population de la France ne suffirait bientôt plus pour fournir aux machines les auxiliaires dont elles ne peuvent se passer. Déjà même, dans quelques localités, on commence à ressentir une certaine pénurie d'hommes : l'agriculture se plaint de ne pouvoir se procurer aisément tous les bras dont elle a besoin, et cependant nous sommes en pleine paix, nos armées sont peu nombreuses, et la population s'accroît tous les jours (1). »

M. T. Duchâtel. « Les machines, comme tous les perfectionnemens de l'industrie, ont pour dernier résultat la demande du travail. De la découverte de l'imprimerie sont sorties les nombreuses classes d'ouvriers qui vivent du commerce des livres. Ce sont les machines qui ont créé

(1) M. Bergery écrivait en 1829. Nous ne contestons pas ses assertions relativement à la pénurie d'hommes qui pouvait exister à cette époque dans les contrées qu'il a observées (le département de la Moselle et ses environs) ; mais nous devons faire connaître qu'un résultat tout opposé se manifestait à la même époque dans d'autres contrées, et principalement dans la Flandre française : on en trouvera la preuve dans le chapitre intitulé : *Etudes spéciales sur le département du Nord*, liv. II, chap. III.

Manchester et Birmingham. En réalité, quand on raisonne d'après l'observation des faits et non d'après des conjectures scientifiques, il y a bien peu de misère causée par l'emploi des machines. On peut consulter à cet égard les témoignages unanimes de MM. Say, de Tracy, Ricardo, Mac Culloch, etc. »

M. Droz. « Souvent les hommes agitent des questions décidées et les discutent même avec chaleur, quand la force des choses les a pour jamais résolues. C'est un fait que les peuples emploient des machines ; c'est un autre fait qu'on doit les employer aussi ou renoncer à la concurrence avec les peuples industrieux. Lorsqu'on refuse de participer au mouvement général, de perfectionner, tandis que des perfectionnemens s'opèrent de toutes parts, on voit les autres s'éclairer et s'enrichir, on reste dans son ornière et dans sa misère. Toutefois, la translation de l'emploi des machines à celui de l'ouvrier ne se fait pas sans occasionner quelques dommages individuels ; mais il est facile de remédier à ces inconvéniens au moyen de quelques dispositions transitoires. En résumé, les machines peuvent diminuer pour quelque temps, sur tel point, la quantité de la main-d'œuvre ; mais elles procurent tôt ou tard à la classe laborieuse incomparablement plus de travail qu'elles ne lui en ont ôté (1). »

Un Rédacteur du Journal intitulé le Temps (2). « Nulle question plus irritante et plus vive que celle des machines : si les économistes et les philantropes la débattent avec feu, les artisans surtout l'ont à cœur, et, faute d'intelligence, la traitent souvent assez brutalement. Elle n'est pas neuve, mais on ne saurait assez la répéter par le temps qui court. »

« Si la richesse, la population, le bien-être, la civili-

(1) On verra plus tard que M. Droz s'élève indirectement, mais avec une grande énergie, contre les résultats des machines.

(2) Cet article est l'analyse des leçons de M. J.-B. Say, dans son Cours public d'économie politique.

sation se répandent, s'accroissent en raison de la production, il suit que tout agent nouveau, tout secours artificiel puissant, tout instrument, outil ou machine, habile à produire davantage, mieux ou plus vite, est un bienfait. Or, quantité, qualité, bon marché, tel est le résultat des machines appliquées à la production. Les machines qui ne sont que les moyens de faire servir à nos besoins les forces de la nature suppléent, d'une part, au travail de l'homme en mettant en jeu celui de la nature, et, de l'autre, procurent un meilleur emploi du travail des hommes lui-même. Elles nous donnent une plus grande utilité pour une somme moindre de frais. Un moins grand nombre de travailleurs nous vaut, avec leur aide, une même quantité de produits. »

« Ajoutons que les machines multiplient les produits intellectuels : la charrue nous a donné les arts en nous permettant d'assigner à nos bœufs la culture de la terre ; à nous la culture des facultés de l'esprit. »

« Travail, aisance, produits, arts nouveaux, civilisation, ce résultat est beau ; mais on le conteste en partie. Ceux qui pensent qu'on peut trop produire doivent en juger ainsi, et ils s'emparent, avec un sentiment de philantropie plus générale qu'intelligente, des inconvéniens momentanés et inséparables de la découverte des machines, du déplacement de l'industrie et des bras. »

« Il est bien vrai que l'invention des machines apporte quelques souffrances et quelques maux passagers. Quand un produit excède en quantité les besoins, il faut savoir sans doute se vouer à un autre. Un ouvrier n'a point infuse une aptitude universelle, et ses besoins journaliers supportent mal un nouvel apprentissage. D'ailleurs, des entrepreneurs et des capitaux ne s'improvisent point pour une industrie nouvelle, et cette industrie ne prend de l'essor qu'avec le temps, à mesure que le nouveau goût naît chez les consommateurs. »

« Mais faut-il, pour cela, arrêter les progrès qui portent graduellement les nations au bien-être, à la civilisation, à l'abondance ? Serait-ce bien entendre les intérêts des plus souffrans et des plus pauvres ? Et comment arrêter la marche de l'industrie sans faire du mal à ceux qu'on prétend soulager par cet étrange moyen ? »

« Ce n'est point pour délibérer sur l'emploi ou sur la prohibition des machines qu'il est utile d'éclaircir ces questions, mais pour prévoir, apprécier, le mal qu'elles renferment, et ne pas renoncer, par peur et par ignorance, à tout le bien qu'elles démontrent. »

« Plusieurs circonstances atténuent le mal qui peut résulter momentanément pour la classe ouvrière de l'introduction des machines expéditives :

« 1° Les machines qui suppléent un grand nombre de bras sont nécessairement compliquées et coûteuses. La machine à tondre les draps ne coûte pas moins de dix à douze mille francs. Une machine à vapeur ordinaire coûte bien davantage. S'exerçant sur une matière plus considérable, il faut, en sus de leurs prix, de plus grosses avances. Un petit nombre de personnes peuvent employer ces moyens expéditifs, et la lenteur de leur introduction est un remède au déplacement qu'ils nécessitent. »

« 2° L'esprit de routine, la crainte des innovations et la peur de hasarder un capital considérable protégent longtemps les vieux procédés contre les nouveaux, et rendent la transition graduelle. »

« 3° A mesure que les machines se multiplient et que la société se perfectionne, il devient beaucoup plus difficile d'introduire de nouveaux moyens expéditifs. Le service des machines ne doit pas s'accroître, ni le nombre des bras occupés diminuer incessamment. »

« 4° En fait, il y a, proportion gardée, moins d'ouvriers sans ouvrage là où les machines sont employées, que là où elles ne le sont pas. On ne voyait guère de machines en Angleterre au temps de la reine Elisabeth, et ce fut alors cependant que l'on créa la taxe des pauvres (1), loi qui n'a servi qu'à les multiplier. De nos jours, les classes laborieuses ne sont nulle part plus à plaindre que dans les pays où l'on n'a pas encore introduit ces procédés expéditifs. »

M. A. Blanqui. « Il est, parmi les avantages des machines et de la division des travaux, quelques inconvéniens inévitables et trop réels pour que je les passe sous silence. On a reproché aux machines d'abrutir l'intelligence humaine et d'en gêner le développement. L'ouvrier qui passe sa vie à façonner la pointe d'une épingle, le taraudeur qui tourne une vis en spirale, le tisserand qui agite régulièrement sa navette, a-t-on dit, ne sauraient jamais s'élever au-dessus de la sphère étroite de leurs travaux. A force de les imiter sans cesse, ils finissent par devenir des machines, et n'en diffèrent guère que par le besoin de nourriture et de sommeil. Ces objections sont fondées; mais est-il au pouvoir de quelqu'un d'en éviter la rencontre? »

« N'y a-t-il pas des masses entières qui sont dévouées, par le manque de capitaux et d'intelligence, à végéter dans la classe ouvrière et à se servir de leurs organes comme d'outils pour gagner un médiocre salaire? »

« C'est une question encore indécise que celle de savoir à quelle époque et par quels moyens on parviendra à améliorer le sort des prolétaires; mais la division du travail, en les concentrant sur une occupation quelquefois stupide, ne ravale, pas autant qu'on le suppose, leur nature et leur intelligence; et l'on ne s'est pas aperçu que les cultivateurs, chez lesquels cette division est beaucoup

(1) M. Say, pour être fidèle à la vérité historique, aurait dû rappeler à ses auditeurs que l'établissement de la taxe des pauvres d'Angleterre fut la suite de la destruction des établissemens charitables fondés par le catholicisme, et de la spoliation violente des biens des hospices, du clergé et des ordres religieux. Nous rétablirons les faits dans une autre partie de cet ouvrage.

moins sensible, soient plus spirituels que les ouvriers des manufactures. »

« M. Malthus, dans son Essai sur le principe de la population, a recherché quelle était l'influence de la division du travail dans les fabriques, et surtout quelle espèce d'action les nombreuses réunions d'ouvriers pouvaient exercer sur chacun de leurs membres. Ces recherches sont plutôt du ressort de l'hygiène et de la statistique que de l'économie politique; et puis chacun sait qu'il n'est rien de parfait dans ce monde, et qu'on doit s'estimer heureux de reconnaître dans la séparation des travaux de l'homme une foule d'avantages capables de compenser le petit nombre d'inconvéniens qui semblent inséparables de toute grande agglomération de population. »

Enfin un autre économiste de l'école anglaise s'exprime ainsi au sujet de la dernière crise commerciale :

« La production, en général, ne peut jamais être trop considérable, et il ne peut y avoir encombrement universel. L'idée d'un tel encombrement est une contradiction et une absurdité. En effet, chacun reconnaît que, quelque étendue que soit la production, les marchandises qui sont fabriquées pour être consommées directement par les producteurs ne sauraient jamais être en trop grande quantité; car autrement il y aurait eu une production sans but, et par conséquent un effet sans cause. C'est seulement lorsque les marchandises sont destinées à être transportées au marché qu'elles peuvent se trouver en trop grand nombre; mais, quand des marchandises sont transportées au marché, c'est pour en obtenir d'autres en échange, et le fait qu'il y en a une quantité trop forte est une preuve sans réplique que celles contre lesquelles elles devaient être échangées sont au contraire en quantité insuffisante. La faute n'est pas d'avoir trop produit, mais d'avoir mal produit, en confectionnant des articles qui ne sont pas demandés par ceux auxquels nous voulions les vendre et que nous ne pouvons pas consommer nous-mêmes. Un encombrement résulte toujours de ce que ceux qui sont engagés dans une branche d'industrie augmentent leurs produits particuliers d'une manière disproportionnée avec les besoins. »

Telles sont les plus puissantes considérations élevées en faveur de l'emploi des machines et de la division des travaux (1). Nous allons leur opposer les objections, les raisonnemens et les faits qui les combattent.

Montesquieu avait dit il y a près d'un siècle : « Les machines, dont l'objet est d'abréger l'art, ne sont pas toujours utiles. Si un ouvrage est à un prix modéré, et qui convienne également à celui qui l'achète et à celui qui l'a fait, les machines qui simplifieraient les manufactures, c'est-à-dire qui diminueraient le nombre des ouvriers, seraient pernicieuses. Si les moulins à eau n'étaient pas partout établis, je ne les croirais pas aussi utiles qu'on le dit, parce qu'ils ont fait reposer beaucoup de bras, qu'ils ont privé de l'usage de l'eau et fait perdre la fécondité à beaucoup de terres. »

Long-temps avant Montesquieu, Colbert répondait à un mécanicien qui lui offrait une machine propre à faire le travail de dix hommes : « Je cherche le moyen d'occuper le peuple suivant ses facultés, afin de le faire vivre doucement de son travail, et non celui de ravir au peuple le peu d'occupation qu'il possède. Portez votre invention ailleurs. Elle peut convenir dans les pays où les bras

(1) Il a paru, en 1833, un ouvrage intitulé : *des Machines*, et que l'on attribue à lord Brougham, chancelier d'Angleterre. Nous n'avons vu dans cet écrit que le tableau et l'apologie des services que les machines peuvent rendre à l'industrie. L'auteur ne s'est nullement occupé, comme on pouvait l'espérer, de résoudre les questions élevées sur l'influence des machines, à l'égard de la condition de la classe ouvrière ; il se livre à l'admiration que lui inspire leur puissance industrielle, avec un optimisme de bonne foi, sans doute, mais qui ne fournit aucune réponse aux objections graves que nous aurons à exposer.

manquent ; elle ne convient nullement dans celui où les bras abondent et où il s'en faut de beaucoup qu'ils soient utilement employés. »

Assurément toutes choses ont si fort changé autour de nous depuis la disparition de ces deux grands hommes, qu'il peut paraître étrange de reproduire leurs opinions contre l'emploi des machines, quelques justes et sages qu'elles pussent être aux époques où ils vivaient. Cependant des autorités graves et contemporaines confirment aujourd'hui les aperçus éloignés de Colbert et de Montesquieu.

« Ce n'est pas seulement un accroissement démesuré de la population, dit M. de Sismondi, qui peut causer une souffrance nationale en rompant l'équilibre entre l'offre et la demande du travail. L'introduction d'un procédé qui économise la main-d'œuvre, force les journaliers à se contenter d'un gage si misérable qu'à peine il suffit pour les maintenir en vie. Aucune jouissance n'est plus attachée à l'existence de cette classe malheureuse. La faim, la souffrance, étouffent en elle toutes les affections morales. Lorsqu'il faut lutter à chaque heure pour vivre, toutes les passions se concentrent dans l'égoïsme, chacun oublie la douleur des autres dans la sienne propre, les sentimens de la nature s'émoussent, un travail constant, opiniâtre, uniforme, abrutit toutes les facultés. On a honte pour l'espèce humaine de voir à quel point de dégradation elle peut descendre, à quelle vie inférieure à celle des animaux elle peut se soumettre volontairement ; et, malgré tous les bienfaits de l'ordre social, malgré les avantages que l'homme a retirés des arts, on est quelquefois tenté de *maudire* la division du travail et l'intervention des manufactures, quand on voit à quoi elles ont réduit des êtres qui furent créés nos semblables..... »

« L'artisan, renvoyé de son atelier avec sa femme et ses enfans, a perdu par avance les forces de son âme et de son corps. Il est encore entouré de l'opulence. Il voit encore à chaque pas, sous ses yeux, l'aliment dont il a besoin, et si le riche lui refuse un travail par lequel l'ouvrier offre jusqu'au dernier moment d'acheter du pain, ce sont les hommes qu'il accuse, et non pas la nature. »

« Le découragement et la souffrance produisent leurs cruels effets sur les pauvres. Les maladies de l'âme passent au corps. La suppression du travail fait plus de ravages que la guerre la plus cruelle. »

« Le progrès des arts, le progrès de l'industrie, et par conséquent celui même de la richesse et de la prospérité, font découvrir des méthodes économiques par l'emploi d'un moindre nombre d'ouvriers. Les animaux remplacent les hommes dans presque tous les détails de l'agriculture, et les machines remplacent les hommes dans presque toutes les opérations des manufactures. Tant qu'une nation trouve à sa portée un marché assez vaste pour que toutes ses productions soient assurées d'un écoulement prompt et avantageux, chacune de ces découvertes est un bénéfice, parce qu'au lieu de diminuer le nombre des ouvriers, elle augmente la masse du travail et de ses produits. Une nation qui se trouve avoir l'initiative des découvertes réussit pendant long-temps à étendre son marché en proportion du nombre de mains que chaque invention nouvelle laisse libre. Mais il vient enfin une époque où le monde civilisé tout entier ne forme plus qu'un seul marché, et où l'on ne peut plus acquérir dans une nouvelle nation de nouveaux chalands. La demande du marché universel est alors une quantité précise que se disputent les diverses nations industrieuses. Si l'une fournit davantage, c'est au détriment de l'autre. La vente totale ne peut être augmentée que par les progrès de l'aisance universelle, ou parce que les commodités de la vie, autrefois réservées aux riches, sont mises à la portée des pauvres. »

« Lorsqu'une découverte ne peut point augmenter le

nombre des consommateurs, encore qu'elle les serve à meilleur marché, soit parce qu'ils sont déjà tous pourvus, soit parce que la chose produite ne peut jamais être à leur usage, à quelque prix qu'elle descende, la découverte devient *une calamité* pour le genre humain, car elle n'est avantageuse à un certain fabricant qu'aux dépens de ses confrères, et elle ne profite à une nation qu'aux dépens des autres nations. »

« La fabrication des bas à l'aiguille faisait vivre cent mille femmes. Aujourd'hui, le même ouvrage se fait avec mille ouvriers, et revient à 10 p. 100 meilleur marché. Le même calcul s'applique à toutes les manufactures perfectionnées; car le fabricant, en adoptant une machine nouvelle et renvoyant ses ouvriers, ne se soucie jamais de savoir s'il fera un bénéfice égal à la diminution de la main-d'œuvre, mais seulement s'il pourra vendre un peu moins cher que ses rivaux. Tous les ouvriers de l'Angleterre seraient mis sur le pavé, si les fabricans pouvaient, à leur place, employer des machines à vapeur avec 5 p. 0/0 d'économie. »

« D'ailleurs, le perfectionnement des machines et l'économie du travail humain contribuent d'une manière immédiate à diminuer le nombre des consommateurs nationaux; car tous les ouvriers qu'on ruine étaient des consommateurs. Dans les campagnes, l'introduction des grandes fermes a fait disparaître la classe des fermiers paysans qui travaillaient eux-mêmes, et qui jouissaient cependant d'une honnête aisance. La population a été considérablement diminuée (1); mais la consommation a été plus réduite que son nombre. »

« Un changement analogue a eu lieu dans la population

(1) M. de Sismondi est dans l'erreur. La population n'a pas diminué pour cela; mais les fermiers cultivateurs dont il est question sont tombés à l'entretien des paroisses, et contribuent à l'augmentation de la taxe des pauvres et de la population mise à la charge de la charité légale.

des villes. Les découvertes dans les arts mécaniques ont toujours, pour résultat éloigné, de concentrer l'industrie dans un moindre nombre de marchands plus riches. Elles enseignent à faire, avec une machine dispendieuse, c'est-à-dire avec un grand capital, ce qui se faisait autrefois avec un grand travail. Elles font trouver l'économie dans l'administration en grand, la division des opérations, l'emploi commun, pour un plus grand nombre d'hommes à la fois, de la lumière, du chauffage, et de toutes les forces de la nature. Aussi les petits marchands, les petits manufacturiers disparaissent, et un grand entrepreneur en remplace des centaines, qui, tous ensemble, n'étaient peut-être pas si riches que lui. Tous ensemble, néanmoins, étaient de meilleurs consommateurs que lui. Son luxe dispendieux donne un bien moindre encouragement à l'industrie que l'honnête aisance de cent ménages qu'il a remplacés. »

« En Angleterre, le commerce et les manufactures occupent 959,632 familles, et ce nombre est suffisant à pourvoir de tous les objets manufacturés, non pas seulement l'Angleterre, mais encore la moitié de l'Europe et la moitié des habitans civilisés de l'Amérique. L'Angleterre est une grande manufacture qui, pour se maintenir, est obligée de vendre à presque tout le monde connu. Faudrait-il offrir une récompense à celui qui trouverait le moyen de faire accomplir le même ouvrage par 90,000 ouvriers, de le faire accomplir par 9,000? Si l'Angleterre réussissait à faire accomplir tout l'ouvrage de ses champs et tout celui de ses villes par des machines à vapeur, et à ne compter pas plus d'habitans que la république de Genève, tout en conservant le même produit et le même revenu qu'elle a aujourd'hui, devrait-on la regarder comme plus riche et plus prospérante? »

« M. Ricardo répond positivement *oui*. Pourvu, dit-il, que son revenu net et réel, et que ses fermages et profits soient les mêmes, qu'importe qu'elle se peuple de dix ou de douze millions d'individus? »

« Quoi donc! la richesse est tout, et les hommes ne sont absolument rien? Quoi! la richesse elle-même n'est quelque chose que par rapport aux impôts? En vérité, il ne reste plus qu'à désirer *que le Roi, demeuré tout seul dans l'île, tournant constamment une manivelle, fasse accomplir par des automates tout l'ouvrage de l'Angleterre!.....* »

« Quelque désirable qu'il fût pour la société d'empêcher une découverte qui n'est excitée par aucune demande nouvelle de travail, qui ne mettra pas la marchandise produite à portée de nouveaux consommateurs, mais qui remplacera, cependant, et rendra inutile un certain nombre de producteurs nationaux ou étrangers, il n'y a aucun moyen d'y apporter des obstacles directs. Si nous empêchions, dans nos ateliers, l'adoption d'une machine nouvelle, nos voisins ne seraient pas aussi scrupuleux que nous : ils feraient la guerre avec leurs engins à vapeur, leurs machines à filer et toutes leurs inventions nouvelles. C'est une guerre à mort où l'on est forcé de se défendre. Tout au moins ne faudrait-il pas commencer. »

« Toutes les récompenses offertes pour l'invention des machines sont désormais devenues dangereuses. Aucune ne l'est plus, peut-être, que le privilége qu'on accorde à un inventeur. La suppression de ce privilége est probablement la seule chose que le gouvernement puisse faire pour protéger directement les pauvres ouvriers contre ce qu'on a assez bien nommé le *pouvoir scientifique.* »

M. de Sismondi voudrait que toutes les inventions fussent immédiatement soumises à l'imitation de tous les rivaux de l'industrie. Il termine par faire remarquer que si rien ne peut empêcher que chaque découverte nouvelle dans les mécaniques appliquées n'affecte le sort de la population manufacturière, et puisque c'est un danger auquel elle demeure constamment exposée et contre lequel l'ordre civil ne présente pas de préservatif, c'est du moins une raison pour que, dans un état, cette population ne soit pas nombreuse, et pour ne pas élever un peuple dans l'intention d'en faire les manufacturiers et les boutiquiers de l'univers.

M. de Bonald s'exprime ainsi sur le même sujet, relativement à la France. « Les machines que tous les jours la science de la mécanique invente et perfectionne, ne sont pas en usage depuis assez de temps pour qu'on ait pu juger encore avec certitude l'effet qu'elles doivent produire sur la société. Mais s'il est permis de le conjecturer d'après ce que nous en connaissons, on peut croire que l'immense quantité de bras qu'elles économisent, tandis qu'elles multiplient à l'infini la production, doit, en diminuant le travail, diminuer en même temps la consommation, et par conséquent la population ; et n'est-ce pas déjà à cette cause qu'il faut attribuer l'incroyable vileté du prix de certains produits des fabriques, qui, autrefois, se vendaient à un prix bien plus élevé, lorsqu'il y avait pour les produire un plus grand nombre d'hommes, et mieux payés ? »

« Il y a, ce me semble, quelque contradiction à ne se servir que de machines pour produire et à demander beaucoup d'hommes pour consommer, en réduisant en même temps au plus bas prix possible le salaire du petit nombre de ceux que les machines emploient. Aussi l'on a vu, particulièrement en Angleterre, des populations entières d'ouvriers se porter avec fureur contre ces machines, et demander en même temps une augmentation de salaires (1). »

(1) Nous croyons faire plaisir à nos lecteurs en plaçant ici l'extrait d'une lettre qui nous fut adressée, en 1826, sur les *luddistes* (briseurs de métiers) qui troublaient l'Angleterre à cette époque, par M. de Tollenare,

M. Droz, qui a démontré les avantages et la nécessité de l'emploi des machines, ne peut cependant s'empêcher

écrivain que distinguent ses talens littéraires, ses connaissances en économie politique et son dévouement éclairé à l'amélioration des classes souffrantes. Ses observations fournissent la preuve des dangers de l'accroissement et de l'agglomération des populations industrielles, même lorsqu'elles ont acquis des habitudes d'économie et de prévoyance, si elles ne sont pas soumises aux lois de la morale religieuse.

« Les désordres qui ont lieu à présent à Manchester, je les ai vus régner, en 1814, à Sheffield et à Nottingham. Dans tout le canton, ce n'étaient qu'attroupemens insurrectionnels d'ouvriers, meurtres, appels à l'insurrection, incendies et démolitions de manufactures et de métiers. Je crus qu'on avait inventé une nouvelle machine qui rendait un grand nombre de bras inutiles, et que la faim portait les désœuvrés aux violences qui affligeaient l'industrie. Comme un étranger court peu de risques dans les troubles de pure localité, je me transportai à Nottingham, tant pour connaître la nouvelle machine, s'il était possible, que pour étudier la manière dont on calmait une révolte d'ouvriers. Quel fut mon étonnement lorsque j'appris que les machines, qui servaient de prétexte à l'insurrection, n'étaient autres que les métiers à bas, connus et employés depuis un siècle ! Il y avait bien eu quelques perfectionnemens dans ces instrumens qu'on avait ingénieusement disposés pour la fabrication des tulles. Mais ce n'était encore qu'une goutte d'eau dans l'Océan. L'ancien métier, connu de tous les bonnetiers, était celui qu'on attaquait, et je m'en assurai par mes yeux en examinant ceux qu'on avait brisés. Voici qu'elle était la cause de cette insurrection : les ouvriers avaient beaucoup gagné pendant la guerre qui avait permis d'augmenter leurs salaires ; on leur avait recommandé les caisses d'épargnes et de prévoyance : ils y avaient eu recours. On leur avait inspiré le goût de l'ordre dans leurs ménages. Ils étaient devenus économes. Enfin, ils avaient des avances devant eux. Appuyés sur les économies, ils refusaient l'abaissement des salaires nécessité par la circonstance de la paix. Ils prétendaient, au contraire, les faire augmenter. Ce n'était pas l'exaspération de la faim, mais une résistance systématique, raisonnée, sinon raisonnable, qui les portait aux hostilités. Il fallut, après plusieurs semaines de désordres, alors secondés par l'émission de la fameuse loi contre l'importation des fromens au-dessus de 80 schel. le quarter (500 fr. le tonneau), que toutes les épargnes fussent consommées, pour qu'on pût remettre les ouvriers dans le *servage ordinaire*, pour qu'il fût possible de rétablir l'ordre accoutumé. J'ignore si les troubles actuels de Manchester ont la même cause : il se pourrait que non, parce que la majeure partie des ouvriers du Lancastershire se compose d'Irlandais sans conduite ; mais il se pourrait aussi que l'affirmative fût vraie, et qu'il y eût des *chefs de salaires*, dont les Irlandais ne seraient que les instru-

de reconnaître les funestes conséquences de leur application à l'extension indéfinie de l'industrie.

« Lorsqu'on considère, dit-il, la marche de l'industrie en Europe, on ne peut presque pas douter que le résultat prochain de cette lutte ne soit l'impossibilité de la continuer nulle part. Chaque jour apprend l'ouverture d'une fabrique nouvelle ou du perfectionnement d'une fabrique ancienne qui lui permet d'augmenter ses produits. On apprend aussi, chaque jour, que quelque marché s'est fermé au commerce libre, et qu'un peuple libre qui n'avait auparavant jamais songé aux manufactures, a résolu à son tour

mens, ce dont il importerait d'avoir des informations exactes et sincères. Quoi qu'il en soit, la cause des trouble de Nottingham, en 1814, étant constante, il n'y a rien d'indiscret à en prévoir le retour. Je pense qu'elle est faite pour fixer l'attention des protecteurs du repos public. C'est avec bien juste raison que nous nous efforçons d'inspirer à nos ouvriers l'amour de l'ordre et de l'économie, la prévoyance pour les temps malheureux, etc. Mais on voit que les progrès qu'ils y feront les affranchiront de la dépendance où les tient encore leur inconduite, *dépendance qui est la base du système du manufacturier actuel.* Maîtres, après l'épargne, de résister, d'abord par l'inertie, aux fixations de salaires qui leur déplairont et auxquelles la faim ne leur permet pas de se soustraire aujourd'hui, ils sentiront plus tard leurs forces, débattront le prix de leurs services avec la liberté dont jouissent tous les autres industriels ; et irrités par ce qu'ils appellent les anciennes prétentions à l'oppression, riches, mais passionnés, et encore incomplétement instruits, Dieu sait ce qui pourra résulter de l'énorme masse de leur puissance. En tout cas, le système actuel, l'ordre actuel seront changés. Il y aura désordre, tout le fait craindre. Et comme le prétexte n'en paraîtra pas criminel, il est bon de l'étudier en secret. Cependant rendre la classe ouvrière plus morale, et partant plus riche, est un but louable. Il faut seulement, lorsqu'on travaille à l'atteindre, prévenir l'abus qu'on en pourra faire, et cette prévoyance me paraît digne d'occuper sérieusement l'autorité au milieu de l'heureux élan industriel qui se manifeste en France, et dont je me garderais bien de demander la répression. » M. de Tollenare aurait trouvé la solution de ce problème en appelant les classes ouvrières, non seulement à être éclairées, prévoyantes et riches, mais encore *religieuses*, et en demandant aux riches entrepreneurs d'industrie plus de *justice et de charité.* Son esprit élevé est digne de proclamer cette vérité, que son cœur comprend si parfaitement.

de se suffire à lui-même et de n'être plus, selon l'expression aussi fausse que vulgaire, *tributaire de l'étranger*. Chaque fabricant, au lieu de songer à son pays qu'il connaît, a en vue l'univers qu'il ne peut connaître, et l'univers se resserre toujours plus pour lui. La souffrance est universelle : chaque manufacturier a perdu une partie de ses capitaux : partout les ouvriers sont réduits à un salaire qui suffit à peine à les faire vivre misérablement. On apprend, il est vrai, tantôt dans un canton, tantôt dans un autre, que la fabrication se ranime, et que tous les ateliers sont occupés ; mais cette activité momentanée est plutôt l'effet de spéculations hasardées, de confiances imprudentes et de la surabondance des capitaux, que de nouvelles demandes ; et, en considérant le monde commercial d'un seul coup d'œil, on ne peut révoquer en doute que les profits de l'industrie diminuent encore plus que ces profits n'augmentent. »

« Que fera-t-on, lorsqu'on ne pourra plus vendre à aucun étranger ? Que fera-t-on, lorsque chacun sera forcé de comparer les produits de son peuple avec les besoins de son peuple, et, ne comptant plus du tout sur les illusions du marché extérieur, reconnaîtra clairement que ce peuple ne peut acheter tout ce qu'il veut vendre ? Comment dira-t-on à ces artisans qu'on a multipliés avec tant d'efforts, qu'on a rendus actifs avec tant d'industrie : « Nous nous sommes trompés ; nous n'avons pas besoin de vous ; vous ne deviez pas vivre !.... »

« L'approche du dénoûment d'un faux système est peut-être imminente, et cette calamité fait frémir. Lorsque ce moment sera venu, toutes les barrières élevées entre les états tomberont de nouveau, parce qu'on sentira l'impossibilité de les maintenir. La fatale concurrence de ceux qui cherchent aujourd'hui à s'enlever leur gagne-pain cessera. Chacun s'en tiendra à l'industrie que la nature du sol, du climat et du caractère des habitans rendent plus profitable.

et ne regrettera pas plus de devoir tous les autres produits à un étranger que de ne pas faire ses souliers lui-même. Mais, avant d'en venir là, qui sait combien de vies auront été sacrifiées à la poursuite d'une erreur? »

« Aimons à célébrer les bienfaits que répand l'industrie : mais n'allons pas, avec quelques rêveurs, lui donner une importance exclusive. Gardons-nous de supposer que les industriels et les ouvriers soient les seuls citoyens utiles, aux dépens desquels tous les autres existent. De telles folies, en se propageant, anéantiraient la civilisation. »

« Vouloir précipiter dans les entreprises d'industrie tous les gens riches, serait former un projet absurde : ce qu'on doit raisonnablement désirer, c'est que l'opinion proscrive l'oisiveté. »

« Un entrepreneur de tissus est un homme utile ; mais, s'il veille à l'éducation de ses nombreux ouvriers, s'il ouvre des écoles pour leurs enfans et pour eux-mêmes, s'il en fait des êtres intelligens et probes, si l'oisiveté, la misère, le vice disparaissent des environs de la manufacture, ce n'est pas seulement un riche fabricant, c'est un citoyen digne de la reconnaissance publique, c'est un bienfaiteur de la contrée qui l'a fait naître. »

« A peine, dit M. de Rainneville, un genre de fabrication donne-t-il quelques bénéfices, qu'une foule d'hommes sans expérience, sans honneur, sans moralité, sans solvabilité même, s'y précipitent avec une étourderie prodigieuse. Les populations anciennes ne suffisent plus à leurs entreprises. On la double en quelques années en attirant des campagnes environnantes de malheureuses dupes par l'appât d'un gain plus grand, d'un travail plus facile et des plaisirs que présentent les grandes agglomérations des deux sexes. On dévore ses capitaux et ceux des insensés qui s'y laissent prendre ; on encombre les marchés de produits dégénérés des qualités primitives qui en assuraient le débit ; on dépasse outre mesure tous les besoins de la consommation. Mais bientôt les consommateurs désabusés repoussent ces produits ; les débouchés se ferment, les magasins sont encombrés, les capitaux compromis ou perdus. Il faut condamner les machines et les bras à l'oisiveté, et voilà que des milliers d'individus vont offrir leurs bras au rabais, épuisent leurs ressources, engagent leurs effets dans des monts-de-piété, fatiguent la charité des villes et des particuliers par leurs sollicitations, et attendent, en vivant d'aumônes, un temps meilleur qu'on leur a fait espérer, mais qui ne reviendra plus, parce que tout équilibre entre la production et la consommation est perdu. L'avilissement subit du prix du travail les condamne à plus de privations et les rend doublement malheureux. Les spéculateurs ont disparu en laissant un surcroît de population à la charge des villes et des habitans. Ces légions d'ouvriers hâves et décharnés, rongés de vices et des maladies qui en sont la suite, ont perdu, avec l'innocence de leurs premières mœurs, le goût de la vie des champs et la force nécessaire pour en supporter les travaux. Voilà ce qui reste de cette fausse prospérité, de cette exaltation sans mesure de l'activité industrielle ! Quelques jours d'ivresse et de longues années de souffrances qu'on ne peut soulager, car rien ne répare les mœurs et les forces perdues, si ce n'est la religion avec ses prodiges. Où est la force de l'état avec une semblable population ? Nous ne craignons pas de le dire, si toute la France était ainsi façonnée par l'industrie, des millions de ses enfans ainsi abâtardis ne suffiraient pas à l'entretien d'un régiment de cinq cents hommes. Que l'on interroge les généraux qui ont fait les levées du recrutement ; ils ne nous démentiront pas. Dans les cantons industriels, la dégradation de l'espèce y est telle, que la plupart des jeunes conscrits y est impropre au service militaire ; ce qui double la charge de la population rurale, et condamne le petit nombre de jeunes gens sains et bien conformés que présentent les villes ; injustice légale dont les désordres de l'industrie sont la cause. »

« L'Europe, dit encore sur le même sujet M. de Sismondi, est arrivée au point d'avoir, dans toutes ses parties, une industrie et une fabrication supérieures à ses besoins. »

« Que l'on parcoure les rapports du commerce, les journaux, les récits des voyageurs, partout on verra les preuves de cette surabondance de production qui passe la consommation, de cette production qui se proportionne, non pas à la demande, mais aux capitaux qu'on veut employer, de cette activité des marchands qui les porte à se jeter en foule dans chaque nouveau débouché, et qui les expose tour à tour à des pertes ruineuses dans le commerce, dont ils attendent des profits. Nous avons vu les marchandises de tout genre, mais surtout celles de l'Angleterre, la grande puissance manufacturière, abonder dans tous les marchés de l'Italie, dans une proportion tellement supérieure aux demandes, que les marchands, pour rentrer dans une partie de leurs fonds, sont obligés de les céder avec un quart ou un tiers de perte au lieu de bénéfice. Le torrent du commerce, repoussé de l'Italie, s'est jeté sur l'Allemagne, sur la Russie, sur le Brésil, et y a bientôt rencontré les mêmes obstacles. »

Tel est l'effet inévitable d'une production désordonnée ; et l'on ne peut méconnaître que l'emploi des machines n'ait puissamment contribué à cette exubérance de production. Si l'on pouvait conserver encore des doutes à cet égard, ils seraient sans doute dissipés par un document d'une haute importance récemment publié sur cette question. Nous voulons parler du rapport fait le 22 février 1832, à l'Académie des sciences, par MM. Gérard et Molard, au sujet du mémoire rédigé par M. le baron de Morogues, sur les machines, leur utilité, leurs inconvéniens et les moyens d'y remédier. Nous allons en citer les principaux passages.

« Que l'introduction des machines dans nos manufactures ait considérablement augmenté la production des objets nécessaires à nos besoins et à nos jouissances, c'est ce que personne ne s'avise de contester ; mais ce qui n'est pas aussi certain, c'est qu'elle en amène l'équitable réparation. Ce n'est pas en masse, en effet, qu'il faut apprécier les avantages ou les inconvéniens de ces innovations ; il faut en suivre les effets dans toutes les classes de la société et voir si, tandis qu'elles augmentent le bien-être de presque toutes, elles ne tendent pas, dans d'autres, à priver du nécessaire un certain nombre d'individus. »

« L'usage des machines ne s'introduit jamais dans une branche d'industrie sans priver aussitôt de travail un assez grand nombre d'ouvriers. A la vérité, la misère qui en résulte pour eux n'est que temporaire, s'il faut en croire la plupart des économistes, et bientôt, soit par la création de quelque nouvelle industrie, soit par l'extension de celles déjà créées, on voit se rétablir l'équilibre entre la demande et l'offre du travail. Mais cette assertion trouve des contradicteurs qui assurent que chacune des mutations dont nous parlons jette insensiblement un certain nombre d'individus dans cette classe déjà trop nombreuse d'hommes dont les moyens d'existence n'ont rien d'assuré, et que l'oisiveté en elle-même, autant que la misère qui en est la suite, pousse à l'immoralité. C'est à cette dernière opinion que se range M. de Morogues ; seulement, au lieu d'être reporté par cette considération à repousser les machines, il cherche les moyens de neutraliser les effets fâcheux de leur introduction. L'extension du commerce extérieur ne peut procurer à la classe ouvrière qu'une augmentation momentanée de travail ; car la concurrence de toutes les nations et les progrès de l'industrie chez la plupart d'entre elles, resserrent de plus en plus le champ des bénéfices qu'on peut obtenir en approvisionnant leurs marchés. »

« Le prix des produits de l'industrie anglaise qui se sont écoulés au-dehors, de 1808 à 1828, s'est réduit, suivant M. de Morogues, aux 3/7 du prix des mêmes produits vendus sur les mêmes marchés pendant les six années précédentes ; et il est clair en effet, d'après l'état progressif de l'Europe, qu'on ne peut conserver l'avantage d'approvisionner un marché étranger qu'autant qu'on diminue de plus en plus le prix de la marchandise offerte, ce qui ne se peut qu'autant qu'on arrive à un abaissement sur les frais de fabrication par le perfectionnement des machines. A mesure que les produits manufacturés de l'Angleterre devinrent l'objet d'exploitations plus étendues, les villes de Birmingham et de Manchester se peuplèrent aux dépens des petites fabriques dont les ouvriers y trouvèrent d'abord des salaires plus considérables ; mais bientôt l'économie dans les frais de fabrication porta sur les salaires eux-mêmes, qui s'abaissèrent de plus en plus ; enfin, il arriva un moment où les réductions durent porter sur le nombre des travailleurs : ceux-ci songèrent à se reporter des grandes vers les petites fabriques ; mais celles-ci avaient disparu. Ce qui est arrivé pour l'industrie est arrivé, suivant M. de Morogues, pour la culture : les journaliers se sont portés des petites fermes vers les grandes ; puis, quand ils ont voulu revenir vers les premières, ils ont trouvé que la petite culture n'existait plus. Alors la plaie du *paupérisme* est devenue si profonde, qu'on est arrivé au point de discuter sérieusement l'opportunité de la déportation et de la restriction des mariages ; et, ce qui n'est pas moins déplorable, c'est que, pendant ces discussions, la population des prisons où sont détenus les condamnés pour certains délits contre la propriété, s'est élevée, de 1824 à 1829, dans le rapport de 3 à 6. »

« M. de Morogues considère donc le paupérisme et tous les maux qu'il entraîne comme un résultat immédiat de la substitution des machines au travail manuel ; et, cherchant à mettre la société à l'abri des dangers dont elle est menacée, sans la priver des avantages qu'elle retire de l'application de la mécanique aux arts industriels, il pense l'avoir trouvée dans la culture et l'exploitation du sol dont les produits se consomment en nature et fournissent toujours plus ou moins abondamment le prix du travail à l'aide duquel ils sont obtenus. »

« Les lois qui régissent l'Angleterre, en ayant fait successivement disparaître la petite et la moyenne culture, sont devenues une des principales causes du paupérisme, de l'agitation des ouvriers et des atteintes qu'ils portent à la tranquillité publique. Sur seize millions d'habitans, la Grande-Bretagne ne compte que 589,000 propriétaires fonciers (environ 118 mille familles (1)). La propriété territoriale, centralisée par les substitutions et le droit d'aînesse, ne présente que de vastes exploitations rurales, dans lesquelles l'usage des machines s'est introduit comme dans les grandes fabriques, de sorte que de pauvres ouvriers sans travail surchargent également de leur misère les campagnes et les grandes villes. »

« En France, la vente des biens nationaux, l'abolition du droit d'aînesse et l'égalité des partages ont créé environ 4,833,000 propriétaires sur 32 millions d'habitans. Ainsi, nous sommes un propriétaire sur 7 individus, tandis qu'en Angleterre on n'en compte qu'un sur 28. En 1828, le nombre des pauvres était, chez nous, égal à 1/13 de la population. En Angleterre, il était égal à 1/4 (2) : aussi, à la même époque, tandis que nous n'avions qu'un accusé sur 134 habitans, l'Angleterre en avait un sur 857. ».

(1) Plusieurs écrivains portent le nombre des familles possédant les propriétés foncières, en Angleterre, de 35 à 40 mille familles seulement.

(2) Nous ignorons où M. de Morogues a puisé ces chiffres du nombre des pauvres existant en France et en Angleterre. Nos recherches nous ont donné pour résultat : en France, 1/20 de la population, et en Angleterre, 1/6. (Voir le livre II, chap. I et II.)

« En admettant, comme un principe généralement reconnu, que la misère, plus qu'aucun autre motif, provoque les délits de toute nature, l'auteur est encore d'opinion que ces délits sont plus nombreux là où il y a plus d'industriels que de cultivateurs, et qu'enfin, parmi ces derniers, il se rencontre d'autant plus de délinquans que les propriétés sont moins divisées, ce qui sert à expliquer pourquoi, depuis 1825 jusqu'à 1829, intervalle de temps pendant lequel nombre des grandes propriétés s'est accru en France, le nombre des délits s'y est accru dans le rapport de 183 à 222 (1). »

« M. de Morogues conclut de tous ces faits, que s'il convient d'encourager l'emploi et de provoquer le perfectionnement des machines dans nos fabriques, il est encore plus indispensable d'encourager l'agriculture contre la concurrence étrangère. Il voudrait surtout étendre la petite culture, afin que par l'effet du plus grand travail manuel qu'elle exige, le plus grand nombre d'individus puissent devenir consommateurs, car, dit-il, c'est de l'aisance de notre population qu'il faut attendre le rétablissement de notre industrie. Malgré le paupérisme qui l'accable, l'Angleterre est encore la meilleure pra ique de ses propres manufactures. »

« Comparant la moralité des populations agglomérées au sein des grandes villes à la population clair-semée des campagnes, il fait remarquer que dans le canton de Middlesex, où se trouve la ville de Londres, on comptait en 1820, un accusé sur 424 habitans, tandis que dans le reste de l'Angleterre on n'en comptait qu'un sur 2,400. »

« De même en France, en prenant une moyenne entre 1825 et 1829, on a trouvé un accusé sur 1167 habitans

(1) M. le baron de Morogues aurait dû attribuer, avec plus de raison, cet accroissement de délits à l'extension croissante de la production manufacturière, et à la crise industrielle qu'elle a amenée précisément dans la période de 1825 à 1828.

dans le département de la Seine, tandis que dans tous les autres départemens pris ensemble, on n'en comptait qu'un sur 4,300, et que dans les départemens les moins peuplés, comme ceux de la Creuse et de la Haute-Loire, il ne s'en est trouvé qu'un sur 10,000. »

Ainsi, la population qui n'a que son travail pour vivre, se pervertit par la misère beaucoup plus rapidement dans les villes populeuses, que dans les campagnes, et comme la perversité est bien plus redoutable dans celles-là que dans celles-ci, l'auteur en conclut que le remède le plus efficace et le plus simple à la fois, contre les dangers dont cette perversité nous menacerait, se réduit à faire refluer dans les campagnes une partie de la population agglomérée dans les villes. Opérer sans secousse cette espèce de transmigration, en assurant des moyens de subsistance à la population qui se trouverait ainsi déplacée, c'est en cela que consiste le projet par l'exposé duquel l'auteur termine son Mémoire (1).

Les faits rapportés par M. de Morogues sont tellement frappans, que pour rendre péremptoires les argumens qu'il en déduit, il suffit de la vérification de ces faits. On peut réduire à deux ceux qui prédominent tous les autres, savoir, 1° que le nombre des pauvres s'augmente à mesure que la population manufacturière s'accroît aux dépens de la population agricole.

2° Que les crimes et les délits se multiplient partout où le paupérisme s'accroît.

L'Angleterre nous ayant dévancés dans la carrière industrielle, nous fournit, par cela même, les observations les plus anciennes et les plus nombreuses. On trouve, dans

(1) Nous avions, en 1828, présenté au gouvernement un projet analogue à celui de M. de Morogues, c'est-à-dire la fondation de colonies agricoles. M. Huerne de Pommeuse en a fait aussi l'objet d'un travail remarquable. On trouvera les développemens de ce projet dans le VIIe livre de cet ouvrage.

l'excellent Traité de l'indigence, publié en 1806, par Colquhoun, que depuis 1677 jusqu'en 1815, la taxe des pauvres, établie sous le règne d'Elisabeth, s'est élevée de 700,000 liv. sterl. à 4,267,965 liv. sterl., en ne comprenant dans ces sommes que le montant des taxes perçues en Angleterre et dans le pays de Galles. Cette charge toujours croissante, imposée à tous ceux qui possèdent quelque chose, pour venir au secours de ceux qui ne possèdent rien, ne pouvait manquer de fixer l'attention des moralistes et des hommes d'état. Aussi, le même auteur que nous venons de citer compte-t-il plus de quarante ouvrages publiés sur cette matière depuis 1676 jusqu'en 1806.

En général on y recherchait les moyens, sinon de faire disparaître le mal, du moins d'en arrêter les progrès, soit en diminuant le montant de la taxe, soit en répartissant ses produits d'une manière plus équitable; mais ce n'est que vers la fin du siècle dernier, pendant que l'industrie et le commerce de l'Angleterre acquéraient la plus grande extension qu'on entreprit de découvrir les véritables causes du paupérisme et de signaler les circonstances qui en aggravent les effets.

Il paraît qu'il régnait beaucoup d'incertitude sur ces causes et ces circonstances, lorsque parut, pour la première fois, en 1776, l'ouvrage d'Adam Smith sur la richesse des nations, car, tout en convenant qu'il serait à désirer que les propriétaires des terres s'occupassent eux-mêmes de les cultiver, cet auteur émet l'opinion qu'il est moins utile d'encourager l'agriculture que l'industrie manufacturière. Les conséquences des perfectionnemens de cette industrie par l'emploi des machines, se sont manifestées depuis cette époque. Dès l'année 1806, trente ans après la publication de l'ouvrage de Smith, Colquhoun insistait déjà, avec l'accent de la conviction, sur la nécessité de reporter vers les travaux agricoles les bras devenus désormais inutiles dans les manufactures. Ce sage et judicieux écrivain pensait que si l'agriculture elle-même retire des avantages incontestables de l'industrie et du commerce, ces avantages sont toujours achetés trop cher lorsqu'on ne peut les obtenir qu'en enlevant aux campagnes la population nécessaire à leur exploitation, et qu'attirée par l'espoir des salaires plus élevés, elle renonce aux légers profits dont la petite culture et le jardinage lui assurent la ressource, elle vient chercher inconsidérément dans les villes une subsistance incertaine et s'exposer à des chances imminentes de corruption et de perversité.

Les désordres fréquens auxquels les ouvriers que les progrès de la mécanique appliquée aux arts industriels réduisaient quelquefois à l'inaction, provoquèrent en 1811 et 1821 des enquêtes parlementaires dont la société de statistique de Londres a publié les résultats en 1827. On voit, en comparant entre eux les nombreux tableaux où ils sont consignés, qu'en Angleterre et dans le pays de Galles, seulement, le nombre des familles employées en 1811 aux travaux de l'agriculture, était de 770,201, tandis que celui des familles employées dans les manufactures et le commerce s'élevait à 940,630, nombres qui sont entre eux à peu près dans le rapport de 100 à 125. On voit aussi qu'en 1821 le nombre des familles agricoles était de 847,956, tandis que celui des familles industrielles et commerçantes s'élevait à 1,159,976, qui sont entre eux dans le rapport de 100 à 138. De sorte qu'en supposant constant le nombre de familles employées aux travaux agricoles pendant les dix dernières années comprises de 1811 à 1821, celui des familles employées dans les manufactures et les établissemens de commerce s'est accru dans le rapport de 125 à 138.

Quant aux progrès du *paupérisme*, la taxe des pauvres qui s'élevait en 1811 à 5,669,856 liv. sterl., était montée, en 1821, à 6,358,703 liv. st. Ainsi, tandis que la population manufacturière s'accroissait dans le rapport de 125 à 138, la taxe des pauvres s'accroissait elle-même dans le rapport à peu près de 125 à 140.

Enfin le nombre des crimes ou délits qui avait été, en 1811, de 5,337, fut, en 1821, de 13,115.

Ces documens officiels, recueillis chez nos voisins, prouvent évidemment que le fléau du paupérisme étend ses ravages à mesure que la classe ouvrière employée dans les manufactures devient plus nombreuse, et que les crimes et délits qui affligent la société, se multiplient en raison du paupérisme.

On reconnaît également en France, en jetant les yeux sur les tableaux publiés depuis quelques années par le ministère de la justice, que ceux de nos départemens où l'industrie manufacturière a fait le plus de progrès, et qui ont pour chef-lieu les villes les plus populeuses, sont en même temps ceux où sur un nombre donné d'habitans, il se commet le plus de crimes contre les personnes et les propriétés. C'est sur ces faits que s'appuie l'auteur pour rendre manifeste l'utilité du projet qu'il a conçu : reste à apprécier l'efficacité des moyens qu'il a proposé d'employer pour en assurer l'exécution.

S'il est avantageux de reporter sur les travaux agricoles la population nécessiteuse dont la plupart de nos villes sont surchargées, c'est en lui donnant l'espérance d'y participer un jour aux avantages et aux droits inhérens à la propriété foncière qu'on parviendra à changer les habitudes de cette population et à la fixer dans la nouvelle situation qui lui serait offerte. Or, soit que les terres possédées par ceux qui les cultivent proviennent de concessions gratuites ou qu'elles proviennent d'acquisitions à prix d'argent, le partage de ces terres en un grand nombre de possesseurs n'est pas seulement utile au bien-être de chacun d'eux, il contribue encore à la sécurité et au bonheur de tous. Celui qui ne possède qu'une chaumière, tient autant à la conserver qu'un grand propriétaire attache de prix à la conservation d'un palais. Ainsi les intérêts particuliers de l'un et de l'autre se confondent dans un intérêt commun, celui de maintenir l'ordre de choses établi. La petite propriété offre véritablement à la grande la plus sûre de toutes les garanties.

L'académie des sciences, en donnant son approbation aux vues de M. de Morogues, ajoute une puissante autorité aux opinions des écrivains qui ont aperçu dans l'extension démesurée de l'industrie manufacturière par l'emploi des machines, une cause active de misère et de dangers pour l'ordre social. Les économistes les plus passionnés pour le développement de l'industrie, ne peuvent s'empêcher de partager ces appréhensions. « Quand le prix courant du travail, dit Ricardo, est au-dessous de son prix naturel, le sort des ouvriers est déplorable. C'est ce qui arrive lorsqu'il y a excès de production : et les transitions plus ou moins brusques des salaires deviennent toujours, pour les contrées manufacturières, une source de troubles et d'alarmes.

Les paroles de lord Wellington, à la chambre des lords d'Angleterre, dans la séance du 5 février 1830, viennent compléter ces diverses assertions, et doivent être un sujet de profondes méditations politiques.

« Je voudrais bien savoir (s'est écrié douloureusement ce premier ministre) si l'état de détresse d'une partie de la population du royaume, et qui domine surtout dans les classes manufacturières, n'a pas pour première cause la multiplication et l'emploi plus fréquent des machines et de l'application de la vapeur aux différentes branches de la fabrication? Les étrangers n'élèvent-ils pas aussi de toutes parts des concurrences redoutables? Cette chambre peut-elle s'opposer à l'application des machines à vapeur à la fabrication? Toutes ces simplifications de l'industrie manufacturière, combinées avec la concurrence étrangère, ne mettent-elles pas les fabricans dans l'obligation de diminuer considérablement les salaires de leurs ouvriers? Enfin toutes ces causes ne sont-elles pas assez puissantes pour produire la détresse (1)? »

En France, au sujet de la question d'un entrepôt à Paris, la tribune législative a retenti récemment de ces tristes présages :

« Voyez Paris devenir centre de consignations et d'entrepôt, et dites-moi quel marché soutiendra la concurrence? Mais Bordeaux, mais Nantes et tout le littoral entre ces ports, que n'auront-ils pas à souffrir? Que deviendra cette immense population d'ouvriers que l'industrieuse activité des ports nourrit? Qu'en ferez-vous dans ces crises qui surviennent comme l'orage, et que la concentration nouvelle de toutes les opérations dans la capitale, les jeux subits d'un agiotage immense peuvent faire éclater à toute heure? En vérité, je vous admire ! »

« Pour moi, j'ignore si je cède à de vieux préjugés. On le dira peut-être ; mais la politique me semble basée sur d'autres lois que la science des richesses. Il ne suffit pas de pousser à l'aveugle à la production, aux mouvemens des capitaux, aux spéculations : un peuple peut expirer de souffrance et d'anarchie au milieu de tous les trésors de l'industrie et de la civilisation. C'est la répartition du bonheur, c'est la dissémination de la vie dans

(1) Un publiciste anglais fait remarquer, à l'occasion des paroles du noble duc, que c'est une erreur de se figurer que cette misère soit un signe de décadence pour l'Angleterre, car cette population souffrante chez elle, dans d'autres pays, n'est pas encore née. « C'est, dit-il, un surcroît d'hommes qui est produit par la prospérité complète de la nation. Les anciens connaissaient ces sortes de pauvres; c'est avec eux qu'ils fondaient des colonies; aussi est-il question, depuis long-temps, d'envoyer les *mécontens* dans les possessions anglaises de l'Amérique. On vient d'en faire la proposition au parlement. On emploierait, pour leur voyage, le montant de la taxe des pauvres, dont la mauvaise application encourage la population à la paresse. » On verra dans le cours de cet ouvrage le résultat des tentatives faites pour réaliser cet expédient inhumain.

toutes les parties d'un empire qui fait les grands peuples et assure leur nationalité. Regardez-y de près, messieurs; ce que la science économique flétrit et proscrit sous le nom de restriction et de privilége, n'est souvent qu'une garantie de la puissance du pays. »

Il est inutile de pousser plus loin ces citations : elles suffisent pour mettre au grand jour des vérités importantes :

1° La production tend constamment à s'étendre au-delà des besoins de la consommation, et l'emploi des procédés économiques, dans la fabrication, augmente prodigieusement cette tendance.

2° L'excès de la production et la concurrence universelle, utiles seulement à quelques consommateurs, sont funestes aux classes ouvrières.

3° L'industrie manufacturière, en donnant un grand essor au principe de la population, multiplie considérablement le nombre des indigens qui, partout, se trouvent presque en totalité dans la population industrielle.

4° Les individus employés dans les ateliers de l'industrie manufacturière, usent promptement leurs forces physiques, et sont généralement chétifs, malsains, d'une intelligence moins développée que les agriculteurs et d'une moralité moins sûre.

5° De tous les bénéfices obtenus par le travail, ceux acquis par l'industrie manufacturière sont les plus considérables; mais ils sont aussi le plus inégalement répartis.

6° L'expérience, les faits, les raisonnemens sont en faveur des théories qui donnent à l'industrie agricole la préférence sur l'industrie manufacturière.

En effet, à combien de vicissitudes sont exposés les individus qui se vouent exclusivement aux fabriques? Une guerre vient-elle à les surprendre? En voilà pour dix ans peut-être avant de pouvoir réparer des pertes alors inévitables. Le temps de paix est aussi celui d'une guerre d'industrie. Les procédés vont toujours se perfectionnant. On découvre journellement de nouveaux moyens de produire. Tous les peuples sont, ou seront aux aguets des moindres débouchés. C'est à qui supplantera son voisin. Ainsi les ouvriers industriels sont incessamment menacés d'intermittences d'activité et d'inaction. Ils vivent au jour la journée, utilisés provisoirement au profit de quelques entrepreneurs qui, s'ils sont prévoyans et habiles (nous ne disons pas bons citoyens), s'attacheront à apporter une sévère économie dans la main-d'œuvre et les salaires, et n'attendront pas, pour fermer les ateliers, qu'une grande crise commerciale soit tout-à-fait commencée, car ils sauront la voir venir de loin. Ainsi, mille individus, par exemple, concourent pour un chétif salaire, à enrichir trois à quatre spéculateurs qui les congédient précisément au moment où les ouvriers ont le plus besoin d'ouvrage, c'est-à-dire dans les temps de disette, de guerre ou d'autres calamités. L'on a donc pu établir cet axiome qui, malgré son apparence paradoxale, n'en est pas moins vrai, *que plus un pays possède d'entrepreneurs d'industrie riches, plus il renferme d'ouvriers pauvres.*

Quant aux machines, qui réunissent à un si haut degré le pouvoir d'accroître la production, il est évident qu'elles doivent nécessairement exagérer les inconvéniens attachés à l'excès de l'industrie manufacturière. Toutes les machines ne sont pas assurément nuisibles à la population qui ne vit que de son travail; il en est qui lui sont éminemment utiles; mais c'est la nature de l'industrie, ce sont les lieux et les époques qui déterminent l'utilité, l'opportunité et la nécessité de leur emploi. M. de Sismondi nous paraît être parfaitement dans le vrai, lorsqu'il dit à ce sujet :

« Toutes les fois que la demande pour la consommation surpasse les moyens de produire de la population, toute découverte nouvelle dans les mécaniques ou dans les arts est un bienfait pour la société, parce qu'elle donne les moyens de satisfaire aux besoins existans. Toutes les fois, au contraire, que la production suffit pleinement à la consommation, toute découverte semblable est une calamité, parce qu'elle n'ajoute aux jouissances des consommateurs que de les satisfaire à meilleur marché, tandis qu'elle supprime la vie elle-même des producteurs. Il serait odieux de peser l'avantage du bon marché, contre celui de l'existence. »

Un écrivain, qui s'est occupé avec persévérance du sort des classes indigentes, et s'est livré d'une manière spéciale à l'examen de l'influence des machines, fait remarquer à cet égard : 1° « Que chez les peuples civilisés, les prolétaires, c'est-à-dire les 4/5 de la population n'ayant d'autres ressources que leur travail, c'est constamment à augmenter cette ressource, et non à la diminuer, que doivent tendre tous les efforts de la société entière, et par conséquent des vrais amis de l'humanité. 2° Que si les machines peuvent être utiles dans les pays où les bras manquent, elles ne peuvent qu'être ruineuses dans ceux où se trouve habituellement un grand nombre d'ouvriers sans occupation. 3° Que la France étant dans ce dernier cas, notre prospérité ne peut nullement résulter de l'imitation des Anglais et des Américains dont les intérêts sont très différens des nôtres. En effet, la diminution du prix des objets fabriqués par ces machines, n'est point en rapport chez nous avec le mal qu'il faut faire pour l'obtenir, parce qu'elle ne profite qu'à une très faible partie de la population des villes, et nuit considérablement à tout le reste. Il faut d'ailleurs toujours que le salaire suffise à l'existence de l'ouvrier (1). »

(1) Bidaut, du Monopole de l'Industrie. M. Bidaut évalue à plus de 3 millions le nombre d'ouvriers que l'emploi des machines doit priver prochainement des moyens de travail et d'existence. Nous ignorons sur quelles bases reposent ses calculs qui, du reste, ne semblent nullement exagérés.

Pour qu'une machine puisse s'appliquer avec avantage à l'industrie, il faut donc qu'elle réunisse rigoureusement les conditions suivantes :

1° Augmenter le travail, les salaires, la consommation, la distribution de l'aisance et du bonheur dans tous les rangs de société.

2° Améliorer les forces physiques et morales des ouvriers, ou du moins ne pas leur être nuisible.

Tout procédé mécanique qui ne peut contribuer à ces résultats, est un présent funeste qui réalise les préventions si sages, et pourtant si vieilles, de Colbert et de Montesquieu.

Or, parmi les machines dont l'industrie moderne s'enorgueillit, combien peu échapperaient à la réprobation d'un jury d'humanité !

Nous l'avouons ; quelque brillantes, quelque spécieuses que puissent être les apologies exclusives des machines, nous ne pouvons admettre d'une manière générale et absolue la nécessité et les avantages de l'emploi des procédés économiques dans toutes les branches de l'industrie. Il est sans doute d'un grand intérêt pour la population que notre industrie produise abondamment et facilement ce qui sert à ses besoins journaliers. Il est avantageux encore

si l'on évalue, comme M. Say, à un travail de 42 millions d'ouvriers celui produit en Angleterre par les machines à vapeur, dans l'industrie du coton seulement. M. le baron Dupin, en 1825, ne portait ce travail qu'à celui représenté par 6,400,000 ouvriers, et il supposait qu'en France, les machines à vapeur ne remplaçaient, à la même époque, que le travail de 480,000 ouvriers. Il paraît probable que le travail opéré aujourd'hui par les machines en France, correspond à celui de 3,200,000 ouvriers, ce qui confirme entièrement les calculs de M. Bidaut. En 1833, M. le baron Dupin a évalué le travail des machines en Angleterre à celui de 20 millions d'ouvriers; divers auteurs le portent à celui de 200 millions d'ouvriers. La Revue britannique certifie que les machines appliquées à l'industrie du coton seulement représentent le travail de 84 millions d'ouvriers.

qu'elle concoure, pour un grand nombre de produits, avec celles des peuples nos rivaux en agriculture et en industrie nationale ; mais cet intérêt ne s'étend point à tous les genres de production. Ce n'est point l'emploi général des machines, mais bien plutôt la sage direction donnée à l'industrie manufacturière et surtout son application aux produits du sol et à l'accroissement des subsistances qui peuvent donner aux ouvriers une sûre et permanente garantie de travail et de salaires suffisans.

Les enthousiastes des machines ont beaucoup insisté sur le développement qu'elles ont donné à l'industrie du coton, à l'extension des villes manufacturières, à l'accroissement de la population ouvrière : ils ont avancé qu'elles avaient contribué aux produits intellectuels, en donnant à l'homme, non de l'inaction, mais des loisirs. Aujourd'hui toutes ces illusions sont détruites. On sait ce qu'il faut penser des résultats d'une industrie immodérée et du surcroît d'une population industrielle. On sait que l'emploi des machines ne saurait combattre les progrès de cette population qu'en supprimant, par l'excès de la misère, l'excédant des travailleurs, c'est-à-dire en devenant un de ces obstacles *destructifs* dont parle Malthus, et qui rétablissent si cruellement l'équilibre entre la population et les moyens de subsistance. Les économistes cherchent à rassurer les peuples contre ces justes alarmes ; mais leurs raisonnemens se bornent à montrer les bornes que la cherté des machines et la difficulté d'en inventer de nouvelles apportent à leur multiplication. N'est-ce pas avouer qu'ils en reconnaissent les dangers ? Est-ce, d'ailleurs, donner la garantie que les machines, actuellement substituées au travail des hommes, ne prolongeront pas indéfiniment le malaise et la souffrance des ouvriers ?

Quant à l'amélioration de l'intelligence humaine opérée par l'emploi des machines, c'est une promesse philantropique que l'on n'ose plus soutenir (1). On a vu que M. Blanqui, entraîné par l'évidence des faits, n'a pu donner d'autre argument que celui de la *nécessité*. « N'y a-t-il pas, a-t-il dit, des masses entières qui sont dévouées par le manque de capitaux ou d'intelligence, à végéter dans la classe ouvrière et à se servir de leurs organes, comme d'outils, pour gagner un médiocre salaire ? »

Il est bien reconnu aujourd'hui que l'emploi des machines et l'extrême division du travail, loin d'avoir amélioré l'intelligence des ouvriers, ont obtenu partout des résultats diamétralement opposés. Les machines enlèvent du travail aux hommes, et les forcent à chercher d'autres ouvrages plus pénibles et moins productifs ; la division du travail porte toutes leurs facultés intellectuelles sur un seul objet mécanique, et les abrutit nécessairement.

Il peut être curieux de connaître l'opinion du Journal des Progrès, sur les idées émises à cet égard par M. Charles *Fourrier*, auteur du *Système social*, ouvrage écrit en faveur des classes industrielles.

« M. Fourrier (2) paraît avoir résolu un problème qui a mis en guerre, pendant longtemps, les économistes et les moralistes. Je veux parler de la division du travail Il n'est personne, en effet, qui ne reconnaisse avec les économistes combien la division du travail contribue à la perfection, à la célérité de la production et par suite au bon marché des produits. Mais, d'un autre côté, les philantropes ont déploré avec raison l'espèce de dégradation, de rétrécissement moral dont se trouvent nécessairement frappés des hommes exclusivement et conti-

(1) On peut ranger dans la même catégorie l'assurance donnée par un économiste, que les ouvriers renvoyés des manufactures *seraient employés à la confection des machines*, assertion qui ne peut supporter l'examen, et ne mérite pas d'être réfutée.

(2) Voir le Temps, 31 mai 1837.

nuellement occupés d'un détail parcellaire de travail manuel. »

« Il est triste, dit quelque part Lemontey, quand on est sur le retour de l'âge, de se rendre à soi-même ce témoignage, qu'on n'a jamais fait ni su faire que la dix-huitième partie d'une épingle. » C'est là, en effet faire faire à l'homme les fonctions de manivelle. C'est n'avoir nul souci de sa moralité et de son intelligence. C'est spéculer sur son abrutissement. Ce conflit entre la morale et l'industrie n'avait pas, que je sache, reçu jusqu'ici de solution, et l'exploitation industrielle de la machine humaine est encore partout en vigueur et enfante souvent des résultats atroces. Il n'est pas rare de voir dans nos villes manufacturières de pauvres enfans attachés, quinze ou dix-huit heures par jour, à un travail fastidieux, pour le modique salaire de 8 à 10 sous. C'est là ce qui cause à la longue l'abâtardissement physiologique des races.

Voici de quelle manière M. Fourrier, tout en se montrant zélé partisan du travail, a su le concilier avec les intérêts de l'humanité. Jusqu'ici on s'était borné à diviser une fonction entre plusieurs hommes. Pour lui, il complète cette méthode en divisant au contraire un homme entre plusieurs fonctions, de telle sorte qu'un individu ne s'occupe jamais à la fois que d'un travail spécial, mais qu'aussi, par compensation, il varie la nature de ses travaux, et prenne part, dans une journée, au plus grand nombre possible d'occupations différentes. Ainsi, au lieu d'employer un homme à un travail, pendant douze heures, il préfère y employer douze hommes pendant une heure. Le résultat industriel est le même; mais, il faut l'avouer, il y a là un grand profit pour la liberté, la dignité et l'intelligence de l'industriel.

Ce qu'il y a de plus vrai dans cette proposition, c'est l'aveu complet de la dégradation morale que l'extrême division du travail exerce sur la classe manufacturière. Il est difficile de comprendre, en effet, que la liberté, la dignité et l'intelligence de l'ouvrier pourraient gagner à la modification indiquée par M. Fourrier. Peut-on espérer qu'un enfant dont les facultés morales n'auraient pas été préalablement développées par une instruction suffisante, se trouvât plus pénétré de sa dignité d'homme, plus libre, plus intelligent, parce qu'il diviserait les heures de son travail entre la confection d'une épingle, d'une aiguille, le mouvement d'une navette ou d'une manivelle, ou d'autres ouvrages analogues? Pour réaliser d'ailleurs ce système, il faudrait qu'un même établissement réunît plusieurs genres de fabrication, sans quoi il y aurait perte de temps et de salaires pour les ouvriers, et diminution de bénéfices pour les entrepreneurs. Or, il est évident que les avantages de la division du travail disparaîtraient pour les uns et pour les autres, et, qu'en réalité, l'ouvrier n'aurait acquis aucun développement intellectuel satisfaisant. La proposition de M. Fourrier n'est donc qu'une preuve de plus de l'embarras où se trouve aujourd'hui l'économie politique anglaise de se concilier avec elle-même.

Mais, dira-t-on, quel est le moyen d'accorder le travail, l'industrie, la production des richesses, les progrès de la civilisation avec le bien-être des classes les plus nombreuses de la société? Ce moyen existe; il est sûr, mais il exige, il est vrai, un changement complet dans les doctrines sociales. Au lieu de n'avoir pour but que la richesse et les jouissances physiques, de n'être guidés que par la cupidité et la morale des intérêts matériels, il faudrait voir, dans tous les hommes, des êtres dont la destinée ne se borne pas à un court passage sur la terre, les considérer comme des frères appelés au partage du même héritage; apporter dans toutes les entreprises, de la modération, de la justice et de la charité; il faudrait aimer et chercher les progrès en toutes choses, mais avec sagesse, avec mesure, sans égoïsme, sans avidité exclusive ; ne point négliger l'acquisition des commodités de la vie, mais ne pas les acquérir aux dépens du bonheur des autres ; il faudrait régler les besoins, les désirs, les bénéfices, de manière à ce que le travail, les salaires et l'amélioration morale et physique des classes inférieures pussent marcher d'accord avec l'augmentation des richesses ; il faudrait placer la prospérité et la puissance de notre pays, non dans les jouissances et les profits accumulés dans un certain nombre d'individus, mais dans l'aisance, la moralité et l'intelligence du plus grand nombre. Ainsi, protéger de préférence l'industrie agricole qui conduit plus sûrement à ce but, encourager les machines utiles à tous, mais proscrire, par des droits prohibitifs, celles que l'étranger ou les nationaux introduiraient dans un système de production funeste à la classe ouvrière, telle est la solution du problème. L'égoïsme industriel nous répondra sans doute : *Maître, cette parole est dure !*.... Pour vous, peut-être ; mais elle est claire et douce pour tous les cœurs qui ne sont pas fermés à la justice et à la vérité.

CHAPITRE XIII.

DE LA FÉODALITÉ NOUVELLE.

> C'est l'orgueil et la mollesse de certains hommes qui en mettent tant d'autres dans une affreuse pauvreté.
>
> (FÉNÉLON.)

C'est le propre des révolutions sociales, entreprises et exécutées par la violence, l'égoïsme et la cupidité, de substituer de nouveaux et plus graves abus à ceux que l'on a prétendu faire disparaître. L'Angleterre et la France offrent à cet égard des exemples qu'on ne saurait trop méditer. En France, les abus provenant de la concentration de la richesse et du pouvoir dans les mains de la noblesse et du clergé, furent le motif des attaques sous laquelle succomba, en 93, une monarchie de quatorze siècles. Ces abus, que, certes, nous ne songeons ni à regretter, ni à défendre, quoiqu'ils aient été exagérés et dénaturés par tous les organes révolutionnaires, étaient devenus odieux, bien moins parce qu'ils s'opposaient aux progrès du bien-être réel, que parce qu'ils blessaient l'amour-propre et les sentimens de liberté et d'égalité morale naturels au cœur de l'homme. Car, il est juste de le reconnaître, les anciennes aristocraties nourrissaient, protégeaient et défendaient du moins les individus placés sous leur dépendance. Elles entraient comme élémens nécessaires dans une organisation politique à laquelle elles prêtaient l'appui de leur influence morale, de leurs richesses et de leur puissance. Il était naturel, d'ailleurs, dans ce système, qu'elles eussent des priviléges, puisqu'elles remplissaient, souvent gratuitement, des fonctions onéreuses et périlleuses. Aussi, tant que la noblesse conserva pour devise ces mots, qui exprimaient son utilité : « *Noblesse oblige ;* » elle ne blessa aucune susceptibilité raisonnable ; mais elle dut irriter tous les amours-propres, lorsque, n'étant plus le prix des services rendus au pays, elle ne fut qu'un moyen de satisfaire la vanité de nouveaux riches, et put s'acheter comme une métairie ou une manufacture.

Quoi qu'il en soit de ces réflexions, qui peuvent paraître aujourd'hui oiseuses et surannées, il est de fait qu'au moment où éclatèrent les premiers symptômes de la révolution de 1789, la plupart des abus reprochés à l'ancienne féodalité n'existaient plus que comme souvenirs historiques ; ce qui pouvait en rester encore allait disparaître, grâces aux progrès des idées généreuses dont Louis XVI, le clergé et la noblesse avaient favorisé l'essor, sans avoir suffisamment exploré le terrain sur lequel ils allaient les répandre. Nous avons vu comment le trône, comment la noblesse et le clergé disparurent dans la tempête, en nous léguant quarante années de troubles et de malheurs.

Aux anciennes aristocraties créées par la religion, la conquête, la politique et la valeur, succéda le despotisme de la terreur et du crime ; celui-ci fut remplacé par l'aristocratie militaire de l'empire, qui, du moins, avait inscrit une origine de gloire sur sa neuve bannière. La restauration rendit à la noblesse ancienne et conserva à la nouvelle des titres purement honorifiques. La chambre des pairs seule, comme corps politique, reçut le privilége héréditaire de ses hautes fonctions.

Tout semblait donc consommé sous ce rapport ; mais dès long-temps et par degré, une nouvelle féodalité se formait, bien plus despotique, bien plus oppressive, bien plus dure mille fois que la féodalité du moyen-âge. Cette féodalité était l'aristocratie de l'argent et de l'industrie (1). Armée des théories anglaises de civilisation et d'économie politique, possesseur des capitaux accumulés par divers moyens, s'appuyant sur le noble étendard du patriotisme, elle ralliait autour d'elle des populations nombreuses séduites par l'appât des salaires et l'espoir d'un avenir meilleur : elle sut les discipliner au travail, à la dépendance et enfin à la servitude. De ces combinaisons habiles résulta la production des richesses, mais à son profit exclusif. Des fortunes colossales s'élevèrent comme par enchantement. Dès lors la suzeraineté industrielle fut créée ; la population ouvrière vouée à la misère, à la subjection et à la dégradation morale, vit dépendre son existence du bon plaisir ou de l'intérêt de ces nouveaux bannerets. La possession des richesses fit naître chez ceux-ci le besoin de la considération, des honneurs, du pouvoir ; tout ce qui leur faisait obstacle dut être renversé ; au moyen de leurs nombreux vassaux cela put être facile. Nous avons donc vu

(1) On trouve une assez piquante définition de la féodalité nouvelle, dans ce passage des Scènes contemporaines publiées sous le nom pseudonyme de madame de Chamilly.

« Saint-Simon à M. le baron de Cotonet : — L'industriel est l'homme de la civilisation, l'homme qui fait, qui produit ; et l'homme qui paie, qui fait produire, est industriel comme celui qui fait et qui produit. »

« Cela posé, vous faites du calicot, c'est-à-dire vous manipulez, au profit de 200 individus, des produits exotiques qui centuplent au sortir de vos mains. Vous êtes, dans mon système, ce qu'étaient les hauts barons autrefois. Vous conduisez à la grande bataille industrielle 200 hommes d'armes qui combattent sous votre bannière. Voilà comme j'entends la gentilhommerie moderne, mon cher baron ; et ceux qui sortent de là, qui ne font ni calicot, ni souliers, ni savon, ni chandelle, qui ne sont pas producteurs, ils ne sont rien, et je les retranche, comme des membres gourmands, de l'espèce humaine. »

apparaître cette nouvelle féodalité, toute bardée d'or, de vanité et d'importance ; c'était le luxe des anciens seigneurs, moins l'élégance et la dignité ; c'était leur domination, moins la libéralité et le désintéressement ; c'était leur ambition, moins la capacité et les droits acquis ; c'était enfin la puissance de l'or substituée à la noble puissance de la bienfaisance, de l'honneur et du dévouement.

Quant aux vassaux de cette féodalité moderne, rien ne saurait exprimer suffisamment l'état de servage, d'abjection et de souffrance où on les a fait descendre, et que l'on s'efforce de maintenir tant qu'on a besoin de leurs travaux, car, après, on les abandonne à la charité publique. Nous en offrirons quelques preuves dans le courant de cet ouvrage, en ce qui concerne la France. Pour l'Angleterre, voici en quels termes un homme d'état a dépeint récemment la situation de la classe ouvrière (1).

« On a beaucoup crié depuis vingt ans contre une féodalité anéantie depuis trois siècles ; on a fait des tableaux effrayans de sa puissance et de l'abus qu'elle en faisait contre les rois, contre les peuples, contre les individus. En France, on s'imaginait voir les châteaux du moyen-âge se relever avec leurs tours, leurs machicoulis, leurs meurtrières, leurs cachots surtout. On apercevait derrière leurs herses des chevaliers bardés de fer, prêts à courir les champs, dévalisant les voyageurs, assommant les paysans et enlevant leurs femmes et leurs filles. Tout le monde frémissait, tout le monde s'irritait à la menace d'un tel ordre de choses dont le retour devait cependant rencontrer, par-ci par-là,

(1) Beaucoup d'écrivains anglais se sont élevés contre les observations de M. le baron d'Haussez, et taxent la plupart de ses assertions de fausseté et de frivolité. Il était naturel que l'orgueil national se révoltât contre quelques jugemens un peu sévères ; mais nous devons dire qu'au sujet de la situation des classes ouvrières de l'Angleterre, M. d'Haussez n'a fait que confirmer ce qu'une foule de publicistes de la Grande-Bretagne ont exprimé à cet égard, avec encore plus d'énergie, s'il est possible.

quelques obstacles qui en retarderaient les progrès. »

« Mais on ne s'inquiétait pas d'une autre féodalité qui asservit des milliers d'individus, les condamne à un travail exorbitant, s'empare des femmes et des enfans, les expose à tous les genres de démoralisation, en exige un service disproportionné avec leurs forces et le salaire mesquin qu'elle leur accorde, les prive de toute éducation, et, maîtresse absolue de cette population dont l'existence et la direction sont entre ses mains, la livre à des privations contre lesquelles aucune ressource n'a été préparée, ou l'entraîne contre les lois, contre les gouvernemens, contre la propriété. »

« Cette féodalité, c'est la puissance industrielle; ses donjons, ce sont les ateliers où des milliers de malheureux trouvent une mort précoce, long-temps précédée par des maladies ou des infirmités dues à l'air malsain qu'ils respirent, aux mauvais traitemens qu'ils éprouvent; ses seigneurs, ce sont les manufacturiers qui, pour servir leur cupidité, condamnent à l'asservissement le plus réel, le plus oppressif, le plus déplorable dans ses conséquences, des infortunés qui ne peuvent se soustraire à leur dépendance. »

« Qu'était la corvée pour les paysans du moyen-âge, en comparaison du travail exigé des ouvriers de nos jours? Ce travail les fait vivre dira-t-on sans doute; mais la corvée faisait vivre aussi les vassaux de nos vieux barons; et au moins ceux-ci, avouant leur tyrannie, n'affectaient pas à l'égard des victimes de leur despotisme cette fastueuse humanité qui semble se dévouer pour le bonheur de ceux qu'elle opprime. »

« Ces réflexions m'ont été suggérées par une enquête authentique sur les procédés employés dans les fabriques d'Angleterre à l'égard des enfans que la misère de leurs parens envoie dans les manufactures pour y chercher de précaires moyens d'existence. Leur sort a éveillé la sensibilité de quelques philantropes qui, après s'être vainement adressés à l'humanité des chefs des établissemens, ont porté leurs réclamations devant la chambre des communes. Une enquête a été ordonnée; en voici le résultat : »

« Dès l'âge de huit ans, les enfans sont aptes à certains travaux dans les manufactures, notamment dans celles où le coton est filé. »

« On les soumet à un travail de huit à dix heures de suite qui reprend après une interruption de deux ou trois heures, et se continue ainsi pendant toute la semaine. L'insuffisance du temps accordé au repos fait du sommeil un besoin tellement impérieux qu'il surprend les malheureux enfans au milieu de leurs occupations. Pour les tenir éveillés on les frappe avec des cordes, avec des fouets, souvent avec des bâtons, sur le dos, sur la tête même. Plusieurs ont été amenés devant les commissaires de l'enquête, avec des yeux crevés, des membres brisés par suite des mauvais traitemens qui leur avaient été infligés. D'autres se sont montrés mutilés par le jeu des machines près desquelles ils étaient employés. Tous ont déposé qu'outre ces accidens, des difformités, presque certaines, résultaient pour eux de la position habituelle nécessitée par un travail qui ne variait pas. Tous ont déposé que les accidens dont ils subissaient les fatales conséquences n'avaient donné lieu à aucune indemnité de la part de leurs maîtres qui avaient même refusé à leurs parens les secours momentanés que réclamait leur guérison. La plupart étaient estropiés, faute d'avoir eu les moyens de se faire traiter (1). »

« Les commissaires ont en outre constaté que le régime

(1) A Dundée, le nombre des individus des deux sexes employés dans les manufactures et qui n'ont pas atteint l'âge de dix-huit ans, s'élève à 1078. Dans ce nombre, la majorité est au-dessous de quatorze ans, une grande partie au-dessous de douze, et quelques-uns au-dessous de neuf. On en voit même qui n'ont que six à sept ans, et qui travaillent comme les autres.

des manufactures a, sur les individus qu'elles renferment, la plus pernicieuse influence; que la mort en moissonne un grand nombre avant qu'ils ne parviennent à l'adolescence; que ceux qu'elle épargne dans cette première période de

c'est-à-dire 13 heures 20 minutes par jour, non compris les heures de repas (1 heure ou 50 minutes). »

« Dans d'autres filatures d'Angleterre, la durée du travail est de 14 heures 1/2 à 15 heures par jour. Il ne reste pas plus de 6 ou 7 heures pour le sommeil. »

« Une petite fille de six ans sort de son lit à 4 heures du matin, en hiver, se lève dans l'obscurité, après un sommeil interrompu, couvre de haillons ses membres fatigués des rudes travaux précédens, se rend, par la pluie et la neige, à la manufacture éloignée de deux milles au moins. Obligée de travailler pendant 12, 14, 15, 16 et peut-être 18 heures séparées par un intervalle de 40 à 50 minutes, elle meurt épuisée de fatigues, après avoir traîné cette existence affreuse pendant plusieurs années (*Monthly Magazine*). »

« Pauvre enfant! voyez-le, dès que l'aurore est née,
Debout, près du métier, commençant sa journée;
Jusqu'au soir, nul repos; à peine un peu de pain.
L'œil toujours enchaîné sur ces ressorts d'airain;
Attentif, haletant, d'heure en heure il expire!
Il gémit, on le frappe..... et cet affreux martyre
Dure jusqu'au moment où le poids du labeur
Accable un jeune corps vieilli par la douleur.
L'enfant assassiné ferme l'œil: il succombe;
Et son premier repos est celui de la tombe!.... »

« Ce tableau atroce, ce drame horrible se reproduit et se multiplie tous les jours dans nos cités manufacturières.... Oh! philosophes qui vous êtes élevés contre l'esclavage des noirs, avec tant d'éloquence, que dites-vous de cet autre esclavage?.... »

« Cobbet avait raison de dire au peuple anglais: « Vous croyez que le commerce fleurit, parce que de grands capitaux s'accumulent entre les mains d'une ou deux personnes. C'est une erreur. La prospérité individuelle que vous admirez, ne prouve absolument rien en faveur de la prospérité universelle. » Cobbet disait vrai. »

« Ne nous y trompons pas; il est impossible que cette foule nécessiteuse augmente, sans que l'incendie de nos fermes, sans que de nouvelles et terribles insurrections (celles de la faim) n'exposent l'Angleterre à une guerre d'esclaves plus redoutable que celle qui ébranla le pouvoir des Romains (*Eclectic Review*).

leur vie, portent, dans leurs traits livides et amaigris, les symptômes d'une fin prématurée, et que les formes grêles et la constitution maladive de tous, dépendent de l'insalubrité du genre de travaux qui leur sont imposés. »

« L'excès de la fatigue rend-il indispensable une suspension de travail? la paroisse refuse aux parens les légers secours qui seraient nécessaires pour la subsistance des enfans; et ce n'est qu'en retranchant aux autres membres de la famille une portion de la nourriture déjà insuffisante qui les soutient, que le père peut procurer aux malades les moyens de recouvrer quelques forces. »

« Les sexes, confondus entre eux, sont entraînés à une corruption qui devance toujours l'âge où ordinairement elle se manifeste dans les autres positions de la vie, et rien n'est tenté pour en prévenir ou retarder les effets. On ne voit pas qu'un seul réglement ait eu pour objet d'en arrêter le cours; que la pensée même d'y apporter quelque remède ait trouvé place dans des têtes où rien de ce qui n'a pas pour but un sordide intérêt ne saurait être admis. »

« L'éducation morale et religieuse se réduit à quelques instructions données le dimanche, pendant des heures enlevées au besoin de récréation et de repos qu'éprouvent de misérables créatures hébétées par un inconcevable excès de travail, et réduits, à la sensation près de douleurs qui leur révèlent qu'elles existent, à l'état de machines dont elles ne sont que les accessoires obligés. »

« Mais ce n'est pas assez de ce genre d'oppression exercé sans pudeur et sans pitié à l'égard d'une multitude affamée : les passions politiques se mêlent de la partie; Elles persuadent à des gens qui ont de l'argent qu'il leur faut du pouvoir. Pour l'obtenir, ils arment les malheureux dont le sort est entre leurs mains, sous peine de les faire mourir de faim, ils les enrégimentent, les ruent contre les gouvernemens et en font des moyens de désordre et de subversion. C'est au nom de la liberté qu'on les fait marcher, comme si la liberté politique pouvait être quelque chose pour qui est privé de la liberté individuelle ! Peu importe, les ordres sont exécutés par des hommes qui n'ont pas plus les moyens d'en calculer la portée que de leur opposer de la résistance ; et quand ils croient l'avoir acquise, cette fantastique liberté, ils viennent reprendre les habitudes de misère et d'asservissement qui les font vivre, pourvu, toutefois, que les coups reçus dans le combat ne les mettent hors d'état de continuer les pénibles travaux qu'une avarice barbare rend plus accablans encore, afin d'en mettre le faible salaire en harmonie avec les besoins qui les font supporter. »

« Et ces hommes si durs, si impitoyables pour leurs semblables, pour des hommes nés sur la même terre, appartenant à la même race, réunis par une même langue, par une même religion, ils trouvent des larmes, des phrases éloquentes, surtout pour les nègres des Antilles. L'argent qu'ils refusent à une misère sur l'excès de laquelle ils spéculent, ils le prodiguent à une cause qui leur offre des occasions de faire étalage de leurs sentimens philantropiques, sans que leurs intérêts en souffrent. Leurs oreilles, sourdes aux cris des malheureux que tient éveillés le bâton de leurs contre-maîtres, entendent le bruit des fouets des commandeurs de la Jamaïque. »

« Mais ces nègres dont le sort inspire tant de pitié, sont-ils aussi malheureux sur les plantations des colonies que les blancs enfermés dans les sales ateliers de *Manchester et de Birmingham* ? Exige-t-on d'eux vingt-huit heures de travail sur vingt-six ? Leur arrache-t-on leurs enfans pour les soumettre à des fatigues sans proportion avec leurs forces ? N'ont-ils pas quelques heures chaque jour, deux jours par semaine, à donner à un genre de travail qui leur profite, à un repos qui les délasse, à une paresse qui les dédommage d'une activité forcée ? Que les chefs des manufactures anglaises procurent de pareils avantages à leurs ouvriers, et après on croira à leur hypocrite apitoiement sur le sort d'êtres bien à plaindre sans doute, mais dont la position est moins fâcheuse que celle des classes qu'ils oppriment. »

« Ces classes sont libres! dira-t-on. Non, leur sort ne diffère de celui des nègres que par le mode de vente des individus. Les nègres sont payés une fois pour toutes. Les blancs reçoivent un faible intérêt du capital qu'ils sont censés valoir. Les uns sont sous la dépendance de maîtres intéressés à leur conservation. Les autres peuvent mourir, sans qu'à défaut de l'humanité l'intérêt élève la voix en leur faveur. Tous sont également esclaves, également fixés sur le sol qui les porte. Les noirs travaillent en plein air, les blancs dans une athmosphère empestée. On achète les uns, on loue les autres. On ne saurait trouver de différence entre eux.

« Les pièces volumineuses de l'enquête, les faits qu'elle a produits par milliers en preuve de la tyrannie contre laquelle on réclamait, l'évidence de l'oppression, n'ont pu engager le parlement réformé d'Angleterre à admettre les sages mesures qu'une humanité raisonnée avait proposées pour mettre un terme à un état de choses aussi accablant, tout en protégeant les intérêts des manufacturiers. Ceux-ci l'ont emporté; et à une majorité de onze voix, il a été décidé qu'ils pourraient continuer à accabler de travail et de coups, des êtres que leur faiblesse au moins semblerait devoir protéger. »

« Voilà l'humanité telle que l'a faite le radicalisme en Angleterre (1). »

Ce tableau tracé par une main française, pourrait être taxé d'exagération si une foule d'écrivains anglais ne renchérissaient encore sur les épouvantables excès de la cu-

(1) La Grande-Bretagne en 1833, par M. le baron d'Haussez, dernier ministre de la marine du roi Charles X.

pidité industrielle. Hâtons-nous de le dire, les choses, en France, ne sont point arrivées encore à ce degré de barbarie et de mépris de toutes les lois divines et humaines. Nous pouvons opposer, aux despotes industriels, un grand nombre de négocians et de chefs de manufactures qui conservent les vénérables traditions de charité, de bienfaisance et de mœurs antiques qui ont donné à leurs familles des titres de véritable noblesse. Mais l'adoption du système industriel de l'Angleterre amènerait infailliblement parmi nous les funestes conséquences que l'on déplore, et conduirait aussi, forcément, à une réaction violente.

Une guerre préparée de longue main entre les pauvres et les riches a fait naître la première révolution française ; c'est maintenant entre les grands industriels et leurs ouvriers que la lice doit s'ouvrir. « S'il est vrai, dit un spirituel académicien (1), ainsi que le déclare madame de Staël, *que tout l'ordre social soit fondé sur la patience des classes laborieuses*, que deviendrait cet ordre le jour où la patience leur manquerait? Cela vaut la peine d'y penser. »

Tout fait prévoir que l'aristocratie manufacturière anglaise sera violemment renversée dans un avenir qui ne saurait être éloigné. Le tour de la féodalité industrielle en France viendra ensuite (2). Puisse-t-elle, par un sage retour à des principes plus humains, prévenir une colli-

(1) M. Andrieux,

(2) Si les classes inférieures s'ébranlent avant que le christianisme n'ait été reconstruit dans les esprits, l'Europe verra des luttes effroyables auxquelles rien ne ressemble peut-être dans les annales du monde. Voilà ce que les hommes religieux doivent aujourd'hui comprendre partout, et ce qu'ils ne peuvent comprendre sans reconnaître qu'un grand devoir les attend et les appelle. S'ils veulent épargner à la religion et à la société des calamités sans exemple, il ne suffit pas qu'ils se détachent de l'ordre politique du passé ; il ne faut pas qu'ils en sortent, pour s'accroupir sous l'ignoble tente qu'une féodalité nouvelle essaie de planter dans l'avenir. Il faut qu'ils s'établissent à la fois les défenseurs, les modérateurs et les guides des intérêts des masses, des intérêts vraiment populaires, dont l'inévitable triomphe,

sion d'autant plus cruelle que la révolte semblerait légitimée par le cri de *justice* et de *liberté!*

étroitement uni à celui de la charité, ramènera le cycle social dont le genre humain a déjà parcouru divers degrés. »

« Delà aussi, une nouvelle carrière de charité qui s'ouvre devant le sacerdoce, ou plutôt devant tout chrétien, car tout chrétien est prêtre pour accomplir le sacrifice de la charité. »

« La science économique n'est pas la théorie du bien-être des masses, mais la théorie de l'accroissement des richesses dans les mains de ceux qui les possèdent, et par-là même, de leur concentration. La véritable économie politique est l'incarnation de la charité dans le vaste corps des sciences matérielles, et cette union, en donnant à celles-ci une âme, fournit en même temps à la charité comme une organisation plus complète, plus puissante, parce qu'avec de nouveaux moyens d'action qui sont mis à sa disposition par la science, elle peut s'exercer plus en grand et créer des institutions qui ont pour but direct, non pas seulement le soulagement des souffrances individuelles, mais l'amélioration du sort des classes entières. » (Philosophie de l'histoire, par l'abbé Gerbet.)

CHAPITRE XIV.

DE L'INDUSTRIE COMMERCIALE.

> La liberté du commerce n'est pas une faculté accordée aux négocians de faire ce qu'ils veulent. Ce serait bien plutôt sa servitude.
>
> (MONTESQUIEU.)

> . . . . . . Par ses travaux constans,
> Il rapproche les lieux, les peuples et les temps,
> Pour les climats glacés rend les Indes fécondes,
> Et de sa chaîne d'or embrasse les deux mondes.
>
> (THOMAS.)

L'INDUSTRIE humaine n'aurait accompli qu'en partie sa mission dans l'ordre social, si elle s'était bornée à la production des choses utiles. Il fallait encore les mettre à la portée des consommateurs. Il fallait faire participer toutes les contrées d'un royaume et des autres nations aux produits particuliers de chacune d'elles. C'est pour remplir ce but que s'est créé le commerce, puissance magique, dont la nature, les effets et les progrès ont été si parfaitement exposés dans un grand nombre d'ouvrages d'économie politique.

Le commerce se divise en deux branches principales ; l'une a pour objet d'opérer l'échange et de faciliter la consommation des produits d'un même pays entre ses habitans. C'est ce qu'on appelle le commerce *intérieur.* L'autre, dont l'application s'exerce sur l'échange des porduits nationaux avec les produits étrangers ou des produits nationaux et étrangers avec ceux de toutes les nations du monde, se nomme commerce *extérieur*.

En général, les produits de l'agriculture et ceux de l'industrie nationale qui servent à satisfaire les premiers et les plus nombreux besoins, sont consommés dans le pays même et alimentent le commerce *intérieur*. Ce double avantage de faciliter l'échange des subsistances et des objets les plus nécessaires, et d'en assurer la consommation, donne au commerce intérieur, dans un royaume agricole, doué d'uue grande population, une extrême importance. S'il est vrai que l'industrie agricole et l'industrie manufacturière qui en dérive, sont les plus favorables au développement d'une richesse solide et durable et à une équitable répartition de l'aisance entre les individus d'une même nation, l'industrie commerciale qui facilite et complète tous ces bienfaits, doit être à nos yeux l'objet d'une légitime préférence. En effet, le commerce intérieur est celui que font entre eux les membres d'une société commune. Il donne, à la production, les consommateurs les plus nombreux et les plus rapprochés. Il tient par conséquent le premier rang dans l'ordre du commerce, par la même raison que l'on prise le nécessaire avant le superflu.

Ces avantages ont été clairement établis par des écrivains dont nous ne pouvons mieux faire que de citer les propres paroles.

« Un commerce est d'autant plus utile, dit M. Droz, qu'il met en activité plus de travail, parce que c'est le travail qui multiplie les objets de consommation et les moyens de les acquérir. Le commerce qui donne ces résultats au plus haut degré est incontestablement celui qui se fait entre les habitans d'un vaste pays dont les uns produisent des denrées, des matières premières, et dont les autres fabriquent ces matières. C'est là le négoce qui fait vivre le plus grand nombre d'hommes. Les capitaux et le travail employés par le commerce extérieur sont faibles, comparés à ceux que met en mouvement le commerce intérieur. »

« Donnons la preuve de cette vérité. »

M. Chaptal évalue la totalité des produits de la laine en France, à	228,000,000 f.
L'exportation à	21,000,000
Reste pour la consommation intérieure. . . .	217,000,000 f.

« Ainsi, pour cette branche de notre industrie, le travail qu'emploie le commerce extérieur est à peu près comme 11 : 1. La soie étant moins nécessaire et plus chère que la laine, a besoin d'un marché plus étendu. Nous consommons des soies dans une proportion moins forte. Cependant, les calculs du même auteur prouvent que cette consommation est à l'importation au-delà de ce que 2 1/2 sont à 1. On le voit : une contrée florissante est pour elle-même son marché le plus vaste et le plus important (1). »

« Tout pays dont la population est nombreuse et le territoire fertile, dit M. Ferrier, doit trouver dans les productions de son sol et de son industrie, à s'approvisionner de la presque totalité des objets nécessaires à l'entretien de ses habitans. Le commerce intérieur emploie, pour cette raison, une très grande partie des capitaux qui existent dans le pays. En France, il faut que ce commerce approvisionne plus de 32 millions d'individus. Qu'on juge donc de l'immense consommation d'une pareille population. »

« Le commerce extérieur est celui qui occupe le plus de bras, qui crée le plus de produits. Il est le fondement le plus solide de la prospérité d'une nation. »

(1) M. Ferrier a calculé que le commerce extérieur n'entrait que pour 1/32 environ dans le revenu total de la France, qu'il porte à 8 milliards.

« Une nation qui veut jouir de tous les avantages que lui donnent son territoire et son industrie, échange l'excédant de ses marchandises contre des marchandises étrangères. Cette nation n'est ni prodigue ni économe. Une nation économe échange de préférence l'excédant de ses besoins ou une partie de cet excédant contre des matières premières ou du numéraire. Elle augmente ainsi ses moyens de produire et s'enrichit. Une nation prodigue échange et consomme à tout prix. Elle tue ses travailleurs, elle se ruine. »

« Le commerce de transport ne convient qu'aux états pauvres dont la production est bornée, la population peu nombreuse et l'industrie languissante. »

« Le commerce de l'Inde enlève annuellement à l'Europe des sommes immenses en numéraire. Il y répand le goût des marchandises étrangères et paralyse ainsi une partie des manufactures indigènes. »

« Le commerce intérieur, dit sur le même sujet, M. le vicomte de Saint-Chamans, est un des plus puissans moyens de richesse dans un état, et cela est facile à concevoir. »

La consommation est la principale source des richesses, et c'est le manque de consommation qui, presque toujours, restreint la production. Le commerce intérieur fournit aux diverses provinces des consommateurs qui n'existaient pas pour les producteurs. Les Bretons et les Normands deviennent des consommateurs pour les Bordelais et les Provençaux qui leur rendent la pareille. »

« Pour enrichir telle province qui languit au milieu de ses produits sans débouchés, il suffirait d'ouvrir des routes et des canaux, et d'y introduire par-là le commerce intérieur. Alors, la consommation arriverait, et l'on pourrait s'étonner des richesses que contenait un canton ignoré. »

« Le commerce intérieur enrichit donc l'état de toutes

manières, C'est au commerce intérieur que l'on doit surtout appliquer la maxime que les économistes veulent donner pour règle du commerce général : *laissez faire, laissez passer.* »

« Le commerce extérieur, avec nos colonies, peut passer pour un commerce intérieur dont nous avons tout le profit, d'autant plus que presque toutes les grandes fortunes de ce pays viennent se dépenser en France. »

« Les trois industries se créent mutuellement des revenus : les agriculteurs aux deux autres, en consommant leurs produits ; les manufacturiers aux agriculteurs en achetant d'eux des matières premières et en consommant leurs produits ; les commerçans aux agriculteurs et aux manufacturiers, en achetant les marchandises qui servent de base à leur commerce, et en consommant aussi leurs produits. Toutefois le commerce ne peut s'étendre sans que l'agriculture et les manufactures ne s'étendent auparavant pour lui fournir tous les produits qu'il demande. Les manufactures ne peuvent prendre d'accroissement sans que l'agriculture qui leur fournit les matières premières n'en prenne aussi. L'agriculture peut faire des progrès à elle seule. C'est donc vers ce but que doivent tendre tous les efforts des gouvernemens, puisque l'agriculture est la première base de toutes les richesses. »

Notre préférence pour le commerce intérieur, quelque fondée qu'elle soit, n'est cependant pas exclusive. Assurément, le commerce extérieur a les droits les plus assurés à la protection et à la reconnaissance des gouvernemens. Il est d'un puissant secours pour le développement de la richesse et pour les progrès de la civilisation. Appliqué à augmenter les moyens de subsistances, à accroître la consommation des produits de l'agriculture et de l'industrie nationale, à utiliser les intérêts qui lient réciproquement les colonies à leur métropole et les nations aux autres nations, il participe à tous les avantages résultant du commerce intérieur, et il y en ajoute d'autres fort importans, par exemple, celui de former de bons marins et de créer dans nos ports maritimes des ateliers qui multiplient le travail (1). Mais si les spéculations ne tendent qu'à favoriser le goût des productions étrangères, à exciter la concurrence universelle, à fomenter des guerres industrielles, à concentrer les capitaux et la richesse entre les mains d'un petit nombre d'entrepreneurs; si, par leur nature égoïste, aventureuse et cosmopolite, elles perdent le caractère d'utilité, de nationalité et de confraternité qui accompagne les transactions intérieures du pays, alors le commerce extérieur encourt les reproches faits à l'extension indéfinie de l'industrie manufacturière, et principalement celui d'aggraver le sort des travailleurs nationaux. Or, sous ce rapport, on ne saurait le concevoir comme entièrement affranchi de toutes précautions de la part des gouvernemens.

M. Duboys-Aimé fait remarquer que si les écrivains de l'école de Smith rejettent entièrement le système suivi à cet égard en France, c'est qu'ils ont considéré le genre humain comme une seule famille, au lieu de le voir tel qu'il est, c'est-à-dire divisé en nations opposées d'intérêts en plusieurs points. Nous avons nous-même indiqué précédemment cette erreur qui en entraîne de si graves dans l'application des théories économiques. « Ce n'est pas, ajoute le même auteur, tous les genres de fabrication qu'il est nécessaire de créer dans son pays. Il en est sans doute qu'il faut se procurer à tout prix : ce sont ceux qui sont indispensables à la défense du pays et à la nourriture des habitans. Quant aux autres, avant de les faire naître, il

(1) Un négociant habile et charitable est un des citoyens les plus utiles et les plus respectables de l'état. Nos villes de commerce, Marseille, Bordeaux, Nantes, Lille, etc., en renferment un grand nombre que nous n'avons pas besoin de nommer, car la voix du peuple les signale suffisamment à l'estime et à la gratitude publiques.

faut voir si les moyens qu'on sera forcé d'employer ne seront pas plus nuisibles qu'utiles à l'état, en décourageant une industrie plus précieuse, celle des agriculteurs, par exemple. » L'observation que M. Duboys-Aymé exprime si justement au sujet de la direction de l'industrie manufacturière, peut s'appliquer à la direction du commerce extérieur.

Si de ces considérations générales on se reporte à l'influence que le commerce peut exercer sur la situation des classes pauvres, il sera aisé de reconnaître que c'est surtout du commerce intérieur que les populations ouvrières peuvent recevoir de plus efficaces soulagemens. Leur sort est, en effet, indissolublement lié aux branches d'industrie qui procurent le plus de travail, qui assurent à la production une consommation plus vaste et plus assurée, et rendent enfin plus abondans et à meilleur marché les objets nécessaires aux premiers besoins de l'existence. Or, ces avantages appartiennent plus essentiellement à l'agriculture et à l'industrie nationale, et l'une et l'autre forment la base principale du commerce intérieur.

En nous résumant sur ce point, nous demanderons donc au gouvernement de s'occuper, avant toutes choses, de créer, de perfectionner tous les débouchés utiles aux mouvemens du commerce intérieur. Pour la France, il ne saurait exister de prospérité générale sans la réalisation d'un système complet de communications intérieures par les voies fluviales et maritimes, par les canaux, les routes de terre et les chemins de fer. Les travaux qu'elle exige, en occupant une multitude de bras, et en assurant à notre agriculture et à nos produits nationaux manufacturés des progrès rapides et une consommation toujours croissante, seront, de tous les temps, l'emploi le plus utile et le plus facile à justifier, des impôts qui pèsent si lourdement sur le pays.

CHAPITRE XV.

DE LA PROPRIÉTÉ.

Liberty, and Property !....

Si l'on ne peut concevoir l'existence des sociétés civilisées sans industrie et sans commerce, on ne la comprendrait pas davantage sans le droit attribué à chaque individu de jouir et de disposer librement du fruit de son travail, de ses épargnes ou de son intelligence. Ce droit a été consacré par la religion, parce qu'il était une des nécessités les plus impérieuses de l'ordre social. Sans *la propriété,* que deviendraient en effet la famille, les nations, les rapports d'homme à homme, de peuple à peuple? Les idées de vertu, de justice, de liberté et de société, ne reposent que sur ce fondement. Le travail, le progrès, la civilisation n'ont pas d'autre principe; *le droit public* universel n'est autre chose que la reconnaissance du droit de propriété.

Ce droit consacre, il est vrai, l'inégalité des conditions humaines; mais cette inégalité, comme nous l'avons montré, est entrée nécessairement dans l'économie de la destinée sociale et religieuse de l'homme. Le droit de la propriété, l'inégalité des conditions terrestres, sont deux lois qui président de concert à l'ordre des sociétés humaines. Il y a plus : l'homme se continuant par ses enfans, comme les sociétés par les générations qui se succèdent, le droit de propriété ne saurait être interrompu, et devient nécessairement transmissible par l'hérédité. Si le droit d'acquérir la propriété appartient à tous, celui de la ravir n'appartient à personne. Il doit en être ainsi, sous peine de n'avoir à reconnaître d'autre loi que celle de la force brutale.

Tous les moralistes, tous les publicistes, tous les économistes, sont d'accord sur ces grands principes. Nous devrions peut-être excepter J. J. Rousseau; mais nous avons fait remarquer déjà ce qu'il fallait penser en réalité de ses éloquens paradoxes sur l'inégalité des conditions humaines et sur le droit de propriété. Au lieu de chercher de nouveau à les combattre, nous préférons leur opposer les idées du patriarche du philosophisme moderne. Il est assez curieux aujourd'hui de voir jusqu'à quel point étaient libérales les doctrines économiques de Voltaire.

« *Liberty, and Property!* c'est le cri anglais; il vaut mieux que *Saint Georges et mon droit! Saint Denis et Mont-Joie!* C'est le cri de la nature. »

« De la Suisse à la Chine, les paysans possèdent des terres en propre. Le droit seul de conquête a pu, dans quelques pays, dépouiller les hommes d'un droit si naturel. »

« L'avantage général d'une nation est celui du souverain, du magistrat et du peuple, pendant la paix et pendant la guerre. Cette possession de terres accordée aux paysans est-elle également utile au trône et aux sujets dans tous les temps? »

« Pour qu'elle soit utile au trône, il faut qu'elle puisse produire un revenu plus considérable et plus de soldats. »

« Il faut donc voir si le commerce et la population augmenteront. Il est certain que le possesseur d'un terrain cultivera mieux son héritage que celui d'autrui. L'esprit de propriété double la force de l'homme. On travaille pour soi et pour sa famille avec plus de vigueur et de plaisir que pour un maître. L'esclave qui est dans la puissance d'un autre a peu d'inclination pour le mariage. Il craint souvent même de faire des esclaves comme lui. Son industrie est étouffée. Son âme abrutie et ses forces ne s'exercent jamais dans toute leur élasticité. Le possesseur, au contraire, désire une femme qui partage son bonheur et des enfans qui l'aident dans son travail. Son épouse et ses fils font sa richesse. Le terrain de ce cultivateur peut devenir dix fois plus fertile qu'auparavant dans les mains d'une famille laborieuse. Le commerce général sera augmenté. Le trésor du prince en profitera. La campagne fournira plus de soldats. C'est donc évidemment l'avantage du prince. La Pologne serait trois fois plus peuplée et plus riche, si le paysan n'était pas esclave. »

« Tous les paysans ne seront pas riches, et il ne faut pas qu'ils le soient. On a besoin d'hommes qui n'aient que leurs bras et de la bonne volonté; mais ces hommes mêmes, qui semblent le rebut de la fortune, participeront au bonheur des autres; ils seront libres de vendre leur travail à ceux qui voudront le mieux payer. »

« Après avoir examiné s'il est avantageux à un état que les cultivateurs soient propriétaires, il reste à voir jusqu'où cette concession peut s'étendre. »

« Il est arrivé, dans plus d'un royaume, que le serf affranchi étant devenu riche par son industrie, s'est mis à la place de ses anciens maîtres, appauvris par le luxe. Il a acheté leurs terres, il a pris leurs noms : l'ancienne noblesse a été avilie, et la nouvelle n'a été qu'enviée et méprisée : tout a été confondu; les peuples qui ont souffert ces usurpations ont été les jouets des nations qui se sont préservées de ce fléau. Les peuples qui se sont policés les derniers surpassent souvent les maîtres dont ils ont pris les leçons (1). »

(1) Dictionnaire philosophique.

Voltaire, on le voit, voulait bien consentir à ce qu'une partie seulement des paysans fût propriétaire et cultivât ses champs; mais son libéralisme n'allait pas au-delà. Cela se comprend : le philosophe économiste était seigneur de Ferney et jaloux de ses priviléges; il envisageait la condition des paysans de son temps à peu près comme aujourd'hui les suzerains de l'industrie celle des ouvriers qui travaillent pour les enrichir. Nous avons déjà fait connaître aussi ce qu'il pensait de l'inégalité sociale. Mais le progrès des sciences morales, en développant les principes du christianisme, a amené des idées plus justes et plus profondes sur la grande question de la propriété. Ce que la raison et la vérité peuvent inspirer de plus parfait à cet égard nous semble résumé par M. Droz dans son ouvrage sur l'Economie politique : son éloquence forte, douce et mesurée met dans tout leur jour l'origine, la nature, la nécessité et les avantages du droit de propriété, et forme le plus frappant contraste avec les déclamations fougueuses de Jean-Jacques.

« La propriété, dit-il, n'est point inconnue dans l'état social le plus simple : un sauvage est propriétaire des flèches qu'il a façonnées, de la hutte qu'il s'est construite; il a mis son travail dans ces objets, et de son travail résulte son droit sur eux : s'il les donne, il transmet son droit. Je pourrais remonter plus haut : nos premières propriétés sont les facultés que nous avons reçues de l'auteur des êtres. Tout homme est propriétaire au moins de sa personne. »

« Mais comment la terre est-elle devenue le patrimoine d'un petit nombre de ses habitans? Comment s'est effectuée cette appropriation du sol qui, presque toujours, excite l'envie du pauvre, et qui, plus d'une fois, a fait éclater les fureurs populaires? »

« Assurément la propriété territoriale ne fut pas établie partout au même jour, sous la même influence : il est donc absurde de lui donner une seule origine. Sans doute cette propriété s'est formée, sur différens points du globe, de toutes les manières différentes dont il est possible qu'elle s'établisse. Là, par le consentement des membres de la peuplade; ici, par la force; ailleurs, les premiers occupans se trouvèrent, sans délibération ni violence, maîtres des champs qu'ils avaient cultivés. »

« Le mode d'appropriation le plus général fut probablement étranger à la force. Quand les hommes quittent la vie de chasseurs ou celle de pasteurs pour se livrer à la culture, le terrain qui se trouve à leur disposition est immense : il y a peu d'hommes, parce qu'il y a peu de subsistances, et tous ne renoncent pas au même instant à la vie nomade : beaucoup d'entre eux la chérissent encore par habitude, et d'autres manquent des avances nécessaires pour fertiliser le sol. Ceux qui veulent cultiver peuvent donc s'approprier des terres sans réclamer le consentement, sans recourir à la violence : ce qu'ils font ne nuit à personne, et chacun est libre de suivre leur exemple. »

« Au surplus, on peut différer d'opinion sur la manière dont s'est formée la propriété territoriale; mais ce qu'un observateur éclairé ne saurait mettre en doute, c'est la bienfaisante influence qu'exerce l'établissement de ce genre de propriété. Lorsqu'on dit : *La terre appartenait à tous les hommes*, on s'exprimerait mieux en disant : *La terre n'appartenait à personne*. L'impossibilité d'en faire un partage égal, l'impossibilité de le maintenir, si l'on suppose qu'il existe un instant, prouvent que la nature des choses veut que le sol n'ait point de possesseur, ou qu'il se divise en un certain nombre de propriétaires. De ces deux modes d'existence, l'un est préjudiciable à tous, l'autre est conforme aux intérêts de tous. Quand la terre est sans possesseurs, qui voudrait la cultiver avec soin, lui consacrer son labeur et ses épargnes? Quelques travaux passagers, les seuls qu'on ose faire quand on n'est pas certain de recueillir, ajoutent peu de productions aux fruits spontanés et sauvages. La population est rare et misérable. Dès que la propriété territoriale est établie, une nouvelle ère commence : les produits se multiplient, la population s'accroît avec eux. Dans cet état nouveau de la société, il se fait une grande division de travail entre les hommes qui tirent du sol les denrées, les matières brutes, et ceux qui s'adonnent aux arts qu'exige la fabrication de ces matières. Les deux classes, également laborieuses, voient leur bien-être résulter de l'activité de leurs travaux et de leurs échanges. Bientôt les produits matériels deviennent assez communs pour que des hommes puissent se consacrer tout entiers à donner des produits immatériels. Ainsi, nous devons à la propriété territoriale l'accroissement de la population, de l'aisance et de l'exercice des plus nobles facultés. Nous lui devons le développement des forces, des richesses et de l'intelligence du genre humain. On prouverait que l'établissement de ce genre de propriété n'est pas nécessairement amené par la nature des choses, qu'il faudrait en considérer l'*invention*, si je puis ainsi dire, comme la source la plus féconde en bienfaits qu'on ait jamais ouverte aux hommes. »

« Quand on dit les *propriétaires*, on entend presque toujours, par ce mot, les *propriétaires de terre*. Cet abus de langage serait fort dangereux, s'il disposait à croire qu'il y a des propriétés moins sacrées que la propriété territoriale. S'il existait une propriété que l'on dût respecter plus qu'une autre, ce serait celle des hommes qui ne possèdent que leurs bras et leur industrie. Gêner leur travail, c'est leur ôter les moyens de vivre : un tel vol est un assassinat. Mais ne cherchons point s'il est une propriété plus sacrée que les autres : toutes doivent être religieusement garanties. En considérant que chaque homme a quelque chose à lui, que, par conséquent, nous sommes tous propriétaires, on sent que l'intérêt universel veut que chacun possède en paix ce qu'il tient de son travail ou de la libéralité d'autrui, qu'il puisse en jouir ou l'accroître pour son avantage et pour celui de ses semblables. »

« L'ignorance et la misère du bas peuple sont les causes permanentes de la violation des propriétés. On trouve, dans les quartiers les plus pauvres de Paris, une masse d'individus qui passent leur vie entière sans entendre prononcer un seul mot de morale. Leur misérable existence est toute matérielle; les uns travaillent, boivent et retournent au travail quand la nécessité les y force; ce sont les plus honnêtes : les autres partagent leur temps entre le vol et la débauche; les cabarets sont pour eux des repaires d'où ils sortent le moins qu'il leur est possible : le mariage leur est presque inconnu, bien qu'ils aient une multitude d'enfans; ces petits malheureux n'entendent que des paroles grossières ou des blasphêmes; les injures et les coups leur sont prodigués, ainsi qu'à leurs mères; les hommes ont entre eux des querelles atroces. Ces sauvages d'Europe se font des morsures cruelles. Ces générations, fécondes en prostitutions, en incestes, en vols, en délits de tout genre, périssent, avant l'âge, exténuées par la misère et la débauche. On ne réfléchit pas que, vivre à côté de cette masse hideuse, c'est vivre près d'un volcan. Aussi long-temps que le despotisme et l'anarchie auront sous la main de tels matériaux, il sera facile avec un peu d'or, dans les temps agités, de renouveler les scènes de la Saint-Barthélemy ou celles du 2 septembre. »

Les principes émis par M. Droz sur l'inviolabilité des propriétés sont ceux de l'éternelle raison et de l'éternelle justice. Pour l'honneur de l'époque actuelle, nous devons reconnaître qu'ils sont professés par tous les écrivains qui savent se respecter. Nous avons vu, toutefois avec peine, que des économistes accrédités, M. J.-B. Say, entre autres, aient cherché à établir qu'il pouvait exister des propriétés plus sacrées, plus inviolables les unes que les autres, par exemple, celles acquises par le travail, comme les capitaux, les manufactures, etc., tandis qu'ils donnent à entendre que l'on pourrait contester l'origine et la pureté de plusieurs autres propriétés transmises par l'hérédité et les échanges, et notamment les propriétés territoriales.

C'est avec raison que M. Droz s'est élevé contre de telles distinctions, toujours dangereuses. Toutes les propriétés sont et doivent demeurer également sacrées, également inviolables aux yeux de la loi et de la société. S'il en existe qui soient acquises par des moyens que réprouvent l'honneur et la morale (et, certes, les propriétés territoriales n'ont pas seules ce triste privilége), c'est à la morale publique, c'est à la religion à venger la société d'un crime que les lois ne peuvent atteindre. Une propriété immoralement acquise ne sera jamais qu'une violation plus ou moins manifeste du droit de propriété. Si le temps apporte à la longue une sorte de prescription qu'il faut admettre dans l'intérêt de l'ordre public, pour les contemporains, du moins, un bien mal acquis doit être un objet de mépris et de dégoût. La vieille sagesse des peuples nous dit même *qu'il ne profite pas*. Que de sens dans ce proverbe religieux !

Le seul point sur lequel on puisse différer d'opinion, parce qu'il est en dehors de la morale, ce sont les avantages plus ou moins grands que peuvent présenter, pour l'ordre social, les différentes natures de propriété. A cet égard, l'économie publique et la politique particulière des états peuvent avoir des théories différentes, sans que le principe moral du droit de propriété soit altéré.

Nous avons plus d'une fois, dans le cours de cet ouvrage, exposé les motifs qui nous font préférer la propriété foncière à toute autre nature de propriété. Nous ne pouvons que confirmer ici cette prédilection qui se justifie par de nombreuses considérations économiques et philantropiques. Les avantages de l'industrie agricole, pour la répartition de l'aisance générale, l'équilibre de la population, la santé des ouvriers, les bonnes mœurs et la paix publique, n'appartiennent qu'imparfaitement aux autres genres de propriété : ces avantages sont tellement puissans, que quelques inconvéniens politiques que puisse présenter l'excessive division parcellaire de la terre, nous ne pouvons hésiter à regarder comme un bienfait la participation immédiate ou indirecte à la propriété territoriale du plus grand nombre possible d'individus. Celui qui possède une portion de terre, celui qui la cultive, celui qui y applique son industrie ou son intelligence, nous paraissent plus ou moins rapprochés de la véritable condition assignée à l'homme par l'auteur de l'univers. Hors de ce cercle, nous n'apercevons qu'une existence qui devient toujours plus factice et plus incertaine à mesure qu'elle s'en éloigne.

Nous sommes heureux de voir ces vérités admises, si ce n'est dans leur principe religieux, du moins dans leurs conséquences politiques et économiques, par l'estimable auteur que nous venons de citer tout à l'heure.

Après avoir exposé le système anglais qui donne la préférence à la grande propriété, et par conséquent à la grande culture, M. Droz s'exprime ainsi :

« Les partisans de l'autre système pensent qu'il est très avantageux pour un état que la plus grande partie des habitans soit employée aux travaux agricoles, ce qui suppose de nombreux propriétaires. »

« Dans la Grande-Bretagne, la proportion des individus occupés à la culture, relativement à l'autre partie de la population, n'est pas tout-à-fait comme 2 : 3 (Malthus); en France, cette proportion est bien différente : selon M. de Sismondi, elle est : : 4 : 1. Sans affirmer qu'il n'y ait pas d'exagération dans ce calcul, je crois qu'il s'éloigne peu de la vérité. On sait combien est réduit le nombre des propriétaires en Angleterre. M. de Montvéran ne le portait qu'à 32,000 familles, en 1816 : tandis qu'en France, à la même époque, environ la moitié des habitans étaient membres de familles propriétaires. Quand la plus grande partie de la population est occupée par l'agriculture, il y a dans l'état et les familles plus de sécurité. »

« L'industrie manufacturière et commerciale a quelque chose de brillant et d'indéfini que n'a point l'industrie agricole ; mais elle est bien plus sujette à ces revers, à ces crises qui bouleversent une infinité d'individus. Remarquons d'ailleurs que, grâces aux progrès de l'industrie, au perfectionnement des outils et des machines, il n'est point nécessaire que la population manufacturière soit très nombreuse pour donner d'abondantes richesses. »

« La théorie anglaise promet une haute prospérité ; mais je considère les faits, et je vois qu'une partie de la population est horriblement misérable. La terre la repousse et les fabriques ont peine à la contenir. En France, où la richesse est resserrée dans des bornes plus étroites, la misère est bien moins générale. »

« Il vaudrait bien mieux voir s'opérer avec lenteur les progrès de notre agriculture que de les acheter au prix du bien-être d'une partie de notre population. »

« Si l'on abandonne les choses à leurs cours naturel, la division des terres sera telle que le demandent la formation et la distribution des richesses. Il y aura de petites, de moyennes et de grandes propriétés. Il suffit que les lois n'opposent point d'obstacles à la libre circulation des terres pour qu'on soit garanti des dangers qu'entraînerait l'excès de leur morcèlement ou de leur agglomération. ».

« On peut se représenter le morcèlement de la propriété territoriale porté à tel point qu'il en résulterait l'indigence universelle. Si le sol était tellement subdivisé que chaque cultivateur ne pût que tirer sa subsistance de son étroit domaine, elle serait obligée de pourvoir elle-même à tous ses besoins, et la misère serait extrême. La détresse serait plus grande encore parmi les habitans qui n'auraient point de terres. Ceux-ci ne pourraient même soutenir leur vie, puisqu'ils ne trouveraient plus à échanger contre des denrées les produits de leurs fabriques. Ainsi, une partie des hommes aurait une existence toute physique, toute animale, et les autres mourraient de faim. »

« Mais ce tableau nous fait voir une hypothèse impossible à réaliser. Deux causes, l'intérêt du riche et l'intérêt du pauvre, s'opposeront toujours à l'excès de subdivision redouté par des observateurs superficiels. Le propriétaire qui vit dans l'opulence veut agrandir ses domaines, et celui qui se trouve dans l'aisance veut arrondir le sien. Il y a une attraction qui fait graviter les champs épars vers les corps de ferme. Une année de disette anéantit un nombre considérable de petites propriétés. Sans qu'il y ait des événemens extraordinaires, tous les jours la difficulté de partager de faibles successions et l'intérêt des héritiers, s'opposent à ce que le morcèlement des terres ait lieu à l'infini. Une trop grande division de propriété peut momentanément exister sur tel point d'un état ; mais ce mal, qui ne saurait s'étendre, que le temps fait disparaître et qui trouve des compensations, est à peu près nul dans la masse des intérêts sociaux. »

Ces observations confirment l'opinion que nous avons émise et que nous aurons occasion de reproduire, en nous occupant de l'état général de l'agriculture en France. Toutefois, ce n'est pas la division de la propriété foncière que nous regardons comme exclusivement avantageuse à la société ; la diffusion de la richesse, sous quelque forme qu'elle se manifeste, est le but auquel il faut tendre. La concentration des capitaux et de l'industrie en un petit nombre de mains serait même un fléau bien plus funeste encore que la concentration des terres ; car celle-ci, du moins, peut offrir à l'état une classe d'hommes plus spécialement dévoués au maintien de l'ordre, et qui, de tous les temps, ont été le principal appui des classes pauvres, tandis que l'aristocratie des capitaux et de l'industrie est loin de présenter les mêmes garanties de patriotisme et de charité. En formant le vœu que chaque individu, ou du moins le plus grand nombre, puisse devenir propriétaire foncier, nous avons moins en vue les abus de la concentration des propriétés territoriales que l'avantage résultant pour l'ordre public, la dignité, la morale et le bien-être des individus, de la possession d'une propriété solide qui forme le lien de la famille, excite la prévoyance dans le mariage et dans le travail, et inspire le sentiment de l'ordre et de la justice.

Si le droit de conserver et d'acquérir la propriété doit être sacré aux yeux de la raison et de la morale, le droit de la transmettre à ses enfans n'est pas moins profondément inscrit dans les lois qui président à l'économie des sociétés humaines. L'un de ces droits ne saurait exister sans l'autre. Que deviendraient, en effet, les liens de famille, les transactions sociales, les garanties de l'avenir ; que deviendraient le progrès, l'attrait de la propriété et le plus puissant de tous les stimulans qui portent à l'industrie, à l'épargne, à la production des richesses et aux ambitions nobles et généreuses, si le père de famille, propriétaire de terres, de capitaux ou d'un établissement industriel, savant, artiste, magistrat ou guerrier, n'avait ni la liberté, ni l'espoir de transmettre à ses enfans l'héritage qu'il a reçu de ses aïeux, ou la fortune que ses propres travaux lui ont acquise ?

« Abolir l'hérédité de la propriété, dit M. de Salvandy, c'est dépouiller l'homme de cet intérêt au progrès, de cet élément de perpétuité, de ce prix de labeur et d'ordre, de ce moyen de méditation et de loisir, source de tous les travaux, de toutes les découvertes de la pensée et de tous les développemens de l'âme, de tout ce qui fait la grandeur de notre nature, de tout ce qui atteste la bienveillance et la justice de Dieu. Le droit de propriété sera toujours le triple édifice de l'état, de la société et de la famille. »

Cependant, et malgré des vérités aussi palpables, nous avons vu récemment mettre en question le dogme de l'hérédité de la propriété. A l'occasion de l'hérédité constitutionnelle d'une haute fonction législative (la pairie), l'hérédité de la propriété s'est trouvée assimilée à ces priviléges de naissance qu'il fallait nécessairement abolir, et des hommes de talent n'ont pas craint d'orner de leur éloquence des théories si évidemment subversives de tout ordre social. Des missionnaires, dont nous nous réservons de parler bientôt, ont osé les répandre du haut d'une tribune populaire. Leur organe officiel, le *Globe*, en répondant à un journal éminemment conservateur des saines doctrines religieuses et sociales, a eu la témérité d'imprimer ces lignes révoltantes : « La *Gazette* croit nous avoir prouvé que toutes les hérédités se tiennent. Soit. Nous acceptons ce principe d'autant plus volontiers que nous l'enseignons depuis fort long-temps. Aussi ne reculons-nous nullement dans ses conséquences, puisque nous annonçons *que la dernière des hérédités, par droit de naissance, celle de la propriété, disparaîtra successivement et pacifiquement, comme a disparu celle des fonctions publiques.* »

Cela est assez clair, et la *Gazette* avait, certes, raison de dire *que la cause de l'héritage était liée à celle de l'hérédité.* De telles menaces seraient effrayantes si elles n'étaient absurdes. Néanmoins c'est déjà un symptôme alarmant que la mise au jour de pensées aussi hardies devant la partie de la population prolétaire dont la morale et l'intelligence sont les moins avancées. Cette disposition anti-sociale ne pouvait échapper au plus puissant génie de notre époque. « Le fait relatif à la société française (écrit M. de Châteaubriand à la *Revue des deux mondes*) est l'invasion prochaine et rapide de la propriété. On s'aperçoit aujourd'hui que la hiérarchie des rangs était la barrière qui défendait la hiérarchie des fortunes. Il y a dans la propriété tous les degrés qu'on remarquait dans l'aristocratie. La grande propriété, la moyenne propriété, la petite propriété, représentent la haute noblesse, la seconde noblesse et les cadets avec la cape et l'épée ; la propriété industrielle n'en est pas plus à l'abri que la propriété territoriale. Faites donc aujourd'hui, après l'affaire de Lyon, que le fabricant soit le maître dans sa fabrique ! » L'illustre écrivain fait assez pressentir dans ce peu de mots combien tout s'enchaîne nécessairement dans l'ordre social et combien sont imprudentes ou ennemies les mains qui, sous prétexte de remédier à la vétusté ou à l'irrégularité de l'édifice politique, enlèvent des matériaux usés en apparence, mais qui se trouvent former le lien qui en réunissait et en soutenait toutes les parties.

Il est vrai qu'on n'a pas osé mettre ouvertement en question le droit *viager* de la propriété ; mais il n'y a qu'un pas à faire du droit d'hérédité à celui-là. Le niveau de l'égalité doit faire bientôt courber cette sommité fragile.

Toutefois, est-ce réellement au profit de la masse des prolétaire que l'on cherche à faire pénétrer dans les esprits ces funestes théories? Mais, dans ce cas, il faut savoir comment on entend les appliquer. Serait-ce au moyen de la force brutale? On nous dit, au contraire, que la dernière des hérédités par droit de naissance, celle de la propriété, disparaîtra *successivement et pacifiquement*. C'est donc par la force de la persuasion et de l'exemple, c'est par les progrès de la raison, c'est par l'image du bonheur plus grand, obtenu par une association d'individus qui placeront en commun leur industrie et leur fortune, que l'on persuadera aux détenteurs de toutes les espèces de propriétés qu'ils n'ont rien de mieux à faire que de renoncer à ce déplorable privilége de propriété et d'hérédité? Nous doutons que l'éloquence la plus entraînante puisse opérer de pareils prodiges. La religion chrétienne a pu seule inspirer le détachement des biens terrestres aux sociétés des premiers chrétiens, et motiver la vie de quelques cénobites travailleurs, toute remplie de privations et de sacrifices que, sans doute, les nouveaux apôtres ne sont pas disposés à imiter et à prêcher. Elle seule pourrait reproduire de semblables miracles. Hors du sentiment religieux, on n'aperçoit donc que la violence pour réaliser, un moment, le partage commun de la propriété héréditaire. Mais ce partage, fût-il même possible par cette voie, améliorerait-il le sort des classes prolétaires? l'améliorerait-il long-temps? L'expérience de l'Angleterre et de la France est là pour répondre que si les principes du droit de propriété, dont l'hérédité fait partie intégrante et indivisible, étaient renversés, la condition des masses pauvres deviendrait infiniment plus déplorable. Au sein d'un épouvantable cahos, quelques individus pourraient peut-être ravir çà et là des lambeaux de propriété négligés par les capacités de la société nouvelle; mais les populations ouvrières, qui n'ont pas les moyens d'acheter une parcelle de terre, verraient forcément se maintenir pour elles cette inégalité de condition qui dérive de la nature des choses. Privées de travail, destituées de la protection de la charité, on les verrait, comme au temps de Henri VIII et de la Terreur, périr misérablement, soit du fer des divisions civiles, soit dans l'agonie de la faim et du désespoir. Lorsque, dans nos jours révolutionnaires, d'immenses dépouilles furent offertes au peuple pour l'exciter à la révolte, quel fut, pour la portion misérable de la société, le fruit de tant de crimes et de spoliations? La propriété, à la vérité, changea de mains et fut divisée en un plus grand nombre de possesseurs; mais la plus grande partie du peuple ne fit qu'assister au partage du butin, et elle perdit, de plus, ces trésors et ces effusions de charité qui la faisaient participer à la fortune des anciens propriétaires. Nous avons acquis plus de propriétaires ; mais combien aussi avons-nous plus de malheureux !

Un système, d'après lequel toutes les propriétés et tous les produits de l'industrie seraient possédés et administrés constamment en communauté par le consentement libre des propriétaires et des travailleurs, se présente sans doute avec des couleurs plus morales. Nous allons, dans le chapitre suivant, examiner celui qui, s'annonçant sous cette forme, a acquis récemment une sorte de célébrité ; mais déclarer que, dans ce système, il n'existe plus d'hérédité, plus de famille, c'est faire pressentir d'avance une utopie dont l'absurdité doit éloigner le danger.

CHAPITRE XVI.

DU SAINT-SIMONISME.

Ils disent, cependant, que cet astre se voile;
Que les clartés du siècle ont vaincu cette étoile,
Que le monde vieilli n'a plus besoin de toi!
Que la raison est seule immortelle et divine;
Que la rouille des temps a rongé ta doctrine,
Et que de jour en jour, de ton temple en ruine,
Quelque pierre en tombant, déracine la foi!
Mais pareil à l'éclair, qui tombant sur la terre,
Remonte au firmament sans que rien ne l'altère,
L'homme n'a pu souiller ta loi de vérité.

(LAMARTINE, *hymne au Christ.*)

C'EST une tâche assez difficile que d'avoir à exposer avec quelque gravité la nature et le but de ce qu'on appelle le *saint-simonisme.* Tant de ridicule s'est déjà attaché à cette nouvelle folie du siècle que l'on peut être embarrassé d'en parler sérieusement : cependant une telle profanation de la raison humaine, une attaque aussi hardie contre le christianisme et toutes les institutions qu'il a fait naître, l'erreur dans laquelle ont été entraînés plusieurs jeunes hommes au cœur droit, mais vide de toute croyance religieuse, sont, aux yeux de l'observateur, des symptômes de malaise social qui méritent d'être examinés sous un point de vue moral et politique. D'ailleurs, de funestes événemens ont été attribués à des prédications au moins imprudentes, et donnent aux doctrines produites par les disciples de Saint-Simon une importance qui ne peut être ni méconnue ni négligée.

Nous essaierons donc de faire connaître cette prétendue religion nouvelle, en puisant dans quelques écrits auxquels elle a donné lieu; car, jusqu'à ce jour, la charte et le code du saint-simonisme n'ont pas encore été officiellement promulgués en France. (1).

En 1825, un journal, *le Producteur*, mit au jour un système social créé par M. de Saint-Simon pour assurer d'une manière durable le bonheur de la race humaine. Ce système consistait à faire diriger la société *par une hiérarchie non élective, chargée de rétribuer chaque individu selon sa capacité et selon ses œuvres.* Il ne paraissait d'abord destiné qu'à donner l'idée d'une vaste association de travailleurs appliqués à l'industrie.

Saint-Simon mourut (2). Sa doctrine fut léguée à ses amis, devenus ses disciples, qui associèrent l'idée religieuse à la théorie industrielle de leur maître. Le saint-simonisme, ainsi complété, fut adopté, en 1828 et 1829,

(1) La plupart de ces notions sont extraites de divers articles insérés dans la Gazette du Midi, et rédigés par M. le comte Hypolite de Villeneuve-Flayosc, ancien élève de l'Ecole Polytechnique, membre de plusieurs sociétés savantes, qui réunit à beaucoup de science et de talent les sentimens les plus élevés.

(2) Le comte Henri de St.-Simon est mort, le 19 mai 1825. Cet homme singulier avait fait la campagne d'Amérique, et fut fait prisonnier, en 1782, avec le comte de Grasse. Ruiné dans des spéculations industrielles, il paraît qu'il avait essayé de se suicider. Il est auteur des ouvrages suivans: 1° Lettres de St.-Simon; 2° Introduction aux travaux scientifiques du 19e siècle; 3° de la Réorganisation de la Société européenne; 4° de l'Industrie, ou Discussions politiques, morales et philosophiques; 5° le Défenseur des propriétaires des domaines nationaux; 6° Profession de foi des auteurs du Défenseur des propriétaires des domaines nationaux, au sujet de l'invasion du territoire français par Napoléon Bonaparte; 7° Opinion sur les mesures à prendre contre la coalition de 1815; 8° du Nouveau Christianisme. Le comte Henri de St.-Simon appartenait à l'ancienne et illustre famille des Rouvroy de St.-Simon.

par quelques jeunes gens, à la tête desquels se faisaient remarquer des élèves de l'école polytechnique, doués de beaucoup d'instruction et de talent, mais dont l'imagination ardente et active n'avait pas été suffisamment réglée par des études morales et philosophiques. Leurs principes commencèrent à être expliqués et développés dans des assemblées particulières et dans quelques écrits peu répandus.

Les promesses les plus brillantes étaient prodiguées à tous les membres de l'ordre social. D'après la nouvelle doctrine, le peuple ne devait plus avoir à souffrir les horreurs de la misère. Les richesses auraient été partagées entre tous les hommes, non d'une manière égale, puisqu'il était juste que chacun fût rétribué suivant sa capacité et la nature du travail, mais du moins de manière à ce que personne ne fût en proie au besoin. Le minimum de la part individuelle sociale était un revenu de 700 fr. : c'était le salaire accordé au dernier degré du travail. Les femmes, affranchies des abus de l'autorité conjugale, devaient jouir de la plus complète émancipation. On conçoit que des principes si attrayans pour les hommes dépourvus de fortune, mais doués de capacité, comme pour les prolétaires de la dernière classe, durent faire des prosélytes. Le saint-simonisme était prêché devant des réunions de plus en plus nombreuses. L'association universelle des hommes et des peuples, l'amélioration des classes pauvres, l'abolition de tous les priviléges de la naissance, étaient exposées par des apôtres séduisans, parés de jeunesse et pleins d'enthousiasme et d'éloquence; l'entraînement se communiqua à plusieurs jeunes gens appartenant à des familles distinguées qui n'hésitèrent pas à abandonner de brillantes positions sociales pour se dévouer au succès de la religion nouvelle.

Toutefois, ces efforts avaient été circonscrits dans une sphère assez bornée pour ne pas alarmer le gouvernement de la restauration. Ce n'est qu'après la révolution de 1830 qu'ils prirent un essor plus étendu. Au moment même des événemens de juillet, les saints-simoniens avaient affiché sur tous les murs de Paris que l'on ne pourrait satisfaire à tous les besoins du peuple français qu'en s'organisant d'après leur système. Malheureusement pour eux, un autre système leur fut préféré ; mais ils n'en devinrent que plus ardens à propager leurs théories. Deux journaux, l'*Organisateur* et le *Globe*, communiquèrent à la France entière les dogmes de la nouvelle doctrine. Pour les répandre avec plus de promptitude, la dernière de ces feuilles fut même distribuée gratuitement. Des missionnaires en Saint-Simon se partagèrent la France. Il y eut mission du nord, mission du sud, mission de l'ouest, enseignement central à Paris, à l'Athénée et à la salle Taitbout. Une école gratuite fut créée pour la jeunesse saint-simonienne : là, les enfans de toutes les classes devaient recevoir une égale instruction. Les ouvriers convertis furent associés entre eux et dirigés par des chefs saints-simoniens.

Telle fut la marche progressive de la secte nouvelle. Les débats scandaleux qui ont séparé plusieurs de ses membres de l'unité religieuse, les poursuites dont elle a été l'objet devant les tribunaux sont trop connus pour que nous les retracions ici. Notre plume, d'ailleurs, ne saurait se prêter à peindre des scènes dégoûtantes de cynisme et de ridicule. Il nous suffira de rappeler que la mission de Lyon précéda de peu de temps la révolte sanglante des ouvriers de cette ville, et que ce rapprochement fit naître dans les esprits des préventions injustes sans doute, mais profondes et générales, quant aux effets qu'avaient pu produire de telles prédications sur des populations en proie à la misère et à l'ignorance.

Néanmoins les obstacles, créés par la révélation de nombreuses turpitudes et par la sévérité des tribunaux, n'ont point arrêté les nouveaux apôtres dans leur carrière de prosélytisme. Cette persévérance impose le devoir d'examiner les croyances religieuses, politiques et sociales qu'ils veulent établir dans tout l'univers.

L'enseignement des saints-simoniens embrasse trois points principaux : 1° l'examen critique de l'organisation actuelle de la société ; 2° la condamnation du christianisme ; 3° l'exposition de leur propre système. Nous allons le faire connaître sous ces trois points de vue.

Les disciples de Saint-Simon, reconnaissant que les expériences faites jusqu'à ce jour du régime purement monarchique et du régime constitutionnel, ont suffisamment démontré l'impossibilité de rendre la société heureuse et paisible par ces formes de gouvernement, déclarent qu'il est indispensable de recourir à une organisation nouvelle. A leurs yeux, tous les priviléges de la naissance et de la fortune sont également injustes et funestes. La fortune, par droit de naissance, n'est qu'une féodalité déguisée. C'est un privilége abusif qui consacre les jouissances des oisifs au préjudice des travailleurs. C'est encore le privilége, qui donne seul droit à l'exercice des fonctions publiques ; il ne saurait subsister pas plus que ceux que l'on a détruits avec si juste raison. Le privilége de l'ancienne noblesse n'était en définitive que l'hérédité des charges militaires rétribuées par l'honneur ; il faut, pour être conséquens, abolir tous les autres priviléges par l'hérédité. Le système représentatif, c'est la méfiance organisée contre les gouvernemens ; mais la méfiance ne fait pas, n'organise pas ; elle ne peut qu'empêcher d'agir. Les élections ne sont nullement un garant de la capacité. Le sort de l'élection n'est guère moins aveugle que celui de la naissance. Le système représentatif est aujourd'hui aussi usé, aussi incapable d'assurer le bonheur des peuples, qu'une monarchie absolue. Il doit faire place à une association universelle de travailleurs dirigés par une hiérarchie de capacités véritables.

Quant au christianisme, dix-huit siècles écoulés sous

son influence ont prouvé au genre humain qu'il était inhabile à procurer à la société le bonheur auquel elle doit nécessairement prétendre. Des besoins nouveaux se sont manifestés auxquels le christianime ne peut plus satisfaire. Le siècle demande des *jouissances matérielles*, et le christianisme les proscrit toutes. Il condamne l'industrie, et ne recommande que les macérations. Le christianisme est *donc usé, il est mort*, et doit disparaître devant une autre religion mieux appropriée aux besoins de la société actuelle.

On voit par ce qui précède que les saints-simoniens ont conçu la pensée de régler la société sous le rapport politique et sous le rapport religieux.

Voici maintenant leur plan d'organisation sociale.

La race humaine ne formera qu'une association générale d'hommes utiles et employés à un travail quelconque, suivant leur capacité individuelle. Dans cette société, l'autorité appartiendra toujours au plus capable. L'élection n'ira plus de bas en haut, mais de haut en bas. Ainsi le chef suprême, déjà institué par le choix du fondateur Saint-Simon, choisira à son tour des conseillers, lesquels aideront à choisir les chefs subalternes, et de proche en proche, il en sera de même jusqu'à la désignation des hommes destinés aux plus viles fonctions.

Le règne de la capacité sera complet. La femme, devenue l'égale de l'homme en toute chose, aura l'autorité conjugale dès qu'elle sera la plus capable. Tous les mariages seront à la fois de raison et d'inclination, et pourront se dissoudre par le consentement mutuel. Les enfans seront élevés en commun; puis on leur donnera les fonctions qui conviendront à leur intelligence ou à leurs forces physiques.

Il ne sera point fait un partage uniforme des propriétés au moyen d'une sorte de loi agraire : seulement, tout bien sera confié à celui qui est capable de le mieux faire prospérer. Ainsi, au lieu d'avoir des propriétaires, des industriels et des commerçans, on aura des *fonctionnaires d'a-*

griculture, *d'industrie*, *de commerce* et ainsi de suite. Tout deviendra *fonction*, et chaque *fonctionnaire* recevra un salaire proportionné à ses œuvres et une retraite après avoir suffisamment travaillé. Tous les maux de la concurrence, tous les encombremens commerciaux et industriels seront évités. Les directeurs d'industrie indiqueront à la fois la quantité de produits à obtenir et leur quantité et leur destination. Par-là, tous les fruits du travail, de la capacité et de l'intelligence tourneront véritablement au profit de l'association (1). Chacun sera rétribué suivant sa coopération aux produits généraux. Il y aura des individus plus ou moins riches, mais il n'y aura plus de pauvres, et les enfans des pauvres pourront devenir riches à leur tour

(1) Extrait du Rapport de M. le baron Charles Dupin à l'Académie des Sciences, sur le mémoire de M. Emile Berès, intitulé : *du Malaise des classes industrielles*, ouvrage couronné, en 1832, par la société industrielle de Mulhausen.

« Au sujet des obstacles inévitables que présente la concurrence dans les ventes et les achats, l'auteur aborde sommairement les conceptions d'une théocratie industrielle, qui, pour simplifier la société, ne ferait des arts et des métiers qu'une immense corporation toujours en tutelle, et ne fabriquant jamais qu'à proportion des besoins de la communauté, calculés par la prévoyance des pontifes. D'un autre côté, l'espèce humaine, mise au concours perpétuel, *subirait ses examens*, afin d'être quotidiennement classée suivant sa capacité, pour que chacun reçoive suivant ses œuvres. Alors tous les biens de l'univers, apportés à la masse pontificale, seraient répartis aux adeptes suivant la grâce de leurs mérites, et tout cela, sans débats, sans cupidité et sans injustices, par un miracle saint-simonien. »

« Ici, comme on le voit, pour éviter les embarras de la concurrence dans la vente des biens et marchandises qu'on peut mesurer, compter, peser, évaluer matériellement, cette théocratie industrielle substitue la concurrence et la mesure bien autrement embarrassante et trompeuse des valeurs intellectuelles et des capacités morales. »

« Nous ne mentionnerions pas même ces aberrations un peu risibles, si plusieurs enfans de manufacturiers et de commerçans les plus recommandables, n'étaient entraînés à dilapider la fortune acquise par le travail de leurs pères, pour prouver à l'univers le bienfait de cette rénovation imaginaire. » (*Nota*. L'Académie a approuvé le rapport et en a adopté les conclusions.)

s'ils sont capables. La richesse et la pauvreté héréditaires sont abolies à jamais. Le gouvernement de la société, dont la devise est : *à chacun selon sa capacité*, se compose de conseils d'apôtres, d'industriels et de savans.

Les dogmes religieux des saints-simoniens aboutissent à une sorte de panthéisme renouvelé des doctrines de Spinosa. Dieu est, *selon eux*, *la nature entière*. Les sciences qui embrassent la nature et qui révèlent les loix de l'humanité et du monde forment tous les rapports de l'homme avec la Divinité, et deviennent l'objet naturel de son culte. Ce culte, progressif comme l'intelligence, est évidemment le plus propre à satisfaire le besoin de jouissances physiques, qui est, en résultat, l'essence de l'homme et le but de sa destinée sur la terre.

Comme on le voit, la religion nouvelle n'est que le pur matérialisme rajeuni par quelques formes modernes.

Sa morale consiste à se soumettre à une organisation qui tend à accorder à chaque individu une masse de jouissances en rapport avec ce que la nature lui a accordé d'intelligence, de forces physiques et à ne jamais troubler l'ordre résultant de cette organisation, ordre sacré pour tous, puisqu'il assure à tous la mesure de bonheur qu'il est capable de mériter (1).

Telle est en abrégé l'esquisse de la théocratie industrielle des saints-simoniens.

On peut former trois classes des disciples actuels de Saint-Simon.

« L'une, composée de jeunes gens doués de grandes sympathies et de sentimens généreux qui, voyant partout refuser amour et obéissance au christianisme, d'où découla pendant dix-huit cents ans la gloire et le bonheur du monde, ont jugé, dans leurs vues bornées à la terre, qu'il n'avait plus rien de commun avec les destinées de l'homme ;

(1) Cette morale offre une grande analogie avec celle que renferme le système économique de Herrenschwand.

et lassés pourtant du vide que forme son absence, pénétrés de la nécessité de fonder des principes quelconques d'union générale, ont échangé leur athéisme (ou leur stérile déisme équivalant au premier dans la pratique) contre une théorie panthéistique, qui revient au même sous un autre nom, mais qu'ils entourent de nouvelles doctrines sociales, destinées à réaliser pour chacun, dans ce bas monde, une rétribution matérielle, à défaut d'autres espérances. »

« Eux, du moins, ont jeté les yeux sur les misères de l'humanité si complétement oubliées par le philosophisme doré du dernier siècle. Ils ont été touchés de l'infortune de leurs semblables, et n'y voyant aucune compensation, lorsque tout le monde, ainsi qu'eux, semble avoir perdu le secret *de la bénédiction des souffrances*, ils y cherchent des remèdes à tout prix, sans s'inquiéter aucunement de bouleverser toutes les lois, toutes les mœurs existantes, dont la puissance, en effet, n'est plus qu'une ombre et un souffle, depuis que la vivante idée de Dieu semble s'en être retirée. Sur les ruines de la vertu qu'on abandonne, ils voudraient fonder le bonheur, et à l'esprit de sacrifice, aboli sous toutes ses formes, substituer au moins l'esprit de paix. Matérialistes, mais non pas égoïstes, ils cherchent à faire asseoir avec eux le genre humain au banquet des jouissances terrestres auquel tout se borne, dit-on. Pour ceux-là, c'est juger à faux leur système que de n'y voir de leur part qu'un bavardage sans but ou qu'une spéculation particulière (1). »

Les sentimens généreux, mais égarés de ces disciples de Saint-Simon, en révélant un besoin d'amélioration sociale dans la jeune génération qui nous presse, ont apparu à l'auteur de la politique rationnelle comme un heureux symptôme de perfectionnement progressif. « Hardi plagiat (2), qui sort de l'Evangile, dit l'illustre poète, et

(1) M. Wagner, bachelier ès-lettres, à Nancy.

(2) Peu de temps après l'établissement du christianisme, il se forma, en

qui doit y revenir, le saint-simonisme a déjà arraché quelques esprits enthousiastes aux viles doctrines du matérialisme industriel et politique, pour leur ouvrir l'horizon infini du perfectionnement moral et du spiritualisme social. C'est en effet le terme à atteindre; mais, par la route que le Christ a trouvée, que sa doctrine progressive éclaire à mesure que l'humanité avance: mais sur le terrain réel et solide de l'humanité, sur le respect de tous les droits, sur l'accomplissement de tous les devoirs, sur la réforme et non sur la destruction de la seule base que Dieu ait donnée jusqu'ici à la famille et à la société, *la propriété*. Peut-être l'humanité découvrira-t-elle un jour un autre principe social. On ne peut rien nier, rien affirmer de l'inconnu. L'horizon de l'humanité recule et se renouvelle à proportion des pas qu'il a faits. Le Verbe divin sait seul où il veut nous conduire. L'Evangile est plein de doctrines sociales, encore obscures, et se déroule avec le temps; mais il ne découvre à chaque époque que la partie de la route qu'il doit atteindre. Le saint-simonisme trace une route parallèle, mais sur les nuages. Tout ce qu'il y a en lui de sincère, d'élevé, d'aspiration à un ordre terrestre plus parfait et plus divin, s'apercevra bientôt qu'il ne peut marcher sans bases, qu'il faut toucher au ciel par ses désirs, mais à la réalité humaine par les faits, et reviendra au principe qui donne à la fois la vérité spéculative et la force pratique, l'espérance indéfinie du perfectionnement des sociétés civiles, et la règle, la morale et la mesure qui peuvent seules les diriger (1). »

Si l'on doit plaindre ces jeunes gens, jouets d'une profonde erreur que dissipera, il faut l'espérer, un rayon de la vérité religieuse, on ne peut du moins suspecter leurs

effet, une secte qui avait adopté un système de croyances et de communauté analogues à celles des saint-simoniens de nos jours. On voit que ceux-ci n'ont pas même le mérite de l'invention.

(1) Lamartine, *Politique rationnelle*.

intentions. Frappés de la misère des classes inférieures, révoltés contre l'influence et l'égoïsme du siècle à leur égard. Ils ont voulu les affranchir du joug de l'aristocratie industrielle; ils ont cherché le bien où il n'était pas: mais puisqu'ils le cherchent de bonne foi, ils le trouveront infailliblement dans la seule vertu éternelle du christianisme, *la Charité* : c'est sur ce terrain que nous les appellerons.

Mais d'autres hommes, spéculateurs habiles, ont su tirer parti, à leur profit, de la ferveur d'une jeunesse égarée dans ses voies philantropiques. Si la première classe de saint-simoniens se compose de dupes, la seconde renferme ces politiques industriels auxquels il serait peut-être juste et facile de donner un autre nom.

Enfin la troisième classe des saints-simoniens, peu nombreuse encore, mais qui pourrait le devenir extraordinairement dans un pays où l'on compte plus de dix millions de prolétaires, se compose de ces êtres qui ne sont capables de comprendre qu'un seul point dans la nouvelle doctrine : *C'est que ceux qui ne possèdent rien doivent nécessairement posséder quelque chose.*

Nous n'examinerons pas ici si la réalisation du système de Saint-Simon est praticable. Cette question nous semble jugée d'avance par tous les hommes qui ont quelques notions des élémens qui concourent à fonder l'ordre social et qui ont approfondi la nature de l'homme et ses véritables besoins. Nous ne rechercherons pas davantage comment, dans quelles formes, à quelles époques s'opérera ou se renouvellera l'élection de la *capacité suprême*, ni la solution des innombrables difficultés qui se présentent à l'esprit, dans la pratique d'un système industriel qui commence par abolir les deux grands principes de toute industrie, *la famille* et *la propriété*.

Nous nous bornerons à quelques considérations morales sur les dangers d'une telle doctrine prêchée au sein de l'ignorance et des passions du peuple, et nous chercherons à répondre principalement aux objections tirées de l'impuissance du christianisme à seconder le progrès des sociétés.

Nous avons dit que l'on a imputé aux saints-simoniens d'avoir contribué, par leurs prédications, aux collisions sanglantes dont la seconde ville du royaume a été le théâtre. On a attribué en effet ces déplorables malheurs aux principes qui venaient d'être promulgués sur les lieux mêmes, par les nouveaux missionnaires. Des murmures accusateurs ont retenti à cet égard, dans le sein de nos assemblées législatives. Il est assurément loin d'être prouvé que quelques vagues exposés du saint-simonisme aient pu amener des résultats si monstrueux. Mais, il faut bien l'avouer, la coïncidence était malheureuse, et les apôtres eux-mêmes ont semblé redouter, depuis lors, l'effet immédiat de leurs discours sur les prolétaires. A Nancy, ils ont borné leur cercle d'auditeurs à quelques personnes prises hors des rangs de la classe inférieure. Ils semblent vouloir désormais ne livrer aux prolétaires une arme si dangereuse, qu'après avoir amené à leurs doctrines les sommités sociales. C'est à la puissance de la parole et de la conviction sur les intelligences qu'ils recourent uniquement pour opérer la grande réformation sociale, objet de leurs travaux.

La religion des saints-simoniens et leur morale étant entièrement fondées sur la philosophie matérialiste, et n'ayant, comme elle, d'autre but que de procurer aux hommes sur la terre les jouissances physiques que la terre peut procurer, il en résulte que toutes les notions du mérite des sacrifices, de la modération des désirs et de la destinée religieuse de l'homme, doivent disparaître de l'univers. Non seulement la foi, mais la vertu, la charité et l'espérance doivent donc s'enfuir aussitôt de tous les cœurs. La justice ne sera plus que le respect dû à l'autorité suprême de la capacité, ou le sentiment de son degré de capacité ou d'incapacité morale et physique. D'un autre côté, l'esprit de famille et de nationalité, devra faire place à l'esprit d'universalité, car l'univers ne formera qu'un seul peuple, suivant le catholicisme industriel.

Or, c'étaient cependant la religion, la famille, la propriété, la patrie, qui faisaient naître la sympathie, la résignation et l'industrie. Un système qui n'admet aucune de ces conditions suppose une obéissance instinctive et par conséquent l'absence de toutes les passions humaines. Il faut, pour l'établir, que tous les hommes soient ou deviennent essentiellement bons et passifs; autrement, la force seule pourrait soumettre à un rang inférieur ceux qui se sentiraient appelés à une plus large part dans la jouissance des biens de la terre. D'ailleurs, si le système est progressif, comme on le déclare, s'il tend à multiplier indéfiniment les capacités, comment multiplier en proportion égale leur rémunération? comment modérer leurs prétentions légitimes?

Cependant, il est dans la nature de l'homme d'aimer sa liberté, d'aimer sa famille, d'aimer son pays, de travailler pour soi et pour ses enfans; il faudrait donc détruire ces penchans si naturels et si énergiques. On ne sait que trop combien les passions mauvaises ont été répandues dans le cœur de l'homme déchu; il faudrait pourtant les déraciner toutes. Si l'on ne refait pas l'homme tout entier, le problème est insoluble. La société actuelle se compose d'individus qui possèdent et d'autres qui n'ont que leur travail. Comment déterminer les premiers à un libre sacrifice, lorsque le mérite du sacrifice disparaît, lorsque la charité, la compassion et les vertus ne sont plus que de vains mots? Dans un ordre d'idées où les jouissances matérielles deviennent le seul but de l'homme sur la terre, il n'est pas au pouvoir de la parole la plus éloquente d'opérer de tels prodiges. On arrive donc à reconnaître que ce n'est qu'à l'aide de la population favorisée par la réforme, que l'on peut parvenir à soumettre celle qui doit être dépouillée. L'intervention de la force brutale devient ici une rigoureuse nécessité, et les conversions devront se faire à main armée. De là résulte, pour les nouveaux apôtres, l'impossibilité de réaliser leur système suivant leurs intentions pacifiques : or, nous n'avons garde de penser qu'ils en aient d'autres.

Mais il est facile de comprendre qu'en proclamant devant des masses pauvres, ignorantes, immorales, et en même temps dépositaires du nombre et de la force, l'injustice de la propriété héréditaire, la nécessité et le droit de chacun d'entrer en partage des biens de la terre et enfin, le néant des croyances chrétiennes, le langage le plus pacifique ne peut fortifier la faible barrière qui les a retenues jusqu'à ce jour. Il est évident qu'on les dispose à se précipiter sur la propriété, comme le tigre affamé sur sa proie : car les mots abstraits de capacité, de prêtres, de savans, d'industriels ne seraient pas mieux compris que la morale de la religion nouvelle. Il est évident qu'un grand déchirement social devrait sortir de semblables prédications, et cette évidence est tellement palpable, que nous devons craindre d'être tombés ici dans la répétition des idées les plus vulgaires.

Une observation qui paraîtra moins commune, est la connexité manifeste de la religion nouvelle avec la tendance des doctrines économiques de l'école anglaise.

Il serait peut-être facile de prouver que la première n'est que la conséquence dernière de celle-ci.

En effet, les principes des économistes anglais ne reposant que sur le besoin de jouissances matérielles, devaient nécessairement fonder un système qui n'est au fond que la mise en pratique universelle des doctrines émises par les disciples d'une science déclarée, dans des cours publics autorisés, non seulement une science exacte, mais encore *la science la plus utile au genre humain.* Il serait même surprenant, lorsqu'elle plaçait les seules bases véritables de la civilisation et du bonheur dans l'excitation et la satisfaction des besoins physiques de l'homme, que l'économie politique anglaise n'eût pas produit, comme corollaire naturel de ces principes, le système de Saint-Simon ou tout autre théocratie industrielle. Sans doute les économistes n'ont pas prévu ce résultat; mais comment ne l'ont-ils pas aperçu dès qu'ils bâtissaient sur le sol de la philosophie matérialiste : car que sont, dans le fond, le droit de propriété et la morale, aux yeux du sensualisme, sinon des préjugés et des embarras?

Quelle que soit du reste, l'origine du saint-simonisme, il n'est pas à craindre de voir jamais se réaliser complétement ses théories, pas plus que celles de l'économie politique anglaise : mais l'un et l'autre renferment un principe funeste de désorganisation sociale qu'il serait dangereux de voir se développer par des appels aux masses populaires. Nous croyons qu'il est du devoir de tous les gouvernemens qui veulent conserver la paix publique de réprimer fortement de telles prédications. Si la législation est muette à cet égard, on peut la compléter, et d'ailleurs tous les amis de l'ordre accorderont à l'envi au ministère qui aura arrêté l'essor de cette propagande, *un bill d'indemnité.*

Mais, diront les jeunes enthousiastes de la religion nouvelle, donnez-nous donc une organisation sociale qui réponde à nos besoins, à nos vœux philantropiques, à l'équitable répartition des biens de ce monde! Améliorez surtout, améliorez le sort des classes inférieures (1)!...

Voici ce qu'on peut leur répondre, et ils le sauraient

(1) « Le christianisme avait jeté dans la société, dans notre Europe, un ordre moral, c'est-à-dire un ensemble de vérités sur tous les points qui intéressent le plus l'homme, et la société vivait de ces vérités : elle était organisée selon ces vérités. La société vivait de cet ordre moral. »

« Eh bien, trois siècles ont passé sur cet ordre chrétien, et ces trois siècles ont aboli cet ordre, ou au moins l'ont-ils miné, profondément

comme nous s'ils avaient voulu jeter un seul regard sur les germes de bonheur général que renferme un code de civilisation sociale mis à la portée de l'intelligence la plus élevée, comme de l'esprit le plus simple.

L'homme, créature intelligente, douée d'une âme immortelle, n'accomplit sur la terre qu'une phase courte et rapide de son éternelle destinée. Sa dignité l'appelle aux cieux après quelques épreuves terrestres ; et les besoins auxquels l'assujettit sa nature physique sont les instrumens de ces épreuves. L'inégalité des conditions humaines est encore une des nécessités de cette nature. Mais le christianisme qui l'a fait disparaître dans l'ordre religieux, a pourvu à l'adoucir, même au sein des épreuves terrestres. D'après l'Evangile, cette bonne nouvelle descendue des cieux, tous les hommes sont frères et « *appelés par diverses voies à recueillir le même héritage.* » A ce titre, le riche doit soulager le pauvre, le fort secourir le faible : le

miné, ébranlé dans les âmes, dans les consciences, dans les sociétés elles-mêmes. »

« Il y a mal dans le pays, et ce qui atteste ce mal, c'est cette inquiétude sourde, c'est cette inquiétude partout manifestée, ce mécontentement qui se trahit de tous côtés, et dont personne ne peut définir la cause et l'objet. »

« Eh bien ! ce besoin de la société qui n'est pas satisfaite, ce besoin qui réclame, ce besoin qui crie, ce besoin n'est point du tout un besoin matériel, c'est un besoin moral. »

« Le vide laissé par cette immense destruction, ce vide est partout. Il est dans tous les cœurs, il est obscurément senti par les masses, il est plus clairement senti par les esprits distingués. Ce vide, il faut le remplir. Tant qu'il ne sera pas rempli, je prétends que la société ne sera pas calmée, et qu'il ne dépend de personne de la calmer. »

« Voilà la véritable cause de l'inquiétude sociale, et tant qu'on n'aura pas trouvé un remède moral à ce mal moral, la société sera inquiète, la société sera agitée. »

« Le peuple cherche un changement : il aspire à un changement matériel : il a besoin de quelque chose, il ne sait pas quoi, parce qu'il lui faut quelque chose de moral, et qu'il n'a rien de moral. » (M. Jouffroy, séance de la chambre des députés, du 18 mars 1834.)

faible et le pauvre doivent obéir à leur condition, et leur résignation devient pour eux une source de mérite. Tous les hommes doivent travailler les uns pour les autres, s'aimer et s'unir étroitement par les liens d'une ardente charité, qui, après avoir fait leur vertu et leur bonheur sur la terre, les accompagnera dans son séjour d'éternelle félicité.

Une société fondée sur ces préceptes ne pourrait-elle, en effet, répondre aux besoins de tous les hommes et de tous les siècles?

Que l'on interroge les âges passés, ils vous montreront les progrès immenses qu'a faits l'ordre social depuis l'établissement du christianisme. Si tous les hommes ne sont pas admis à une égale répartition du bonheur et de la richesse, ce n'est pas assurément une religion toute de charité et de désintéressement qu'il faut en accuser. Car, supposez ses préceptes mis en pratique par l'universalité des hommes, et dites-nous s'il resterait une seule infortune à soulager?

Mais comment se fait-il que ces préceptes divins n'aient pu s'introduire dans tous les cœurs, et que depuis dix-huit siècles nous soyons encore si loin de voir réaliser les promesses sociales du christianisme?

Il est vrai que nous n'avons pas encore le bonheur de voir complétement et universellement répandus les bienfaits de la religion et de la charité; mais à qui faut-il s'en prendre, si ce n'est précisément à cette lutte perpétuelle qu'elles ont à soutenir contre les doctrines de l'égoïsme dont vous devenez vous-mêmes les nouveaux propagateurs?

Ces prétendus besoins matériels du siècle auxquels vous érigez un culte ignoble, ne sont-ils pas en opposition absolue avec les besoins de la civilisation religieuse? La religion chrétienne n'avait garde d'effacer à ce point la dignité de l'homme. Pour le ravaler ainsi, il aurait fallu changer sa nature intelligente, étouffer dans son cœur les désirs qui franchissent l'espace étroit de la terre : il aurait enfin fallu abrutir sa raison. Or, la mission de la religion, au contraire, est d'élever la raison, l'intelligence et la dignité de l'homme, et de lui inspirer d'autres besoins que ceux des sens.

Cependant, nous dit-on, l'homme physique ne peut pas vivre de spiritualisme; il faut bien pourvoir à son existence matérielle. Et comment y parvenir avec une religion qui *proscrit l'industrie* et par conséquent le bien-être du peuple?

C'est le reproche banal: nous y avons répondu d'avance; mais il faut y revenir. D'abord no. demanderons où l'on a trouvé que la religion proscrivait l'industrie? A la vérité, *elle n'a pas canonisé Newton et Watt*, comme vous en formez le vœu. Mais jamais elle n'a cessé d'encourager le travail et une honnête industrie. « Ces jouissances mêmes, que vous désirez si ardemment, elle les permet toutes; elle veut seulement que l'usage en soit modéré pour les rendre plus vives et plus durables. Quel bonheur pourrait égaler celui du chrétien qui profite des dons de la Providence et la remercie de ses bienfaits en se tenant à l'abri de tout excès nuisible? Il a la conscience qu'il accomplit un noble devoir. Pendant qu'il jouit de la terre, ses pensées s'élèvent jusqu'au ciel; il sait qu'il se conforme à l'ordre admirable de l'univers. C'est ainsi que des plaisirs qui ne semblent que matériels deviennent pour le chrétien la source d'ineffables jouissances intellectuelles. Ouvrez les livres saints et vous verrez que chacun doit suivre sa vocation; que l'imagination et la science, la virginité et le mariage, que l'abstinence ou un usage modéré, que les plus sublimes méditations du théologien, comme les plus simples exercices de la charité, tout est bon pourvu que tout soit fait dans la vue d'accomplir les desseins providentiels; qu'il n'y a qu'un but dans le monde digne de l'homme, c'est de coopérer au bonheur de l'humanité et d'accomplir la volonté de Dieu (l'un et l'autre sont synonymes); que celui-là seul a plus de mérite qui travaille le plus, qui s'expose à plus de peines, qui se voue à plus de souffrances pour accomplir ce grand précepte. Nous sommes les membres les uns des autres : nous sommes frères, et nous devons nous aider mutuellement *à supporter notre fardeau*. Tels sont les préceptes dont nos exercices religieux ne sont que la paraphrase. Ainsi est la vie, telle que le christianisme la fait : sur quelles bases pourrait-on construire une morale plus belle et plus utile (1) ? »

Nous dirons encore à ces jeunes hommes dont le cœur généreux a conçu la pensée d'améliorer le sort des classes souffrantes : loin d'avoir porté tous ses fruits, comme vous le croyez, l'arbre immense du christianisme est encore susceptible d'une grande période d'accroissement. Travaillez à féconder ses puissantes racines ; recueillez sous son ombre les élémens du bonheur de vos frères, et vous verrez se développer rapidement le progrès social que vous cherchez. Dans ce système matériel qui vous séduit, vous n'avez pu trouver la solution de l'inégalité des conditions humaines, car vous avez reconnu vous-mêmes la nécessité d'assujettir quelques hommes à de viles fonctions : quel dédommagement leur avez-vous accordé ? Rien, sinon qu'ils sont traités suivant leur capacité, et que cette capacité doit être jugée par un chef et ses prêtres. Sans doute vous ne pensez pas avoir ainsi appelé tous les hommes à une égale participation aux biens de la terre ; et, si vous êtes de bonne foi, une telle considération ne renverse-t-elle pas de fond en comble tout l'édifice de votre utopie ?... Le christianisme, au contraire, vous offre l'égalité parfaite dans la destinée religieuse de l'homme : sur la terre même il donne en quelque sorte cette égalité par les liens de la charité et d'une constante sympathie. De plus, il conserve toutes ces affections de famille, toutes

(1) M. le comte Hyp. de Villeneuve, ancien élève de l'école Polytechnique.

ces récompenses du travail, toutes ces douceurs de la vie sociale que vous tendez à faire disparaître, et il les assure à tous les hommes, librement et sans distinction de classes et de rangs. Pourriez-vous hésiter, vous hommes d'intelligence et de cœur, dans le choix du règne de la capacité ou de la vertu, de l'intelligence ou de la matière? Votre système est anti-social, arbitraire, impraticable. Dans le nôtre se trouve la réalité, la dignité, la civilisation. Venez donc à nous : secondez nos efforts par vos talens et par votre énergie, soyez les apôtres de la charité éternelle....

Toutes ces vérités avaient été déjà exposées dans le commencement de cet ouvrage; mais elles ne pourraient être trop répétées en présence de telles erreurs. Nous nous plaisons à espérer qu'elles seront entendues. Déjà un apologiste de St-Simon disait au moment même de la mort de cet écrivain : « Peut-être a-t-il trop oublié que le bien-être se compose d'autres jouissances que des jouissances physiques. Défendre à l'homme la recherche de la solution du grand problème d'un autre avenir que celui de la terre, c'est le mutiler, c'est aller contre la nature et la nécessité de sa position dans le monde et dans la création; *le christianisme avait mieux compris l'homme* (1). » Les jeunes apôtres de St-Simon comprendront mieux à leur tour le christianisme, lorsqu'ils se seront convaincus que leurs efforts pour établir la religion nouvelle n'aboutiraient qu'à des tentatives dangereuses pour l'ordre social et à la démonstration d'une impossibilité absolue.

L'organisation universelle des peuples fondée sur l'industrie, le règne de la capacité et le besoin de répartir les biens de la terre, est évidemment impraticable par l'opposition et la confusion perpétuelles de ses élémens. Une réunion de chrétiens pouvait seule offrir le type d'une communauté de biens, de travail et d'industrie. Mais

(1) Le Globe, 4 juin 1825.

l'association dont nos monastères ont donné de si mémorables exemples (1), était basée sur le célibat et le sacrifice des jouissances du siècle : elle ne pouvait durer qu'à cette condition, et, par conséquent, embrasser qu'un nombre très limité d'individus.

Quant aux classes inférieures dont le saint-simonisme paraît si fortement préoccupé, la seule pensée d'une hiérarchie de capacités annonce assez d'avance que la théocratie industrielle n'aurait rien ajouté au bien-être de l'artisan laborieux. Il n'aurait pas manqué du nécessaire, dit-on ; nous voulons bien le croire : mais cette certitude pourrait-elle compenser, pour lui, l'absence d'une famille, la privation de la disposition libre de son travail, des secours de la charité, et enfin des consolations et des espérances religieuses qui dédommagent le chrétien pauvre de toutes ses misères ? Il faut donc bien le reconnaître : le saint-simonisme, si funeste aux classes riches, ne le serait pas moins aux êtres placés sur les derniers degrés de l'échelle sociale, et si ses apôtres aiment réellement l'humanité, ils doivent se rallier d'eux-mêmes au seul système protecteur des faibles et des malheureux (2).

(1) Nous avons fait remarquer déjà que le besoin de ces antiques institutions se faisait sentir à l'époque actuelle. L'apparition du saint-simonisme ne peut-elle pas être regardée comme un nouvel indice du malaise qui travaille quelques esprits, et les porte au désir d'associer leur travail, leurs méditations, et peut-être même leurs prières ?...

(2) « Si le christianisme est mort, dit un jeune écrivain religieux, je demanderai ce qui vit aujourd'hui sous le soleil ? Depuis près de quatre siècles que les hérésies, les sectes, la philosophie, la science, se sont mises à l'œuvre pour remplacer le christianisme, pour trouver, en dehors de la révélation, une loi générale de l'homme et du monde, qu'ont-elles fait ? je demande, qu'ont-elles fait de complet et de décisif ? quelle doctrine ont-elles produite, capable d'être substituée, dans la croyance universelle des peuples, à la loi du Christ ? rien encore à cette heure. »

« La philosophie et la science répondent à cette question : Mais patience, attendez ; nous travaillons, et bientôt nous vous donnerons ce que vous désirez. L'heure du jugement dernier sonnerait que la philosophie et la science de notre siècle chercheraient encore, courbées sur leurs livres et leurs cadavres, les lois de la vie de l'homme et de l'univers. Le monde social croule de toutes parts, les ruines s'entassent, les plus nobles sentimens de devoir et de dévouement s'éteignent, la dignité morale s'avilit, et la philosophie et la science en sont encore à nier le christianisme et à s'enquérir des lois sociales nouvelles, des lois morales nouvelles! Des fléaux surviennent, qui déciment la population; la science dit qu'elle n'était pas prévenue, et qu'elle va s'occuper activement de découvrir de nouvelles lois physiques! »

« Quelques hommes commencent enfin à se lasser de tant d'épreuves stériles, d'une si longue attente durant laquelle l'essence même de la créature de Dieu se dégrade et se dessèche. Peut-être, en y songeant bien, commencera-t-on à croire que le christianisme n'est pas aussi réellement mort qu'on l'avait supposé. N'allons plus le chercher, comme nous le faisons depuis quinze ans, sous les débris du moyen âge; mais regardons tout près de nous, en nous-mêmes; n'est-il pas encore là, à nos côtés, se mêlant silencieusement à notre vie nouvelle, continuant, comme toujours, de nous prendre dans ses bras pour nous jeter sur la tête l'eau du baptême, bénissant l'union du jeune homme et de la jeune fille, montrant l'espérance au mourant? Oui, il est là, tout près de nous, triste, bien triste, mais calme et résigné, attendant que nous soyions assez épuisés de notre révolte, de nos inquiétudes, de nos rêves, de nos désespoirs, de nos suicides. Quand, accablés, éperdus, nous crierons : « A nous Christ! » il nous baisera au front, il marchera sans défiance avec nous; et puis nous recommencerons encore à chanter avec extase et amour, nos chants seront plus mélodieux, d'une harmonie plus puissante et plus riche que les premiers, et nous aurons une musique religieuse et populaire; nous aurons une peinture inspirée et sociale; nous aurons une architecture digne d'un grand peuple. »

« La poésie du désespoir et du néant ne peut plus être comprise ni acceptée par une société qui demande si ardemment une résurrection religieuse. »

« Dès ce jour, soyez sûrs que vous verrez avorter toute poésie et tout art qui chercherait à s'inspirer en dehors du christianisme. »

(Alexis de Saint-Chéron.)

CHAPITRE XVII.

DES IMPÔTS PUBLICS.

> Il n'y a rien que la sagesse et la prudence doivent plus régler que cette portion qu'on ôte aux sujets. Ce n'est point à ce que le peuple peut donner, qu'il faut mesurer les impôts publics, mais à ce qu'il doit donner. Il ne faut point prendre au peuple sur ses besoins réels pour des besoins de l'état imaginaires.
>
> (MONTESQUIEU.)

Les impôts publics, sous quelque forme qu'ils existent, étant toujours, en définitive, un prélèvement opéré sur les produits de la société, ne pourraient être considérés comme avantageux qu'autant qu'ils contribueraient à un accroissement de force, de puissance et de richesse; mais, dans ce cas même, leur avantage est en quelque sorte négatif, car il serait préférable que l'état de la société n'exigeât pas un semblable moyen d'amélioration. Toutefois, la nécessité des impôts n'est que trop évidente dans l'état actuel des sociétés humaines. La défense de l'état, l'entretien de la population gardienne, les travaux d'intérêt général que l'on ne pourrait obtenir de volontés isolées, la sécurité et l'avantage de tous enfin, exigent forcément des sacrifices. Le devoir et le talent des gouvernemens consiste à les réduire à leur plus rigoureuse limite, d'en assurer le meilleur emploi et d'en répartir la charge de la manière la plus juste et la moins préjudiciable aux intérêts des individus et du pays.

Les impôts sont donc une *nécessité* qui se justifie par la réalité de cette nécessité même; par conséquent, il ne peut être question du plus ou moins d'avantages que peuvent présenter les impôts, mais seulement de leur plus ou moins d'inconvéniens. Le problème à résoudre est de rendre à la fois le fardeau reconnu nécessaire le moins pesant et le plus utile.

Ainsi, nous n'avons pas à examiner quels sont les impôts les meilleurs dans l'intérêt des classes pauvres, mais ceux qui sont les moins fâcheux pour elles.

S'il est incontestable, comme nous croyons l'avoir montré, que l'agriculture et toutes les industries qui s'y rattachent sont les plus favorables à la population qui vit de son travail; s'il ne l'est pas moins que le commerce intérieur est celui qui favorise le plus efficacement le développement de l'agriculture et de l'industrie nationale, on doit nécessairement conclure que les impôts les moins onéreux à l'agriculture et au commerce intérieur sont préférables à tous les autres.

Il est également évident que les impôts qui frappent les objets de première nécessité, et dont la consommation est plus grande dans les classes ouvrières, aggravent toujours plus ou moins sensiblement la condition des pauvres, et que les taxes qui portent directement sur l'ouvrier lui-même, à titre de capitation personnelle, d'impôt mobilier, de patente, etc., sont les plus fâcheuses de toutes.

L'économie politique se prononce vivement contre toutes sortes d'impôts; elle a parfaitement raison en thèse générale; mais elle est forcée d'admettre, dans la pratique, la nécessité de certaines subventions.

M. J.-B. Say établit ainsi les conditions que doivent réunir les impôts publics pour être tolérables:

1° Leur modération quant à leur quotité; 2° d'entraîner le moins possible de ces charges qui pèsent sur le contribuable sans profiter au trésor public (1) ; 3o de pouvoir se répartir équitablement ; 4o de nuire le moins possible à la reproduction ; 5o d'être plutôt favorables que contraires à la morale, c'est-à-dire aux habitudes utiles à la société.

Ces conditions nous semblent en effet toutes indispensables pour constituer un impôt juste, raisonnable et moral.

M. Say penche pour les impôts sur les consommations, c'est-à-dire pour les contributions connues sous le nom d'*indirectes*. Comme lui, la plupart des économistes anciens et modernes (sauf M. Ricardo et un petit nombre de ses disciples) demandent surtout l'allégement des charges qui portent directement sur l'agriculture. Leurs motifs sont plus spécialement appliqués à la situation de la France, et se trouvent parfaitement résumés dans un ouvrage de M. le vicomte de Saint-Chamans (2).

« Il faut, dit cet écrivain, qu'un ministre des finances soit convaincu que des trois sources de la richesse, l'agriculture est la seule qui ait encore à faire des progrès en France ; que, dans la plus grande partie du royaume, elle en a d'immenses à espérer ; que l'industrie manufacturière est dans un état progressif qui peut se passer de l'aide du gouvernement, et que, d'ailleurs, tout ce que le gouvernement peut faire de mieux pour elle, c'est de faire prospérer l'agriculture qui lui fournirait de plus riches et de plus abondans consommateurs ; que, quant au commerce, la prospérité du commerce extérieur tient à des circonstances qui sont indépendantes de nous et de notre gouvernement, et que tout ce que nous pouvons faire pour lui, c'est encore d'accroître le nombre des consom-

(1) En France, les frais de perception sont de 11 p. 100 sur l'impôt direct, et de 18 p. 100 sur les contributions indirectes.

(2) Système d'impôt.

mateurs en enrichissant les campagnes; que tout accroissement de richesses en France ne peut venir que des progrès de l'agriculture, et qu'en conséquence il faut laisser à la propriété territoriale le plus de capitaux possible, puisque c'est la première condition de l'agriculture (1). »

« Que ce ministre fasse ces réflexions, et qu'il laisse de côté toute autre considération que celle du bien public : alors il proposera de délivrer le royaume du poids insupportable de la moitié de l'impôt foncier, et de subvenir, par des taxes sur les consommations, aux dépenses considérables que réclament les diverses parties du service public. C'est là, et non dans des économies insignifiantes pour l'état et désastreuses pour tant de particuliers, qu'il faut chercher les fonds qui doivent promettre à la France le rôle éclatant qu'il lui appartient de jouer en Europe. »

« Quoique la taxe ne doive pas être établie sur un objet de première nécessité, il faut cependant que l'objet taxé soit d'un usage très général, sans quoi l'impôt rendrait peu et ne remplirait pas le but d'atteindre tous les revenus. Je citerai, comme plus propre qu'un autre, à répondre à ces intentions, une taxe sur *les tissus*. Tout ce qui se fabrique au métier serait soumis à la taxe, à laquelle serait graduée en raison du prix de la marchandise et de l'origine de la matière première, en ayant égard à ce qui est à l'usage du pauvre et à ce qui peut donner de l'encouragement à l'agriculture nationale. Il serait facile de connaître tout ce que chaque métier fabrique, et de marquer chaque objet manufacturé d'un timbre à l'aide duquel on pourrait suivre l'objet jusqu'au moment où il passe dans les mains du consommateur. »

(1) C'est ce qu'avait si bien compris M. le comte de Villèle, qui, pendant la durée de son ministère, a fait accorder à l'agriculture 80 millions de dégrèvemens.

« Si, par le moyen de cette taxe ou de quelques autres, on pouvait réduire l'impôt foncier à cent ou à cent vingt millions, la France serait alors dans un état de prospérité stable et à l'abri des événemens. »

« En adoptant le système des taxes sur les consommations, la France mettra aisément ses revenus au niveau de ses dépenses, sans entraver aucune de ses sources de richesses, et, au contraire, en contribuant à leurs progrès. »

Dans l'intérêt de l'agriculture, il est désirable de voir augmenter le nombre des propriétaires de terres et des fermiers à long terme. Par ce motif, qui se fortifie de plusieurs considérations politiques et morales, il y aurait lieu à réduire, si l'on ne peut les supprimer, les droits de mutations de propriété et ceux que supportent les baux de longue durée.

Au nombre des taxes qui pèsent le plus directement sur la classe pauvre, et qui affectent sensiblement l'industrie agricole, on doit signaler au premier rang l'impôt sur le sel.

Depuis bien des années, on demande la suppression ou la diminution de cet impôt. Il n'est pas, en effet, de taxe plus inégalement répartie et de plus impopulaire.

« Quand on veut calculer les dépenses de l'ouvrier et les charges du pauvre, rien de plus inexact que les supputations générales, que cette confusion de consommations de la classe riche et de la classe malheureuse. L'impôt sur le sel fait ressortir surabondamment cette vérité. Le pauvre consomme réellement plus de sel que le riche; il en assaisonne sa soupe, où n'entre pas de viande, et qu'il ne peut pas toujours composer de légumes. Le pauvre n'a pas d'épices, et, de plus, sa famille est ordinairement nombreuse. La consommation de l'ouvrier ne peut pas se calculer à moins de vingt livres par an, et, pour sa femme et ses enfans, à moins de cent livres; ce qui lui fait supporter annuellement un impôt de 15 fr. pour une valeur intrinsèque de 1 fr. à 1 fr. 50 c. On n'a donc pas seulement à reprocher à cette taxe de frapper également le pauvre et le riche, mais de frapper beaucoup plus sur le pauvre que sur le riche. »

« L'abaissement de l'impôt sur le sel aurait un autre avantage ; il favoriserait l'agriculture. Si le sel coûtait moins, on en donnerait plus abondamment aux bestiaux ; on l'emploierait pour fertiliser la terre. L'utilité de l'emploi du sel pour les animaux est un fait reconnu dans les pays où le bas prix de cette denrée a permis de leur en donner une dose suffisante. C'est à cette cause que le bétail de Bade, de Darmstadt et de Wurtemberg doit sa supériorité sur le nôtre. En Normandie, la qualité des herbages tient au voisinage de la mer, qui imprègne les riches prairies de l'Auge, de la Toucque, de la Rillé, où paissent les plus beaux troupeaux de France. Dans les violentes tempêtes, dit Hump. Davy (1), les flots, divisés par les vents, jaillissent à plus de cinquante milles dans les terres et leur fournissent du sel. La supériorité des pâturages de l'ouest, en France, et sans doute aussi de ceux de l'Angleterre, n'a pas une autre origine. Ailleurs, on est forcé d'y suppléer en mêlant du sel au fourrage des bestiaux. »

« Dans le Nouveau-Monde, les grands troupeaux de buffles ont découvert avec un rare instinct, à travers les forêts de ces vastes contrées, toutes les sources salées, tous les affleuremens des mines de sel. Les mines de cette nature dans le Kentucki, l'Ohio, l'Indiana, le Missouri, ont été trouvées en suivant les sentiers de ces animaux. Il n'est si petit village, s'élevant autour d'une mine de sel dont l'exploitation commence, qui ne porte le nom de *Buffaloé*. »

(1) Chimie agricole.

« L'emploi du sel, pour féconder le sol, ne s'appuie pas, il est vrai, sur des faits aussi précis ; mais son utilité ne paraît pas cependant douteuse. Les fermiers du *Cleshire* attribuent l'abondance de leurs récoltes aux rebuts de muriate de soude (sel commun) qu'on emploie dans le Cornwal. Des expériences multipliées sur diverses espèces de culture feraient connaître sans doute les avantages spéciaux que l'on pourrait se promettre de l'introduction du sel dans les engrais (1). »

Le sel a été affranchi d'impôt, de 1790 à 1806. « A cette époque, dit M. le comte Chaptal (2), et lorsque le sel était à bas prix, l'agriculteur pouvait en donner aux bêtes à corne, aux bœufs et aux moutons ; il le mêlait avec le fumier, pour exciter la végétation. En Provence, on le répandait au pied des oliviers. » M. le comte Chaptal, alors ministre de l'intérieur, fait une autre observation importante, c'est que, pendant les années où le sel a été franc d'impôt, les salines se sont multipliées et la consommation a été prodigieuse. Elle s'est élevée jusqu'à produire 23 à 25 millions aux propriétaires. Aujourd'hui, suivant les rapports de l'administration, les marais salans ne rapportent plus que 5 millions. L'abaissement de l'impôt sur le sel pourrait donc être gradué de manière à être compensé par l'accroissement de la consommation qui s'augmenterait de la valeur de la diminution du droit. En même temps il soulagerait la classe pauvre et contribuerait à l'amélioration du bétail et du sol (3).

Tous les économistes sont d'accord sur les effets funestes de l'impôt du sel, tant sous le rapport des besoins de la classe pauvre, que relativement à l'agriculture. Nous rappellerons l'opinion de quelques-uns d'entre eux.

(1) M. Adolphe de Monthureux, agronome du département de la Meurthe. (Voir les Annales de Roville.)

(2) De l'Industrie française.

(3) Cette dernière remarque appartient au *Courrier Lorrain*, estimable journal que nous avons cité plus d'une fois.

Palmiéri, qui a été administrateur-général de la province de Lecce et directeur des finances royales de Naples, appelle cet impôt *cruel*, parce qu'il empêche ou diminue la consommation d'une denrée que la nature accorde avec tant de prodigalité, et qui est si nécessaire à la santé de l'homme et aux besoins de l'agriculture.

M. Droz, en faisant remarquer que l'impôt sur le sel a, dès les temps anciens, flatté l'avidité des financiers, déclare qu'à ses yeux, il n'est pas moins un des plus injustes qui se puissent imaginer ; car il est onéreux pour le pauvre, et insignifiant pour le riche. Il pense que, dans un bon système d'économie, ce serait un des premiers impôts à supprimer, alors même qu'on oublierait sa funeste influence sur l'agriculture.

La gabelle du sel, suivant M. de Sismondi, a été signalée par son inégalité et pour la détresse à laquelle elle réduit le pauvre. Ce prétendu impôt est devenu un sorte de capitation pesant sur tous les sujets, sans égard à la fortune du contribuable, ou à ses moyens de payer (1). Le plus pauvre ménage consomme autant de sel que le plus riche ; mais il prend sur son étroit nécessaire, pour l'acheter, une somme que le riche aperçoit à peine dans son superflu.

M. le comte Chaptal, qui a traité cette question dans presque tous ses ouvrages, n'hésite pas à dire « *que le plus grand bienfait que l'agriculture puisse réclamer du gouvernement est, sans contredit, la suppression du droit sur le sel.* »

On a lieu d'être surpris qu'en présence de l'autorité de cet ancien ministre, dont l'expérience égalait les vastes lumières, et devant des opinions aussi recommandables qu'unanimes à l'égard de l'impôt sur le sel, M. le baron Charles Dupin, membre de la chambre des députés, ait

(1) Nous avons vu, en 1812, l'impôt sur le sel établi sous cette forme dans toute l'Espagne.

défendu cette taxe, dans l'intérêt même de l'agriculture : car c'est précisément pour s'opposer à un surcroît d'imposition, dont on voulait grever la propriété foncière, qu'il a cru devoir défendre le maintien de l'impôt sur le sel.

Voici comment cet orateur s'est exprimé dans la séance du 10 décembre 1832, au sujet d'une proposition tendant à diminuer l'impôt sur le sel de 1/8, et à ajouter 30 centimes par franc à la contribution foncière.

« La masse de l'impôt foncier, a-t-il dit, se lève sur la masse de la société, sur la masse du peuple. Vous voulez grever l'agriculture avec la pensée fixe d'atteindre les grands propriétaires. Mais il y a en France 4 millions de propriétaires; il y en a 3,900,000 qui n'ont pas de fermiers, qui ne possèdent que deux ou trois hectares de terrain, et d'autres qui arrosent de la sueur de leur front l'hectare de terre qu'ils possèdent. Si vous augmentez l'impôt, que feront-ils? comment pourront-ils subvenir à leurs besoins et aux achats qui leur sont indispensables pour leurs vêtemens, pour leur ameublement, pour leurs humbles et rares jouissances? »

« Je ne crains pas le renchérissement des objets qu'atteint l'impôt indirect; je ne crains pas la disette du sel, et je crains la disette du pain. Je veux vous démontrer combien ces prétendus avantages que l'on veut faire au peuple peuvent lui être funestes. »

« Les impôts indirects, tels qu'ils existent aujourd'hui sur la consommation, sont moins onéreux au peuple que des taxes égales établies directement sur l'agriculture. A combien s'élève l'impôt sur le sel? A 60 millions de francs. Combien y a-t-il de Français? 32 millions : ce qui ne fait pas 2 francs par tête chaque année, et par semaine tout-à-fait 3 liards. »

« En examinant donc la question de retrancher la huitième partie de cet impôt, dans l'intérêt du peuple, ou trouve que c'est une économie de la huitième partie de 3 liards par semaine. Et vous dites que c'est un grand soulagement pour le peuple ! C'est la seizième partie d'un liard chaque jour, ou la quarante-huitième partie de 3 liards. »

« Les 30 centimes additionnels sur la contribution foncière sont un véritable impôt sur le blé. Lorsqu'on nous dit que dans d'autres pays de l'Europe on produit du blé à meilleur marché, savez-vous pourquoi ? est-ce parce que les peuples jouissent d'une civilisation moins avancée ? est-ce parce que leurs charrues sont plus parfaites ? Non, sans doute. Chez ces peuples, l'agriculture est presque dans l'enfance ; mais ils paient très peu de contributions, et par conséquent leurs blés peuvent se vendre à meilleur marché. Le moyen de les forcer à vendre plus cher serait d'augmenter les impôts qu'on leur fait payer. »

Assurément M. le baron Dupin s'opposait, avec juste raison, à l'augmentation de la contribution foncière, et nous admettons volontiers ses argumens, quoiqu'ils se rapportent uniquement à la production du blé, tandis qu'il est une foule d'autres productions essentielles que l'impôt foncier frappe de la même manière. Il nous semble, d'ailleurs, qu'il aurait dû ne pas se borner à puiser ses exemples chez les peuples qui nous offrent le blé au plus bas prix. Tout le monde sait, en effet, que la Crimée, entre autres, produit cette céréale avec une abondance extraordinaire et presque sans culture, ce qu'elle doit bien plus à la fertilité d'un territoire presque vierge, et au bas prix du salaire des ouvriers, qu'à la modération des impôts ; mais si l'orateur était puissant en défendant la cause de la propriété foncière dans l'intérêt de la classe pauvre, sa défense de l'impôt sur le sel nous paraît bien incomplète sous ce rapport : elle s'est bornée, en effet, à démontrer que la réduction d'un huitième serait illusoire, et cela par un cliquetis de chiffres plus éblouissant que persuasif. On lui a répondu que, dans les campagnes, une famille dépense pour plus de 45 francs de sel ; et cette assertion, confirmée par toutes les personnes qui connaissent de près l'économie domestique des petits ménages agricoles dans les provinces, est surtout d'une exactitude extrême en ce qui concerne les départemens du midi.

Ainsi, la consommation de chaque individu de la classe inférieure, dans le midi, serait donc de 9 francs par an au lieu de 2 francs, comme M. Dupin le suppose, et l'impôt supporté par une famille de cinq personnes s'élèverait à près de 40 francs, dont le huitième est de 5 francs.

Pour un hectare de terre, l'impôt foncier moyen ne saurait s'élever à plus de 15 à 18 fr. ; les 50 centimes par francs n'ajouteraient à cette contribution que 5 fr. environ, c'est-à-dire le huitième du dégrèvement sur l'impôt du sel. On voit donc que pour une famille de cultivateur, la diminution de cet impôt aurait produit une compensation à peu près exacte. Or quel soulagement n'aurait-elle pas opéré si la réduction s'était élevée au tiers, à la moitié, ou enfin si l'impôt était totalement supprimé ! Par cette observation nous n'avons garde d'insinuer qu'il serait préférable de surimposer la propriété foncière. Nous voulons seulement prouver combien la réduction de l'impôt sur le sel serait juste et efficace.

Nous aurons l'occasion de revenir sur ce sujet intéressant dans la partie de cet ouvrage où nous traiterons plus spécialement de l'état de l'agriculture en France. Mais dès ce moment nous croyons pouvoir établir en principe que la continuation de l'impôt sur le sel, condamnée par la justice, l'humanité et l'économie politique, ne peut désormais se justifier que par une nécessité rigoureusement démontrée.

Les impôts qui nuisent au développement de l'instruction, ceux qui excitent le pauvre à exposer le fruit de ses épargnes à des chances évidemment défavorables, ne sauraient se motiver même sur la nécessité. Les premiers attentent à la liberté des familles, les autres outragent la morale publique. Ainsi les droits universitaires doivent être supprimés. Ainsi la loterie doit être abolie, et pourrait être remplacée par des droits très élevés sur les cabarets, les billards et tous les lieux de dissipation et de débauche (1).

Parmi les autres impôts dont l'économie politique a blâmé la nature et l'influence, se trouvent ceux qui s'opposent à la sortie du territoire de quelques-uns de nos produits, et ceux qui atteignent, à leur entrée en France, les denrées et les produits industriels des pays étrangers.

La question des douanes et des prohibitions a été fortement controversée, non seulement dans les écrits des économistes, mais par les hommes d'état et au sein des parlemens législatifs. Elle se confond, comme celle de tous les impôts, dans la grande loi de la nécessité. Mais il y a cependant cette différence essentielle entre les impôts ordinaires et les droits des douanes, que si les premiers sont toujours plus ou moins onéreux à la société qui produit, les autres peuvent servir à améliorer la production et garantir la consommation intérieure.

Ainsi, loin de déplorer en masse l'existence des droits de douane et de les regarder tous comme plus ou moins funestes, il en est que, dans l'état actuel des diverses nationalités de l'Europe, on doit considérer comme aussi avantageux que nécessaires.

En effet, aussi long-temps que l'Europe et l'univers ne formeront pas cette seule et même famille rêvée par les économistes modernes, que des intérêts opposés, que des barrières formées par les mœurs, la religion et la nature,

(1) En Amérique, la loterie est autorisée, mais les billets coûtent 20 à 40 fr., et ne sont pris, par conséquent, que par des personnes riches. Le produit de cet impôt est appliqué aux travaux publics. En France, les chances défavorables aux mises sur la loterie sont de 85 sur 5 pour un extrait; de 3,995 sur 10, pour un ambe; de 117,470 sur 10 pour un terne; et de 2,555,185 sur 10 pour un quaterne. On voit combien cette combinaison doit être fatale aux classes ouvrières.

que des rivalités nationales, enfin, n'auront pas complétement disparu, chaque pays devra sans cesse garantir son agriculture, son industrie et son commerce contre les efforts de ses rivaux Il est des productions que l'on ne doit pas craindre de recevoir de l'étranger. Pousser jusqu'à l'excès le désir et l'espoir de ne lui *être tributaire en aucune chose*, est une erreur grave que l'économie politique a combattue avec succès. Les nations, comme les hommes, ont besoin les unes des autres, et il peut exister entre elles un avantageux échange de produits; mais sacrifier aveuglément la conservation, le progrès et la prospérité des industries nationales et du commerce intérieur, à l'intérêt de quelques spéculateurs ou aux goûts d'un petit nombre de consommateurs, serait une erreur bien autrement dangereuse.

Les effets favorables de notre système de douanes sont des réalités; ceux promis par ses adversaires ne reposent encore que sur des théories: il serait donc plus qu'imprudent d'abandonner le positif pour des idées spéculatives sujettes à tant d'objections, et qui ne pourraient se réaliser, d'ailleurs, sans des conditions qu'éloignent indéfiniment la situation de l'état social européen. Parmi les droits et les prohibitions actuellement en vigueur, il en existe sans doute qui devront se modifier et même disparaître tout-à-fait un jour; mais ce ne peut être que par degrés et sans troubler l'harmonie générale des besoins, des intérêts et des droits nationaux.

Malgré le dédain et les railleries dont l'économie politique n'épargne pas les traits acérés aux gouvernemens qui maintiennent leurs lignes de douanes, nous ne pouvons nous empêcher de regarder, comme l'expression de la raison pratique, à l'époque de nationalité et de civilisation où nous nous trouvons encore, les conclusions de M. Ferrier sur le système commercial.

« Les douanes, dit cet écrivain, qu'une longue expérience et de hautes lumières garantissent des préjugés qu'on pourrait redouter de la part d'une spécialité administrative (1), servent le commerce, le consommateur et l'état. »

« Les douanes servent le commerce : 1° en empêchant, par la prohibition à la sortie, que l'étranger ne s'empare de nos matières premières, soit pour nous les revendre telles qu'elles sont, soit pour nous obliger à les racheter manufacturées ; 2° en donnant au manufacturier, par des droits sur les productions de l'industrie rivale, l'avantage de la concurrence dans le marché intérieur ; 3° en écartant absolument cette concurrence, par des prohibitions à l'entrée, toutes les fois qu'il est impossible de la soutenir (2). »

« Les douanes servent le consommateur, en lui procurant à moindre prix les marchandises qui se fabriquent intérieurement avec des matières premières indigènes, dont l'étranger s'emparerait sans la prohibition. Elles le servent aussi lorsqu'elles l'obligent à se pourvoir, dans l'intérieur, de marchandises qu'il aurait pu acheter de l'étranger à meilleur marché, parce que ce léger sacrifice augmente le nombre des travailleurs nationaux ; ce qui n'arrive jamais sans profit pour la société entière. »

« Les douanes servent l'état : 1° en lui faisant connaître l'étendue du commerce extérieur ; 2° en lui donnant la facilité de le diriger de la manière la plus utile au pays ;

(1) Smith avait été aussi employé dans l'administration des douanes.

(2) Les événemens déplorables, qui, en novembre 1831 et en avril 1834, ont ensanglanté la ville de Lyon, ont été le produit de la misère des ouvriers en soie, exploitée par l'esprit révolutionnaire. Mais cette misère extrême ne peut-elle pas être attribuée en grande partie à la libre exportation, en Angleterre, des soies françaises, concession vainement sollicitée du gouvernement de la restauration, et aux droits qui pèsent sur les soies étrangères importées en France ? S'il en était ainsi, cet exemple terrible viendrait confirmer, parmi une foule d'autres, la sagesse des observations de M. Ferrier.

3° en lui permettant de mettre des bornes à la prodigalité de la nation ; 4° en lui procurant des moyens de puissance extérieure fondée sur la marine ; 5° en lui procurant accessoirement un revenu. »

« C'est à sa situation insulaire que l'Angleterre doit son esprit commercial et sa marine. L'infériorité de la France, sous ce rapport, aurait disparu si l'esprit des institutions de Colbert avait survécu à ce grand homme. En le dépréciant, les écrivains ont paralysé l'administration qui s'énerve et languit partout où l'opinion ne la seconde pas (1). »

M. Ferrier s'étaie ailleurs de l'exemple de la Grande-Bretagne :

« La liberté du commerce des laines, en Angleterre, aurait, dit-il, pour effet de lui enlever une exportation d'étoffes de laine estimée plus de 200 millions, et qui occupe 2,500,000 individus. »

« Je demande ce que deviendront ces deux millions et demi d'ouvriers employés aux manufactures de laines : « Ils travailleront à la terre, répond le traducteur de Smith. » Ils seront, ainsi, bien plus utiles, crient tous les économistes : ils créeront un produit net ! » Ils travailleront à la terre !... Vous vous chargez donc d'augmenter pour eux le territoire de la Grande-Bretagne ?.... Non, ils ne travailleront pas à la terre : ils mourront de faim, et c'est votre doctrine erronée et cruelle qui en sera la cause (2). »

« Que penserait-on, en Angleterre, d'un membre du parlement qui dirait aux chambres assemblées : « Messieurs, votre commerce de laines crée annuellement une valeur de 440 millions. Il occupe deux millions et demi

(1) Du Système commercial.

(2) Une grande partie des paysans de l'Angleterre manquent de travail à la suite des procédés économiques introduits dans l'agriculture, et par la disparition des petites fermes.

d'ouvriers. Vous devez tous ces avantages à la prohibition des laines. Je vous demande la suppression de cette prohibition. »

« Je suppose qu'on lui laisse la parole. Il continue : « Vous croyez peut-être, messieurs, que la libre exportation vous dédommagera des pertes de votre industrie ? Il faut vous détromper : la liberté n'augmentera ni la production, ni la qualité, ni le prix de la laine ; et, quand vous aurez adopté ma proposition, il vous restera à donner du travail à 2,500,000 ouvriers, et un commerce de 440 millions à rétablir. »

« Je doute qu'on fût curieux d'en entendre davantage, et probablement l'orateur aurait médiocrement à se louer de sa harangue. Or cette harangue est mot à mot dans Smith. Faut-il s'étonner, après cela, que les Anglais le prisent si peu ? »

Au surplus, Smith, qui, partout ailleurs, s'élève contre les droits, pense qu'il conviendrait de substituer à la prohibition des laines une forte taxe ; c'est ce qu'on appelle transiger avec ses principes. La liberté du commerce est utile, ou elle ne l'est pas. Si elle est utile, il la faut pleine et entière ; si elle ne l'est pas, il faut l'interdire. »

« L'opposition qu'éprouve en France le système commercial vient, d'une part, de quelques négocians maritimes dont l'intérêt privé détermine seul les réclamations, et cette opposition en elle-même est peu considérable ; de l'autre, des écrivains que de fausses idées ont séduits, et qui veulent substituer aux leçons de l'expérience les théories qu'il leur a plu d'imaginer dans le cabinet. De tels écrivains ne peuvent faire beaucoup de mal sous un gouvernement où tous les intérêts sont représentés ; aussi n'amèneront-ils aucun changement dans l'administration. Leur influence sur le public est sans doute beaucoup plus dangereuse : cependant la plupart des individus qui raisonnent sur ces matières sont encore à concevoir la possibilité de soutenir qu'il est utile de salarier *l'industrie étrangère de préférence à l'industrie nationale*, car c'est toujours à cela que se réduit la question qui se trouve ainsi résolue en faveur du système commercial par l'immense majorité de ceux qui s'en occupent. »

« Le but auquel il faut, ce me semble, que les nations sages tendent désormais, c'est de fabriquer chez elles la plus grande partie des choses qu'elles consomment. Elles ne renonceront pas pour cela au commerce extérieur, dont le véritable domaine est l'échange des productions que l'on ne peut également fabriquer ou récolter partout, soit parce que le climat s'y refuse, soit par tout autre motif : mais ces productions seront du moins les seules qu'elles tireront de l'étranger, et elles ne s'en pourvoiront que dans la juste proportion de l'excédant des produits qui leur appartiennent, et qu'elles donneront en retour, sans confondre, avec ces produits, prix du travail quotidien, la monnaie qui a servi à les créer, et qui doit perpétuellement servir à en créer d'autres. »

« Le système commercial de l'Angleterre tient à l'envahissement de tous les marchés. Que la France, que les autres peuples cherchent à défendre, à conserver le leur !... Cette politique, qui n'est point hostile, ne portera jamais de fruits amers. Méfions-nous de tous les éloges fastueusement donnés au commerce qui établit, dit-on, de solides liens entre les peuples. Le commerce divise plus de peuples qu'il n'en rapproche ; il excite plus de guerres qu'il n'en prévient. Voilà la vérité. »

« Les Anglais auront prochainement à donner le signal de la liberté illimitée du commerce : l'économie politique l'attend avec impatience, comme l'aurore d'un nouveau jour qui fera, de toutes les nations, une famille ; l'administration avec anxiété, parce qu'elle n'y peut voir qu'un appel à l'imprévoyance et qu'un piége tendu à la bonne foi. »

« La liberté illimitée du commerce nuirait peu à l'industrie de l'Angleterre, mais beaucoup à son agriculture, dont les produits ne peuvent soutenir la concurrence de l'étranger. Il y a là de quoi nous rassurer, et pour longtemps (1). »

Ces motifs graves, quoique combattus incessamment par l'école économique anglaise, nous paraissent subsister dans toute leur force; et si tous les intérêts nationaux n'étaient pas étroitement liés entre eux, nous ferions remarquer que ceux des classes pauvres et ouvrières qui travaillent et produisent beaucoup, et ne consomment guère que les produits indigènes, souffriraient outre mesure, si jamais on abandonnait un système qui protège si évidemment l'agriculture, l'industrie nationale et le commerce intérieur (2). En réalité, la liberté illimitée du commerce ne pourrait procurer quelques avantages qu'à la faible partie de la population qui consomme sans produire, et aux agens du commerce extérieur, dont les bénéfices tendent toujours bien plus à se concentrer qu'à se répartir. Dans l'état actuel des choses, la masse et la puissance des intérêts de la société française ne repose pas sur de tels élémens.

Quant aux impôts, nous nous résumons à n'admettre comme justes et tolérables que ceux-là seulement qui sont

(1) Du Système commercial.

(2) Toutes nos industries nationales de la France réclament plus ou moins vivement cette protection, et il est certain qu'elles seraient toutes ruinées, ou à peu près, par un traité de commerce avec l'Angleterre, d'où résulterait la libre introduction de tous les objets manufacturés de cette nation. Un député des Vosges, M. Gauguier, a démontré avec énergie et une rare sagacité les conséquences qui en résulteraient pour l'industrie française des fers, qu'il regarde aussi nécessaire à l'indépendance nationale que les armes de nos soldats et les approvisionnemens de nos arsenaux.

nécessaires, équitablement répartis dans la proportion de la richesse, et qui ne peuvent nuire ni à l'agriculture, ni aux industries qui en dérivent, ni enfin à la santé et à la morale publique. Nous pensons que la préférence doit être donnée aux taxes indirectes, et que, dans aucun cas, un impôt direct ne doit peser sur l'ouvrier auquel il enlèverait une portion de son étroit nécessaire.

CHAPITRE XVIII.

DU LUXE.

Justus comedit et replet animam suam. Venter autem impiorum, insaturabilis.

(*Prov.*)

Le luxe du chrétien se réfugie dans la charité.

(De Genoude.)

Tel que l'astre brillant qui sort du sein de l'onde
Pour enrichir chaque saison,
Tel le luxe embellit le monde
Quand il est dirigé par la saine raison.

(Saint-Roman.)

Les dangers et les avantages du luxe, pour les états, ont été, et devaient être envisagés sous des aspects très différens par la politique, l'économie publique et la morale. Aussi, cette question semble n'avoir pas encore été complétement résolue. Toutefois, la vérité, une en morale, ne saurait se diviser dans les sciences qui s'appliquent à l'amélioration de l'ordre social. Nous croyons donc que s'il peut rester de l'incertitude au sujet des effets politiques, économiques et moraux du luxe, cela tient tres probablement, comme on le voit dans la plupart des controverses d'une nature complexe, à l'expression trop vague des termes destinés à définir l'objet dont on s'occupe.

Le mot de *luxe* réveille ordinairement l'idée de l'abus

des richesses, de l'ostentation, de la prodigalité. Cependant on appelle aussi *luxe* les commodités de la vie, le goût des arts, le progrès de l'aisance et de la civilisation. Une distinction est donc nécessaire à cet égard pour se bien entendre.

C'est en confondant l'abus avec l'usage, que les publicistes et les économistes ont soutenu tour à tour des opinions contradictoires, et que quelques-uns ont fait même au christianisme des reproches dont nous chercherons à montrer plus tard l'erreur et l'injustice.

Montesquieu, qui n'a guère considéré le luxe que comme l'emploi abusif et déraisonnable des richesses, lui attribue une singulière origine. Il pense que, dans les monarchies, les richesses n'augmentent que parce que l'on a ôté à une partie des citoyens le nécessaire physique. Ce nécessaire doit leur être rendu. De là, la nécessité du luxe. On doit regretter peut-être qu'un si grand génie que Montesquieu ait été conduit à ce jugement par l'entraînement de l'esprit de système. Sa maxime absolue, *que les républiques périssent par le luxe et les monarchies par la pauvreté*, n'est plus vraie de nos jours, et il est douteux qu'elle résulte de l'histoire des monarchies et des républiques anciennes. Les sociétés, sous quelque forme de gouvernement qu'elles soient constituées, périssent par la dépravation des mœurs, par l'ambition, par l'injustice, par la mauvaise foi, par l'abandon des principes qui les ont établies. Sans doute, l'extrême inégalité des conditions et l'abus des richesses, corrompent la morale publique; et, sous ce rapport, Montesquieu a dû voir dans le luxe excessif une cause de ruine pour les républiques; mais cette cause agit également pour les monarchies. Le principe de l'accroissement et de la concentration des richesses existe dans les républiques comme dans les états gouvernés par un seul. Les progrès de l'agriculture et de l'industrie, dus à un emploi intelligent des capitaux et du travail, peuvent avoir lieu partout où les institutions civiles protégent le travail et la propriété. La forme du gouvernement leur est donc indifférente. L'illustre auteur de l'Esprit des Lois ne songeait vraisemblablement qu'aux états despotiques de l'orient, lorsqu'il n'a aperçu d'autre source de richesses dans une monarchie, que la spoliation des propriétés, et dans le luxe, qu'un moyen de restitution.

Ce n'est pas dans la forme des gouvernemens, mais dans la nature de l'homme que l'on doit chercher l'origine et les dangers de l'excès du luxe. On a déjà pu remarquer, par l'examen des deux théories de la civilisation, déduites des deux systèmes philosophiques, que le principe qui place toute la destinée de l'homme dans une suite de jouissances matérielles, tendant sans cesse à multiplier et à exciter ses besoins pour lui procurer le plaisir de les satisfaire, doit nécessairement amener l'égoïsme, l'abus des richesses, la corruption des mœurs. Dans cet ordre de choses, le luxe excessif n'est pas seulement le danger de la société; il est le but, on pourrait presque dire l'expression de la société elle-même. La théorie de civilisation, fondée sur le spiritualisme chrétien, conduit au contraire au goût des jouissances délicates, à un bien-être progressif, à une aisance plus généralement distribuée, et autorisant l'usage utile et modéré des richesses, en proscrit totalement l'abus.

La philosophie voltairienne devait préconiser le luxe. Il n'est personne qui ne connaisse ces vers où se résume à cet égard la pensée de l'auteur du Mondain.

« Sachez surtout que le luxe enrichit
Un grand état, s'il en perd un petit.
Cette splendeur, cette pompe mondaine,
D'un règne heureux c'est la marque certaine.
Le riche est fait pour beaucoup dépenser.

Le bon Lafontaine, un peu philosophe aussi à la manière de Voltaire, quoique bien autrement moral, avait dit avant lui :

La République a bien affaire
De gens qui ne dépensent rien.
Je ne sais d'homme nécessaire
Que celui dont le luxe épand beaucoup de bien.

C'est dans cette persuasion, ou sous ce prétexte, que les philosophes modernes avaient attaqué la morale du christianisme comme s'opposant, par la prohibition du luxe, à la prospérité des états et au soulagement des classes pauvres. Pour être justes et conséquens, ils auraient dû alors, faire grâce au luxe de la cour et de quelques membres du haut clergé. Mais à leurs yeux, rien de bon ne pouvait provenir de deux classes odieuses. Pour nous, nous aurons plus de justice. Nous blâmons d'abord le luxe excessif, dont certains ecclésiastiques ont pu donner autrefois l'exemple doublement funeste par le caractère dont ils étaient revêtus. L'emploi de leurs grandes richesses était formellement indiqué par leur origine. Le soulagement des pauvres, les fondations de charité et d'enseignement religieux, la splendeur des temples, toutes les bonnes œuvres réclamaient ce qui n'était pas rigoureusement exigé par les convenances du rang et de l'époque. Nous reconnaissons combien l'usage opposé des revenus ecclésiastiques devait paraître abusif et répréhensible. Mais en même temps, nous exposerons clairement les doctrines du christianisme sur la question du luxe. On verra qu'il n'a jamais, comme le font les économistes et les philosophes, confondu l'abus avec l'usage raisonnable et utile des richesses.

Suivant les théologiens, le luxe n'est blâmé et réprouvé que lorsqu'il devient un abus des dons de la Providence ; lorsqu'il étouffe le sentiment de la charité, de la probité et de la justice, et nuit par conséquent au bonheur des diverses classes de la société. Le christianisme conseille, à la vérité, les sacrifices et la pauvreté spirituelle, mais c'est un conseil et non pas un précepte. Les privations ordonnées par l'église, n'ont rien qu'une saine économie politique puisse faire envisager comme nuisibles au développement de l'aisance et du bien-être qui amène un luxe raisonnable, général et progressif.

M. l'abbé Bergier, auteur du Dictionnaire de théologie, a parlé du luxe avec beaucoup de vérité et de sagesse. Nous citerons quelques-unes de ses réflexions sur ce sujet.

« Il est aisé de voir, dit-il, que si les grands employaient à soulager les pauvres ce qu'ils consomment en folles dépenses, le nombre des malheureux diminuerait de moitié. Mais l'habitude d'un luxe excessif étouffe la charité et rend les riches impitoyables. Une fortune qui suffirait pour subvenir à tous les besoins de la vie, ne suffit plus pour satisfaire les goûts capricieux que le luxe inspire. Les besoins factices croissent avec l'abondance. Il ne reste plus de superflu à donner aux pauvres. On ne pense plus à la leçon de saint Paul : Que votre abondance supplée à l'insuffisance des autres, afin de rétablir l'égalité. »

« Ceux mêmes qui ont voulu faire l'apologie du luxe, sont forcés de convenir qu'il amollit les hommes, énerve le courage, pervertit les idées, éteint les sentimens d'honneur et de probité ; il étouffe les arts utiles pour alimenter des talens frivoles ; il tarit la vraie source des richesses en dépeuplant les campagnes ; il met dans les fortunes une inégalité monstrueuse, rend heureux un petit nombre aux dépens d'un million d'autres ; il rend les mariages trop dispendieux par le faste des femmes, et multiplie les célibataires voluptueux et immoraux. En donnant aux richesses un prix qu'elles n'ont point, il a ôté toute considération à la probité et à la vertu ; il réduit la moitié d'une nation à servir l'autre, et produit à peu près les mêmes désordres que l'esclavage chez les anciens. »

« Lorsque, chez une nation, le luxe est poussé à son comble, on ne peut plus supporter la morale chrétienne : on se retranche dans l'épicuréisme spéculatif et pratique pour justifier l'excès de sensualité auquel on se livre ; mais alors ce sont les mœurs publiques qui pêchent et non l'Fvangile. »

« La vertu, c'est-à-dire la force de l'âme, peut-elle se trouver dans un homme énervé par le luxe et par la mollesse ? Les philosophes, même païens, ont jugé ce phénomène impossible. »

« Les Pères de l'Eglise n'ont rien rabattu de la sévérité des maximes de l'Evangile. On les accuse de n'avoir pas su distinguer le luxe d'avec l'usage innocent qu'on peut faire des commodités de la vie, surtout lorsque la coutume y attache une sorte de bienséance par rapport aux personnes d'une certaine condition. Mais les censeurs des Pères sont-ils eux-mêmes fort en état de tracer la ligne qui sépare le luxe innocent d'avec le luxe condamnable ? Ce qui était luxe dans un temps n'est plus censé l'être dans un autre. Lorsqu'une nation est dans la prospérité et dans l'abondance, par le commerce ou autrement, les commodités de la vie se répandent de proche en proche en se communiquant des grands aux petits. Parmi nous, les citoyens les moins aisés vivent aujourd'hui, surtout dans les villes, avec plus de commodités que l'on ne faisait il y a un siècle : ce qui était alors regardé comme un luxe et une superfluité, est censé à présent faire partie du nécessaire honnête. La plupart des choses dont l'habitude nous fait un besoin, seraient un luxe chez les nations pauvres. Pour savoir si les Pères ont outré les choses, il faut donc comparer leur siècle avec le nôtre, le degré d'abondance dont nous jouissons aujourd'hui avec celui qui régnait alors. Qui s'est donné la peine de faire cette comparaison (1)? »

On voit, par l'opinion de l'un des membres les plus éclairés du clergé catholique, que la religion chrétienne est bien loin de confondre l'usage avec l'abus, et surtout de s'opposer aux progrès. Le christianisme a dû proscrire cette cupidité insatiable d'or et de sensualités qui conduit aux plus grands crimes; il a dû placer la destinée suprême de l'homme dans une sphère plus noble et plus vaste que celle des plaisirs matériels; mais, faisant la part de la double nature de l'homme, de ses besoins et de sa faiblesse, il a permis d'y subvenir avec modération, avec sagesse, avec équité; et, par une loi que l'on n'a pas assez étudiée, cet usage religieux des biens de ce monde est le plus sûr moyen d'en accroître la production et d'en faire jouir tous les membres de la grande famille humaine.

(1) La vérité de ces observations est très bien démontrée dans le passage suivant de Forbonnais :

« 1° L'idée du luxe n'est que le rapport d'une comparaison. »

« 2° Cette comparaison sera établie partout où il y aura des hommes réunis en société. »

« 3° Si le luxe était restreint dans une société, ou s'il venait à diminuer, elle ne posséderait que le nombre d'ouvriers nécessaires au travail, soit des terres, soit des commodités permises ou en usage. »

« 4° L'émulation se réveille entre les citoyens, en raison des progrès du luxe. »

« Le luxe des laboureurs est inséparable du luxe des grands et de tous ceux à qui l'ordre public accorde un rang distingué, puisque c'est à eux que les terres appartiennent. En général, de l'inégalité des hommes, soit des conditions, soit du côté de l'industrie, résultera toujours un luxe quelconque. »

« Ce luxe porte en lui la source de plusieurs avantages, puisqu'il réveille l'émulation entre les hommes, et qu'il procure une subsistance aux pauvres. »

« Si le luxe n'est pas général, s'il n'est pas le fruit de l'aisance nationale, on verra naître en même-temps que lui des désordres capables de détruire le corps politique; mais on ne pourra les reprocher au luxe, comme on ne peut attribuer à une glace la laideur d'un objet qu'elle représente. Il y a un principe utile dans le luxe, comme il y a des principes destructifs. » (Forbonnais, Elémens de Commerce).

L'un des rédacteurs du journal destiné à la propagation des doctrines du saint-simonisme (le Globe) a proposé et résolu négativement la question de savoir *si une société qui suivrait la loi chrétienne n'arriverait pas au plus grand perfectionnement possible.* « Cette société, dit-il, n'aurait ni luxe, ni jouissances matérielles ; car elle serait sans consommation, et partant sans industrie. » On doit opposer à un jugement si formel les observations remarquables d'une feuille consacrée à la défense des véritables principes de la civilisation (1).

« Nous remarquerons d'abord que, sous le rapport religieux, politique, moral et intellectuel, le Globe ne fait aucune objection sur le perfectionnement des sociétés chrétiennes. Bossuet dit « *que les devoirs des gouvernemens chrétiens sont de rendre la vie plus commode et les peuples plus heureux.* » Ainsi, tout ce qui est de l'intérêt public demande le plus grand développement des facultés industrieuses de l'homme. »

« Lorsque le Globe reproche au christianisme de ne comprendre qu'une partie de Dieu, et de faire abstraction de tout l'univers matériel pour sacrifier tout à l'esprit, le Globe ne comprend pas le christianisme. Le christianisme ne détruit rien dans l'homme, mais il y règle tout ; il ne condamne pas les choses, mais seulement l'abus qu'on en peut faire contre soi-même et contre les autres ; il n'y a pas une des passions de l'homme qu'il ne régularise et qu'il n'anoblisse : quant à cette idée que les interdictions font le mal, nous défions le Globe de ne pas faire aussi des prescriptions et de ne pas créer le mal. »

« Reste donc la question principale, celle de savoir si la société chrétienne est favorable ou nuisible à l'industrie : mais il nous semble que l'état de civilisation qui marche depuis dix-huit cents ans sous l'empire de la société chré-

(1) La Gazette de France.

tienne, rendrait cette discussion dérisoire si l'on voulait comparer aux peuples chrétiens l'industrie des peuples musulmans qui ont semblé le plus accorder aux jouissances des sens. Le Globe devrait réfléchir que, quand on se livre au penchant des sens, il n'y a plus de travail. Le christianisme a donc tout fait pour l'industrie en faisant du travail la première loi de l'homme et en plaçant la paresse au rang des péchés capitaux. »

Le Globe lira sans doute avec plaisir le passage suivant que Bossuet adressait à un prince chrétien : « Il faut prendre un soin particulier de cultiver la terre et d'entretenir le pâturage des animaux suivant cette parole de l'Écriture : *Ne négligez point les ouvrages, quoique laborieux, de la campagne, et le labourage que le Très-Haut a créé.* Et encore : *Prenez garde à vos bestiaux, ayez soin de les bien connaître ; considérez vos troupeaux.* Le prince qui veillera à ces choses rendra ses peuples heureux et son état florissant. On est heureux lorsqu'on voit sous les bons rois la multitude innombrable du peuple ; mais voici le comble de la félicité et des richesses ; c'est que tout ce peuple mangeait et buvait du fruit de ses mains, et chacun, sous sa vigne et son figuier, était en joie. La joie rend les corps sains et vigoureux. Un peuple triste et languissant perd courage et n'est propre à rien. La terre même se ressent de la nonchalance où il tombe, et les familles sont faibles et désolées. Sous un prince sage, l'oisiveté doit être odieuse. Il faut se souvenir de cette loi : *Qu'il n'y ait point d'indigent ni de mendiant parmi nous.* Mais, pour ôter la mendicité, il faudrait trouver des moyens contre l'indigence. Concluons donc, avec le plus sage des rois : *La gloire du roi est la dignité et la multitude du peuple ; sa honte est de le voir amoindri et diminué par sa faute.* ».

Non seulement le christianisme excite et favorise l'industrie, mais il renferme encore la source du beau dans les arts de l'imagination qui procurent à l'homme tant de nobles jouissances, et il les associe au culte de la vertu.

« Les monumens remarquables des sociétés chrétiennes (dit encore la feuille que nous venons de citer) sont empreints d'un caractère de grandeur et d'élévation qui a exigé l'application de tous les arts libéraux et mécaniques. La construction du temple de Salomon fut pour les Juifs l'ère de la navigation, du commerce et des arts : les siècles de Léon X et de Louis XIV ont produit la gloire des Raphaël, des Michel-Ange, des Lesueur, des Mansard, des Lenôtre, etc. Les auberges des pauvres, en Italie, sont des palais où se déploie la plus grande magnificence. Pour le christianisme, *le luxe se réfugie dans la charité.* Ce n'est pas seulement dans les conquêtes de l'Inde que peut se justifier le mot sublime de Fénélon, en parlant de François-Xavier et d'Alexandre : « *La charité ira plus loin que l'orgueil.* »

Si l'on veut maintenant apprécier l'état de dégradation où tomberait la société, si elle adoptait les systèmes des apôtres de la civilisation matérielle, on en trouvera le tableau dans le morceau suivant, qui nous a paru frappant de vérité et de ressemblance.

« Observer, analyser, mépriser, puis enfin laisser tomber en ruines, et même détruire au besoin ce qui est beau, sous prétexte d'en employer les débris pour en faire quelque chose d'*utile*, telles sont les dispositions les plus constantes de certains esprits de notre époque et les causes de la barbarie qui en résulte. »

« Avec les restrictions matérielles que l'on met maintenant au mot *utile*, tout monument d'architecture, par exemple, qui ne rapporte pas en location ou par son usage l'intérêt de l'argent que l'on a employé à le construire, est jugé inutile ; en sorte qu'à l'exception des salles de théâtre, des bourses, des marchés, des abattoirs et de quelques édifices de cette espèce, sur lesquels le gouvernement et les particuliers peuvent faire des spéculations lucratives, on n'élèvera plus, grâce à la perfection toujours croissante des budgets et à la rage de l'utile, aucun monument religieux, consécrateur ou triomphal. »

« Les économistes, les préconiseurs de l'utile, les barbares de nos jours enfin, secs et invariables comme une addition, démontrent qu'en démolissant les châteaux et en défrichant les parcs, on gagnerait, outre le prix des réparations et de l'entretien, celui des matériaux et du terrain, sans préjudice de la valeur nouvelle que la terre cultivée ne manquerait pas d'avoir. Telle est l'opinion des Cincinnatus de nos jours. Quant aux amateurs plus modérés de l'*utile*, ils se contenteraient de faire des crèches pour les bêtes à cornes de toute espèce à Fontainebleau et à Rambouillet, et d'établir une filature de coton dans la grande galerie de Versailles. En somme, l'idee dominante des uns et des autres est d'anéantir le luxe, et par conséquent les arts, comme chose superflue, pour faire fleurir exclusivement les métiers utiles. Du temps qui court, tout ce qui ne se mange pas, tout ce qui ne peut être toisé, pesé et jaugé, n'est pas réputé utile. »

« Ce qui caractérise les animaux, c'est que le moment présent et tous les besoins les plus grossiers qui s'y rattachent les occupent sans cesse exclusivement. L'homme, au contraire, a cela qui le distingue, que du présent où il est placé comme sur un point élevé, il jette sans cesse ses regards sur le passé et vers l'avenir. La vie véritable de l'intelligence humaine réside dans les souvenirs et dans l'espoir : entre ces deux infinis, le présent n'est plus qu'un point pour une âme élevée. Tout homme donc qui, dédaignant ce qui a été et ce qui sera, n'est constamment occupé que de ce qui est et de ce dont il a besoin, se rapproche de l'animal ; il devient barbare ; il n'a d'autre pensée, il n'a d'autres goûts que ceux qui le ramènent à ce qui lui est matériellement utile (1). »

Et en effet, si jamais les *utilitaires*, nouvelle secte produite, comme les saints-simoniens, par l'économie politique anglaise et ses théories de civilisation, venaient jamais à régler les destinées de notre belle France, nous conseillerions fort à tous les hommes de génie de fuir cette terre, jadis leur noble et constant asile. Dépouillée de ses monumens, de ses musées, de ses bibliothèques, la France, aujourd'hui l'orgueil de l'Europe, la reine de la civilisation, couverte alors d'ateliers et de fabriques, ne présenterait guère qu'un peuple de tisserands ou de moteurs de machines, en proie à la faim et à la misère, et, pour chefs suprêmes de cette nouvelle société, quelques entrepreneurs d'industrie. Il y aurait, certes, un peu loin de cette France à la France de François Ier, de Louis XIV, de Napoléon et de Charles X : c'est ainsi pourtant que voudraient nous la faire les utilitaires.

Ce n'est pas que l'économie politique anglaise désaprouve nullement le luxe excessif sous le rapport moral et charitable; au contraire, elle l'encourage même dans son principe : le seul reproche qu'elle trouve à lui adresser, c'est de faire tort à des dépenses mieux entendues.

« Il ne convient pas, dit M. J.-B. Say, de proscrire des superfluités lorsqu'il ne résulte de leur usage aucun inconvénient pour la santé, ni pour la prospérité publique. Pourquoi alors se priver de ce qui fait plaisir? Une jouissance n'est à blâmer que lorsqu'elle n'est pas proportionnée à ce qu'elle coûte, et lorsqu'elle pourrait être remplacée par une jouissance supérieure qui ne coûterait pas plus. »

Cependant M. Say et la plupart de ses disciples flétrissent du nom d'improductives les consommations superflues des gens riches.

(1) De la Barbarie de ce temps (Delécluse, Livre des Cent-un).

Adam Smith a proscrit le luxe, et pourtant, de sa théorie ressort la nécessité et l'éloge du luxe lui-même. En effet, une production illimitée appelle incessamment une consommation qui lui corresponde : les besoins ordinaires de la vie étant bornés, il faut donc exciter des besoins factices, de nouveaux goûts et par conséquent une sensualité poussée à son plus haut degré dans toutes les classes de la société. Comment concilier une telle théorie avec la prohibition du luxe ?

Il est facile de voir que tout est confusion, erreur et contradiction dans cette doctrine de l'école anglaise. Mais non seulement tout est faux, mais encore tout est dangereux, car elle tend à produire d'un côté le luxe le plus excessif, et de l'autre la misère la plus profonde et la plus redoutable.

En effet, lorsque le matérialisme, appliqué à la civilisation sociale, fait naître chez tous les hommes la soif des richesses et des jouissances sensuelles, ce besoin s'accroît à proportion des moyens que l'on a de le satisfaire. Il est naturel de penser qu'il sera encore plus vif chez les riches, chez les détenteurs de grands capitaux, chez les entrepreneurs de l'industrie que chez de pauvres ouvriers. Or, les premiers sont réellement les maîtres absolus des classes qui ne possèdent que leur travail. S'ils ne voient en elles que des instrumens destinés à les enrichir, il est évident qu'ils ne laisseront à l'ouvrier que la part la plus minime dans les bénéfices de la production. Cela est logique dans la morale des intérêts matériels qui ne connaissent ni le mérite de la charité ni celui des sacrifices. Ils auront donc de quoi satisfaire les besoins d'un grand luxe, et sans doute ils ne s'y refuseront pas.

Les ouvriers, cependant, auront été a leur tour stimulés à augmenter leurs jouissances, et, d'un autre côté, ils recevront à peine de quoi se procurer le simple nécessaire.

N'aura-t-on pas créé pour eux le supplice de Tantale, et qui peut garantir qu'ils sauront toujours le supporter patiemment?

Si les hommes du matérialisme veulent conserver leurs richesses et leurs jouissances, nous leur conseillerons de garder leurs doctrines pour eux-mêmes et de laisser du moins aux pauvres la morale religieuse. Aux premiers elle sera une garantie et la plus sûre de toutes, aux autres une consolation qu'il est aussi imprudent que barbare de chercher à leur ravir.

L'école économique chrétienne, plus fidèle à ses principes, proscrit le luxe excessif comme nuisible à l'ordre social autant qu'à la morale. Mais elle approuve le luxe raisonnable produit par une aisance répandue progressivement dans tous les rangs de la société et qui promet à chacun de jouir d'un bien-être plus grand dans sa condition. Cette aisance est le fruit du travail honnête réuni à la charité; elle résulte d'un système d'industrie tendant à répartir les profits du travail d'une manière plus juste, et à faire disparaître la trop grande inégalité des conditions humaines.

C'est par ce système et non pas par la concentration des richesses et de leur usage immodéré dans les mains de quelques individus, que la société tout entière arrive à un plus haut degré de civilisation et de bonheur, et voit se développer l'intelligence et le sentiment de la dignité de l'homme. Ainsi, le luxe excessif et dommageable ressort du matérialisme : le luxe innocent, celui qui appartient à tous, découle de la théorie religieuse.

D'accord avec l'humanité et la raison, l'école économique chrétienne approuve le luxe d'une consommation utile aux ouvriers du pays (1). Il est bon, dans l'intérêt

(1) « L'exemple du luxe au plus haut degré, et même au ridicule, est dans la cherté excessive de quelques denrées que l'homme somptueux étale avec profusion dans un repas dont il veut faire consister le mérite dans la

public, que chacun fasse la dépense que sa fortune lui permet. Mais, avant tout, comme on l'a si bien dit : *le luxe*

rareté. Pourquoi se récrier sur cette folle dépense? Cet argent, gardé dans son coffre, serait mort pour la société. Le jardinier le reçoit. Il l'a mérité par son travail excité de nouveau. Ses enfans, presque nus, en sont habillés; ils mangent du pain abondamment, se portent mieux et travaillent avec une espérance gaie. Il ne servirait aux mendians qu'à entretenir leur oisiveté et leur sale débauche. A Dieu ne plaise que nous voulions mettre un tel emploi en parallèle avec les grands motifs de la charité qui donne aux pauvres honteux et aux hôpitaux. Tout le reste disparaît devant cette vertu, la plus grande des vertus, toujours accompagnée de la justice et de la bienfaisance. Mais nous l'avons déjà dit : les hommes se conduisent rarement par la religion; c'est à elle de tâcher de détruire le luxe, et c'est à l'état à le tourner à son profit. Et lorsque nous avons parlé de vaines déclamations, ce ne sont pas de celles de la chaire, mais de celles qui nous sont communes avec les païens. »

« Le paysan trouve du luxe chez le bourgeois de son village, celui-ci chez l'habitant de la ville voisine, lequel se regarde comme grossier, par rapport à l'habitant de la capitale plus grossier encore devant le courtisan. » Melon (Essai sur le commerce.)

« L'argent versé entre les mains des ouvriers et des marchands est plus utile au pays que celui accumulé dans un coffre fort ou versé chez un banquier. C'est le mouvement du numéraire qui fait vivre le peuple, et non son emploi à l'établissement de machines destinées à économiser les bras, ou avec l'agiotage infâme auquel il ne sert que trop, quand il est livré entre les mains des grands spéculateurs. »

« C'est la différence de fortune qui commande le luxe; c'est elle aussi qui impose à une seule personne l'obligation de consommer ou de faire consommer, à ses frais, par ceux qui l'entourent, autant que deux, que quatre, que dix, que cent autres, c'est-à-dire de mettre deux, quatre, dix ou cent familles en état de consommer, après qu'elle leur a payé leurs marchandises avec l'argent qu'elle possède. La différence de fortune existe; elle est nécessaire, comme cause du travail et de l'émulation, bases de l'ordre social. Le luxe comparatif, qui n'est que le paiement comparatif d'une plus grande somme de salaire, est donc indispensable pour soutenir le travail de ceux qui produisent. Il faut que la consommation ait lieu proportionnellement à la richesse. Les caisses d'épargnes sont sans doute d'une très grande utilité; mais on n'économise que lorsqu'on a un salaire plus que suffisant pour vivre. Il faut donc commencer par mettre les ouvriers à portée de gagner de tels salaires. » M. le baron de Morogues (de la Misère des Ouvriers).

du chrétien se réfugie dans la charité. Ces paroles peuvent résumer tous les principes de l'économie politique chrétienne à l'égard du luxe. Devoirs, morale, distribution des richesses, civilisation, splendeur même des nations, tout est exprimé dans une seule ligne : tant la vérité est toujours simple et féconde !

CHAPITRE XIX.

DE L'IGNORANCE ET DE L'IMMORALITÉ DANS LES CLASSES INFÉRIEURES.

> On demande souvent à quel âge doit commencer l'éducation religieuse ? — Avec la vie.
>
> (L'abbé LEGRIS DUVAL.)

DANS le travail dépouillé d'intelligence, d'honnêteté, de vertu, on ne peut plus retrouver l'instrument admirable que la Providence avait accordé à l'homme pour l'aider à traverser sûrement la phase terrestre de sa destinée.

Qu'est-ce, en effet, qu'un ouvrier sans instruction, sans probité, sans bonnes mœurs, sinon une machine brute, soumise à des besoins qu'il lui faut incessamment satisfaire et qui subsistent, alors même qu'elle est oisive ou devenue impropre à aucun usage ?

Chez l'ouvrier ignorant et immoral, l'intelligence s'éteint bientôt, faute d'excitation et d'exercice. Tout finit par se réduire pour lui à la végétation de la vie physique. Sans prévoyance pour le lendemain, il consomme au cabaret et dans des lieux de débauche les modiques profits du jour ou de la semaine. S'il se marie, il obéit aveuglément à un instinct brutal et désordonné. S'il a une famille, il la néglige ou l'abandonne comme une charge onéreuse. Obligé à des travaux sédentaires et quelquefois excessifs, ses forces, que l'intempérance contribue encore à épuiser, s'affaiblissent de bonne heure. Une vieillesse prématurée le prive de travail, et, par conséquent, de subsistance. Alors, si un hospice ne le reçoit, si la charité ne le découvre, la mendicité, le crime ou la mort deviennent ses seules ressources. Ses enfans ne lui rendront pas les services que lui-même n'a pas rendus aux auteurs de ses jours. Ceux-ci l'ont précédé, les autres le suivront dans ce dernier degré de la misère ; car c'est ainsi que l'indigence se transmet pour tout héritage dans les familles d'ouvriers que le système actuel d'industrie laisse en proie à l'abrutissement de l'intelligence et à la dépravation des mœurs.

C'est précisément parce que le régime actuel des manufactures assimile les ouvriers aux machines, qu'il est de l'intérêt de l'ouvrier d'être adroit et éclairé. Un ouvrier est d'autant plus indépendant qu'il est plus habile dans sa profession (car alors les salaires sont plus élevés, la demande de son travail plus considérable) et peut travailler pour son compte personnel, sans se soumettre au joug despotique des entrepreneurs d'industrie. Il doit donc s'efforcer d'acquérir de l'adresse, de l'augmenter, de la conserver. Or, l'adresse consiste dans la faculté de manier les outils de façon à opérer le mieux et le plus vite possible, c'est-à-dire dans le pouvoir de la main exercée par le travail et dirigée par l'intelligence. Pour augmenter son adresse, il ne suffit pas seulement que l'ouvrier travaille, il faut qu'il réfléchisse, qu'il observe, qu'il compare, qu'il lise, qu'il étudie ; il faut, en un mot, qu'il acquière toute l'instruction que comporte l'exercice de son art.

Ce n'est pas seulement en perfectionnant son intelligence, que l'étude augmente l'adresse et l'habileté des ouvriers ; elle l'augmente encore en lui faisant connaître des moyens, des procédés nouveaux employés dans d'autres contrées et meilleurs que ceux puisés dans l'apprentissage. « La lecture des bons livres, a dit un savant ami des ouvriers, apprend plus de choses qu'un tour de France. »

Mais l'intelligence et l'adresse ne suffisent pas encore à l'ouvrier. Il faut qu'il possède la bonne santé, la force de corps qu'exige sa profession. Or c'est par l'exercice, la propreté et surtout par une vie régulière et sobre que s'acquiert, que s'accroît, que se conserve la force corporelle. La tempérance est évidemment la vertu que la raison prescrit le plus impérieusement à l'ouvrier. Celui qui s'adonne à l'ivrognerie, au libertinage, aux dissipations de toute sorte, voit détruire misérablement sa santé, aussi bien que le produit de son travail, son intelligence, comme son aptitude aux arts mécaniques. Enfin ce n'est pas tout encore que d'être adroit, intelligent, laborieux et tempérant, il faut que l'ouvrier soit ordonné et économe. Le travail sans l'épargne ne peut assurer l'existence de l'ouvrier en cas de maladie et d'infirmités, lorsque la famille s'augmente ou que la vieillesse approche. Donc l'ouvrier, pour éviter l'indigence et en préserver sa famille, doit être instruit, laborieux, tempérant, économe.

Mais qui lui donnera ces qualités rigoureusement nécessaires?

L'économie politique anglaise répond que l'excitation au travail par l'attrait des jouissances matérielles, suffit seule pour engager l'ouvrier à acquérir les conditions de son aisance et de son bonheur ; il ne lui faut qu'*une éducation industrielle*.

L'économie chrétienne, au contraire, ne trouve toutes ces conditions que dans une *éducation religieuse*.

Examinons de nouveau les deux théories et leurs conséquences.

On sait que Smith avait refusé à l'intelligence la portion honorable qui lui appartient dans l'industrie, en flétrissant du nom d'*improductif*, tout travail qui n'est pas exclusivement matériel dans son action ou dans ses produits. Cette erreur, qui a dû surprendre de la part d'un esprit aussi élevé, ne pouvait manquer d'être combattue. Aussi les écrits de M. J.-B. Say et de la plupart des économistes modernes ont fait justice aujourd'hui d'un système qui conduisait trop évidemment à la dégradation de la plus noble des facultés humaines et à l'abrutissement complet des classes ouvrières. Mais en rétablissant l'intelligence dans son rang d'utilité, les économistes de l'école anglaise ont méconnu à leur tour l'influence de la vertu sur la destinée des hommes. L'intérêt matériel de l'ouvrier leur paraît suffire pour le guider dans les voies de la prévoyance, de l'économie, de la tempérance, et, par conséquent, d'une aisance progressive. Exciter cet intérêt en créant de nouveaux besoins, faciliter l'industrie de l'ouvrier par la propagation des lumières industrielles, tels sont, pour eux, les uniques élémens de la solution du problème.

On aperçoit encore sans peine, dans cette application de la théorie anglaise, les graves erreurs et l'ignorance de la nature réelle de l'homme que nous avons si souvent fait remarquer ailleurs. Le loisir, le repos, sont, en effet, des besoins naturels à l'homme physique comme à l'homme intelligent, et pour lesquels il est disposé à sacrifier beaucoup d'autres jouissances lorsqu'elles doivent être achetées au prix d'un travail excessif. L'économie, la prévoyance, exigent d'ailleurs un sacrifice toujours plus ou moins grand des jouissances présentes. Or, comment obtenir ce sacrifice, comment le concilier avec ce besoin de bien-être matériel que l'on cherche incessamment à exciter?

D'un autre côté, le système actuel de l'industrie manufacturière étant basé sur la concurrence universelle et tendant à concentrer les bénéfices dans les mains des entrepreneurs, les ouvriers se trouvent soumis à une condition tellement précaire que toute idée de prévoyance et d'économie doit disparaître à leurs yeux par l'impossibilité de la réaliser, car le loisir employé à développer leur intelligence, serait un vol fait au travail qui à peine les nourrit.

Dans une telle situation, et en l'absence de toute morale religieuse, l'ouvrier qui ne connaît que le moment présent, qui ne voit, dans une destinée bornée à la vie terrestre, d'autre bonheur que de satisfaire autant et aussi souvent qu'il le peut, le besoin des jouissances qui se trouvent à sa portée, cet ouvrier vivra au jour la journée, dépensera ses modiques épargnes au cabaret, négligera le soin de sa famille, cherchera dans le travail de ses enfans une ressource pour vivre, et, s'il le peut, pour ne pas travailler. Et celui qui s'abstiendrait des cabarets, qui vivrait dans l'intérieur de sa famille, et trouverait, dans sa sobriété, de quoi exister sans contracter des dettes, celui-là serait un rare phénomène et passerait sans doute aux yeux de ses compagnons pour une dupe digne de pitié. Car dans l'ordre social créé par le matérialisme, l'homme qui ne se procure point tous les plaisirs qu'il peut obtenir sans s'exposer au châtiment des lois humaines, n'est au fond qu'un véritable imbécille.

Quelle est, au contraire, la perspective que la théorie chrétienne montre à l'ouvrier religieux ?

Celui-ci, par vertu, plus encore que par intérêt, sera l'ami du travail, de l'ordre, de la frugalité. Accomplir ses devoirs de fils, d'époux, de père, de citoyen, de chrétien sera le but auquel il tendra sans cesse. C'est pour l'atteindre qu'il cherchera à développer son intelligence, à conserver ses forces, à acquérir de l'habileté, à faire des épargnes. Plein de respect pour lui-même comme pour les autres, il sera avide d'une bonne renommée, car il saura très bien que l'estime et la confiance se donnent plutôt à la probité qu'à l'habileté sans vertus. Si ses travaux prospèrent, il s'élèvera avec joie à un degré de plus dans l'échelle sociale ; s'ils le laissent dans la médiocrité, dans l'indigence même, il ne murmurera point, car il saura aussi que cette vie passagère n'est qu'une épreuve et que *les pauvres entrent plus aisément au royaume éternel que les riches dont la récompense est en ce monde.*

C'est ainsi que par l'enchaînement des idées les plus simples, on est amené à reconnaître que l'instruction, l'intelligence, l'adresse, la santé et l'économie, conditions nécessaires de l'amélioration des classes ouvrières, découlent d'une source unique, le sentiment religieux, et que ce sentiment doit se puiser, se fortifier et se conserver dans une éducation véritablement religieuse. Toute l'économie sociale repose donc sur l'éducation et la religion.

L'économie politique anglaise n'a pas méconnu sans doute les dangers funestes de l'immoralité et de l'ignorance dans les classes ouvrières. Elle voit, comme nous, que l'ignorance, l'imprévoyance, la débauche et la misère se tiennent en quelque sorte par la main; elle veut en garantir les ouvriers ; mais ses remèdes sont nécessairement impuissans lorsqu'ils ne sont pas dangereux. L'immoralité et l'ignorance sont les conséquences inexorables d'un système fondé sur le matérialisme. L'éducation industrielle, si elle n'est en même temps morale, ne fera que développer les mêmes vices, seulement ils seront, peut-être, moins vulgaires et moins grossiers.

Les écoles du peuple, telles que les conçoit l'économie anglaise, donnent promptement aux enfans, il est vrai, la clef des sciences. Leur but principal est de leur fournir les moyens de savoir de bonne heure lire, écrire, calculer et de pouvoir se livrer bientôt avec quelque profit, à un travail mécanique. Les parens obtiennent ainsi l'avantage de ne pas supporter long-temps la dépense de l'instruction élémentaire et de retirer plutôt quelques bénéfices du travail de leurs enfans. Mais cet avantage est-il réel? est-il surtout durable et désirable?

Dans l'état actuel de l'industrie, et d'après les principes économiques anglais, il est difficile qu'un enfant, obligé de travailler de toutes ses forces pour gagner un chétif salaire, puisse trouver le temps de perfectionner et d'appliquer son instruction. Quelques-uns, plus intelligens et plus robustes, parviendront peut-être à sortir de la ligne commune; mais la masse continuera de se perdre dans cette foule d'êtres condamnés à travailler mécaniquement, à consumer leur jeunesse et leur santé dans des ateliers malsains ou dans des lieux de débauche et d'ivrognerie, et à terminer leur déplorable vie dans la souffrance et la misère.

L'éducation chrétienne, plus lente à la vérité, ne livre pas sur-le-champ ses élèves aux travaux et aux bénéfices de l'industrie; mais en leur enseignant avec plus de soin ce qu'ils comprendront et appliqueront mieux et n'oublieront pas, elle donne surtout ces principes qui doivent guider l'ouvrier dans la conduite de toute la vie. Elle apprend à être bon fils, bon maître et bon serviteur; elle recommande l'ordre, la prévoyance, la tempérance et la bonne direction du travail; elle cherche à ne livrer son disciple à l'industrie que lorsque le cœur, comme le corps, sont assez formés pour résister aux impressions morales et physiques de cette existence nouvelle. Elle ne néglige pas l'instruction industrielle; mais elle n'en fait que le complément de l'instruction morale.

Sous le rapport purement économique, l'éducation chrétienne a d'immenses avantages sur toute autre. En effet, ce ne sont pas deux ou trois années de travaux faiblement rétribués, et qui énervent prématurément les forces de l'enfant, qui peuvent jamais dédommager l'individu, la famille et la société des maux attachés à l'affaiblissement moral et physique de l'ouvrier trop promptement livré à l'industrie. L'enfant, ainsi placé de trop bonne heure dans une carrière qui devient désormais celle de sa vie entière, n'a plus de choix, plus de liberté, plus d'espoir d'un avenir meilleur. A douze ans, il ne saurait avoir d'autre vocation que celle qui lui est imposée; à quinze, il est en état de choisir un métier ou une profession, et de se placer avantageusement en apprentissage. Il peut dès-lors échapper à la servitude de la grande industrie dont les principes portent à demander de nombreux troupeaux d'ouvriers disciplinés, à bon marché. En nous servant des termes mêmes de l'école anglaise, en consentant à ne voir, dans un ouvrier, *qu'un capital accumulé*, il est facile de comprendre que cet ouvrier aura plus de valeur, plus d'importance et plus de rémunération dans le travail, lorsqu'il en aura coûté quelque chose de plus à ses parens ou à l'état pour lui procurer une éducation ou une instruction plus complètes.

Ce sont ces observations, basées sur l'expérience de tous les lieux et de tous les temps, qui ont constamment dirigé les principes du clergé catholique au sujet de l'enseignement populaire dont il n'a cessé de s'occuper depuis l'établissement du christianisme. Sa prudence lui a attiré, entre autres reproches, celui de s'opposer à la propagation de l'instruction parmi le peuple : nous nous réservons d'y répondre dans la suite de cet ouvrage, et cette tâche nous sera facile; mais nous devons, dès ce moment, présenter quelques réflexions.

Il est vrai qu'en admettant, dans la pratique et dans le précepte, le principe général de l'utilité et de la nécessité de l'instruction dans toutes les classes, la religion, toujours prévoyante, et ne perdant pas de vue la nature et la destinée de l'homme, a dû considérer les abus qui pouvaient résulter pour l'ordre social, de la direction donnée à l'instruction publique. Elle a pensé que la science du bien et du mal ne pouvait pas être mise à la portée de tous les esprits. Elle a voulu, d'abord, répandre la science du bien, c'est-à-dire de la vertu, sûre qu'elle était que de cette science découleraient toutes celles nécessaires et utiles à la société humaine. Elle s'est donc occupée davantage, par ce motif, de l'éducation morale de l'homme que de ses lumières, sans prétendre toutefois restreindre celles-ci; car, à ses yeux, le développement moral se lie aux progrès de l'intelligence. Mais, fidèle à la loi du progrès et en présence de l'inégalité des conditions humaines, elle a jugé qu'il ne pouvait être favorable au bonheur des individus et à la paix publique qu'un même degré d'instruction fût donné indistinctement à ceux que séparent divers degrés de travail, de fortune, de situation sociales, et par conséquent de besoins.

M. le baron de Morogues a parfaitement compris la sagesse et la profondeur de ces vues.

« C'est vers le rapprochement par la création de la richesse nouvelle, et non vers l'égalisation des situations sociales acquises, dit cet écrivain, que le gouvernement doit tendre de plus en plus, à mesure que les idées s'étendant davantage dans les classes inférieures de la société, rapprochent les besoins de ces classes de ceux des classes supérieures. »

« Pour prévenir la nécessité d'un rapprochement trop grand, extinctif de l'émulation à laquelle la société doit ses progrès, il est indispensable que l'instruction soit plus étendue dans les hautes classes que dans les classes inférieures, et qu'autant que possible elle soit spéciale aux situations de toutes les familles. Il le faut ainsi, pour que la société reste progressive, parce qu'il est indispensable que les classes inférieures, qui sont et qui doivent toujours être les plus nombreuses, trouvent leur situation aussi heureuse que possible. »

« L'éducation doit donner aux hommes les meilleurs

moyens d'appliquer leurs efforts; mais, avant tout, elle doit les accoutumer à trouver le plus possible, dans la rémunération de leur travail, des moyens suffisans pour la satisfaction de leurs jouissances, et, à cause de cela, il ne faut pas que le développement surérogatoire de leurs idées étende leurs désirs au point de les rendre malheureux par le perpétuel chagrin de les voir sans cesse non satisfaits (1). »

Sous tous les rapports, comme on le voit, le système d'éducation et d'instruction du clergé catholique, est, ainsi qu'il devait l'être, en parfaite harmonie avec la destinée religieuse et sociale de l'homme.

La philosophie chrétienne considérant, avant tout, dans l'homme, l'être appelé à une vie immortelle, a placé au premier rang des lumières utiles, celles qui pouvaient le conduire plus sûrement à ce but sacré. De là, l'importance qu'elle a dû attacher au choix des instituteurs, à la pureté de leurs doctrines et à la nature des livres mis entre les mains des enfans. Devant s'occuper de former le cœur, avant d'éclairer l'esprit, il était dans l'ordre qu'elle préférât les maîtres les plus vertueux et les plus dignes de confiance, à ceux qui n'auraient d'autre mérite que d'enseigner plus rapidement les sciences purement humaines. Il était nécessaire, par ce motif, qu'elle formât elle-même des instituteurs religieux et perpétuels comme les ministres de la religion; de là la création de ces corps enseignans qui ont élevé nos plus grands hommes, et de là, aussi, la fondation de ces modestes instituteurs destinés aux classes inférieures.

Quant aux méthodes d'enseignement, le clergé devait également préférer celles associées aux bons principes et aux bonnes mœurs, à celles qui ne se recommandaient que par une économie de temps et de dépense; car il ne pouvait envisager un objet aussi grave que l'éducation, comme une entreprise en quelque sorte d'industrie.

(1) De la Misère des Ouvriers.

On lui a reproché de n'avoir pas adopté ces méthodes nouvelles si pompeusement prônées d'un côté et si sévèrement proscrites de l'autre par des opinions passionnées. Nous devons dire que sur ce point, les ecclésiastiques éclairés sont demeurés en dehors de ces controverses. Pour eux, toute méthode peut avoir des avantages, pourvu qu'elle ne détourne pas du but important. Il ne s'agit pas, en effet, d'arriver à la course, mais d'arriver sûrement et à temps. Or, le but est de former des hommes vertueux et utiles, des hommes possédant la science du bien et capables de résister à la science du mal. Les méthodes les plus parfaites ne peuvent être profitables qu'entre des mains qui sachent les employer dans ce but.

Quelque estimables que soient les instituteurs primaires laïques, et, de quelques méthodes qu'ils se servent, il est bien difficile que pour eux l'enseignement ne soit pas plus ou moins un objet de spéculation. Livrés aux soins d'une famille, ils sont trop fréquemment distraits de leurs importantes fonctions. Les succès d'une école et d'une méthode tiennent bien souvent à l'homme qui les dirige. Or, si cet homme trouve plus d'avantages dans une autre carrière, il est vraisemblable qu'il la préférera, et l'on ne saurait lui en faire un reproche dans un temps où l'on s'efforce de mettre en quelque sorte l'enseignement au rabais. Un tel système ne présente donc aucune garantie de durée, encore moins de perpétuité. Cependant l'enseignement de l'enfance pauvre méritait de devenir un véritable sacerdoce. C'est cette noble pensée qui a fait naître ces instituts religieux consacrés aux classes indigentes. Là tout est marqué du sceau de la durée, du dévouement et du désintéressement. Rien de plus parfait à cet égard que les écoles des frères de la doctrine chrétienne pour les villes. La nécessité de réunir au moins trois de ces instituteurs religieux dans chaque établissement, rend, il est vrai, la dépense d'une pareille école trop considérable pour la majorité des petites communes. Mais il existe des institutions destinées spécialement aux populations peu nombreuses et qui peuvent fournir à bien peu de frais un maître consacré à cette touchante mission. Les services que les religieuses hospitalières et institutrices rendent à l'enseignement des jeunes filles, donnent la mesure de ceux que l'on obtiendrait ainsi pour l'éducation des garçons de la classe ouvrière. Sous la restauration, plusieurs évêques, notamment en Bretagne, s'étaient occupés de former, dans leurs diocèses, des écoles normales d'instituteurs r gieux. Les événemens politiques ont interrompu leurs travaux et ajourné la réalisation de ces vues évangéliques. On doit le regretter vivement dans l'intérêt des classes inférieures.

Lorsqu'il s'agit en quelque sorte de l'avenir de la population pauvre, l'économie dans l'enseignement public ne saurait être que d'un intérêt secondaire. Mais ici cet avantage ne serait pas perdu. Il est bien certain que l'état, les communes, les hôpitaux et les particuliers recouvreraient au centuple, par la diminution de l'indigence, les avances faites dans le but de procurer aux classes ouvrières une éducation véritablement chrétienne.

Faudrait-il d'ailleurs des trésors immenses, faudrait-il grossir le budget de l'état pour obtenir les bienfaits inestimables de l'instruction religieuse? Non, assurément, une seule chose serait nécessaire; mais elle ne peut être remplacée par rien. Cette chose, c'est la liberté d'enseignement accordée à la charité et à la religion, qui, dans une concurrence libre n'ont rien à redouter de leurs rivaux. Que le monopole de l'enseignement disparaisse (1), que le gou-

(1) Ce vœu a été énergiquement exprimé par M. le baron Ch. Dupin, dans son ouvrage sur les forces productives et commerciales de la France. « Comment se fait-il que le fléau récent d'un impôt sur l'instruction de la jeunesse, établi sous un système de despotisme et de fiscalité, conception digne de l'Empire, n'excite pas chaque année les réclamations les plus fortes? Pourquoi les représentans de nos intérêts à la Chambre des Pairs,

vernement se borne à cette surveillance de police qu'il doit conserver. Alors se révélera tout ce que renferme de puissance morale et intellectuelle le christianisme dégagé des obstacles qui l'ont entouré jusqu'à ce jour ; alors on pourra apprécier s'il est contraire aux progrès de l'aisance, de l'industrie et des lumières. Alors, mais seulement alors, il serait possible de répandre l'instruction dans toutes les classes sans craindre d'ébranler l'ordre social par l'explosion de la vanité, de l'ambition et de la cupidité. Ce résultat serait facile avec l'éducation chrétienne, puisqu'elle inspire la modération des désirs, la résignation, l'amour du travail et le respect des traditions paternelles. Il faut renoncer à l'obtenir par l'éducation purement industrielle.

Nous avions en France, en 1829, 3,000,000 d'enfans des deux sexes capables de recevoir l'instruction élémentaire, sur environ 80,000 qui pouvaient profiter de l'enseignement secondaire. C'est environ le 10 1/2 de la population. Sur ces 3,000,000 d'enfans, la moitié seulement étaient envoyés dans les écoles. En Angleterre, à la même époque, sur environ 1,600,000 enfans formant à peu près le 10 1/2 de la population générale, on comptait 1,062,000 écoliers, c'est-à-dire environ les 2/3 des enfans existant dans le

comme à celle des Députés, n'accordent-ils pas au gouvernement le moyen si désirable d'abandonner pour jamais cette honteuse et pernicieuse rétribution universitaire. Je la regarde comme un des fléaux les plus déplorables qui pèsent sur notre pays ; et je ne laisserai jamais échapper aucune occasion d'en réclamer la suppression. »

« Il faudrait laisser en pleine liberté les hommes de tous les cultes former des *établissemens religieux* sans cesser d'être civils, et civils sans cesser *d'être religieux ;* des établissemens dans lesquels on inspirât à la jeunesse l'amour de nos lois, le respect et le dévouement pour nos princes, le besoin de l'ordre public, les habitudes d'une sage déférence envers les magistrats, et pourtant un juste sentiment des droits qui nous appartiennent, comme enfans égaux d'une même institution politique et comme citoyens d'une grande nation, etc. »

On doit regretter que M. le baron Dupin, depuis qu'il siége à la Chambre des Députés, n'ait pas trouvé encore l'occasion de réclamer la suppression du monopole universitaire et la liberté entière de l'enseignement.

royaume (1). En 1832, on a constaté qu'en France, les 2/3 du nombre total des enfans de cinq à douze ans, manquent absolument d'instruction, et qu'il existait dans le royaume 299,605 individus très instruits, 11,684,612 sachant lire et écrire et 14,766,270 ne sachant ni lire ni écrire. On voit que nos voisins sont plus avancés que nous quant au nombre d'écoles et d'élèves. Mais ce n'est point ainsi que l'on peut juger de la propagation de l'instruction, et surtout de ses effets. La population est-elle plus heureuse, plus généralement aisée, plus morale ? C'est là la question, et cette question est résolue négativement par la Grande-Bretagne, où les crimes et la misère augmentent chaque jour d'une manière effrayante. Ce n'est pas assurément à cause de l'instruction trop répandue, mais parce qu'elle manque de sa base morale.

Dans les états héréditaires de l'Autriche, pays catholique, un large système d'éducation, basé sur les principes religieux, a produit les plus heureux résultats (2). Chaque

(1) M. le baron Dupin porte à 1/16 seulement le rapport du nombre d'enfans suivant les écoles en Angleterre, à la population en Angleterre, et à 1/30 en France. Nous avons suivi les évaluations de M. le comte Alex. Delaborde.

(2) En Autriche, les écoles sont suivies, selon M. le baron Dupin, par le treizième de la population totale ; en Hollande, par le douzième ; en Bohême, par le onzième ; en Styrie et en Prusse, par le huitième ; en Portugal, par un *quatre-vingtième* seulement.

Cet écrivain fait remarquer que la Toscane, le Danemarck, le Wurtemberg, la Bavière, la Suède et la Suisse sont beaucoup plus avancées que nous, sous le rapport de l'instruction populaire. « La péninsule espagnole, les provinces musulmanes, le sud de l'Italie, les ruines de la Grèce et les steppes de la Russie sont les seuls états où l'enseignement soit plus arriéré qu'en France. »

Il attribue cet état de choses à la honteuse et pernicieuse rétribution universitaire qu'il regarde comme un des fléaux les plus déplorables qui pèsent sur notre pays, et *il prend l'engagement de ne laisser jamais échapper une occasion d'en réclamer la suppression*.

« S'il était possible, dit-il, que les corporations économiques, affranchies de tout motif étranger à leur institut ostensible, donnassent un ensei-

village a son école, et une amende est imposée au maître qui donnerait de l'ouvrage à un ouvrier qui n'aurait pas reçu l'instruction suffisante. On fait circuler, dans les villes et les villages des petits livres moraux à très bon marché, composés avec beaucoup de soin. Ainsi les connaissances utiles ont été propagées dans la classe ouvrière et chez les peuples en général. C'est sans doute à ce système que l'on doit attribuer la rareté des crimes qui se commettent dans les provinces dépendantes de la couronne Hapsbourg. On regarde, dans ce pays, comme une année désastreuse, en

gnement qui marchât avec le progrès de l'état social, et consentissent à former les jeunes gens aux choses mêmes pour lesquelles ils doivent se consacrer étant hommes, je le dis ouvertement, je les préférerais, et de beaucoup, à notre éducation fiscale moderne. » (Forces productives de la France.)

M. le baron Dupin paraît être dans l'erreur en ce qui concerne l'Espagne, où des documens positifs établissent que, grâces aux écoles élémentaires tenues par les ecclésiastiques et les moines, la presque totalité des paysans savent lire, et même écrire et calculer. On a lieu de croire qu'il en est de même en Portugal. Dans le sud de l'Italie, et principalement dans les états romains, le nombre des écoles primaires est très multiplié. Dans les moindres villages, des maîtres payés par le gouvernement pontifical enseignent à lire, à écrire et à calculer; de sorte qu'il n'y a pas un seul enfant qui ne puisse recevoir le bienfait de l'instruction. À Rome, les écoles élémentaires gratuites ont été multipliées avec une libéralité extraordinaire. On peut consulter, à cet égard, les recherches statistiques de M. le comte de Tournon sur le département de Rome.

Quant à la Russie, d'après la statistique russe de M. Ziablowzy, il y existait, dans ce vaste empire, en 1831, 6 universités, 4 écoles de première classe, 63 gymnases, 413 écoles de district, 718 écoles de paroisses et de villages, et 402 pensions particulières. Le gouvernement affectait 2,292,228 roubles à l'entretien des institutions d'instruction publique que fréquentaient environ 80,000 élèves; ce qui ne serait qu'environ 1/655 de la population totale, évaluée à 52,500,000 habitans. Mais il faut remarquer que les seigneurs russes ont presque tous établi des écoles pour les paysans attachés à leurs terres, et qu'ainsi, l'instruction populaire est beaucoup plus avancée qu'on ne peut le supposer, en jugeant l'état de l'enseignement d'après le nombre des institutions entretenues par le gouvernement.

En Turquie, d'après un principe de charité visiblement dérivé du christianisme, l'instruction gratuite est donnée aux enfans du peuple. Il existe, à Constantinople seulement, plus de 500 écoles publiques.

ce qui concerne la morale publique, si deux exécutions à mort ont eu lieu à Vienne dans l'espace d'un an. C'est un grand exemple de la puissance de l'éducation morale.

En France, on allègue contre l'enseignement donné par des instituteurs célibataires et religieux, l'esprit du siècle, la volonté des pères de famille, la nécessité du progrès. On concevrait ces objections, s'il s'agissait d'accorder le monopole de l'instruction au clergé ou aux corps enseignans; mais nous ne sollicitons que la liberté pour eux comme pour tout le monde. Le choix des familles indiquera leur véritable vœu, comme il attestera les besoins réels du siècle.

Combien ne voit-on pas, dans le peuple, les parens mêmes les moins religieux, donner la préférence aux écoles chrétiennes sur toutes les autres? A l'époque où les écoles lancastriennes étaient devenues une affaire de mode ou plutôt de parti, nous avons vu des hommes fort prononcés dans l'opinion anti-religieuse, et souscripteurs zélés pour les écoles d'enseignement mutuel, envoyer leurs enfans aux écoles tenues par les frères de Saint-Yon. Interrogés sur cette contradiction manifeste entre leurs actes et les principes, ils nous répondaient naïvement : « *Nous voulons que nos enfans nous respectent et soient soumis à notre autorité* (1). »

(1) Voir, sur le même sujet, le chapitre XXII du livre III, le chapitre VIII du livre IV et le chapitre XIV du livre V.

CHAPITRE XX.

DES RÉVOLUTIONS POLITIQUES.

> Tant que d'un Dieu suprême on adore les lois,
> La pitié dans les cœurs fait entendre sa voix.
> Mais quand un peuple impie outrage sa puissance,
> Alors elle se tait, et voilà sa vengeance...
> Tous les bras sont vendus, tous les cœurs sont cruels.
>
> (DELILLE.)

SI l'on a suivi avec quelque attention l'ordre de nos idées sur l'origine du paupérisme, on aura pressenti quelles conséquences fatales pouvaient naître, pour les états, de l'application des théories anglaises, de la civilisation et de l'économie politique qui en dérive. En effet, le système d'industrie qu'elles ont fondé, l'inégalité monstrueuse des fortunes qu'elles consacrent, l'excès de population ouvrière qu'elles font naître, l'ignorance et l'immoralité des classes industrielles qu'elles perpétuent, les souffrances et l'asservissement de ces mêmes classes, et, enfin, l'égoïsme qui remplace la morale dans tous les cœurs, tendent sans cesse à détruire l'édifice de l'ordre social. Ces diverses causes génératrices de la misère publique, dont l'origine est commune, se dirigent, par des sentiers différens, vers un même but, dans lequel elles viennent nécessairement se réunir et se confondre. Leur développement et leurs progrès amènent tôt ou tard le terrible phénomène politique appelé *révolution*, auquel est donné le triste privilége d'être cause et effet, c'est-à-dire de réagir fortement sur ses propres élémens, de manière à multiplier indéfiniment et la misère et ses causes. C'est ainsi que *l'abîme appelle l'abîme*, disent les livres saints, constans dépositaires des éternelles vérités.

Car tout s'enchaîne dans l'ordre moral des sociétés comme dans l'ordre physique de la nature : les causes qui produisent la misère dans les rangs inférieurs de la population inspirent à toutes les classes sociales la cupidité, l'ambition, l'impatience ou l'absence de tout frein religieux ou politique. Lorsque tous les rangs sont confondus, et qu'il n'existe aucune hiérarchie sociale réelle que celle de la richesse, chacun aspire au faîte des jouissances qu'il voit posséder par d'autres, personne ne trouve sa condition suffisante à des désirs sans mesure. Si le pauvre demande avec raison à sortir de son indigence, le nouvel enrichi demande la considération et le pouvoir, sans lesquels la fortune n'a pour lui plus de charmes. Tout individu qui se reconnaît une capacité quelconque veut jouer un rôle plus élevé : de rang en rang, de classe en classe, tous les esprits sont tourmentés d'un besoin inquiet de changement. Il y a, dans cet accroissement de besoins politiques, une progression géométrique plus vraie que celle assignée par Malthus au principe de la population, tandis que l'aliment de ces besoins ne s'accroît pas même en proportion arithmétique (1). La surabondance, la concurrence,

(1) Selon de M. de Morogues, en 1830, le nombre des individus pourvus d'une instruction élevée se montait à environ 80,000 du sexe masculin, et il ne restait parmi eux au moins 25,000 sans emploi, que poussaient 25,000 autres jeunes gens également instruits, de l'âge de vingt-un à trente ans, tous cherchant des emplois, derrière lesquels se trouvaient encore 15,000 autres jeunes gens de seize à vingt-un ans, sortis des colléges et pensionnats. Ainsi, il y avait en tout 60 à 65,000 prétendans à 24 ou 30,000 emplois de capacité donnant ou supposant une existence moyenne, et déjà occupés.

Il résulte de l'encombrement des capacités accrues prodigieusement par

se manifestent dans tous les états comme dans les intelligences : une nouvelle espèce de prolétaires politiques apparaît non moins menaçante que celle des prolétaires de la propriété : du défaut de fonctions publiques se forme un excédant de population aussi dangereux, aussi redoutable que celui qui pourrait naître du défaut de subsistances au sein d'un trop grand nombre de consommateurs. C'est pour la faire disparaître sans le secours des émigrations et des guerres qu'il faudrait, surtout, inspirer une *contrainte morale*, analogue à celle recommandée par Malthus.

A cette nouvelle nature de maladie sociale se réunit même un nouveau genre de maladie physique.

« Chaque situation nouvelle des peuples, dit un médecin philosophe (1), développe de nouveaux germes de maladie, jusqu'à ce que l'équilibre se rétablisse et que notre espèce s'habitue à l'état particulier où elle se trouve placée. Ce ne sont plus aujourd'hui, par exemple, les langueurs et l'inertie morale qui, dominant dans l'état civilisé, imprimaient ce caractère d'hypocondrie vaporeuse tant remarquée dans le dix-huitième siècle aux premières classes de la société. L'immense activité déployée au dix-neuvième, toutes les ambitions allumées, tous les intérêts froissés, toutes les fortunes menacées, les prospérités inouies des uns, les chutes formidables des autres, ont doublé l'empire des affections morales et l'activité intellectuelle. Dans un mouvement universel, la vie s'est rapidement consumée. »

la lecture des journaux et des ouvrages de tout genre, qu'une foule d'hommes habiles se sont trouvés sans emploi et sans moyens d'existence convenable au développement de leur intelligence, et souvent même sans espoir d'en obtenir, tant que l'ordre légal serait maintenu. Tel a été le fruit de la trop grande extension et surtout de l'uniformité de l'enseignement supérieur au 1er degré, prodigué dans les pensionnats et dans les colléges. M. le baron de Morogues évalue ces *capacités mécontentes* au 1/1000 de la population, et le nombre des ouvriers désœuvrés au 1/10 du peuple.

(1) Virey, Dictionnaire des Sciences médicales.

« Il y a donc une autre guerre que celle des champs de bataille. Ce sont ces luttes sourdes, ou plutôt ces combats secrets des rangs, ces siéges et mines souterraines des emplois et états de la vie (1), ces embuscades, ces surprises, ces batailles d'industrie et de commerce, de réputations factices et de crédits éphémères pour usurper les premiers postes de la fortune et de la puissance : guerre qui tient les esprits tendus, qui suscite les passions de cupidité et d'ambition, et n'épargne aux hommes ni peines, ni dépenses de la vie. Par-là se rongent et s'énervent les individus : l'espèce s'abâtardit, des avortons succèdent : on se hâte de vivre et d'arriver à tout comme dans une arêne où le premier venu s'empare des prix offerts par la fortune. Malheur au faible qui est tombé ! On passe sur son corps ; il ne sert que de marche-pied pour élever quiconque l'a terrassé, et n'est plus considéré qu'à raison de son service. »

(1) Cette lutte et ces combats doivent naître toutes les fois qu'il se manifeste un excédant de population politique ou de capacités, si l'on peut s'exprimer ainsi, que le nombre des candidats aux emplois publics et aux diverses carrières libérales ou lucratives ne sera plus en rapport avec celui de ces emplois, et que le frein de la morale ne contiendra plus, dans de justes bornes, des ambitions inquiètes et démesurées. Cette surabondance de postulans à la richesse ou au pouvoir est une maladie des sociétés modernes et spécialement de celles régies par les gouvernemens représentatifs, dont l'essence est d'animer et de faire fermenter de bonne heure et sans mesure toutes les ambitions d'un pays : elle est aussi le fruit de l'extrême diffusion des lumières dans toutes les classes sociales. Il y a un danger permanent pour l'avenir dans l'accroissement inévitable de cette exubérance de capacités ambitieuses qui chercheront nécessairement toujours à se faire place. Mais nous n'y voyons guère de remèdes que dans la réduction ou l'exercice à peu près gratuit des emplois publics, et dans un retour prochain aux idées religieuses et morales dans l'éducation de la jeunesse. Jadis la sphère de chaque classe de la société était circonscrite de manière à ce qu'il n'était permis qu'aux hommes véritablement supérieurs de la franchir ; aujourd'hui l'audace et l'adresse tiennent trop souvent lieu de supériorité. Il est difficile de prévoir où nous conduira cet état de choses que nous déplorons surtout dans l'intérêt des classes pauvres, toujours destinées à souffrir plus ou moins des commotions politiques. *Quidquid delirant reges plectuntur Achivi.*

« Il est donc à redouter que l'excès de civilisation n'en prépare la ruine, n'affaiblisse et ne corrompe, dans leur source même, les générations qui se seront le plus avancées dans cette lice où nous courons. »

Le principe qui propage l'extrême misère dans les classes ouvrières, étant le même qui produit la soif ardente des richesses et des jouissances de l'amour-propre dans les rangs plus élevés, il est naturel qu'il réunisse dans un but commun tous les hommes qui souffrent et tous ceux dont le cœur a été corrompu par la morale des intérêts matériels. Si les uns ont besoin de vivre à tout prix (et qui pourrait leur en faire un crime!), les autres ont besoin d'acquérir de nouveaux biens, n'importe par quels moyens. La souffrance et la cupidité forment donc le lien d'une ligue formidable, dans laquelle le malheureux devient trop souvent l'instrument de l'ambition.

Dans des temps de civilisation peu avancée, la force brutale tranchait le plus souvent le nœud des obstacles. A l'époque où nous vivons, les révolutions se préparent et s'accomplissent plus habilement.

On commence par exalter le sentiment du malaise moral et physique de la société, en ayant soin d'en déguiser les véritables causes.

Le but et les vœux secrets se parent des noms pompeux de justice, de liberté, d'égalité, de civilisation, de progrès. Après avoir enlevé au peuple l'aliment moral de la religion, on promet aux prolétaires du travail et des richesses, la répression des abus et le développement de toutes les libertés publiques : on suscite au pouvoir établi des embarras, des difficultés et la défaveur populaire. D'abord calme et modérée, l'opposition grandit, s'étend et devient menaçante; elle parvient à forcer le gouvernement à se retrancher derrière la violence ou l'arbitraire. Alors, à l'aide du soulèvement des classes ouvrières, il devient facile d'opérer la révolution désirée. C'est ainsi que s'effectuent de notre temps, en Angleterre et ailleurs, les mutations de ministère, et quelquefois les changemens des dynasties et des formes de gouvernement.

Ces moyens sont d'autant plus faciles, que l'agglomération des classes ouvrières est plus grande, qu'elles sont plus immédiatement dépendantes des entrepreneurs d'industrie, et que la nature du gouvernement se prête davantage à la propagation des écrits et des discours propres à agir sur les masses. On peut dire même qu'ils sont infaillibles dans toute société ainsi organisée, et qui ne reconnaît plus d'autre morale que celle des intérêts matériels. La force des armes devient alors le seul rempart des gouvernemens attaqués; car ils ne peuvent s'appuyer sur aucune autre force : déplorable condition où l'on ne peut se conserver que par des expédiens empruntés aux temps de despotisme et de barbarie, que par des moyens qui, usés eux-mêmes par la civilisation, ne peuvent plus servir à la préserver!

Ainsi se préparent, ainsi se réalisent les révolutions amenées à la fois par la ruine des institutions tutélaires, par la corruption des mœurs et par l'extension de la misère qui en est la suite inévitable.

Mais du moins cette misère recevra-t-elle quelque soulagement? La population qui souffrait sera-t-elle enfin plus heureuse? Hélas! le peuple n'a fait que changer de chefs et de maîtres. Des hommes nouveaux occuperont les sommités et les divers degrés du pouvoir; la misère se sera accrue avec l'immoralité : voilà tout (1).

Cependant les agitations qui suivent toujours une grande commotion sociale demandent que les libertés pu-

(1) Avant 1814 la dépense moyenne annuelle de chaque ouvrier, à Paris, ne dépassait pas 600 fr.; en 1826 chaque ouvrier dépensait 754 fr. par suite du bien-être qu'il avait acquis. Aujourd'hui cette dépense a dû se réduire au taux primitif, et peut-être plus bas. Avant la révolution de Juillet, chaque habitant de Paris dépensait 1,020 f. par an; depuis cette

bliques soient restreintes et que la force armée soit augmentée, car les intérêts froissés doivent être surveillés et contenus, et l'ordre, avant tout, doit être assuré. Ainsi les dépenses publiques s'accroissent par de nouvelles charges; le crédit public s'affaiblit; les capitaux se resserrent; l'industrie est arrêtée dans ses mouvemens: la propriété menacée, la paix troublée à l'intérieur et à l'extérieur. Jusqu'à ce que l'action du temps ait ramené l'état du pays à un ordre de choses stable, les commotions sont à craindre. Dans cette situation, que peut-on faire pour les classes malheureuses dont la misère doit nécessairement s'être accrue d'une manière effroyable? Rien : on les plaint sans doute; mais on est hors d'état de les soulager efficacement. En attendant qu'il soit possible de s'en occuper, la révélation de leur nombre et de leur force est un motif de plus de les contenir par la crainte d'une énergique répression : la force brutale et la violence deviennent donc de nouveau, et jusqu'à nouvel ordre, la raison dernière des pouvoirs établis par les révolutions.

Dans son système sur le Principe de la population, Malthus attribue les révoltes à cette multitude que produit une population excédante. « Celle-ci, dit-il, se sent pressée par le sentiment de ses souffrances, et ces souffrances sont sans doute trop réelles; mais elle ignore absolument quelle en est la cause. Cette multitude égarée est une ennemie redoutable de la liberté qui fomente la tyrannie ou la fait naître. Si quelquefois, dans sa fureur, il semble vouloir la détruire, c'est pour la ramener sous une autre forme. »

« Tant qu'il sera permis à un homme mécontent et

époque, cette dépense n'est plus que de 900 f. Ainsi l'aisance générale a diminué de plus d'un dixième. (Voir à cet sujet l'ouvrage de M. le comte Alex. Delaborde, intitulé : *Paris municipe*.)

En 1830 le nombre des délits s'est accru de plus d'un tiers de ce qu'il était en 1825. (M. de Morogues.)

doué de quelque talent, d'agiter le peuple, de lui persuader que c'est au gouvernement qu'il doit imputer les maux qu'il s'est lui-même attirés, il est manifeste qu'on aura toujours de nouveaux moyens de fomenter le mécontentement et de semer des germes de révolution. Après avoir renversé le gouvernement établi, le peuple, toujours en proie à la misère, tourne son ressentiment sur ceux qui ont succédé à ses premiers maîtres. A peine a-t-il immolé de nouvelles victimes qu'il en demande d'autres, sans qu'on puisse voir un terme à des révoltes suscitées par une cause toujours en activité. Peut-on s'étonner qu'au milieu de ces orages le plus grand nombre des gens de bien aient recours au pouvoir absolu? Ils ont éprouvé qu'un gouvernement contenu dans de sages limites est impuissant pour réprimer l'esprit révolutionnaire. Las des changemens dont on ne peut prévoir la fin, ils n'espèrent plus rien de leurs efforts; ils cherchent un protecteur contre l'anarchie. »

Ces réflexions sont profondément vraies. L'excès de population causé par un vice d'organisation sociale, doit nécessairement occasioner ces explosions qui tour à tour ramènent l'anarchie ou le despotisme.

Mais le despotisme n'est pas un principe de gouvernement plus durable que l'anarchie; il faut d'autres bases à l'ordre des sociétés que la force matérielle. En vain le grand capitaine qui détrôna parmi nous une démocratie sanglante, avait-il fasciné long-temps le peuple français par le prestige de la gloire des armes; il est tombé par l'abus du pouvoir absolu, et cet abus était cependant nécessaire à la conservation de son pouvoir et peut-être au maintien de l'ordre.

Dans les sociétés corrompues à un certain degré, la force ou la modération des gouvernemens ne peuvent que retarder de quelque temps un résultat inévitable. Un édifice, miné dans ses fondemens, doit tomber à la première secousse violente, malgré les étais qui ont prolongé son existence (1).

(1) Nous rapportons ici un passage frappant de force et de vérité, de l'ouvrage publié par M. le général Donadieu, sous le titre : *De l'Homme et de l'état actuel de la société.*

« Dans cette société, telle que le développement des idées et mœurs modernes l'a produite, un seul besoin se fera sentir dans toutes les âmes, parce que seul il suffira à tout et remplacera tout ; la soif des richesses, le besoin pressant d'en jouir, depuis le prince jusqu'au dernier ouvrier. Sous cet impérieux joug, tout le monde vivra au jour le jour, n'importe la famille, n'importe l'avenir : vivre une heure ; la consommation du dimanche dévorera l'économie de la semaine, pour faire banqueroute ou aller à l'hôpital le jour suivant ; les places, les emplois ne seront recherchés qu'au poids des écus qu'ils représenteront. Tous les cris, de la part de ceux qui voudront arriver, contre les vices, les abus, ne seront que des moyens pour suspendre la confiance, afin de pouvoir exploiter à leur tour ces mêmes abus. Et la nation, dans ce délire de la vie, sera incapable de faire justice de ceux qui s'étant joués d'elle, qui l'ayant trompée et trahie, n'en resteront pas moins possesseurs de tout ce que leurs méfaits leur auront acquis ! Six mois, un an, dans cette rapidité fugitive d'impressions, seront un siècle d'oubli passé sur les causes de leur élévation et de leur fortune ; et de la sorte la société ainsi précipitée ne pourra les repousser de son sein ; ils ne trouveront pas le mépris qui devait les y attendre, cette condamnation morale qui fait baisser le front de l'homme et le fait descendre des rangs qu'il a voulu usurper, pour aller au loin cacher la honte de ses actions. Non, sans doute, cette justice ne pourra être rendue au pays contre ceux qui auront flétri sa gloire, compromis son honneur, trahi ses intérêts, parce que l'opinion, sans force et sans direction, participera elle-même de cette corruption. L'argent, la fortune ayant remplacé toutes les distinctions sociales, celui qui les possédera aura tout justifié par cette possession : réussir sera tout ; n'importe la voie, le moyen par lequel on aura acquis, par lequel on sera arrivé. Dans cet état de la vie toute de futilités, toute d'émotions, que le juif, que l'Arménien, que le banqueroutier de toutes les classes, de quelque pays que ce soit, arrive : s'il donne des fêtes, s'il a de l'argent, tout lui appartiendra ; princes et valets, tous s'empresseront de lui payer tribut, et le premier comme le dernier de l'état se feront honneur d'être appelés chez lui. Les vanités les plus puériles, les plus débiles remplaceront les sentimens élevés, cette noble fierté de l'homme, cette dignité qui prend sa source dans l'estime de soi-même ; on ne vivra plus que sur la pellicule la plus mince ; sur l'homme aussi, comme sur les édifices, le papier aura remplacé le marbre ; son habit, sa voiture, son hôtel, ce seront ses mérites. Voilà ce qui appellera l'attention, voilà ce qui recevra les hommages ; et la vertu, dans

Une telle situation exclut la possibilité des perfectionnemens et des progrès, dont les gouvernemens et les peuples sont susceptibles.

Nous sommes loin assurément de regarder l'état social qui nous paraît le meilleur aujourd'hui, comme devant demeurer à jamais stationnaire. Nous reconnaissons que, sous aucun gouvernement, le despotisme, les abus et les injustices ne doivent subsister, et il en est peu qui n'aient des vices qu'il est désirable de faire disparaître. Mais jamais les révolutions violentes et subites n'amènent ces améliorations. C'est par la morale, c'est par la théorie de civilisation dont elle est le principe, que le progrès doit s'obtenir. Les révolutions sociales faites dans l'intérêt de tous doivent se faire par l'accord de tous, et c'est pour cela qu'elles s'accomplissent lentement et par des degrés insensibles. Il est à cet égard des principes immuables comme la religion elle-même, puisque c'est elle qui les a dictés, et la sagesse des rois consiste à les connaître et à les suivre (1).

un tel naufrage, et toutes les qualités sociales resteront oubliées et méconnues, resteront seules, isolées, au milieu de ces immenses débris du monde moral, comme ce consul romain sur les ruines de Carthage ! »

(1) Nous pensons qu'on nous saura gré de placer ici un article remarquable sur la situation de la Prusse.

« Sans cesser d'être absolu, le gouvernement, l'un des plus habiles des temps modernes, a eu le bon esprit d'ouvrir une voie d'amélioration constitutionnelle et libérale, qui a fait peu de bruit en Europe parce qu'elle n'est pas accompagnée de grands mots, ni proclamée par les journalistes, mais qui a influé puissamment sur la société. »

« En général donnez du pain au peuple et soignez son bonheur matériel; enlevez-lui ces causes de plaintes amères qui finissent tôt ou tard par le transformer en révolte, et vous aurez peu à redouter des théoriciens et des sophistes. Affermir le pouvoir sur le bien-être de toutes les classes est la seule bonne politique. »

« Il est résulté de cette ligne de conduite, que la nation se trouvant bien gouvernée, est devenue fanatique du système qui la régit. »

« D'après l'aveu des journalistes libéraux allemands la paix dont jouit la Prusse n'est pas la paix de la terreur : elle est satisfaite, et tout changement

Ecoutons l'illustre philosophe chrétien dont la maxime *est que la révolte n'est jamais permise* :

« Le despotisme tyrannique des souverains, dit Féné-

l'inquiète. Pendant que Munich, Dresde, Brunswick, Cassel, etc., sont le théâtre d'émeutes, l'industrie et le commerce de la Prusse prospèrent. Le savoir, la moralité et le bien-être de sa population s'accroissent rapidement, et son horizon politique est libre et pur de tous ces nuages qui surchargent l'horizon de l'Angleterre et de la France. »

« Cependant c'est la Bavière, c'est Francfort, c'est Bade, c'est Cassel et le Wurtemberg qui ont reçu de leurs maîtres ce don fatal du pouvoir politique : robe de Nessus, qui s'attache aux flancs de sa victime et qui les déchire. Comment se fait-il que les royaumes et les subdivisions de royaumes, protégés par le mot magique de *constitution*, revêtus de formes représentatives et livrés au pouvoir des chambres électorales, soient précisément ceux que les orages politiques ont troublés ! Est-il donc vrai que la prospérité des états ne tient pas à ce mécanisme d'élection et de représentation populaires auquel on paraît attacher tant d'importance ? ne suffit-il pas de proclamer qu'un royaume est constitutionnel, pour assurer son bonheur ? »

« Non, certes, une autre éducation lui est nécessaire. Tant de mauvaises passions, d'intrigues, de mouvemens funestes aux particuliers et aux nations vont-ils s'assoupir à ce mot prestigieux : constitution ? Non : avant d'être libre, il faut qu'un peuple soit digne de l'être. C'est mettre les armes entre les mains d'un fou que de livrer des institutions semi-républicaines à la merci d'une populace qui ne s'en servira que comme d'un brandon pour tout détruire... »

« Par les progrès sagement constitutionnels de la Prusse, le gouvernement a suivi en silence, mais d'une manière efficace, le mouvement de l'Europe entière. Il a su échapper aux agitations intérieures et conserver vis-à-vis des nations étrangères une position forte et respectable. »

« Le gouvernement s'est surtout occupé de l'éducation du peuple, et l'a voulu morale et religieuse. »

« Un esprit de religion, de moralité profonde, de respect pour la loi, de dévouement au devoir, règle la double éducation des maîtres et des disciples. Les hymnes pieux et patriotiques rétentissent dans ces écoles, et les maîtres n'oublient rien pour ouvrir le cœur des enfans aux sentimens les plus généreux et les plus élevés. Nous ne doutons pas que ce système n'éveille la raillerie de ceux qui ne trouvent de remarquable au monde que le feuilleton d'un journal. Pour ces derniers, vertu et religion sont de vains mots, d'inutiles et froides paroles. Dès qu'un enfant est instruit et éclairé, disent-ils, il est assez vertueux. « Pourquoi, d'ailleurs, troubler les écoliers dans la jouissance des droits de l'homme ? pourquoi leur impo-

lon, est un attentat sur les droits de la fraternité humaine. C'est renverser la grande et sage loi de la nature, dont ils ne doivent être que les conservateurs. Le despotisme de la multitude est une puissance folle et aveugle qui se tourne contre elle-même : un peuple gâté par une liberté excessive est le plus insupportable de tous les tyrans. »

« Triste état de la nature humaine! Les souverains, jaloux de leur autorité, veulent toujours l'étendre. Les peuples passionnés pour leur liberté veulent toujours l'augmenter. Il vaut mieux cependant souffrir pour l'amour de l'ordre les maux inévitables dans tous les états, même les plus réglés, que de secouer le joug de toute autorité, en

ser de si rudes devoirs et une tâche si difficile ? il suffit de leur donner les lumières; les lumières donnent la vertu. »

« Tout cela est absolument faux, quelle que soit l'autorité de ceux qui répandent de pareilles maximes, et quoique lord Brougham, l'un des hommes les plus distingués de l'époque, soit à la tête de la société pour la diffusion des connaissances utiles. Non, certes, les lumières ne suffisent pas : sans moralité, sans loyauté, sans dévouement, elles n'éclairent point, elles incendient, et nous pensons, avec M. Cousin, qu'un système religieux est la seule base sur laquelle l'éducation morale et intellectuelle puisse reposer. »

« Dans quel pays l'éducation populaire est-elle florissante ? en Hollande, en Allemagne, en Ecosse et en Amérique, les pays les plus religieux du monde. Dans un pays où le clergé manquerait de lumières, et où la science serait hostile à la religion, l'éducation serait toujours imparfaite. »

(On comptait en Prusse, en 1831, 12,726,823 hommes, et 4,767,072 de un jour à quatorze ans. L'âge d'école fixé par la loi est de sept à quatorze ans accomplis. En 1831, le nombre des élèves présens aux écoles publiques était de 2,021,422 : c'est celui de ceux qui sont capables de fréquenter les écoles.)

« La Prusse, par une conduite habile, a marché dans une voie de progrès constant, et regardée comme esclave par une grande partie de l'Europe, elle est en réalité plus libre et plus avancée dans la civilisation que la plupart des pays qui l'entourent. Ne se convaincra-t-on jamais que de toutes les politiques, la seule bonne, la seule utile, est celle qui se conforme aux temps, aux lieux, aux mœurs, aux idées, qui ne brusque rien, qui ne fait aucune violence à l'homme, et qui trouve le moyen de l'améliorer sans qu'il s'en doute ? (Revue Britannique.)

se livrant sans cesse aux fureurs de la multitude qui agit sans règle et sans loi. »

« Quand l'autorité souveraine est une fois fixée par les lois fondamentales dans un seul, dans peu ou dans plusieurs, il faut en supporter les abus, si l'on ne peut y remédier par des voies compatibles avec l'ordre. »

« Toutes ces sortes de gouvernemens sont nécessairement imparfaites, puisqu'on ne peut confier l'autorité suprême qu'à des hommes, et toutes sortes de gouvernemens sont bonnes quand ceux qui gouvernent suivent la grande loi du bien public. Dans la théorie, certaines formes paraissent meilleures que d'autres, mais, dans la pratique, la faiblesse ou la corruption des hommes sujets aux mêmes passions exposent tous les états à des inconvéniens à peu près égaux : deux ou trois hommes entraînent presque toujours le monarque ou le sénat. On ne trouvera donc pas le bonheur de la société humaine en changeant et en bouleversant ses formes déjà établies, mais en inspirant aux souverains que la sûreté de leur empire dépend du bonheur de leurs sujets, et aux peuples que leur solide et vrai bonheur dépend de leur subordination. La liberté sans ordre est un libertinage qui attire le despotisme; l'ordre sans la liberté est un esclavage qui se perd dans l'anarchie. »

« C'est par ces maximes qui conviennent également à tous les états, et en conservant la subordination des rangs, qu'on peut concilier la liberté du peuple avec l'obéissance due aux souverains, rendre les hommes tout ensemble bons citoyens et fidèles sujets, soumis sans être esclaves, et libres sans être effrénés. Le pur amour de l'ordre est la source de toutes les vertus publiques, aussi bien que de toutes les vertus divines. L'autorité paternelle est le premier modèle des gouvernemens. Tout bon père doit agir avec ses enfans les plus sages et les plus expérimentés (1). »

Nous n'essaierons point de commenter ces paroles, où

(1) Fénélon.

brille une raison si élevée et si pure. Nous ferons seulement remarquer qu'en consacrant les devoirs des rois envers les peuples et des peuples envers les rois, une vérité éternelle y domine. C'est que la *révolte n'est jamais permise*, et cette vérité servira toujours à juger toutes les révolutions dans leur origine et dans leur avenir. Une révolution violente appelle une révolution de la même nature, car il n'y a jamais, en politique, comme dans l'ordre physique, d'action sans réaction. Si une révolution est due à un excédant de population politique et prolétaire ou à une profonde démoralisation, ce double paupérisme, produit de la soif des places et des richesses et de la faim physique, amènera infailliblement une révolution nouvelle, tant que ce besoin réel ou factice ne sera pas apaisé ou modéré. Or, il n'est au pouvoir d'aucune révolution de le satisfaire : il est au contraire dans son essence de l'accroître indéfiniment.

Nous apercevons avec douleur, dans la situation actuelle de la société, le présage d'une longue suite de commotions successives : l'excès du luxe, la philosophie économique excitant sans cesse de nouveaux besoins, la vie réduite au présent, toutes les ambitions éveillées par le défaut de classement social et par une instruction universerselle privée des principes religieux, la misère oubliée et dédaignée, sont les causes inévitables des catastrophes qui ébranlent pour long-temps les états. Ces révolutions sont les moyens dont se sert la Providence pour venger ses lois éternelles meconnues et pour ramener à leur observation les peuples qui les ont violées. Ce qui se passe sous nos yeux compose une de ces dures leçons dont l'histoire de l'univers abonde. Les philosophes éclectiques n'ont su y puiser que de l'optimisme historique, et les signalent comme des phases successives de civilisation et de progrès. Il est permis d'y voir un triste présage de longues commotions. Mais ce n'est pas la génération présente qui pourra le détourner. Il n'appartient qu'à une jeunesse généreuse, pleine d'avenir, et qui n'aura pas encore été matérialisée par le contact de notre époque, de rétablir sur ses bases l'édifice de la civilisation morale, et de donner, pour clef à la voûte, la charité toujours jeune, quoique éternelle.

Peut-être les nations, accablées par les souffrances qu'amène nécessairement toute situation violente et forcée, tendront-elles un jour d'elles-mêmes leurs bras supplians vers les principes qu'elles ont méconnus. Peut-être la Providence leur a-t-elle ménagé ces épreuves pour les conduire au sentiment général du besoin d'une grande rénovation sociale. Peut-être est-il dans l'ordre de ses desseins de faire servir l'excès des maux produits par l'abandon des principes moraux à amener un retour universel à des doctrines d'ordre et de salut. Lorsqu'on envisage la crise qui menace les états les plus avancés dans la civilisation matérielle, la misère qui dévore les nations livrées à la morale des intérêts égoïstes, et la pente qui les entraîne vers des révolutions nouvelles, il est bien difficile de ne pas voir dans ce grand spectacle une effrayante leçon, qui laisserait du moins une espérance, si les leçons des pères n'étaient trop souvent perdues pour leurs enfans (1).

(1) Elevons souvent les regards des hommes, notre pensée et notre voix vers cette puissance régulatrice d'où découlent, selon Platon, comme selon notre Evangile, la justice, les lois et la liberté; qui seule sait tirer le bien du mal; qui tient dans ses mains les rènes des empires, et qui les secoue souvent avec violence et rudesse pour réveiller l'humanité de son sommeil et lui rappeler qu'il faut marcher dans la route de sa destinée divine vers la lumière et la vertu. Cet élan de l'humanité vers le ciel n'est pas stérile : c'est une force intime, c'est la foi de l'humanité dans le progrès. Rappelons à nous cette force et cette foi des temps d'épreuve et de doute. Confions-nous à cette Providence dont l'œil n'oublie aucun siècle et aucun jour. Faisons le bien, disons le vrai, cherchons le juste, et attendons. » (Lamartine, Politique rationnelle.)

FIN DU PREMIER VOLUME.

ERRATA DU PREMIER VOLUME.

PRÉFACE.

Page 4, lig. 5 : *ne m'avaient pas*, lisez : *ne m'avait pas.*

Page 6, lig. 20 : *aministration*, lisez : *administration.*

Page 10, lig. 17 : *l'esprit du système*, lisez : *l'esprit de système.*

Page 17, ligne 20 : *je me convainquis*, lisez : *j'eus la preuve.*

Page 18, lig. 30 : *j'avais été*, lisez : *j'étais allé.*

INTRODUCTION.

Page 29, lig. 16 : *la misère humaine*, lisez : *la misère.*

Page 60, note 3, lig. 2 : *bien saine*, lisez : *bien vaine.*

Page 81, lig. 13 : *des besoins*, lisez : *des besoins;.*

Page 85, lig. 6 : *dans les temps où nous vivons, qu'ils nous disent*, etc., lisez : *dans les temps où nous vivons, nous disent.*

LIVRE I.

Page 118, lig. 7 : *parvenue à son dernier terme*, lisez : *à son dernier terme!*

Page 136, lig. dernière de la note : *les arrés*, lisez : *les arrêts.*

Page 193, lig. 25 : *il sortait*, lisez : *il restait.*

Page 203, note 1, lig. 10 : *ait une considération*, lisez : *est une considération.*

Page 206, lig. 8 : *(poor, rate)*, lisez : *(poor'rate).*

Page 218, lig. 33 : *la richesse de sou père*, lisez : *de son père.*

Page 231, lig. 15 : *de l'école économique*, lisez : *de l'école économique anglaise.*

Page 265, lig. 18 : *du cahos*, lisez : *du choc.*

Page 266, lig. 5 et 6 : *au rang des vertus : quoiqu'ils*, lisez : *au rang des vertus. Quoiqu'ils.*

Page 295, lig. 1 : *de sa richesse*, lisez : *de la richesse.*

Page 302, lig. 13 : *c'est dans son sein*, lisez : *c'est au travail de la terre.*

Page 311, lig. 19 : *d'un travail, assuré*, lisez : *d'un travail assuré.*

Idem lig. 32 : *entièremont*, lisez : *entièrement.*

Page 345, lig. 10 : *les supplémens*, lisez : *les supplémens au travail.*

Page 347, lig. 25 : *qu'après*, lisez : *qu'auprès.*

Idem, lig. 28 : *cassé pour*, lisez : *cassé, pour.*

Page 400, lig. 11 : *d'uue*, lisez : *d'une.*

Page 438, lig. [illegible] *[illegible]jour*, lisez : *un séjour.*

Page 4[illegible], lig. 4 : *théo[illegible] anglaises, de la civilisation*, lisez : *théories anglaises de la civilisation.*

Page [illegible], [illegible] lig. [illegible] : *[illegible] restait*, lisez : *en restait.*

TABLE DES MATIERES.

FIN DE LA TABLE.

Dépôt légal. 4° trimestre 1971

www.ingramcontent.com/pod-product-compliance
Lightning Source LLC
Chambersburg PA
CBHW050543270326
41926CB00012B/1889
* 9 7 8 2 0 1 2 5 4 1 3 1 3 *